Krieg der Narrative

D1744547

Krieg der Narrative

Russland, die Ukraine und der Westen

Herausgegeben von
Martin Löffelholz, Kathrin Schleicher
und Christian F. Trippe

DE GRUYTER

ISBN 978-3-11-133129-4
e-ISBN (PDF) 978-3-11-133150-8
e-ISBN (EPUB) 978-3-11-133163-8

Library of Congress Control Number: 2024933997

Bibliografische Information der Deutschen Nationalbibliothek
Die Deutsche Nationalbibliothek verzeichnet diese Publikation in der Deutschen Nationalbibliografie;
detaillierte bibliografische Daten sind im Internet über http://dnb.dnb.de abrufbar.

© 2024 Walter de Gruyter GmbH, Berlin/Boston
Einbandabbildung: South_agency/E+/Getty Images
Satz: Integra Software Services Pvt. Ltd.
Druck und Bindung: CPI books GmbH, Leck

www.degruyter.com

Vorwort

Obgleich im Krieg die Wahrheit stirbt, bleiben Menschen die ersten Opfer des Krieges. Seit Beginn des russischen Angriffs am 24. Februar 2022 beklagt die Ukraine nach Angaben des Hohen Kommissars für Menschenrechte der Vereinten Nationen allein bis Februar 2024 mehr als 19.000 zivile Opfer, wobei die Dunkelziffer viel höher liegen dürfte. Eine ungleich größere Zahl von Soldatinnen und Soldaten sind auf beiden Seiten gefallen oder schwer verletzt worden. Gleichzeitig hat sich das Leben der Ukrainerinnen und Ukrainer gravierend verändert. Russische Raketen und Drohnen bedrohen das ganze Land, viele Frauen sind mit ihren Kindern ins Ausland geflüchtet, Lehrer, Bauarbeiter, Verwaltungsangestellte und viele andere üben nicht mehr ihre früheren Berufe aus, sondern kämpfen an der Front.

Neben menschlichem Leid hat Russlands völkerrechtswidriger Krieg die europäische Sicherheitsarchitektur, die schon länger brüchig war, spätestens seit der Annexion der Krim, nachhaltig ins Wanken gebracht – mit erheblichen Folgen für die Politik des Westens und die damit einhergehenden politischen Diskurse. Journalistinnen und Journalisten in Deutschland und anderen offenen Gesellschaften berichten über diese neuen Wirklichkeiten mit großer Intensität und in besonderer Weise herausgefordert durch die strategische Kommunikation der kriegsbeteiligten Länder. Insbesondere der russische Propaganda- und Desinformationsapparat nimmt erheblichen Einfluss – auf die eigene Bevölkerung, auf die Ukraine als Kriegsgegner und auf die unterstützenden Staaten des Westens.

Vor diesem Hintergrund analysieren wir in diesem Buch die oftmals widerstreitenden Narrative des Krieges, die vor allem von Russland, teilweise von der Ukraine und ihren Unterstützern, gezielt lanciert werden. Kommunikation, Medien und Journalismus als inhärente Bestandteile der Kriegsführung und der sie begleitenden politischen Auseinandersetzung werden in diesem Buch deshalb tiefenscharf und aus verschiedenen Perspektiven beleuchtet. Dabei gehen wir sowohl auf die staatlichen Informations-, Desinformations- und Propagandaanstrengungen ein, als auch auf die Herausforderungen, mit denen Medien in Zeiten des Krieges konfrontiert werden. Neben Einschränkungen, die staatliche Akteure den Journalistinnen und Journalisten auferlegen, zeigt das Buch, wie soziale Medien, Drohnen, virtuelle Realität und künstliche Intelligenz die Kriegsberichterstattung verändern – und welche Konsequenzen sich daraus für die politische Kommunikation ergeben. Das Buch richtet sich dabei keineswegs nur an ein wissenschaftlich interessiertes Publikum, sondern ist, wie wir meinen, für alle interessant, die hinter die Narrative des Russisch-Ukrainischen Krieges blicken wollen.

Für die großartige Unterstützung dieses hochaktuellen Buchprojektes gebührt unser Dank zunächst den Autorinnen und Autoren, die mit enormem Enga-

https://doi.org/10.1515/9783111331508-202

gement wesentlich verantwortlich für die Fertigstellung dieses Werkes in einem vergleichsweise kurzen Zeitraum von wenigen Monaten sind. Besonders danken wir darüber hinaus Johanna Radechovsky, die den vorliegenden Band mit großer Umsicht redaktionell betreut und uns als Herausgeberteam stets „auf Spur" gehalten hat. Katrin Hudey und Anne Sokoll vom Verlag DeGruyter haben das Projekt – von den ersten Ideen bis zur Publikation – bestmöglich begleitet, wofür wir uns an dieser Stelle nochmals herzlich bedanken. Die Fotos in diesem Buch sind uns zum Teil kostenlos zur Verfügung gestellt worden, dafür danken wir Vitalii Bilokon, Stas Kozliuk, Vladyslav Musiienko sowie Martin Heller für die Abdruckrechte an den Stills aus einer VR-Produktion.

Ilmenau / Berlin, im Februar 2024   *Martin Löffelholz, Kathrin Schleicher,*
                                            Christian F. Trippe

Inhaltsverzeichnis

Christian F. Trippe, Kathrin Schleicher und Martin Löffelholz

Worum es im Krieg Russlands gegen die Ukraine und in diesem Buch geht – Eine Einführung

1 Vom „Euromaidan" bis zur Drohung mit Atomwaffen

Der Krieg Russlands gegen die Ukraine hat eine lange Vorgeschichte. Über sie kursieren unterschiedliche medial vermittelte Erzählungen. Wann diese Vorgeschichte einsetzt und welche Ereignisse für sie ursächlich sind, ist zum Gegenstand einander widersprechender zeithistorischer Erzählungen geworden. In ihrer Verdichtung auf Sentenzen oder Schlagworte sollen diese Erzählungen politisches Handeln legitimieren. Vor diesem Hintergrund stehen seit dem 24. Februar 2022 mehrere Narrative über den Verlauf und die Bedeutung des russischen Krieges gegen die Ukraine in zum Teil erbitterter Konkurrenz zueinander. Um sie soll es in diesem Buch gehen.

Wie schwierig bereits die Abgrenzung zwischen der unmittelbaren Vorgeschichte des Krieges und dem Einsetzen der latenten Konfliktphase ist, zeigt ein Blick in das Vorkriegsjahr 2021 (siehe Tab. 1). Im Frühjahr hielt das russische Militär in Belarus und im Südwesten der Russischen Föderation Militärübungen ab, die gemeinhin als Droh- und Einschüchterungsgebärde gegenüber der Ukraine aufgefasst wurden. Dann erschien im Juli ein Aufsatz von Präsident Wladimir Putin „Über die historische Einheit der Russen und der Ukrainer" (Putin 2021), der sich im Nachhinein wie eine ideologische Ouvertüre zum Krieg liest. Zeitgleich setzte im Sommer 2021 in den russischen Medien eine Kampagne gegen die Regierung in Kiew ein.

Damit wiederholte Russland ein Muster, das es schon 2014, dem Jahr der Krim-Annexion und dem Beginn der Kämpfe in der Ostukraine, durchexerziert hatte. Schon damals hatte es sich aller Mittel der Desinformation und der medialen Polemik bedient und „einen wahren propagandistischen Feldzug gegen die Ukraine" (Schneider-Deters 2021, S. 393) entfesselt. Die Grundlagen dieser staatlich orchestrierten Medienkampagnen gegen politische Feinde finden sich in der russischen Militärdoktrin, die Generalstabschef Valerij Gerassimow vor gut zehn Jahren entwickelt hat: Der nicht-lineare, asymmetrische Krieg kombiniert alle Maßnahmen, die dem Gegner schaden. Informationskampagnen, gezielt gestreute Desinformation, arglistige Täuschungen und eine bewusst verwirrende Vielzahl unterschiedlicher Narrative spielen dabei eine besondere Rolle (Schneider-Deters 2021, S. 382–394).

https://doi.org/10.1515/9783111331508-001

Im Herbst 2021 begann Russland mit seinem Aufmarsch an den Grenzen zur Ukraine und traf umfassende Angriffsvorbereitungen. In den dramatischen Tagen vor Russlands Überfall versuchten eine Reihe ausländischer Politikerinnen und Politiker den Kreml in letzter Minute vom Kriegskurs abzubringen. Am 18. Januar 2022 machte sich die deutsche Außenministerin auf den Weg nach Moskau, um dort – wie ihr Stab über Twitter verbreitete – für einen „ernsthaften Dialog [...] über Schritte für mehr Sicherheit für alle in #Europa" zu werben. Und weiter: „Unser Maßstab bleiben dabei die Grundprinzipien unserer Friedens- und #Sicherheitsordnung". Ivan Rodionov, damals als Chefredakteur von *RT-Deutsch* einer der wichtigsten Kreml-Propagandisten, retweetete Baerbocks Post; lakonisch fügte er hinzu: „Eben. ‚Unsere'. Diese Sicherheitsordnung wurde ohne und gegen #Russland aufgebaut." (Rodionov 2022) Damit lieferte der leitende *RT*-Redakteur eine Art Kurzmanifest des russischen Revisionismus – und er bediente dazu das Narrativ, Russland sei nach dem Fall des Eisernen Vorhangs bei der Neuordnung Europas Anfang der 90er Jahre übervorteilt worden.

Abb. 1: Zerstörter russischer Schützenpanzer in Dmytriwka, einer Ortschaft nordöstlich vor Kiew. (Foto: Stas Kozliuk).

Politischen Ausdruck fand dieses Denken in Putins Ultimatum an den Westen, in dem er zwei Monate vor Kriegsbeginn unter anderem einen Rückzug aller NATO-Truppen auf die Grenzen von 1990 forderte – also praktisch eine Rückabwicklung der Osterweiterung. Vor allem im Staatsfernsehen hat die russische Propaganda jahrelang eine Bedrohung Russlands durch die USA und durch das westliche Militärbündnis behauptet; „die Durchdringung der russischen Gesellschaft mit Geschichtspolitik und Propaganda" gilt Gwendolyn Sasse (2022, S. 13), Direktorin des Berliner Osteuropa-Instituts ZOIS, als Teil jenes Ursachengeflechts, das zum Angriffskrieg führte (Sasse 2022, S. 63).

Als Ziele der „militärischen Sonderoperation" nannte Präsident Putin in seiner Fernsehansprache am 24. Februar 2022, die in den Morgenstunden ausgestrahlt wurde und eine De-Facto-Kriegserklärung war, die „Entmilitarisierung" und die „Entnazifizierung" der Ukraine (Plokhy 2023, S. 202–203). Das Narrativ vom Präventivkrieg klingt hier bereits an, die Erzählung, Russland führe im Grunde einen Verteidigungskrieg gegen den Westen, der über seinen Vasallenstaat Ukraine und dessen Kiewer Marionettenregierung eine aggressive anti-russische Politik betreibe. Dieses in Russland gleichsam amtliche, als einziges in der Öffentlichkeit geduldete Narrativ zählt zu den „mindestens vier konkurrierende[n] Sichtweisen" zum Ukraine-Krieg, die Jaroslaw Kuisz und Karolina Wigura identifiziert haben. Die Politerzählung des Kreml nennen sie „das russische Märchen" (Kuisz und Wigura 2023, S. 69).

Abb. 2: Ein Grab in Butscha, wo russische Soldaten ukrainische Zivilisten ermordeten, Frühjahr 2022. (Foto: Stas Kozliuk)

Daneben stehe die Perspektive, die der „westeuropäische Fuchs" sich zu eigen ge-macht hat; er versucht, seine Unterstützung der Ukraine mit Vorsicht und Um-sicht so zu gestalten, dass eine direkte militärische Konfrontation zwischen NATO und Russland vermieden wird. Das Narrativ vom „ukrainische[n] Igel" wiederum besagt, dass die Ukraine einen Kampf um ihr nationales Sein oder Nicht-Sein führt; geteilt werde diese Sichtweise überall in Ostmitteleuropa (mit der Aus-nahme Ungarns), in Finnland, in den USA und in Großbritannien. Zu Fuchs und Igel gesellt sich in dieser Analyse das von einigen Ambivalenzen geprägte Narra-tiv des globalen Südens: In der Ukraine tobe ein „Krieg der Weißen", zu dem man sich am liebsten gar nicht verhalten würde (Kuisz und Wigura 2023, S. 67–70).

Tab. 1: Der russische Krieg gegen die Ukraine – Zeitleiste der Schlüsselereignisse.

2013	
21. November	Der ukrainische Präsident Janukowytsch unterschreibt auf russischen Druck hin das Abkommen zur EU-Assoziierung seines Landes nicht
2014	
22. Februar	Der „Euromaidan" führt zur Absetzung der Regierung Janukowytsch, Russland bezeichnet den proeuropäischen Aufstand als „Putsch"
27. Februar	Besetzung der Halbinsel Krim durch „grüne Männchen", i. e. russische Truppen ohne Hoheitsabzeichen
18. März	Annexion der Krim durch Russland
Mitte April	Beginn der Kämpfe im Donbass, Teile der Gebiete Donezk und Luhansk sagen sich mit militärischer Hilfe aus Russland von der Ukraine los
2015	
12. Februar	Das (zweite) Abkommen von Minsk friert den Konflikt ein
2021	
Frühjahr	Russische Militärmanöver im Grenzgebiet zur Ukraine
12. Juli	Der russische Präsident Putin beschwört die angebliche historische Einheit von Russen und Ukrainern
Oktober	Beginn des russischen Aufmarsches gegen die Ukraine
2022	
21. Februar	Russland erkennt die sogenannten Volksrepubliken Luhansk und Donzek an
24. Februar	Russischer Überfall auf die Ukraine, Angriffe aus drei Himmelsrichtungen, auch vom Staatsgebiet von Belarus aus

Tab. 1 (fortgesetzt)

Ende März	Der Kampf um Kiew endet mit dem Rückzug der russischen Truppen (siehe Abb. 1)
31. März	Das Massaker von Butscha wird bekannt (siehe Abb. 2), Abbruch der Friedensgespräche von Istanbul durch die Ukraine
August – November	Erfolgreiche ukrainische Gegenoffensive führt zur Befreiung von Cherson, des Charkiwer Gebiets und der gesamten Nordukraine
21. September	Russische Teilmobilmachung, Putin droht erneut mit dem Einsatz von Atomwaffen
30. September	Russland annektiert die besetzten Gebiete im Süden und im Südosten
ab November	Russische Luftangriffe auf die zivile Energie-Infrastruktur der Ukraine
2023	
Ende Mai	Russischer Sieg in der monatelangen Schlacht um Bachmut, nach hohen Verlusten auf beiden Seiten
6. Juni	Zerstörung des Kachowka-Staudamms am Unterlauf des Dnjepr
23./24. Juni	Meuterei der Wagner-Söldner unter ihrem Anführer Prigoschin
Juni – November	Ukrainische Gegenoffensive scheitert, der Krieg wird zum Stellungs- und Abnutzungskrieg

Fuchs und Igel – um in diesem Bild zu bleiben – haben sich politisch leidlich zusammengerauft und zu einer über mehr als zwei Kriegsjahre durchgehaltenen, gemeinsamen Position gefunden. Die militärische, fiskalische und humanitäre Unterstützung für die Ukraine soll nachhaltig organisiert und finanziert werden – „as long as it takes", so sagt es Bundeskanzler Olaf Scholz, dessen Regierung besonders lange gezögert hatte, der Ukraine adäquate Hilfe zu leisten. Hinter dieser Formel haben sich nach einigen diplomatischen Ruckeleien und zum Teil erregten öffentlichen Debatten schlussendlich alle Europäer versammelt.

Das ist umso bemerkenswerter, als sich zunächst eine Wiederholung der Gemengelage vom Sommer 2014 abgezeichnet hatte. Nach dem Beginn der Kämpfe im Donbass hatte sich der Ton in den gelenkten russischen Inlandsmedien ebenso verschärft wie in den auf Außenwirkung ausgerichteten Medienkampagnen: „The resulting toxic combination of discursive violence and disinformation has already had important consequences, [...] hindering efforts to present a unified EU policy response to Russian aggression." (Fedor 2015, S. 4) Dem waren die Europäer diesmal nicht aufgesessen, trotz des medialen Trommelfeuers aus Moskau, das den Ausfällen von 2014 vergleichbar war. Und trotz der Drohung mit dem Einsatz von Atomwaffen, mit der die russische Führung in ihrer psychologisch-medialen

Kriegsführung nach einem neuen Triggerpunkt in den westlichen Öffentlichkeiten suchte.

Beim Zurechtruckeln der westlichen Position acht Jahre später spielten die Konferenzen auf der US-Militärbasis Ramstein in Rheinland-Pfalz eine Schlüsselrolle. Unter US-Führung wurden und werden dort die Militärhilfen des Westens für die Ukraine verabredet und organisiert. Folgt man Carlo Masala, der an der Universität der Bundeswehr in München lehrt, dann haben Anfang 2023 auch Medien eine entscheidende Rolle gespielt, um den anfangs hartnäckigen deutschen Widerstand gegen die Lieferung von Kampfpanzern an die Ukraine zu brechen. Deutsche Medien berichteten darüber, eine ganze Reihe von Staaten sei bereit, Panzer zu liefern. Doch als es in der nicht-öffentlichen Sitzung in Ramstein zum Schwur kam, war nach Masalas Darstellung nur noch Polen dazu bereit: „Ob das Ganze ein abgekartetes Spiel war, um die Deutschen vor sich herzutreiben, weiß natürlich keiner; allerdings spricht einiges dafür, dass sich die Journalisten vor den Karren haben spannen lassen. Denn durch ihre Berichterstattung entstand großer Druck auf die Bundesregierung." (Masala 2023, S. 91–92)

2 Medien als integraler Bestandteil der Kriegsführung

Diese Einschätzung verweist auf die enorme Bedeutung von Kommunikation und Journalismus, denn Medien sind nicht nur entscheidende Informationsplattformen im Konfliktgeschehen, sondern ein wesentlicher Bestandteil der Kriegsführung selbst, etwa durch die gezielte Verbreitung von Desinformationen (Kragh und Åsberg 2017; Golovchenko et al. 2018). Im Russisch-Ukrainischen Krieg bedienen sich die Kriegsparteien dabei modernster Methoden der strategischen Kommunikation. So lassen sich russische Desinformations- und Propagandakampagnen beobachten, bei denen Troll-Fabriken, Hacker und Bots seit der Annexion der Krim im Jahr 2014 ihre Aktivitäten koordinieren, um mithilfe von „computergestützter Propaganda" demokratische Prozesse zu unterminieren (Bennett und Livingston 2018; Hoskins und O'Loughlin 2015). Auf der ukrainischen Seite nutzt der fernseherfahrene Präsident Wolodymyr Selenskyj soziale Medien wie Telegram, Facebook und X für seine Appelle an die nationale und internationale Öffentlichkeit – und setzt „seine Kommunikationsfähigkeiten als Kriegswaffe" (Dyczok und Chung 2022) gegen Russlands Desinformationskrieg ein.

Gemäß Hoskins und O'Loughlin (2015, S. 1220, 1327–1328) handelt es sich dabei um innovative Varianten der „Bewaffnung der Medien": Politische und militärische Akteure machen sich gezielt die Dynamik sozialer Medien zu eigen, um Medienaktivitäten aktiv zu lenken, und zwar zum Zwecke der eigenen Interessenverfolgung. Vor allem soziale Netzwerke wie TikTok, X, Telegram und Instagram haben das Ausmaß und die Reichweite der Kriegsberichterstattung verändert. In diesem ersten „TikTok- und Telegram-Krieg" dienen teilweise sogar in Echtzeit geteilte Smartphone-Videos als authentische Berichte direkt von der Front, wobei betroffene Zivilpersonen oder gar Soldaten scheinbar in die Rolle von KriegsberichterstatterInnen schlüpfen. Sowohl etablierte Medien als auch individuelle NutzerInnen tragen anschließend über Social-Media-Plattformen zur Verbreitung dieser Augenzeugenberichte bei.

Im digitalen Zeitalter wird der Kampf um die Kontrolle und Verbreitung von Informationen zu einer integralen Ressource moderner Kriegsführung – und Informationen damit zu einer entscheidenden Waffe auf dem medialen Schlachtfeld. Medien stellen das Terrain dar, auf dem dieser Informationskrieg tobt; zugleich beeinflussen Medien- und Kommunikationstechnologien maßgeblich, wie Kriege geführt werden (Boichak und Hoskins 2022, S. 2). Gegenwärtig gewinnt die Frage an Bedeutung, inwiefern digitale Medientechnologien und Informationsumgebungen, insbesondere soziale Netzwerke, die Bedingungen für die Produktion und Verbreitung strategischer Narrative im Kontext von Kriegen und bewaffneten Konflikten beeinflussen. Im ersten Abschnitt dieses Buches widmen wir uns daher den Strategien und Methoden der staatlichen russischen und ukrainischen Kommunikation im Krieg sowie den Kommunikationsaktivitäten von Bundesregierung, NATO und Europäischer Union zur Unterstützung der Ukraine.

Wie die kommunikationswissenschaftliche Forschung zeigt, gibt es eine Verbindung zwischen den persuasiven Inhalten, die von strategischen Kommunikatoren verbreitet werden, und der Art und Weise, wie die Medien über Kriege berichten (Fröhlich und Jungblut 2018). Im Russisch-Ukrainischen Krieg spielen digitale Plattformen eine entscheidende Rolle, indem sie die Verbreitung von Multimedia-Inhalten erleichtern. Insbesondere in Konfliktgebieten, in denen die Präsenz vor Ort besonders herausfordernd und gefährlich ist, sind diese Plattformen aufgrund ihrer Unmittelbarkeit und globalen Reichweite attraktiv für traditionelle Medienorganisationen (Zahoor und Sadiq 2021). Welche Herausforderungen Nachrichtenmedien und Journalismus im Russisch-Ukrainischen Krieg bewältigen müssen und wie sie über den Krieg berichten, analysieren wir daher im zweiten Abschnitt dieses Buches.

Ein wesentlicher Grund für die vielfältigen Medienstrategien der Konfliktparteien in Kriegszeiten ist die wahrgenommene Wirkung der Berichterstattung (Aday 2016). Direkte Schlüsse über die Nutzung, Wirkung und Aneignung krisen- und kriegsbezogener Informationen können allerdings nicht unmittelbar aus der Analyse von Medienangeboten gezogen werden (Löffelholz 2004, S. 38). Deshalb beziehen wir im dritten Abschnitt des Buches die Ergebnisse von Studien ein, wie RezipientInnen auf medial vermittelte Aussagen über Kriege reagieren. Wichtig ist zudem, welche Auswirkungen der mittlerweile alltägliche Einsatz von Smartphones hat, die im Grunde jederzeit und überall verfügbar sind.

3 Strategische Kommunikation, Journalismus und Medienrezeption – über dieses Buch

Vor diesem Hintergrund beschäftigt sich dieses Buch mit der zentralen Frage, inwiefern die strategische Kommunikation, der Journalismus und die Medien sowie die Auswirkungen der Berichterstattung auf das Publikum dazu beitragen, die Strukturen und Dynamik der modernen Kriegsführung zu prägen oder sogar zu verändern. In 17 Beiträgen geben 27 Expertinnen und Experten aus Wissenschaft und Journalismus einen umfassenden und detailreichen Überblick über den Stand der Forschung und über die Herausforderungen, mit denen staatliche Akteure, Journalistinnen und Journalisten, aber auch die Bevölkerung in der Ukraine, in Russland und im Westen konfrontiert sind.

Im ersten Abschnitt beschäftigen wir uns in sieben Beiträgen mit der strategischen Kommunikation im Russisch-Ukrainischen Krieg. So sind Kriege immer auch Kämpfe um die Deutungshoheit, denn „[w]er die Dinge benennt, beherrscht sie" (Greiffenhagen 1980, S. 12). Die bereits beschriebenen, konkurrierenden Narrative zum Russisch-Ukrainischen Krieg dienen politischen Akteuren dabei, den politischen Diskurs und die öffentliche Meinung in ihrem Sinne zu beeinflussen (Kretschmer et al. 2021) und ihren Einfluss gezielt zu erweitern (Miskimmon et al. 2012). Russland greift in seiner strategischen Kommunikation beispielsweise auf Narrative des Zweiten Weltkriegs zurück und behauptet eine „faschistische Bedrohung" durch die Ukraine, um die russische Bevölkerung davon zu überzeugen, dass die UkrainerInnen „bedrohliche Andere" seien (Khaldarova 2021; Kuzio, 2015). Im Gegenzug werden die russischen Truppen in der Ukraine, inspiriert von J.R.R. Tolkiens Epos „Herr der Ringe", als „Orks" bezeichnet – also als auf der Seite des Bösen kämpfende, aggressive, feindselige und entmenschlichte Wesen (dpa 2022).

Zum Einstieg in die Analyse der strategischen Kommunikation richtet Marc Jungblut in seinem Beitrag „*Strategische Kriegskommunikation – Ein Forschungsüberblick*" den Fokus auf die Erkenntnisse der wissenschaftlichen Forschung. Mit der russischen Invasion der Ukraine ist das Interesse an den damit verbundenen Fragen deutlich gewachsen. Jungblut stellt in seinem Beitrag die zentralen Akteure und Einsatzfelder der strategischen Kriegskommunikation vor, behandelt ihre potenziellen Wirkungen und gibt einen Ausblick auf die weitere Forschung. Direkt daran schließen sich Beiträge zur strategischen Kommunikation beider Kriegsparteien im Kampf um die Deutungshoheit an.

Zunächst skizzieren Florian Töpfl und Arista Beseler „Wie die Herrschaftselite Russlands den Krieg kommuniziert – ‚Strategische Regierungskommunikation' in einer personalistischen Autokratie". Sie beleuchten, wer über welche Kanäle, mit welchen Zielen und auf welche Weise den Krieg aus russischer Sicht thematisiert. In der personalistischen Autokratie Russlands agiert dabei keine formelle Regierungsinstitution als primäre politische Entscheidungsinstanz, sondern eine weitgehend informell organisierte Herrschaftselite – mit Folgen auch für die Kommunikation im Krieg. Im nachfolgenden Beitrag von Mandy Ganske-Zapf und Tamina Kutscher geht es um eines der zentralen Instrumente der russischen Kriegspropaganda: das staatliche Fernsehen. In ihrem Beitrag *„Täglich grüßt die ‚Zombiekiste' – Die Propaganda des russischen Staatsfernsehens"* zeigen die Autorinnen, welche Narrative, Formate und Mechanismen zum Einsatz kommen und welches Verständnis von Journalismus die russischen Medienmacher prägt. Christian F. Trippe analysiert in seinem Beitrag *„Z-Blogger' erzeugen Pseudo-Pluralität – Wie russische Kriegsberichterstatter auf Telegram ihr Publikum finden"* die in der Forschung bisher kaum beachtete Rolle russischer „Milblogger" oder „Z-Blogger", die auf ihren privaten Telegram-Accounts den Krieg thematisieren – häufig propagandistisch.

Anschließend beleuchtet Daria Taradai in ihrem Beitrag den *„Kampf für die gerechte Sache – Die strategische Regierungskommunikation der Ukraine"*. Angesichts des mehr als zwei Jahre andauernden Krieges stellt sie die Frage, wie effektiv die ukrainische Kommunikationsstrategie noch sei und welche Herausforderungen sich ergeben, wenn der Krieg auf unbestimmte Zeit andauert. Katerina Veljanovska Blazhevska erörtert in ihrem Beitrag *„Was sagt Brüssel? – Zur Kommunikation der Ukraine-Unterstützer"* die Bedeutung rechtzeitiger, effektiver und zielgerichteter strategischer Kommunikation auf internationaler Ebene. Dabei konzentriert sie sich auf die Frage, wie EU und NATO angesichts der Herausforderungen im digitalen Zeitalter diverse Publika ansprechen und mit welchen Schwierigkeiten sie dabei konfrontiert sind. Sascha Stoltenow schließt diesen Abschnitt mit dem Beitrag *„Zögerliche Zeitenwende – Die strategische Kommunikation der Bundesregierung"* ab. Aus seiner Sicht werden mit der von Olaf Scholz propagierten „Zeitenwende" grundlegende Narrative des deutschen Selbstverständnisses nach dem Ende des Zweiten Weltkriegs in Frage gestellt, was sich besonders deutlich in der politischen Diskussion um Art und Umfang der militärischen Unterstützung der Ukraine zeige.

Wissenschaftliche Studien weisen darauf hin, dass die Berichterstattung westlicher Medien über Konflikte in Ländern wie der Ukraine oft die Narrative ihrer eigenen Regierungen und politischen Eliten widerspiegelt (Boyd-Barrett 2016; Katchanovski und Morley 2012), während Medien der unmittelbar beteiligten Kriegsparteien zumeist als unzuverlässige Quellen gelten (Katchanovski 2022). Das stellt den qualitätsorientierten Journalismus demokratischer Gesellschaften vor besondere Herausforderungen, bei der Berichterstattung über die Kämpfe aus den Kriegsgebieten wie bei der Faktenprüfung und dem Abgleich von Quellen. Sowohl die Kriegsparteien als auch der Kriegs- und Krisenjournalismus rüsten daher kommunikativ auf, beispielsweise durch den Einsatz von Systemen der Künstlichen Intelligenz oder Virtuellen Realität, wie im zweiten Abschnitt des Buches detailliert beschrieben wird.

Den Anfang macht Kathrin Schleicher mit einer Analyse aktueller wissenschaftlicher Erkenntnisse zur *„Kriegsberichterstattung im digitalen Zeitalter"*. In dem anschließenden Gespräch *„Gründlichkeit vor Schnelligkeit"*, das Daniel Goffart (*WirtschaftsWoche*) mit Katrin Eigendorf (*ZDF*), Oliver Köhr (*ARD*) und Christian F. Trippe (*DW*) geführt hat, geht es vor allem darum, welche Herausforderungen öffentlich-rechtliche Sender in Deutschland bei Kriegsbeginn bewältigen mussten, wie der Journalismus mit problematischen Quellen wie der russischen Armee oder der Hamas im Nahostkonflikt umgeht und welche Bilder dem Publikum zugemutet werden können. In einer Studie zu den *„Grenzen der Perspektivenvielfalt – Wie deutsche Nachrichtenmedien über den Ukraine-Krieg berichtet haben"* zeigen Marcus Maurer, Pablo Jost und Jörg Haßler auf Basis einer Inhaltsanalyse von knapp 4.300 Beiträgen von acht deutschen Leitmedien unter anderem, dass diese sich klar auf die Seite der Ukraine gestellt haben. Daran anschließend beschreiben Martin Löffelholz und Yi Xu in ihrem Beitrag über die *„Bilder des Krieges"*, wie visuelle Informationen ausgewählt und präsentiert werden, mit welchen Einschränkungen BildberichterstatterInnen dabei zu kämpfen haben und welche Faktoren das visuelle Framing von Kriegen und Konflikten beeinflussen.

Zwei weitere Beiträge in diesem Abschnitt widmen sich den keineswegs nur positiven Konsequenzen der Einführung neuer Technologien im Journalismus des digitalen Zeitalters. Johanna Radechovsky untersucht in *„Fakt oder Fake"* die Arbeit deutscher FaktencheckerInnen im Kampf gegen Desinformation. Der Faktencheck als journalistische Disziplin hat das Ziel, Informationen auf ihre Wahrheit zu überprüfen und über die Gefahren von Desinformation und Propaganda aufzuklären. Den Einsatz neuer Technologien im Kriegsjournalismus beleuchtet Aynur Sarısakaloğlu in ihrem Beitrag *„Als Avatar an die Front – Kriegsjournalismus in Zeiten künstlicher Intelligenz und virtueller Realität"*. Solche Technologien eröffnen dem Kriegsjournalismus zwar innovative Wege, Geschichten zu erzählen, gleichzeitig entstehen jedoch neue Herausforderungen, etwa im Hinblick auf die ethischen Standards eines algorithmengesteuerten und immersiven Kriegsjournalismus.

Die detaillierte Auseinandersetzung mit der strategischen Kommunikation unterschiedlicher staatlicher Akteure und die Analyse der Rolle von Medien und Journalismus im Krieg ist nicht zuletzt relevant, weil klassische Medien und seit einigen Jahren Social-Media-Plattformen maßgeblich beeinflussen, wie BürgerInnen mit Konfliktinformationen umgehen (Jungblut et al. 2023). Am Beginn des dritten Abschnitts dieses Buches beschreibt Andrea Hoffmann in ihrem Beitrag *„Was der Krieg mit uns macht"* die psychologischen Auswirkungen der Kriegsberichterstattung auf das deutsche Medienpublikum. Anfangs überwiegen demnach die positiven Effekte aktiv aufgesuchter Nachrichtenangebote, indem Informationen vermittelt und Orientierung gegeben wird. Mit zunehmender Dauer des Krieges können jedoch negative Gefühle wie Furcht und Stress zunehmen und ein Vermeidungsverhalten gegenüber Kriegsnachrichten auslösen.

Anschließend widmen sich zwei Beiträge den psycho-sozialen Folgen des Krieges für die Bevölkerung in der Ukraine und in Russland. *„Angst, Trauer, Entschlossenheit"* prägen dabei die *„ukrainische Bevölkerung im Krieg"*, wie Denis Trubetskoy und Mykola Berdnyk erläutern. Konkret gehen sie der Frage nach, woher die UkrainerInnen, die sich gegen einen überlegenen Angreifer wehren, ihre Kraft für den Kampf schöpfen, wie sie mit existentiellen Ängsten umgehen, welchen Platz Trauer angesichts der enormen Verluste hat und welche Rolle Medien und soziale Netzwerke dabei spielen. Michael Thumann und Markus Ziener betrachten in ihrem Beitrag hingegen die *„Schweigende Mehrheit"* in der russischen Gesellschaft. Sie analysieren dabei insbesondere die Rolle staatlicher Propaganda für die Einstellungen der Russinnen und Russen, die von stiller Ablehnung über Apathie bis zu überzeugter Zustimmung zum Krieg reicht. Im letzten Beitrag beleuchtet Marlis Prinzing schließlich das *„Unbehagen an der Ukraine-Berichterstattung"*, wie es nicht nur in Deutschland sichtbar geworden ist.

Letztlich bleibt auch in diesem Buch eine Frage unbeantwortet: Inwieweit ist Kriegsberichterstattung ohne ,Haltung' gegenüber dem konkreten Krieg überhaupt möglich? Journalistinnen und Journalisten tragen durch ihre Arbeit dazu bei, dass Narrative über den Krieg, seine Ursachen und möglichen Folgen tradiert, verstärkt, manchmal erst erzeugt und immer wieder auch kritisch reflektiert werden. Das Wissen darum kann der Selbstreflektion und Professionalisierung des Journalismus ebenso dienen wie es dem Publikum dabei helfen kann, die strategische Kommunikation der kriegsbeteiligten Akteure und die Kriegsberichterstattung einzuordnen. Dies gilt für den Krieg in der Ukraine, es gilt für den Krieg Israels gegen die Hamas. Narrative wollen gelesen, verstanden, interpretiert und hinterfragt werden, wie in diesem Buch deutlich wird.

Literatur

Aday, S. (2016). Media, war, and public opinion. In P. Robinson, P. Seib & R. Fröhlich (Hrsg.), *Routledge Handbook of Media, Conflict and Security*. London: Routledge.

Bennett, W. L., & Livingston, S. (2018). The disinformation order: Disruptive communication and the decline of democratic institutions. *European Journal of Communication*, *33*(2), 122–139. https://doi.org/10.1177/0267323118760317.

Boichak, O., & Hoskins, A. (2022). My war: participation in warfare. *Digital War*, 3, 1–8.

Boyd-Barrett, O. (2016). *Western Mainstream Media and the Ukraine Crisis: A Study in Conflict Propaganda*. New York: Routledge.

dpa (2022). *„Raschisten" und „Orks": Die neue Sprache im Ukraine-Krieg*. https://www.zeit.de/news/ 2022-04/18/raschisten-und-orks-die-neue-sprache-im-ukraine-krieg. Zugegriffen am 20. Dezember 2023.

Dyczok, M., & Chung, Y. (2022). Zelens'kyi uses his communication skills as a weapon of war. *Canadian Slavonic Papers*, 64, 146–161.

Fedor, J. (2015). Introduction: Russian Media and the War in Ukraine. *Journal of Soviet and Post-Soviet Politics and Society*, 1(1), 1–12.

Fröhlich, R., & Jungblut, M. (2018). The dynamics of strategic communication over time: patterns of persuasive communication and its relevance for the construction of discourse on war and conflict. In R. Fröhlich (Hrsg.), *Media in War and Armed Conflict. The Dynamics of Conflict News Production and Dissemination* (S. 76–110). London: Routledge.

Katchanovski, I., & Morley, A. (2012). Politics of US Television Coverage of Post-Communist Countries. *Problems of Post-Communism*, 59(1), 15–30.

Greiffenhagen, M. (1980). Einleitung. In M. Greiffenhagen (Hrsg.), *Kampf um Wörter? Politische Begriffe im Meinungsstreit* (S. 9–37). München: Carl Hanser.

Golovchenko Y., Hartmann, M., & Adler-Nissen, R. (2018). State, media and civil society in the information warfare over Ukraine: citizen curators of digital disinformation. *International Affairs*, 94(5), 975–994. https://doi.org/10.1093/ia/iiy148.

Hoskins, A., & O'Loughlin, B. (2015). Arrested war: the third phase of mediatization. *Information, Communication & Society*, 18, 1320–1338.

Jungblut, M., Kümpel, A. S., Peter, C., & Wulf, T. (2023) Editorial: The Russian invasion of Ukraine in modern information environments: content, consumers, and consequences of digital conflict communication. *Frontiers in Political Science*, 5. https://doi.org/10.3389/fpos.2023.1227005.

Katchanovski, I. (2022). *The Russia-Ukraine War and the Maidan in Ukraine*. http://dx.doi.org/10.2139/ ssrn.4246203. Zugegriffen am 01. Dezember 2023.

Khaldarova, I. (2021). Brother or 'Other'? Transformation of strategic narratives in Russian television news during the Ukrainian crisis. *Media, War & Conflict*, 14(1), 3–20. https://doi.org/10.1177/ 1750635219846016.

Kragh, M., & Åsberg, S. (2017). Russia's strategy for influence through public diplomacy and active measures: the Swedish case. *Journal of Strategic Studies*, 40(6), 773–816.

Kretschmer, H., Napierala, N., & Plath, T. (2021). Frames und Narrationen im öffentlichen Raum als Herausforderungen für Public Affairs. In U. Röttger, P. Donges & A. Zerfaß (Hrsg.), *Handbuch Public Affairs. Politische Kommunikation für Unternehmen und Organisationen* (S. 511–525). Wiesbaden: Springer Gabler.

Kuisz, J., & Wigura, K. (2023). Kampf der Narrative. *Internationale Politik*, 3, 66–70.

Kuzio, T. (2015). Competing nationalisms, EuroMaidan, and the Russian-Ukrainian conflict. *Studies in Ethnicity and Nationalism*, 15(1), 157–169. https://doi.org/10.1111/sena.12137.

Löffelholz, M. (2004). Krisen- und Kriegskommunikation als Forschungsfeld. Trends, Themen und Theorien eines hoch relevanten, aber gering systematisierten Teilgebietes der Kommunikationswissenschaft. In M. Löffelholz (Hrsg.), *Krieg als Medienereignis II. Krisenkommunikation im 21. Jahrhundert* (S. 13–55). Wiesbaden: VS Verlag für Sozialwissenschaften.

Masala, C. (2023). *Bedingt Abwehrbereit*. München: Beck.

Miskimmon A., O'Loughlin, B., & Roselle, L. (2012). *Forging the world: Strategic narratives and international relations*. Ann Arbor: University of Michigan Press. https://doi.org/10.3998/mpub. 6504652.

Plokhy, S. (2023). *Der Angriff*. Hamburg: Hoffmann und Campe.

Putin, V. V. (2021). *Статья Владимира Путина „Об историческом единстве русских и украинцев"* [Wladimir Putins Artikel „Über die historische Einheit von Russen und Ukrainern"]. http://kremlin.ru/events/president/news/66181. Zugegriffen am 29. Oktober 2023.

Rodionov, I. (2022, 19. Januar). *Eben. „Unsere". Diese Sicherheitsordnung wurde ohne und gegen #Russland aufgebaut* [Post]. https://twitter.com/IvanRodionov_/status/1483579609606152198?s= 20. Zugegriffen am 29. Oktober 2023.

Sasse, G. (2022). *Der Krieg gegen die Ukraine*. München: Beck.

Schneider-Deters, W. (2021). *Ukrainische Schicksalsjahre* (Bd. 1–2). Berlin: Berliner Wissenschafts-Verlag.

Zahoor, M., & Sadiq, N. (2021). Media and Armed Conflicts: An Overview. *Journal of International Peace & Stability*, 4(1), 70–80. https://doi.org/10.37540/njips.v4i1.80.

1 Strategische Kommunikation im Russisch-Ukrainischen Krieg

Marc Jungblut

Strategische Kriegskommunikation – Ein Forschungsüberblick

Zusammenfassung: Vor dem Hintergrund der russischen Invasion der Ukraine ist der Untersuchungsgegenstand der strategischen Kriegskommunikation vermehrt in den Fokus des medialen Diskurses und der Forschung geraten. Dennoch liegt bislang kein umfassender Überblick zu den Forschungsdesideraten im Bereich der strategischen Kriegskommunikation vor. Dieser Beitrag zielt darauf ab, diese Forschungslücke zu schließen und präsentiert zentrale Ergebnisse der Erforschung strategischer Kriegskommunikation. Hierfür wird zunächst strategische Kommunikation definiert, bevor zentrale Akteure der strategischen Kriegskommunikation und damit verbundene Einsatzfelder der strategischen Kriegskommunikation vorgestellt werden. Hieran anschließend werden mögliche Wirkungen der strategischen Kriegskommunikation dargestellt. Der Beitrag schließt mit einem Ausblick auf aktuelle Forschungsbereiche der strategischen Kriegskommunikation – besonders vor dem Hintergrund des anhaltenden russischen Angriffskrieges gegen die Ukraine.

1 Was ist strategische Kommunikation?

Strategischer Kriegskommunikation wird das Potential zugeschrieben, den Ausgang von Kriegen zu beeinflussen (Erlich und Garner 2023; Jungblut 2020b). Dies lässt sich anhand des medialen Diskurses über den potentiellen Einfluss russischer (Des)Informationskampagnen auf die öffentliche Meinung zur russischen Invasion der Ukraine sowie auf die öffentliche Unterstützung weiterer militärischer oder finanzieller Hilfen für die Ukraine verdeutlichen (z. B. Dilger und Rohrmeier 2023; Gensing 2023).

Trotz dieser scheinbar erheblichen Relevanz strategischer Kommunikation für öffentliche Diskurse ist die wissenschaftliche Beschäftigung mit strategischer Kommunikation ein vergleichsweise junges Forschungsfeld innerhalb der Kommunikationswissenschaft (Nothhaft und Zerfass 2022). Dabei ist festzustellen, dass das Gros der Forschung sowie die meisten zentralen Überblickswerke sich mit einer PR- oder Marketing-Perspektive auf den Untersuchungsgegenstand strategische Kommunikation beschäftigen (Nothhaft und Zerfass 2022), während zu dem Teilbereich der strategischen Kriegskommunikation bisher keine Überblicksarbeiten vorliegen.

https://doi.org/10.1515/9783111331508-002

Der folgende Beitrag soll daher einen umfassenden Überblick zum Forschungsstand der strategischen Kriegskommunikation anbieten.

Der Begriff der strategischen Kommunikation findet neben der Kommunikationswissenschaft auch in der Betriebswirtschaftslehre und der Politikwissenschaft Verwendung. Daher ist es wenig überraschend, dass strategische Kommunikation als Sammelbegriff für unterschiedliche Kommunikationspraktiken genutzt wird und sogar eine inflationäre Verwendung des Begriffs beklagt wurde (Nothaft und Zerfass 2022). Eine eindeutige Definition des Begriffs der strategischen Kommunikation ist demgemäß ein notwendiger Ausgangspunkt, um einen systematischen Überblick über das Teilgebiet der strategischen Kriegskommunikation liefern zu können.

Hallahan et al. (2007) definieren strategische Kommunikation als den intentionalen und zielgerichteten Einsatz von Kommunikation durch eine Organisation. Ziel der Kommunikation ist es, zu der Erreichung von Organisationszielen beizutragen. Daran anknüpfend identifizieren Röttger et al. (2013) Intentionalität, Zweckgebundenheit, Persuasionsabsicht und Organisationsgebundenheit als Kernkriterien strategischer Kommunikation und versuchen dadurch strategische von verständnisorientierter Kommunikation abzugrenzen.

Wendet man diese Definition auf den Bereich der Kriegskommunikation an, lassen sich verschiedene Arten von Organisationen identifizieren, die strategische Kommunikation einsetzen. Hierzu zählen politische Akteure, militärische und paramilitärische Akteure sowie Nichtregierungsorganisationen (Fröhlich und Jungblut 2015; Jungblut 2020b). Im Folgenden sollen zentrale Erkenntnisse zum Einsatz strategischer Kriegskommunikation durch diese Akteursgruppen zusammengefasst werden.

2 Strategische politische Kriegskommunikation

Internationale politische Akteure und VertreterInnen der Konfliktparteien verwenden strategische Kommunikation, um verschiedene Organisationsziele zu erreichen. Erstens versuchen sie durch strategische Kommunikation gezielt die *öffentliche Meinung zu beeinflussen* (Erlich und Garner 2023; Jungblut 2020b; Van Aelst und Walgrave 2016). Dies betrifft zum einen die inländische öffentliche Meinung. Hier versuchen politische Akteure ein möglichst wünschenswertes Framing von Konflikten, Konfliktparteien oder Konfliktereignissen zu etablieren (Jungblut 2020b). Darüber hinaus möchten politische Akteure die internationale Berichterstattung beeinflussen. Ziel dieser sogenannten Public Diplomacy ist es, die öffentliche

Meinung ausländischer Öffentlichkeiten und dadurch potenziell die Außenpolitik anderer Nationen zu beeinflussen (Jungblut 2017; Sheafer et al. 2014).

Zweitens betrachten Studien die Mittel und Methoden, mit denen politische Akteure strategische Kommunikation nutzen, um die *öffentliche Unterstützung für politische Entscheidungen und Maßnahmen* sicherzustellen (Aday et al. 2012; Bennett et al. 2008; Edy und Meirick 2007). „It is argued that if political actors are able to bring media attention to their cause and to mobilize public support, they can swing momentum to their side and exert pressure in the policy-making process" (Tresch 2009, S. 68). Dabei liegt ein besonderes Augenmerk der Forschung auf der Frage, wie Sanktionen, Konfliktinterventionen und Kriege gegenüber der Öffentlichkeit gerechtfertigt werden (Hiebert 2003; Kumar 2006; Kutz 2014).

Drittens verwenden politische Akteure strategische Kommunikation zur Krisenkommunikation, um die *negativen Folgen von Skandalen abzumildern*. Durch strategische Kommunikation können so beispielsweise Gräueltaten, die durch die eigenen Truppen begangen wurden, als fehlgeleitete Einzelfälle dargestellt werden. Dadurch können das positive Bild einer militärischen Intervention aufrechterhalten und gleichzeitig negative politische Konsequenzen abgemildert werden (Bennett et al. 2006; Rowling et al. 2015).

Viertens kann man feststellen, dass die *Sicherung politischer Macht und zukünftiger Wahlerfolge* ebenfalls ein Ziel strategischer Kommunikation darstellt (Van Aelst et al. 2008; Wolfsfeld und Sheafer 2006). Die Analyse der strategischen politischen Kommunikation trägt somit zur Beantwortung der Frage bei, „who gets what, when, and how" (Van Aelst und Walgrave 2016, S. 498). Um diese Frage zu beantworten, betrachtet die Forschung häufig den Einfluss strategischer Kommunikation auf die Berichterstattung. Dieser wird trotz der Digitalisierung und dem dadurch möglichen direkten Kontakt zwischen Politik und Öffentlichkeit immer noch eine große Relevanz für den Erfolg strategischer politischer Kriegskommunikation zugeschrieben (Jungblut 2020a; Brüggemann und Weßler 2009; Wolfsfeld et al. 2022). Insgesamt lassen sich Ansätze zur Rolle der Medien für strategische politische Kommunikation dabei in drei archetypische Perspektiven einteilen (Brüggemann und Weßler 2009): Modelle der medialen Allmacht, Modelle der politischen Allmacht sowie Modelle der Interdependenz zwischen Medien und Politik (→ Beitrag Schleicher).

Modelle der medialen Allmacht basieren auf dem Postulat, dass wir in einer Mediengesellschaft leben und PolitikerInnen sich demgemäß der Medienlogik anpassen müssen, um in den Medien stattzufinden. Demnach hat strategische politische Kommunikation nur einen geringen Einfluss auf die Berichterstattung. Eines der meistdiskutierten Modelle der medialen Allmacht im Kontext der Kriegskommunikation ist der *CNN-Effekt*. Dieser geht davon aus, dass die Art und Weise, wie Konflikte in den Medien dargestellt werden, eine Regierung dazu zwingen kann, ihre Politik zu ändern (Gilboa 2005; Robinson 2002). Demnach könnte eine dramatisierte, personalisierte und emotional aufgeladene Berichterstattung über humanitäre Krisen eine Regierung dazu drängen, in den Konflikt einzugreifen, während ein Fokus der Medien auf den Verlusten und Kosten einer Intervention die Regierung dazu veranlassen könnte, sich aus dem Konflikt zurückzuziehen. Jedoch deutet empirische Evidenz darauf hin, dass die Medien nicht in der Lage sind, politische Entscheidungen eigenständig herbeizuführen. Vielmehr scheinen sie eher existierende Eliten-Diskurse zu reflektieren (Livingston und Eachus 1995; Mermin 1997). Zudem scheint die Vorstellung einer medialen Macht über das politische System insgesamt nicht adäquat die Realität abzubilden (Gilboa 2005). Vielmehr wird das Verhältnis zwischen Medien und Politik von verschiedenen Kontextfaktoren bestimmt, wie zum Beispiel dem Grad des Konsenses zwischen politischen Eliten (Robinson 2002).

Während Modelle der medialen Allmacht von einer untergeordneten Relevanz strategischer politischer Kommunikation ausgehen, betonen *Modelle der politischen Allmacht*, den starken Einfluss strategischer Kommunikation auf die Medien (Brüggemann und Weßler 2009). Die Hauptthese des *Manufacturing Consent-Ansatzes* ist es beispielsweise, dass die kapitalistische Organisation der westlichen Mediensysteme dazu führt, dass die Berichterstattung zur Verfestigung des Status-Quo beiträgt und somit strategisch gesetzte Kommunikationsbotschaften politischer Eliten unkritisch übernommen werden (Herman und Chomsky 1988). Modelle der politischen Allmacht betrachten die Medien in der Regel als passive Informationsübermittler, die die Perspektiven der Mächtigen unkritisch an die Öffentlichkeit weitergeben. Insgesamt deutet empirische Evidenz jedoch darauf hin, dass auch Modelle der politischen Allmacht nicht in der Lage sind, das Verhältnis zwischen Medien und Politik adäquat abzubilden. So zeigen Studien aus dem Bereich der Journalismusforschung, dass unterschiedliche politische Einstellungen oder das Geschlecht der Medienschaffenden, sich in der Nachrichtenselektion und -präsentation niederschlagen, was für eine aktive Rolle von JournalistInnen im Nachrichtenproduktionsprozess spricht (z. B. Hoxha und Hanitzsch 2018; Kepplinger 1992; Tenenboim-Weinblatt und Baden 2021).

Die dritte Perspektive auf das Verhältnis von Politik und Medien sind *Modelle der Interdependenz*, die von wechselseitigen Einflüssen zwischen beiden Akteursgruppen ausgehen. Die „[m]ediale Realitätskonstruktion entfaltet sich demnach als Ergebnis eines Interaktionsprozesses zwischen Politik und Medien, bei dem keine Seite die andere völlig kontrollieren kann." (Brüggemann und Weßler 2009, S. 637). Dabei betonen Modelle wie das Politics-Media-Politics Modell (Wolfsfeld et al. 2022) die Relevanz von Kontextfaktoren für die Erklärung des (Nicht-)Einflusses von strategischer politischer Kommunikation auf die Berichterstattung. Folgt man Brüggemann und Weßler (2009), so gehören zu diesen Kontextfaktoren unter anderem Einflüsse innerhalb des politischen Systems, z. B. die Verteilung von Elitemeinungen (Robinson 2002), Einflüsse innerhalb des Mediensystems, z. B. die vorherrschende Journalismuskultur (Hanitzsch 2007), kulturelle Einflussfaktoren, z. B. die kulturelle Resonanz ausgedrückter Positionen (Jungblut 2020b) und situative Faktoren wie etwa die Kontrolle über den Zugang zu Informationen durch die Politik (Baum und Potter 2008). Während es eine Reihe von Fallstudien gibt, die mögliche Einflussfaktoren auf das Verhältnis zwischen Politik und Medien identifiziert haben (z. B. Sheafer et al. 2014; Entman 1991), mangelt es noch immer an großen komparativen Studien, die den Einfluss dieser Faktoren über unterschiedliche Kontexte und Konflikte hinweg bestimmen.

3 Strategische militärische Kommunikation

Neben politischen Akteuren greifen auch militärische Akteure in Kriegen und Konflikten auf strategische Kommunikation zurück. Dabei ist zu beachten, dass politische Akteure in der Regel über die Aufgaben und den Einsatz des Militärs bestimmen und auch die zu Verfügung stehenden Ressourcen festlegen (Leonhard und Werkner 2012). Daraus ergibt sich, dass die strategische Kommunikation und die Organisationsziele des Militärs nicht unabhängig von politischen Entscheidungen und Einflussnahmen sind (Schleicher 2016).

Das wichtigste Organisationsziel des Militärs ist zunächst die *Verteidigung des eigenen Landes und seiner Bürger* (Leonhard und Werkner 2012). Während Verteidigung traditionell auf dem Schlachtfeld stattfand, ist die Relevanz von strategischer Kommunikation für die Kriegsführung in den letzten Dekaden gestiegen. Ein Grund hierfür ist die höhere Anzahl an asymmetrischen Konflikten. In diesen setzen die vermeintlich schwächeren Konfliktparteien häufig strategische Kommunikation ein, um ihre Widersacher zu demoralisieren oder andere Nationen bzw. die „Weltöffentlichkeit" davon zu überzeugen, ihnen in ihrem Kampf beizustehen (Ayalon et al. 2016; Wolfsfeld 2018). Ein zweiter Grund für die gestiegene Relevanz strategischer Kommunikation für das Militär ist, dass Kriege nicht mehr nur durch physische Gewalt entschieden werden, sondern zunehmend auch durch Informationen und gezielte Fehlinformationen (Brunner und Cavelty 2009; Maltby 2013; Schleicher 2016).

Folgt man Maltby (2013), so lassen sich sechs primäre Zielgruppen strategischer militärischer Kommunikation unterscheiden, die jeweils mit einem spezifischen Organisationsziel verknüpft sind. Die erste Zielgruppe sind politische Eliten und EntscheiderInnen. Diese sollen davon überzeugt werden, dass eine militärische Operation die potenziellen finanziellen Kosten und möglichen menschlichen

Verluste wert ist. Militäreinsätze sollen demgemäß als gut geplant und professionell ausgeführt dargestellt werden, um fortlaufende politische Unterstützung sicherzustellen und politische Einmischungen in militärische Operationen zu vermeiden. Zweitens richtet sich die strategische militärische Kommunikation an die Öffentlichkeit. Ziel ist es dabei, die eigene Bevölkerung davon zu überzeugen, dass eine militärische Operation notwendig ist, um öffentliche Legitimität und Unterstützung sicherzustellen (Hammond 2000; Kutz 2014; Nohrstedt et al. 2000). Gleichzeitig sollen durch eine gezielte Ansprache der Öffentlichkeit zukünftige SoldatInnen davon überzeugt werden, sich für das Militär zu verpflichten (Maltby 2013). Drittens versucht strategische militärische Kommunikation, die Bevölkerung im Einsatzgebiet zu adressieren. Ziel dieser Kommunikationsbemühungen ist es, die lokale Bevölkerung davon zu überzeugen, dass der Einsatz zu Frieden, Stabilität, wirtschaftlichem Aufschwung oder etwa zu einer Demokratisierung führen wird. Durch strategische Kommunikation soll so die Kooperation der Bevölkerung im Einsatzgebiet sichergestellt werden (Maltby und Thornham 2012). Viertens richtet sich die strategische militärische Kommunikation an die eigenen SoldatInnen. Ziel ist es dabei, einen Einsatz als notwendig und durch die Öffentlichkeit unterstützt darzustellen. Das Militär hofft, dass dies dazu beiträgt, die Moral und die Opferbereitschaft in der Truppe zu erhöhen bzw. aufrechtzuerhalten (Maltby 2013). Die fünfte Zielgruppe strategischer militärischer Kommunikation sind die Angehörigen und Familien der SoldatInnen. Diese sollen davon überzeugt werden, dass eine Militäroperation notwendig ist und dass der Einsatz ihrer Verwandten einen Unterschied macht (Maltby 2013). Schließlich richtet sich die strategische militärische Kommunikation an den Feind. Ziel ist es, die eigene militärische Operation als gut finanziert, professionell durchgeführt und von einer breiten Koalition im In- und Ausland unterstützt darzustellen. Auf diese Weise versucht die strategische militärische Kommunikation, die Moral und den Widerstand des Feindes zu schwächen und gleichzeitig die Unterstützung der Verbündeten des Gegners zu verringern (Maltby 2013; Maltby und Thornham 2012).

Neben dem Militär verwenden auch paramilitärische und terroristische Gruppierungen strategische Kommunikation. Ziel dieser Kommunikationsbemühungen ist das *Verbreiten von Angst und Wut* in der gegnerischen Bevölkerung (Wessler et al. 2022). Gleichzeitig verfolgen diese Organisationen eine *politische oder ideologische Agenda*, die sie durch ihre Aktivitäten und die begleitende strategische Kommunikation versuchen umzusetzen. Neben dieser politischen Agenda wollen Terrororganisationen durch strategische Kommunikation *neue Mitglieder ansprechen* und mögliche AnhängerInnen radikalisieren (Baines und O'Shaughnessy 2014; Norris et al. 2003).

4 Nichtregierungsorganisationen und strategische Kriegskommunikation

Nichtregierungsorganisationen (NGOs) sind die dritte Gruppe, die auf strategische Kriegskommunikation zurückgreifen, um ihre Organisationsziele zu erfüllen. NGOs sind eine sehr heterogene Gruppe von Organisationen, die unterschiedliche Ziele verfolgen und unterschiedliche Ressourcen zur Verfügung haben. Gleichzeitig lassen sich NGOs basierend auf der Größe ihres Einsatzgebietes unterscheiden: Während es eine Reihe großer transnational agierender NGOs gibt, wie Amnesty International, gibt es auf der anderen Seite viele kleine NGOs, die sich in ihrer Arbeit nur auf ein Konfliktgebiet fokussieren (Sangar und Meyer 2018). Diese Differenzierungskriterien bestimmen auch den Grad der Professionalisierung der strategischen Kommunikation sowie den Einfluss von NGOs auf die Konfliktbe-richterstattung (Fröhlich und Jungblut 2021).

Aufgrund des heterogenen Charakters von NGOs sind ihre Organisationsziele sehr unterschiedlich. Dennoch lassen sie sich in zwei allgemeine Kategorien ein-teilen. Erstens sind NGOs prinzipienorientierte Akteure, die *normative Ziele* an-streben (Van Leuven und Joye 2014; Mitchell und Schmitz 2014; Powers 2018). NGOs wollen zum Beispiel die politische Unterstützung für eine Minderheit er-höhen, die Versöhnung in einer Post-Konflikt-Gesellschaft fördern, öffentlichen Druck auf eine Regierung ausüben, die Menschenrechte verletzt, oder ein öffentli-ches Bewusstsein für Welthunger oder Landminen schaffen (Baumann et al. 2014; Fröhlich und Jungblut 2018). Zweitens müssen NGOs *instrumentell* handeln, da sie Ressourcen benötigen, um ihre normativen Ziele erreichen zu können (Mitchell und Schmitz 2014). Daher bitten sie um Spenden, um ihre weitere Existenz und ihren Handlungsspielraum als Organisation zu sicherzustellen (Powers 2014). Um diese beiden Gruppen von Zielen zu erreichen, sind NGOs auf strategische Kom-munikation angewiesen (Jungblut 2020b). Insofern spielt die mediale Berichter-stattung für die Erreichung beider Ziele eine wichtige Rolle (Powers 2018).

Die Studienlage hinsichtlich des Einflusses von NGOs auf die Kriegsbericht-erstattung kommt dabei zu keinen einheitlichen Ergebnissen. Einerseits wird NGOs ein steigender Einfluss auf die Berichterstattung attestiert, da das Korres-pondentennetz etablierter Massenmedien und ihre finanzielle Ausstattung stark abgenommen haben, während NGOs durch ihre andauernde Präsenz vor Ort über hinreichend lokale Kontakte in Konfliktregionen verfügen, um schnell an glaubwürdige Informationen zu kommen (Fröhlich und Jungblut 2018; Powers 2018; Sangar und Meyer 2018). Gleichzeitig verweisen empirische Studien auf den insgesamt eher geringen Einfluss von NGOs auf die Konfliktberichterstattung. NGOs werden selten in den Medien zitiert, und das Gros der Zitate stammt von großen transnationalen NGOs (z. B. Fröhlich und Jungblut 2021; Jungblut 2020b; van Leuven et al. 2013). Daraus ergibt sich die Frage, welche Botschaftsmerkmale den Einfluss von NGOs auf die Berichterstattung steigern können. Erste Studien verweisen dabei auf den positiven Einfluss von Evidenz in NGO-Botschaften auf die mediale Sichtbarkeit (Fröhlich und Jungblut 2021). Tab. 1 gibt einen Überblick zu den verschiedenen Akteursgruppen, die auf strategische Kriegskommunikation zurückgreifen, sowie über die Organisationsziele, die diese durch strategische Kommunikation zu erreichen versuchen.

Tab. 1: Überblick zu Akteuren der strategischen Kriegskommunikation.

Akteur	Organisationsziele
Politische AkteurInnen	Einfluss auf die öffentliche Meinung Öffentliche Unterstützung für Politik Eindämmung von Skandalen Politische Macht und Wahlerfolge
Militär	Verteidigung des Landes Einfluss auf unterschiedliche Zielgruppen, um Unterstützung von Missionen zu gewährleisten und Missionsziele zu unterstützen
Paramilitärische und Terrororganisationen	Angst und Wut verbreiten Politische oder ideologische Agenda Neue Mitglieder radikalisieren
Nichtregierungsorganisationen	Normative Ziele Instrumentelle Ziele

5 Wirkung strategischer Kriegskommunikation

Die Wirkung strategischer Kriegskommunikation lässt sich entlang klassischer Theorien der Medienwirkungsforschung erklären und in vier mögliche Wirkbereiche einteilen (Jungblut 2020b). Dabei ist zu beachten, dass strategische Kommunikation entweder direkt auf das Publikum wirkt, beispielsweise wenn strategische Kommunikationsbotschaften online rezipiert werden, oder indirekt auf das Publikum wirken kann. Im zweiten Fall beeinflusst strategische Kommunikation zunächst die mediale Berichterstattung, und diese Berichterstattung wirkt dann auf das Publikum (Jungblut 2020b).

So kann strategische Kommunikation erstens zu einem Lerneffekt beim Publikum führen, da es neue Informationen aus den Botschaften erhalten kann. Durch diese Informationen lernt das Publikum etwas über einen Krieg, seine möglichen

Ursachen und zukünftige Szenarien und Entwicklungen (Pan et al. 1994). In diesem Zusammenhang wurde wiederholt auf die mögliche Wirkung von Gerüchten, falschen oder sogar erfundenen Aussagen hingewiesen, die dem Publikum als potenzielle Fakten präsentiert werden (Boyd-Barrett 2017; Kumar 2006).

Zweitens kann die strategische Kriegskommunikation zu Agenda-Setting-Effekten führen. Dies folgt der Annahme, dass „[w]hen mass media emphasize a topic, the audience/public receiving the message will consider this topic to be important" (Walgrave und Van Aelst 2006, S. 89). Das gilt insbesondere für Themen und Ereignisse, die außerhalb der direkten Lebenswelt des Publikums stattfinden (McCombs und Shaw 1972; Soroka 2002). Daher zeigen sich besonders bei der Berichterstattung über Konflikte teilweise starke Agenda-Setting-Effekte (Iyengar und Simon 1993; Wanta und Hu 1993). Gleichzeitig kann eine hohe Aufmerksamkeit für Auslandseinsätze patriotische oder nationalistische Einstellungen aktivieren oder verstärken, was zu einer erhöhten Unterstützung von Militärinterventionen führen kann (Aday 2010; Althaus und Coe 2011). Da sich die Berichterstattung jedoch in der Regel nur auf eine kleine Anzahl salienter Konflikte fokussiert, während über die deutliche Mehrheit der Kriege eher sporadisch berichtet wird, gibt es eine Kehrseite des Agenda-Setting-Effekts. So ist anzunehmen, dass nicht berichtete Konflikte nicht auf der Publikumsagenda auftauchen und dadurch weniger Beachtung auf der politischen Agenda finden (Hawkins 2002, 2011).

Drittens kann die Art und Weise, wie die Medien einen Konflikt framen die öffentliche Wahrnehmung von Konflikten beeinflussen. Folgt man der Idee des Frame-Buildings, so liegt der Schluss nahe, dass strategische Kommunikation zur Entstehung von Medienframes beitragen kann (Lichtenstein und Koerth 2022; Scheufele und Tewksbury 2007). Dabei kann das Framing eines Konflikts beispielsweise beeinflussen, wie ein Konflikt definiert wird (z. B. als humanitäre Intervention oder zur Selbstverteidigung), wer die Schuld an einem Konflikt trägt (Opfer- und Täterrolle) und was getan werden sollte, um einen Konflikt zu lösen (z. B. diplomatische oder militärische Lösung, Entman 1993). Studien aus dem Kriegskontext deuten darauf hin, dass Framing die Unterstützung von Auslandsmissionen verändern (Baker und Oneal 2001; Edy und Meirick 2007) und die öffentliche Zustimmung für militärische oder diplomatische Konfliktlösungen beeinflussen kann (Iyengar und Simon 1993).

Schließlich ist ein kumulativer Effekt der drei beschriebenen Mechanismen denkbar: Da strategische Kommunikation direkt oder medial vermittelt den Zuschauern neue Informationen präsentiert und dadurch ihr politisches Wissen beeinflusst, während sie gleichzeitig Themen auf die öffentliche Agenda setzen und die öffentliche Meinung durch Frame-Building beeinflussen kann, ist strategische Kommunikation unter Umständen dazu in der Lage, das Verhalten des Publikums zu beeinflussen. Gleichzeitig hängen solche starken Kommunikationseffekte von relevanten Randbedingungen ab – wie dem vorherrschendem Meinungsklima oder der potentiellen Motivation von Individuen, bestimmte Handlungen auszuführen (Baden und Meyer 2018). So gibt es zum Beispiel empirische Hinweise auf einen Zusammenhang zwischen dem Ausmaß der medialen Aufmerksamkeit, die eine Krise erhält, und der Höhe der Spendenbereitschaft für die Opfer eines Krieges (Hawkins 2002; Simon 1997). Dennoch sind Kommunikationseffekte auf tatsächliche Handlungen häufig nicht direkt beobachtbar und schwierig mit rezipierten Kommunikationsinhalten in Verbindung zu setzen.

6 Aktuelle Trends der strategischen Kriegskommunikation

Während sich in den letzten Dekaden die Forschung zur strategischen Kriegskommunikation häufig auf die Wirkung strategischer Kommunikation auf die Medien fokussiert hat, ist durch die Einführung sozialer Medien und die Digitalisierung strategischer Kommunikation vermehrt der Fokus auf den direkten Kontakt zwischen strategischen KommunikatorInnen und RezipientInnen gewandert.

Dies zeigt sich auch vor dem Hintergrund der russischen Invasion der Ukraine und hat Folgen für die Erforschung der Rolle von strategischer Kriegskommunikation. Erstens zeigt sich, dass neue Technologien neue Möglichkeiten für strategische Kommunikation schaffen. So bieten Handykameras beispielsweise die Gelegenheit, das Kriegsgeschehen direkt zu dokumentieren und Gräueltaten des Gegners online mit der Weltöffentlichkeit zu teilen (Wolfsfeld 2018). Während solche Aufnahmen bereits seit einigen Jahren aus dem Nahost-Konflikt bekannt sind (Wolfsfeld 2018), tauchen Videos von vermeintlichen Kriegsverbrechen einer der beiden Konfliktparteien auch vermehrt aus der Ukraine auf (Reveland und Siggelkow 2022). Gleichzeitig bieten Aufnahmen von Drohnen ganze neue Einblicke in die Kriegsführung Russlands und der Ukraine (Thomaser 2023). Daraus lässt sich für die Forschung die Frage ableiten, wie solche Inhalte rezipiert werden, d. h. wie sie auf JournalistInnen sowie deren Berichterstattung und RezipientInnen wirken.

Zweitens sind digitale Medien nicht mehr nur der Ort, in dem Menschen Konfliktinformationen rezipieren, sondern vielmehr ein integraler Bestandteil der Kriegsführung selbst (Jungblut et al. 2023). Durch gezielte Desinformationskampagnen, gefälschte Bilder oder aus dem Kontext gerissene Inhalte versuchen Konfliktparteien, in sozialen Medien die öffentliche Meinung zu Konflikten zu beeinflussen (Doroshenko und Lukito 2021; Kragh und Åsberg 2017). In diesem Zusammenhang stellt sich für die Konfliktforschung die Frage, wie der russische Staatsapparat versucht (hat), den Angriffskrieg gegen die Ukraine als legitim darzustellen (→ Beitrag Toepfl & Beseler) und wie russische Desinformationskampagnen die öffentliche Unterstützung für finanzielle oder militärische Hilfen der Ukraine beeinflusst.

Daraus ergibt sich die Frage, ob die normative Abgrenzung zwischen Propaganda und strategischer Kommunikation, welche häufig analog zu der Abgrenzung zwischen Public Relations und Propaganda entlang des Wahrheitsgehalts der Botschaften gezogen wird (z. B. Fröhlich 2015), heute noch Bestand hat.

Literatur

Aday, S. (2010). Leading the charge: Media, elites, and the use of emotion in stimulating rally effects in wartime. *Journal of Communication*, 60(3), 440–465.

Aday, S., Entman, R. M., & Livingston, S. (2012). Media, power and US foreign policy. In H. A. Semetko und M. Scammel (Hrsg.), *The SAGE handbook of political communication* (S. 327–341). Thousand Oaks: Sage.

Althaus, S. L., & Coe, K. (2011). Social identity processes and the dynamics of public support for war. *Public Opinion Quarterly*, 75(1), 65–88.

Ayalon, A., Popovich, E., & Yarchi, M. (2016). From warfare to imagefare: Hownstates should manage asymmetric conflicts with extensive media coverage. *Terrorism and Political Violence*, 28(2), 254–273.

Baden, C., & Meyer, C. O. (2018). Dissecting media roles in conflict: A transactionist process model of conflict news production, dissemination and influence. In R. Fröhlich (Hrsg.), *Media in war and armed conflict. The dynamics of conflict news production and dissemination* (S. 23–48). London: Routledge.

Baines, P. R., & O'Shaughnessy, N. J. (2014). Al-Qaeda messaging evolution and positioning, 1998–2008: Propaganda analysis revisited. *Public Relations Inquiry*, 3(2), 163–191.

Baker, W. D., & Oneal, J. R. (2001). Patriotism or opinion leadership? The nature and origins of the „rally'round the flag" effect. *Journal of Conflict Resolution*, 45(5), 661–687.

Baum, M. A., & Potter, P. B. K. (2008). The relationships between mass media, public opinion, and foreign policy: Toward a theoretical synthesis. *The Annual Review of Political Science*, 11, 39–65.

Baumann, K., Cygan, S., & Trautvetter, A. (2014). Palästinensische NGOs als Agenda Builder? Eine Befragungsstudie zur Interaktion zwischen deutschen Journalisten und NGOs im Nahen Osten. In C. Richter (Hrsg.), *Der Nahostkonflikt und die Medien* (S. 156–188). Hamburg: Books on Demand.

Bennett, W. L., Lawrence, R. G., & Livingston, S. (2006). None dare call it torture: Indexing and the limits of press independence in the Abu Ghraib scandal. *Journal of Communication*, 56(3), 467–485.

Bennett, W. L., Lawrence, R. G., & Livingston, S. (2008). *When the press fails: Political power and the news media from Iraq to Katrina*. Chicago: University of Chicago Press.

Boyd-Barrett, O. (2017). Ukraine, mainstream media and conflict propaganda. *Journalism Studies*, 18(8), 1016–1034.

Brüggemann, M., & Weßler, H. (2009). Medien im Krieg. Das Verhältnis von Medien und Politik im Zeitalter transnationaler Konfliktkommunikation. In F. Marcinkowski & B. Pfetsch (Hrsg.), *Politik in der Mediendemokratie* (S. 635–657). Wiesbaden: Springer VS.

Brunner, E. M., & Cavelty, M. D. (2009). The formation of information by the US military: articulation and enactment of infomanic threat imaginaries on the immaterial battlefield of perception. *Cambridge Review of International Affairs*, 22(4), 629–646.

Dilger, F., & Rohrmeier, S. (2023). *Ein Jahr Krieg: Die Strategien prorussischer Desinformation.* https://www.br.de/nachrichten/deutschland-welt/ein-jahr-ukraine-krieg-die-strategien-prorussischer-desinformation,TWIe0B4. Zugegriffen am 10. November 2023.

Doroshenko, L., & Lukito, J. (2021). Trollfare: Russia's disinformation campaign during military conflict in Ukraine. *International Journal of Communication*, 15, 4662–4689.

Edy, J. A., & Meirick, P. C. (2007). Wanted, dead or alive: Media frames, frame adoption, and support for the war in Afghanistan. *Journal of Communication*, 57(1), 119–141.

Entman, R. M. (1991). Framing United-States coverage of international news – contrasts in narratives of the KAL and Iran air incidents. *Journal of Communication*, 41(4), 6–27.

Entman, R. M. (1993). Framing: Toward clarification of a fractured paradigm. *Journal of Communication*, 43(4), 51–58.

Erlich, A., & Garner, C. (2023). Is pro-Kremlin disinformation effective? Evidence from Ukraine. *The International Journal of Press/Politics*, 28(1), 5–28.

Fröhlich, R. (2015). Zur Problematik der PR-Definition(en). In Fröhlich, R., Szyszka, P., Bentele, G. (Hrsg.), *Handbuch der Public Relations. Wissenschaftliche Grundlangen und berufliches Handeln. Mit Lexikon* (3. Aufl., S. 103–120). Wiesbaden: Springer VS.

Fröhlich, R., & Jungblut, M. (2015). *INFOCORE definitions „strategic communicator/communication".* http://www.infocore.eu/wpcontent/uploads/2016/02/def_Strategic_Communicator-_-Strategic-Communication.pdf. Zugegriffen am 15. September 2023.

Fröhlich, R., & Jungblut, M. (2018). Between factoids and facts: The application of 'evidence'in NGO strategic communication on war and armed conflict. *Media, War & Conflict*, 11(1), 85–106.

Fröhlich, R., & Jungblut, M. (2021). Epistemic evidence in strategic-persuasive communication: on the effects of investing in the truthfulness of NGOs' strategic crisis and conflict communications. *International Journal of Communication*, 2968–2986.

Gensing, P. (2023). *Im Dunst der Desinformation.* https://www.tagesschau.de/faktenfinder/russland-ukraine-desinformation-101.html. Zugegriffen am 10. November 2023.

Gilboa, E. (2005). The CNN effect: The search for a communication theory of international relations. *Political Communication*, 22(1), 27–44.

Hallahan, K., Holtzhausen, D., Van Ruler, B., Verčič, D., & Sriramesh, K. (2007). Defining strategic communication. *International Journal of Strategic Communication*, 1(1), 3–35.

Hammond, P. (2000). Reporting „Humanitarian" Warfare: propaganda, moralism and NATO's Kosovo war. *Journalism Studies*, 1(3), 365–386.

Hanitzsch, T. (2007). Deconstructing journalism culture: Toward a universal theory. *Communication Theory*, 17(4), 367–385.

Hawkins, V. (2002). The other side of the CNN factor: The media and conflict. *Journalism Studies*, 3(2), 225–240.

Hawkins, V. (2011). Media selectivity and the other side of the CNN effect: The consequences of not paying attention to conflict. *Media, War & Conflict*, 4(1), 55–68.

Herman, E. S., & Chomsky, N. (1988). *Manufacturing consent: A propaganda model.* New York: Pantheon Books.

Hiebert, R. E. (2003). Public relations and propaganda in framing the Iraq war: A preliminary review. *Public Relations Review*, 29(3), 243–255.

Hoxha, A., & Hanitzsch, T. (2018). How conflict news comes into being: Reconstructing 'reality' through telling stories. *Media, War & Conflict*, 11(1), 46–64.

Iyengar, S., & Simon, A. (1993). News coverage of the Gulf crisis and public opinion: A study of agenda-setting, priming, and framing. *Communication Research*, 20(3), 365–383.

Jungblut, M. (2017). Between sealed borders and welcome culture: Analyzing mediated public diplomacy during the European migrant crisis. *Journal of Communication Management*, 21(4), 384–398.

Jungblut, M. (2020a). Kriegs- und Konfliktberichterstattung im digitalen Zeitalter. In I. Borucki, K. Kleinen-von Königslöw, S. Marschall, & T. Zerback (Hrsg.), *Handbuch Politische Kommunikation* (S. 1–14). Wiesbaden: Springer Fachmedien.

Jungblut, M. (2020b). *Strategic communication and its role in conflict news. A computational analysis of the international news coverage on four conflicts*. Wiesbaden: Springer Fachmedien.

Jungblut, M., Kümpel, A. S., Peter, C., & Wulf, T. (2023). Editorial: The Russian invasion of Ukraine in modern information environments: content, consumers, and consequences of digital conflict communication. *Frontiers in Political Science*, 5.

Kepplinger, H. M. (1992). Put in the public spotlight–Instrumental actualization of actors, events, and aspects in the coverage on Nicaragua. In S. R. Rothman (Hrsg.), *The Mass media in liberal democratic societies* (S. 201–219). St. Paul: Paragon House Publishers.

Kragh, M., & Åsberg, S. (2017). Russia's strategy for influence through public diplomacy and active measures: the Swedish case. *Journal of Strategic Studies*, 40(6), 773–816.

Kumar, D. (2006). Media, war, and propaganda: Strategies of information management during the 2003 Iraq war. *Communication and Critical/Cultural Studies*, 3(1), 48–69.

Kutz, M.-S. (2014). *Öffentlichkeitsarbeit in Kriegen: Legitimation von Kosovo-, Afghanistan und Irakkrieg in Deutschland und den USA*. Wiesbaden: Springer VS.

Leonhard, N., & Werkner, I.-J. (2012). Einleitung: Militär als Gegenstand der Forschung. In N. Leonhard & I.-J. Werkner (Hrsg.), *Militärsoziologie – Eine Einführung* (S. 19–35). Wiesbaden: Springer VS.

Lichtenstein, D., & Koerth, K. (2022). Different shows, different stories: How German TV formats challenged the government's framing of the Ukraine crisis. *Media, War & Conflict*, 15(2), 125–145.

Livingston, S., & Eachus, T. (1995). Humanitarian crises and US foreign policy: Somalia and the CNN effect reconsidered. *Political Communication*, 12(4), 413–429.

Maltby, S. (2013). *Military media management: Negotiating the 'front' line in mediatized war*. London: Routledge.

Maltby, S., & Thornham, H. (2012). The dis/embodiment of persuasive military discourse. *Journal of War & Culture Studies*, 5(1), 33–46.

McCombs, M. E., & Shaw, D. L. (1972). The agenda-setting function of mass media. *Public Opinion Quarterly*, 36(2), 176–187.

Mermin, J. (1997). Television news and American intervention in Somalia: The myth of a media-driven foreign policy. *Political Science Quarterly*, 112(3), 385–403.

Mitchell, G. E., & Schmitz, H. P. (2014). Principled instrumentalism: A theory of transnational NGO behaviour. *Review of International Studies*, 40(3), 487–504.

Nohrstedt, S. A., Kaitatzi-Whitlock, S., Ottosen, R., & Riegert, K. (2000). From the Persian Gulf to Kosovo – War journalism and propaganda. *European Journal of Communication*, 15(3), 383–404.

Norris, P., Kern, M., & Just, M. (2003). *Framing terrorism. The News Media, the Government and the Public*. London: Routledge.

Nothaft, H., & Zerfass, A. (2022). Strategische Kommunikation: Begriffliche und konzeptionelle Grundlagen aus internationaler Perspektive. In A. Zerfass, M. Piwinger und U. Röttger (Hrsg.), *Handbuch Unternehmenskommunikation. Strategie – Management – Werschöpfung* (S. 145–171). Wiesbaden: Springer VS.

Nothhaft, H., & Zerfaß, A. (2022). Strategische Kommunikation: Begriffliche und konzeptionelle Grundlagen aus internationaler Perspektive. In A. Zerfaß, M. Piwinger & U. Röttger (Hrsg.), *Handbuch Unternehmenskommunikation* (3. Aufl., S. 145–171). Wiesbaden: Springer.

Pan, Z., Ostman, R. E., Moy, P., & Reynolds, P. (1994). News media exposure and its learning effects during the Persian Gulf War. *Journalism Quarterly*, 71(1), 7–19.

Powers, M. (2014). The structural organization of NGO publicity work: Explaining divergent publicity strategies at humanitarian and human rights organizations. *International Journal of Communication*, 8, 90–107.

Powers, M. (2018). *NGOs as newsmakers: The changing landscape of international news*. Columbia: Columbia University Press.

Reveland, C., & Siggelkow, P. (2022). *Hinrichtungen oder vorgetäuschte Kapitulation?* https://www.tagesschau.de/faktenfinder/video-kriegsverbrechen-ukraine-101.html. Zugegriffen am 10. November 2023.

Robinson, P. (2002). *The CNN effect: The Myth of News, Foreign Policy and Intervention*. Routledge.

Röttger, U., Gehrau, V., & Preusse, J. (2013). Strategische Kommunikation: Umrisse und Perspektiven eines Forschungsfeldes. In Röttger, U., Gehrau, V., Preusse, J. (Hrsg.) *Strategische Kommunikation. Umrisse und Perspektiven eines Forschungsfeldes* (S. 9–17). Wiesbaden: Springer Fachmedien.

Rowling, C. M., Sheets, P., & Jones, T. M. (2015). American atrocity revisited: National identity, cascading frames, and the My Lai massacre. *Political Communication*, 32(2), 310–330.

Sangar, E., & Meyer, C. O. (2018). The enduring value of reliable facts: Why NGOs have become more influential in conflict discourse. In R. Fröhlich (Hrsg.), *Media in war and armed conflict. The dynamics of conflict news production and dissemination* (S. 191–217). London: Routledge.

Scheufele, D. A., & Tewksbury, D. (2007). Framing, agenda setting, and priming: The evolution of three media effects models. *Journal of Communication*, 57(1), 9–20.

Schleicher, K. (2016). Military, government, and media management in wartime. In A. Schwarz, M. W. Seeger, & C. Auer (Hrsg.), *The Handbook of International Crisis Communication Research* (S. 73–84). Hoboken: Wiley Blackwell.

Sheafer, T., Shenhav, S. R., Takens, J., & Van Atteveldt, W. (2014). Relative political and value proximity in mediated public diplomacy: The effect of state-level homophily on international frame building. *Political Communication*, 31(1), 149–167.

Simon, A. F. (1997). Television news and international earthquake relief. *Journal of Communication*, 47(3), 82–93.

Soroka, S. N. (2002). Issue attributes and agenda-setting by media, the public, and policymakers in Canada. *International Journal of Public Opinion Research*, 14(3), 264–285.

Tenenboim-Weinblatt, K., & Baden, C. (2021). Gendered communication styles in the news: An algorithmic comparative study of conflict coverage. *Communication Research*, 48(2), 233–256.

Thomaser, S. (2023). *Ukraine veröffentlicht Video: Russland feuert offenbar auf eigene Soldaten*. https://www.fr.de/politik/ukraine-krieg-video-russland-eigene-truppen-bachmut-92524312.html. Zugegriffen am 10. November 2023.

Tresch, A. (2009). Politicians in the media: Determinants of legislators' presence and prominence in Swiss newspapers. *The International Journal of Press/Politics*, 14(1), 67–90.

Van Aelst, P., & Walgrave, S. (2016). Information and arena: The dual function of the news media for political elites. *Journal of Communication*, 66(3), 496–518.

Van Aelst, P., Maddens, B., Noppe, J., & Fiers, S. (2008). Politicians in the news: Media or party logic? Media attention and electoral success in the Belgian election campaign of 2003. *European Journal of Communication*, 23(2), 193–210.

Van Leuven, S., & Joye, S. (2014). Civil society organizations at the gates? A gatekeeping study of news making efforts by NGOs and government institutions. *The International Journal of Press/Politics*, 19(2), 160–180.

Van Leuven, S., Deprez, A., & Raeymaeckers, K. (2013). Increased news access for international NGOs? How Médecins Sans Frontières' press releases built the agenda of Flemish newspapers (1995–2010). *Journalism Practice*, 7(4), 430–445.

Walgrave, S., & Van Aelst, P. (2006). The contingency of the mass media's political agenda setting power: Toward a preliminary theory. *Journal of Communication*, 56(1), 88–109.

Wanta, W., & Hu, Y.-W. (1993). The agenda-setting effects of international news coverage: An examination of differing news frames. *International Journal of Public Opinion Research*, 5(3), 250–264.

Wessler, H., Althaus, S. L., Chan, C. H., Jungblut, M., Welbers, K., & Van Atteveldt, W. (2022). Multiperspectival normative assessment: The case of mediated reactions to terrorism. *Communication Theory*, 32(3), 363–386.

Wolfsfeld, G. (2018). The role of the media in violent conflicts in the digital age: Israeli and Palestinian leaders' perceptions. *Media, War & Conflict*, 11(1), 107–124.

Wolfsfeld, G., & Sheafer, T. (2006). Competing actors and the construction of political news: The contest over waves in Israel. *Political Communication*, 23(3), 333–354.

Wolfsfeld, G., Sheafer, T., & Althaus, S. (2022). *Building Theory in Political Communication: The Politics-Media-Politics Approach*. Oxford: Oxford University Press.

Florian Toepfl und Arista Beseler

Wie die Herrschaftselite Russlands den Krieg kommuniziert – „Strategische Regierungskommunikation" in einer personalistischen Autokratie

Zusammenfassung: Dieser Beitrag nimmt die wissenschaftliche Forschung zu strategischer Regierungskommunikation in westlichen Demokratien als Ausgangspunkt und erörtert im Anschluss in vergleichender Perspektive, wer in Russlands personalistischer Autokratie als zentrale politische Entscheidungsinstanz über welche Kanäle und auf welche Weise über Russlands Krieg gegen die Ukraine kommuniziert. Im Rahmen dessen zeigt sich, dass in der personalistischen Autokratie Russlands als zentrale politische Entscheidungsinstanz nicht etwa eine Regierung als formelle Institution kommuniziert, sondern eine informelle Herrschaftselite, die aus dem Autokraten Wladimir Putin und einem kleinen Kreis persönlicher Vertrauter besteht, wobei letztere nur zum Teil formell Staatsämter innehaben. Der Zugang zu Kommunikationskanälen und die Kommunikationsstrategien dieser Herrschaftselite unterscheiden sich fundamental von jenen von Regierungen in liberalen Demokratien. Vor diesem Hintergrund plädieren wir dafür, dass ForscherInnen Ansätze, Konzepte und Befunde aus der Forschung zur strategischen (Kriegs-)Kommunikation politischer AkteurInnen in liberalen Demokratien nur mit großem Bedacht auf autokratische Kontexte übertragen sollten.

1 Was ist strategische (Regierungs-) Kommunikation?

Das Gebiet der strategischen Kommunikation ist facettenreich, was sich auch in den mannigfaltigen Definitionen und Anwendungsbereichen dieses Begriffs widerspiegelt. Betrachtet man die grundlegende Definition von strategischer Kommunikation, so beschreiben Hallahan et al. (2007) diese als eine intentionale, zweckgerichtete Form der Kommunikation, die dazu verwendet wird, die Absichten (bzw. „Missionen") einer Organisation zu realisieren (S. 3). Das Internet dient hierbei als mitunter bedeutendster Intermediär dieser strategischen Botschaften (Holtzhausen und Zerfaß 2015).

https://doi.org/10.1515/9783111331508-003

Strategische Kommunikation wird häufig mit Unternehmenskommunikation assoziiert, insbesondere in Hinblick auf die Bereiche Marketing und Öffentlichkeitsarbeit (Nothhaft und Zerfaß 2022). Während diese ökonomische Perspektive einen hohen Stellenwert in der Forschung einnimmt, fokussiert sich der vorliegende Sammelband in erster Linie auf das politische Handlungsfeld der strategischen Kommunikation. Politischen AkteurInnen dient strategische Kommunikation vor allem dazu, ihre Position im medialen sowie politischen Diskurs zu etablieren, ihre Reputation zu steuern und Beziehungen herzustellen, beispielsweise zu potenziellen WählerInnen (Raupp und Kocks 2018; Röttger et al. 2013). Das Internet hat auch im Rahmen der politischen strategischen Kommunikation neue Möglichkeiten eröffnet, um RezipientInnen zielgerichteter zu erreichen und die Reichweite strategischer Kommunikation besser zu erfassen (Filzmaier und Fähnrich 2020; Holtzhausen und Zerfaß 2015). Der Begriff der *Regierungskommunikation* ist im Zuge dessen als eine Art der politischen Presse- und Öffentlichkeitsarbeit zu verstehen, die darauf abzielt, zweckgerichtet mit den Medien und der Bevölkerung zu kommunizieren (Raupp und Kocks 2018).

Anknüpfend daran kann strategische Kommunikation auch zu militärischen Zwecken eingesetzt werden, indem sie von AkteurInnen des Staates oder auch von staatsfernen/-feindlichen Entitäten als diplomatisches Machtmittel instrumentalisiert wird (Kümmel und Langer 2020; Nothhaft und Zerfaß 2022). Die aufgeführten Beispiele verdeutlichen die eingangs thematisierte Bandbreite strategischer Kommunikation und wie sie in verschiedenen Bereichen eingesetzt werden kann. Die Vielfältigkeit und Unschärfe des Begriffs wird auch rekurrierend in der wissenschaftlichen Literatur problematisiert (z. B. Holenweger 2020; Nothhaft und Zerfaß 2022). Hinzu kommt, dass die strategische Kommunikation politischer Entitäten vorwiegend vor dem Hintergrund empirischer Beobachtungen in liberal-demokratischen Staaten betrachtet wurde (→ Beitrag Jungblut). Fraglich bleibt daher, wie sich die „strategische Regierungskommunikation" autokratischer Systeme gestaltet und ob sich dieser Begriff überhaupt auf nicht-demokratische Kontexte, wie beispielsweise Russland, anwenden lässt. Mit dieser Fragestellung werden wir uns im vorliegenden Beitrag beschäftigen. Dabei orientieren wir uns an den verschiedenen Dimensionen, die für die strategische Kommunikation von zentraler Bedeutung sind – die kommunizierende Organisation (*wer* kommuniziert?) sowie die Art und Weise der zweckgerichteten Kommunikation (*wie* und *über welche Kanäle* wird kommuniziert?). Diese drei thematischen Aspekte wollen wir mit Blick auf Russland als Betrachtungsgegenstand in den folgenden Abschnitten dieses Beitrags erörtern[1].

---

1 Dieser Beitrag basiert auf der Forschung des Projektes RUSINFORM, welches vom Europäischen Forschungsrat (ERC) im Rahmen des Horizon 2020 Forschungs- und Innovationsprogramms der Europäischen Union (Zuschussvereinbarungsnummer 819025) gefördert wird.

2 Wer kommuniziert in Russland als zentrale politische Entscheidungsinstanz?

Der Begriff *Regierungskommunikation* nimmt implizit eine „Regierung" als zentrale politische Entscheidungsinstanz an, also eine formelle Institution, die von der legislativen Gewalt geschaffene Gesetze ausführt, über klar umrissene Machtkompetenzen verfügt, nach einem im Detail in der Verfassung beschriebenen Verfahren über kompetitive Wahlen bestimmt wird und in der Folge eine klar umrissene Machtposition im System der demokratischen Gewaltenteilung einnimmt. Dieses Verständnis ist jedoch nur für Regierungen in liberal-demokratischen Kontexten zutreffend.

Im Gegensatz hierzu wird das Herrschaftssystem Russlands in der Politikwissenschaft meist als „personalistische Autokratie" (Geddes et al. 2014) kategorisiert. Kennzeichnend für diese Herrschaftsform ist es, dass die Wahl der EntscheidungsträgerInnen, die Sicherheitsapparate sowie alle wichtigen politischen Entscheidungen von einer kleinen Gruppe aus Personen kontrolliert werden, die verbunden sind durch ihre engen persönlichen Beziehungen zu einer führenden Einzelperson (als „Diktator" oder „Autokrat" bezeichnet; Geddes et al. 2014, S. 318). Vielfach existieren auch in Autokratien Institutionen, die ähnlich wie in Demokratien als „Parlamente", „Regierungen" oder „Parteien" bezeichnet werden. Derartige – häufig als pseudo-demokratisch bezeichneten – Institutionen stehen jedoch in vollkommen anderer Weise zueinander in Beziehung und erfüllen deutlich andere Funktionen als ihre Namensvetter in liberalen Demokratien.

Wie Kryshtanovskaya und White (2009) nuanciert herausarbeiteten, wird Russland seit Amtsantritt Putins – ähnlich wie bereits die Sowjetunion – von einem informellen „inneren Kreis" („inner core – verkhovnaya vlast'", S. 293) aus Individuen regiert, deren Einfluss maßgeblich auf ihrem persönlichen Vertrauensverhältnis zum Autokraten Wladimir Putin beruht. Ähnlich wie in der Sowjetunion existiert also im zeitgenössischen Russland eine „ausgeklügelte aber weitgehend dekorative repräsentative Struktur, durch die Gesetze gemacht werden" (Kryshtanovskaya und White 2009, S. 293, Übers. d. Verf.). In dieser formellen Herrschaftsordnung nimmt Wladimir Putin seit seinem Amtsantritt im Jahr 2000 (mit einer kurzen Unterbrechung zwischen 2008 und 2012) die mächtigste Position ein, das Amt des Präsidenten. Als solcher ernennt er – gemäß der semipräsidentiellen russischen Verfassung mit Zustimmung des Parlaments – den Chef der „Regierung", also einen „Premierminister".

Was die tatsächliche Macht des Premierministers betrifft, so weisen Kryshtanovskaya und White (2009, S. 293) darauf hin, dass der russische „Regierungschef" im Februar 2008 nur an Rang 11 einer von Medien veröffentlichten Liste der mächtigsten Personen des Landes rangierte – hinter einigen Beamten der

Präsidialadministration. Im Jahr 2008 wechselte der mächtigste Mann Russlands, Wladimir Putin, formell ins Amt des „Regierungschefs", von wo aus er im Jahr 2012 wieder ins Amt des „Präsidenten" zurückkehrte. Dieser für die realen Machtverhältnisse weitgehende folgenlose Wechsel Putins illustriert wie kaum ein anderes Beispiel die „dekorative" (Kryshtanovskaya und White 2009, S. 293) Funktion formeller Regierungsämter in Russlands personalistischer Autokratie.

Vor diesem Hintergrund ist zu argumentieren, dass schon die Frage nach der strategischen Kommunikation einer „Regierung" oder einer wie auch immer umgrenzten „exekutiven Gewalt" im Kontext der russischen personalistischen Autokratie ForscherInnen in die Irre führt. Die Verwendung des Begriffes Exekutive etwa deutet an, dass diese sich vom Parlament als gesetzgebender Gewalt, von der Judikative als richterlicher Gewalt oder vom Mediensystem als „vierter Gewalt" trennen ließe. Im autokratischen Herrschaftssystem Russlands sind diese Institutionen jedoch eng verschmolzen. Faktisch hat der Herrschaftszirkel um Präsident Putin die Macht, sowohl Gesetze jeder Art herbeizuführen als auch deren Auslegung durch Gerichte im Detail vorzugeben (Dawisha 2014; Aslund 2019). Darüber hinaus hat die Herrschaftselite die Kontrolle über die Kommunikationsinfrastruktur des Landes sowie über die reichweitenstärksten Medien als „vierte Gewalt". Doch welche Personen sind Teil dieser Herrschaftselite? Wie Gorenburg (2020) darlegt, war der Kern dieser Herrschaftselite in der Zeit zwischen 2000 und 2020 relativ stabil. So tauchten in den jährlich von der Zeitung *Nezawisimaja Gazeta* veröffentlichten Listen der 100 mächtigsten RussInnen 18 Personen in jedem einzelnen Jahr auf. Nur insgesamt 60 Personen schafften in einem dieser Jahre einen Sprung auf einen der ersten zwanzig Ränge. Der weit überwiegende Teil dieser Personen erlangte (und verteidigte) seine Machtpositionen aufgrund ihrer persönlichen Verbindung zu Wladimir Putin (Gorenburg 2020).

Zusammenfassend lässt sich somit festhalten, dass die russische „Regierung" – derzeit übrigens geleitet von dem im Ausland kaum beachteten Premierminister Michail Mischustin – nur eine von mehreren „dekorativen repräsentativen Strukturen" (Kryshtanovskaya und White 2009, S. 293) darstellt, die von der Herrschaftselite kontrolliert werden. Für kommunikationswissenschaftliche Analysen ergibt sich hieraus, dass eine isolierte und dekontextualisierte Analyse der „strategischen Regierungskommunikation" dieser Struktur kaum Sinn ergibt. Im Gegensatz hierzu schlagen wir vor, wie in der politikwissenschaftlichen Forschung zu Russland gängig, auch in kommunikationswissenschaftlichen Untersuchungen das informelle Netzwerk um Putin als zentrale Entscheidungs- und Kommunikationsinstanz zu begreifen (Aslund 2019; Dawisha 2014; Rivera und Rivera 2018). Wie in der wissenschaftlichen Literatur üblich, bezeichnen wir diese Entscheidungsinstanz im Folgenden gleichbedeutend als „autokratische politische Elite Russlands", als „Herrschaftselite" oder kurz, mithilfe einer Metapher, als den „Kreml".

Was die Kommunikation des Krieges gegen die Ukraine anbelangt, so traten neben dem Autokraten Putin selbst eine Reihe von Mitgliedern aus dem engsten Zirkel dieser Herrschaftselite als hoch sichtbare KommunikatorInnen in Erscheinung. Auf internationaler Ebene weithin Beachtung fanden etwa die Botschaften des langjährigen, engen Putin-Vertrauten Dmitri Medwedew, der im Jahr 2020 als Regierungschef zurücktrat und ins Amt des stellvertretenden Leiters des Sicherheitsrates der Russischen Föderation wechselte. Seit Beginn des russischen Angriffskriegs sendet Medwedew unter anderem über seine Profile auf sozialen Medien martialische, von großem Hass erfüllte Botschaften. Unter anderem bezeichnete er UkrainerInnen als „Bastarde und Degenerierte", AmerikanerInnen als „moralisch degradierte Missgeburten voller Zynismus in bester Tradition der Nazis" und den ukrainischen Präsidenten als „irren Clown an der Spitze einer Nazibande" (Neef 2023). Er drohte Nuklearschläge gegen europäische Hauptstädte so zahlreich an, dass sie sich als kaum noch berichtenswert abnutzten. Damit schlüpfte Medwedew nach der vollständigen Invasion der Ukraine in eine grundsätzlich neue kommunikative Rolle: Bis zum Kriegsbeginn war er vielen BeobachterInnen im Westen vorwiegend aus den Jahren 2008 bis 2012 bekannt, als er das Amt des Präsidenten innehatte, und sich mit iPad und iPhone posierend betont offen für demokratische Initiativen und die Modernisierung Russlands präsentierte. Über die Hintergründe seines Wandels lässt sich nur spekulieren. Eine der plausibelsten Deutungen scheint, dass Medwedew wie schon in Zeiten seiner Präsidentschaft – wo unter anderem ein demokratischer Machtwechsel simuliert wurde – als kommunikatives Werkzeug Putins agiert, um Botschaften an westliche Publika auszusenden. Unbestritten ist bei alledem, dass die Kommunikation Medwedews von Putin toleriert und damit ganz klar gutgeheißen wird. Ein kritisches Wort Putins würde die rhetorischen Ausfälle Medwedews unmittelbar stoppen.

Ein weiterer hoch sichtbarer Kommunikator der Herrschaftselite war lange Zeit der Chef der Wagner-Söldnertruppe, Jewgeni Prigoschin (Laruelle und Limonier 2021). Prigoschin ist ein Beispiel für ein Mitglied der Herrschaftselite, das kein formelles Staatsamt innehatte. Neben seiner Privatarmee besaß Prigoschin unter anderem Unternehmen im Bergbau und in der Catering-Branche. Aus letzterem Grund wurde er häufig als „Putins Koch" bezeichnet. Was kommunikative Ressourcen anbelangt, so kontrollierte Prigoschin sowohl ein mächtiges Medienimperium (die *Patriot-Gruppe*) als auch die berüchtigte St. Petersburger Troll-Fabrik, die durch ihre Einflussversuche auf die US-Wahlen des Jahres 2016 weltweite Berühmtheit erlangte. Nach Konflikten mit einem anderen Mitglied der Herrschaftselite, Verteidigungsminister Sergei Schoigu, und einem als Putsch-Versuch interpretierten Marsch seiner Söldnertruppe im Juni 2023 auf Moskau kam Prigoschin im August 2023 bei einem Flugzeugabsturz ums Leben. Sein Tod wurde von kaum einer ExpertIn als Unfall interpretiert (Himmelspach 2023).

Putin selbst würdigte Prigoschin nach seinem Tod als „talentierten Mann", der jedoch „in seinem Leben schwere Fehler gemacht hat" (Chernova et al. 2023).

3 Über welche Kanäle kommuniziert der Kreml?

Im Gegensatz zu Regierungen in westlichen Demokratien verfügt der Kreml nicht nur über eigene Kommunikationskanäle wie etwa Profile von AmtsträgerInnen auf sozialen Medien oder Pressekonferenzen. Darüber hinaus hat die russische Herrschaftselite unmittelbaren Zugriff sowohl auf alle großen Medienorganisationen des Landes als auch auf die wichtigsten Internet-Plattformen und auf viele weitere relevante Elemente der Kommunikationsinfrastruktur.

Was das russische Mediensystem anbelangt, so wurden in den ersten Wochen nach Beginn der vollständigen Invasion der Ukraine im Februar 2022 auch die letzten noch verbliebenen regimekritischen Medien blockiert und des Landes verwiesen. Seit etwa März 2022 befinden sich nahezu alle Kanäle der Massenkommunikation unter direkter Kontrolle der Herrschaftselite. Die reichweitenstärksten Medienorganisationen sind unmittelbar in Besitz des Staates oder staatlicher Unternehmen, die wiederum von Mitgliedern der Herrschaftselite geleitet werden (Aslund 2019; Dawisha 2014).

Wie weithin belegt, wird die mediale Berichterstattung der führenden Medien in wöchentlichen Strategietreffen der leitenden Redakteure mit VertreterInnen der Präsidialadministration festgelegt. Kovalev (2021) berichtet:

> These meetings are usually held on Thursdays; they are attended by the most senior management from all state-owned TV networks, major newspapers and news websites, and presided over by Alexey Gromov, Putin's first deputy chief of staff, who is tasked with shaping Russia's media policies [...]. As I was told by a former senior manager of a state news agency: 'What they do is brief these managers for the week to come: which subjects to cover and from which angle, and which subjects are off-limits'. (S. 2908)

Aus diesen Treffen gehen häufig sogenannte *Metoditschki* hervor: Themenblätter, die den JournalistInnen bis ins Detail vorschreiben, wie über ein Ereignis oder ein Thema zu berichten ist. Einige dieser Themenblätter gelangten in die Hände investigativer (Exil-)JournalistInnen. In ihnen werden etwa minutiöse Anweisungen gegeben zur Berichterstattung über jene Schwerverbrecher, die der Kreml für den Krieg gegen die Ukraine zu Tausenden aus Gefängnissen rekrutierte und die nach ihrer Rückkehr aus der Ukraine und Begnadigung vielfach schwere Gewalttaten begingen (Meduza 2023). Sollte der Kreml über diese Themenblätter hinaus die Feinjustierung der Berichterstattung einzelner Medien für notwendig erachten, so wird auf abhörgesicherte Telefonverbindungen zwischen der Präsidialadministration und den Redaktionen zurückgegriffen. Dieses Relikt aus der Sowjetzeit wurde etwa seit Mitte der 2000er Jahre nach und nach wiederbelebt (Kovalev 2021).

Russlands Herrschaftseliten kontrollieren aber nicht nur die führenden Medienorganisationen, sondern auch die wichtigsten Internet-Plattformen und Online-Infrastrukturen. So wird etwa Russlands einflussreichstes soziales Netzwerk *VKontakte* seit Dezember 2021 von Wladimir Kirijenko geführt. Der Vorstandsvorsitzende der VK-Gruppe ist Sohn des langjährigen Putin-Vertrauten Sergei Kirijenko, der das Amt des stellvertretenden Leiters der Präsidialadministration innehat (Dzhaparidze 2021). Auch der Einfluss der Herrschaftselite auf das russische Pendant zu Google, die Suchmaschine Yandex, nahm bereits in den 2010er Jahren kontinuierlich zu (Kravets et al. 2023). Nach Kriegsbeginn wurde die Plattform faktisch von der Herrschaftselite übernommen. Darüber hinaus tragen auch von der Herrschaftselite kontrollierte Banken zur Kontrolle der Kommunikationsinfrastruktur bei, indem sie etwa Überweisungen an VPN-Dienstleister nicht ausführen, die von RussInnen zur Umgehung der Internetzensur genutzt werden (Borogan und Soldatov 2023). Auch auf individueller Ebene nahmen die Repressionen nach Kriegsbeginn massiv zu. Seither werden sowohl gegen JournalistInnen als auch gewöhnliche RussInnen Haftstrafen von zum Teil mehr als einem Jahrzehnt verhängt für regimekritische Posts, die unter anderem als „Diskreditierung der Armee" strafrechtlich verurteilt werden (EUvsDisinfo 2023a). Wie diese Ausführungen zeigen, erübrigt es sich im Falle der personalistischen Autokratie Russlands, wie in liberalen Demokratien, in Bezug auf die Kriegskommunikation die Paradigma einer möglichen „medialen Allmacht" zu diskutieren oder auch nur von einer Interdependenz von Medien und Politik in der Kriegskommunikation auszugehen.

Russlands Herrschaftselite kontrolliert aber nicht nur im Inland nahezu die gesamte Massenkommunikation unmittelbar. Sie hat auch ein Netzwerk an Kanälen geschaffen, um ausländische Publika mit ihren Botschaften über den Krieg zu erreichen (Toepfl et al. 2023). Im Zentrum dieses Netzwerkes stehen die offiziellen Auslandsmedien *RT* (früher: Russia Today) und *Sputnik*, die in sieben beziehungsweise in 30 Sprachen berichten. Hinzu kommen verdeckt unterstützte Nachrichtenwebseiten wie *NewsFront*, die ebenfalls Inhalte in mehreren Sprachen anbieten. Die informationellen Anstrengungen werden unterstützt von den diplomatischen Vertretungen Russlands im Ausland und kooptierten politischen und medialen Eliten (Beseler und Toepfl 2024). Herausragende Beispiele sind etwa der ehemalige deutsche Bundeskanzler Gerhard Schröder, der laut Medienberichten mit Tätigkeiten bei russischen Staatsfirmen bis zu 850.000 Euro Jahresgehalt erzielte (Weimer 2022), oder der Journalist Hubert Seipel, der von einem Putin-Vertrauten 600.000 Euro erhielt (Connolly et al. 2023). Als weitere Mittel der informationellen Einflussnahme nutzt Russland Hackergruppen, verschiedene Geheimdienste und von Kreml-nahen MilliardärInnen finanzierte Troll-Fabriken wie die St. Petersburger „Agentur für Internetforschung" (Poliakoff und Toepfl 2023). Schließlich begreift der Kreml russisch-sprechende Menschen im Ausland als zentrale Zielgruppe seiner Auslandskommunikation, die oft als „russländische Landsleute" („rossiiskie sootechestvenniki") bezeichnet werden (Cheskin und Kachuyesvki 2019; Ryzhova und Toepfl 2023). Über Social-Media-Plattformen wie Facebook oder VK erreichen Russlands regime-freundliche Inlandsmedien ein großes ausländisches Publikum, insbesondere in den postsowjetischen Ländern (Kling 2022).

Diese Kanäle arbeiten eng vernetzt. Wichtig ist dabei zu verstehen, dass sogar sehr heftig ausgetragene Konflikte zwischen Putin-Vertrauten – wie sie sich oft in der Kommunikation einzelner Kanäle widerspiegeln – nicht unbedingt eine Gefahr für das Putin'sche Herrschaftssystem darstellen, sondern dem Autokraten sogar bis zu einem gewissen Grad dienlich sind, um die Macht einzelner Zirkel zu beschränken und zu kontrollieren. ExpertInnen gehen davon aus, dass Mitglieder der Herrschaftselite im Regelfall versuchen so zu agieren, dass sie mit ihren „Leistungen" die Gunst und das besondere Wohlgefallen der zentralen Führungsfigur Putin auf sich ziehen. So wurden zum Beispiel Troll-Fabriken sowohl von dem oben erwähnten Wagner-Chef Prigoschin als auch vom russischen Militärgeheimdienst GRU betrieben, der dessen Konkurrenten Verteidigungsminister Schoigu unterstellt ist (DiResta et al. 2022). Während des Kampfes um die ukrainische Stadt Bachmut buhlten diese beiden Männer um die Gunst Putins – und damit gerieten auch ihre kommunikativen Ressourcen in Konflikt. Auch nach dem Tod Prigoschins stehen der Herrschaftselite die von den Geheimdiensten betriebenen Troll-Fabriken weiter zur Verfügung.

4 Wie kommuniziert der Kreml?

Zuletzt stellt sich die Frage, welche die grundlegenden inhaltlichen Kennzeichen der strategischen (Kriegs-)Kommunikation des Kreml sind. Die wissenschaftliche Literatur kommuniziert eine Vielzahl von Strategien und Merkmalen, wobei wir uns hier auf die fünf zentralen Aspekte fokussieren. Die von ExpertInnen wohl am häufigsten zitierte Strategie ist jene, das Publikum nicht von einem konkreten Narrativ zu überzeugen, sondern davon, dass alle AkteurInnen lügen und die Wahrheit als solche nicht existiert (Ryzhova und Toepfl 2023). Hierzu wird oft eine Vielzahl von teils widersprüchlichen Versionen eines Ereignisses verbreitet (Pomerantsev 2015). So wurden etwa als Gründe für Russlands Angriff auf die Ukraine im Februar 2022 unter anderem folgende genannt: angebliche eigene Angriffspläne der Ukraine auf

Russland, Sicherheitsbedenken bezüglich einer möglichen NATO-Erweiterung, der Betrieb von Biowaffenlaboren gemeinsam mit den USA und das Experimentieren mit slawischem Genmaterial, der Schutz der Bevölkerung in der Ostukraine, die Notwendigkeit der „Denazifizierung" und „Demilitarisierung" der Ukraine, das angebliche Streben der Ukraine nach Atomwaffen, die Notwendigkeit eines Kampfes für die russischen traditionellen Werte und deren Verteidigung gegen ein moralisch verkommenes Europa (EUvsDisinfo 2022).

Ein zweites grundlegendes Kennzeichen der Kommunikation der russischen Herrschaftselite ist, dass der Kreml Fälschungen, Täuschungen und Lügen ohne Bedenken als Kommunikationsstrategie nutzt, um die eigenen Ziele zu erreichen. In der wissenschaftlichen Literatur wird diese Art der wissentlichen Verbreitung von Falschaussagen oft als *Desinformation* bezeichnet. In der Propagandaforschung wird diese Kommunikation, die bewusst auf die Lüge als Mittel setzt, in Abgrenzung von „weißer Propaganda" als „schwarze Propaganda"[2] bezeichnet (Jowett und O'Donell 2012, S. 18). In ähnlicher Weise werden in der Literatur zur strategischen Kommunikation Öffentlichkeitsarbeit und strategische Kommunikation häufig durch den Wahrheitsgehalt von Propaganda abgegrenzt.

Mit Blick auf die Kriegskommunikation der russischen Herrschaftselite ist anzumerken, dass die politisch folgenreichsten und offensichtlichsten Lügen mittlerweile – zumindest in der russischen Öffentlichkeit – kaum noch als skandalös wahrgenommen werden. Eines der eindrücklichsten Beispiele einer „großen" und folgenreichen Lüge ist die vom Kreml mit Nachdruck verbreitete Anfangslüge des Krieges. Bis wenige Tage vor dem Überfall behauptete der Kreml, man habe nicht vor, die Ukraine anzugreifen. So bezeichnete der russische Außenminister Sergei Lawrow noch etwa eine Woche vor Putins Angriffsbefehl jegliche „Gerüchte", Russland wolle in die Ukraine einmarschieren, als „Informationsterrorismus" (TASS 2022). Mehr als zwei Wochen nach dem russischen Einmarsch in die Ukraine sagte Lawrow der Presse, Russland habe die Ukraine nicht angegriffen. Noch im März 2022 behauptete Putin, man wolle die Ukraine nicht besetzen – und befahl schon ein halbes Jahr später, im September 2022, vier ukrainische Provinzen in das eigene Staatsgebiet zu integrieren. Viele weitere Lügen wurden von Fact-Checking-Organisationen wie *EUvsDisInfo* (2023b) dokumentiert.

Als drittes Kennzeichen sei darauf hingewiesen, dass Russlands Herrschaftselite radikale öffentliche Diskurse toleriert. Das wohl folgenreichste Beispiel hierfür ist – neben den oben bereits zitierten Drohungen des ehemaligen Präsidenten Dmitri Medwedew – das breite Spektrum an politischen Talkshows, die auf den

---

2 Vor dem Hintergrund des rassistischen Beiklangs des Begriffes „schwarzer Propaganda" ist angemessener von lügnerischer im Gegensatz zu wahrheitsgemäßer Propaganda zu sprechen.

führenden russischen Fernsehkanälen täglich viel Sendezeit einnehmen (Kaltseis 2022; → Beitrag Ganske-Zapf & Kutscher).

Viertens knüpft die öffentliche Kommunikation Russlands oftmals an tief verwurzelte kulturelle Muster an, die dem heimischen Publikum ein Gefühl der Familiarität vermitteln sollen. So konnten Tolz und Hutchings (2023) feststellen, dass Diskurse zu Kolonialismus (bzw. Dekolonialisierung), Imperialismus und dem konstruierten Feindbild des Westens eine besonders hohe Publikumsresonanz in Russland erhielten. Zuletzt sei fünftens noch der Aspekt der Widersprüchlichkeit genannt. Anzumerken ist hierzu, dass konkrete Narrative schnell wechseln beziehungsweise im Inland und Ausland sogar vollkommen gegensätzlich kommuniziert werden können. Ein illustratives Beispiel hierfür war etwa die Corona-Impfung. So warb die russische Auslandskommunikation für russischsprechende Publika für Prävention, Maskentragen und Impfungen, während auf den englisch-, deutsch-, spanisch-, französisch- sowie arabisch-sprachigen Plattformen Verschwörungstheorien zum Coronavirus und den Impfstoffen verbreitet wurden (Meduza 2021).

5 Schlussfolgerungen

Wie wir im Laufe dieses Beitrags verdeutlicht haben, bedient sich der Kreml einer Vielzahl unlauterer Taktiken zur oftmals verdeckten Einflussnahme innerhalb und außerhalb Russlands. Dabei kommuniziert Russlands Herrschaftselite durchaus intentional, zweckgerichtet und mit persuasiver Absicht, wie für strategische Kommunikation kennzeichnend. Jedoch sind die Ziele der kommunikativen Aktivitäten des Kreml oft destruktiv (z. B. Schwächung demokratischer Herrschaftsordnungen) und aus ethischer Sicht verwerflich (z. B. Schüren von Hass auf und Entmenschlichung von UkrainerInnen). Mit Blick auf die eingangs geschilderte Definition von „Regierung" wird deutlich, dass der Kreml als Netzwerk autokratischer Eliten kaum sinnvoll mit Regierungen demokratischer Staaten verglichen werden kann, da sich nahezu alle exekutive, judikative, legislative und mediale Macht in den Händen der Herrschaftselite befindet. Es scheint vor diesem Hintergrund treffender, die kommunikativen Aktivitäten der Führungsriege des autokratischen Russlands nicht in die Literatur zur strategischen Kommunikation in Demokratien einzubetten, sondern in jene zur Propaganda (autoritärer) Staaten.

Dies soll zum einen der euphemistischen Bezeichnung von Propaganda als „strategischer (Regierungs-) Kommunikation" entgegenwirken, die zu einer Verharmlosung und Legitimierung der kommunikativen Aktivitäten autoritärer Herrschaftseliten führen kann. Zum anderen werden durch eine derartig weite konzeptuelle Streckung des Begriffes der „strategischen Regierungskommunikation" die kommunikativen Aktivitäten politischer AkteurInnen potentiell delegitimiert, die im Rahmen demokratischer Wertvorstellungen und rechtsstaatlicher Normen agieren. Dies ist, gerade vor dem Hintergrund eines in vielen Demokratien ohnehin sinkenden Vertrauens in politische Institutionen sowie Qualitätsmedien, problematisch. So nennen medienskeptische Personen häufig als Grund für ihr Misstrauen, dass sämtliche Medien befangen wären und unabhängige Berichterstattung nicht existiere (z. B. Ryzhova 2024). Undifferenzierte Ansichten dazu, welche Medien seriös oder unseriös, ethisch oder unethisch agieren, lassen sich also bereits jetzt feststellen. Die Abgrenzung zwischen öffentlicher Kommunikation in demokratischen und autokratischen Systemen ist aus empirischer Sicht – wie in diesem Beitrag ausführlich dargelegt – dringend geboten. Insofern sollte die strategische Kommunikation Russlands anhand der nuancierten Literatur zu autoritärer In- und Auslandspropaganda analysiert werden.

Literatur

Aslund, A. (2019). *Russia's Crony Capitalism: The Path from Market Economy to Kleptocracy*. New Haven: Yale University Press.

Beseler, A., & Toepfl, F. (2024). Conduits of the Kremlin's Informational Influence Abroad? How German-Language Alternative Media Outlets Are Connected to Russia's Ruling Elites. The International Journal of Press/Politics. https://doi.org/10.1177/19401612241230284

Borogan, I., & Soldatovw, A. (2023). *Russia's Bankers Become Secret Policemen.* https://cepa.org/article/russias-bankers-become-secret-policemen/. Zugegriffen am 23. November 2023.

Chernova, A., Picheta, R., & John, T. (2023). *Putin says Prigozhin was 'talented man' who 'made serious mistakes' in first comments since plane crash.* https://edition.cnn.com/2023/08/24/europe/putin-prigozhin-comments-intl/index.html. Zugegriffen am 15. November 2023.

Cheskin, A., & Kachuyevski, A. (2019). The Russian-speaking populations in the post-Soviet space: Language, politics and identity. *Europe-Asia Studies*, 71(1), 1–23.

Connolly, K., Schober, T., Obermayer, B., & Obermaier, F. (2023). *Top German journalist received €600,000 from Putin ally, leak reveals.* https://www.theguardian.com/world/2023/nov/14/german-journalist-putin-hubert-seipel. Zugegriffen am 23. November 2023.

Dawisha, K. (2014). *Putin's Kleptocracy: Who Owns Russia?* New York: Simon and Schuster.

DiResta, R., Grossman, S., & Siegel, A. (2022). In-House Vs. Outsourced Trolls: How Digital Mercenaries Shape State Influence Strategies. *Political Communication*, 39(2), 222–253.

Dzhaparidze, M. (2021). *Russia's VK Appoints Son of Kremlin Insider as New CEO.* https://www.themoscowtimes.com/2021/12/13/russias-vk-appoints-son-of-kremlin-insider-as-new-ceo-a75802. Zugegriffen am 15. November 2023.

EUvsDisinfo (2022). *Reality Built on Lies: 100 Days of Russia's War of Aggression in Ukraine.* https://euvsdisinfo.eu/reality-built-on-lies-100-days-of-russias-war-of-aggression-in-ukraine/. Zugegriffen am 20. November 2023.

EUvsDisinfo (2023a). *Another black day for media and free speech in Russia*. https://euvsdisinfo.eu/anot her-black-day-for-media-and-free-speech-in-russia-version-iv-10-03-23/. Zugegriffen am 15. November 2023.

EUvsDisinfo (2023b). *Database*. https://euvsdisinfo.eu/disinformation-cases/. Zugegriffen am 20. November 2023.

Filzmaier, P., & Fähnrich, B. (2020). Strategische Kommunikation in der Politik. In M. Holenweger (Hrsg.), Anwendungsgebiete und Grundlagen von Strategischer Kommunikation (S. 173–196). Baden-Baden: Nomos.

Geddes, B., Wright, J., & Frantz, E. (2014). Autocratic Breakdown and Regime Transitions: A New Data Set. *Perspectives on Politics*, 12(2), 313–331.

Gorenburg, D. (2020). The Political Elite Under Putin. *Marshall Center Security Insight*, 53. https://www.marshallcenter.org/en/publications/security-insights/political-elite-under-putin-0. Zugegriffen am 20. November 2023.

Hallahan, K., Holtzhausen, D., Van Ruler, B., Verčič, D., & Sriramesh, K. (2007). Defining strategic communication. *International journal of strategic communication*, 1(1), 3–35.

Himmelspach, A. (2023). *Jevgeni Prigoschin.* https://www.dekoder.org/de/gnose/jewgeni-prigoshin-putins-koch. Zugegriffen am 23. November 2023.

Holenweger, M. (2020). Anwendungsgebiete und Grundlagen von Strategischer Kommunikation (S. 21–60). Baden-Baden: Nomos.

Holtzhausen, D., & Zerfaß, A. (Hrsg.). (2015). The Routledge handbook of strategic communication. London: Routledge.

Jowett, G. S., & O'Donnell, V. (2012). What is propaganda, and how does it differ from persuasion. *Propaganda & Persuasion*, 1–48.

Kaltseis, M. (2022). *Politische Talkshows.* https://www.dekoder.org/de/gnose/politische-talkshows-posner-kisseljow. Zugegriffen am 20. November 2023.

Kling, J. (2022). Mapping the Global Audiences of Russia's Domestic News: How Social Networks Function as Transmitters of Authoritarian News to Foreign Audiences. *International Journal of Communication*, 16, 4050–4072.

Kovalev, A. (2021). The political economics of news making in Russian media: Ownership, clickbait and censorship. *Journalism*, 22(12), 2906–2918.

Kravets, D., Ryzhova, A., Toepfl, F., & Beseler, A. (2023). Different platforms, different plots? The Kremlin-controlled search engine Yandex as a resource for Russia's informational influence in Belarus during the COVID-19 pandemic. *Journalism*, 24(12), 2762–2780.

Kryshtanovskaya, O., & White, S. (2009). The Sovietization of Russian Politics. *Post-Soviet Affairs*, 25(4), 283–309.

Kümmel, G., & Langer, P. C. (2020). Strategische Kommunikation und Militär. In M. Holenweger (Hrsg.), *Anwendungsgebiete und Grundlagen von Strategischer Kommunikation* (S. 393–412). Baden-Baden: Nomos.

Laruelle, M., & Limonier, K. (2021). Beyond „hybrid warfare": A digital exploration of Russia's entrepreneurs of influence. *Post-Soviet Affairs*, 37(4), 318–335.

Meduza (2021). *The two faces of RT's coronavirus propaganda*. https://meduza.io/en/feature/2021/11/11/the-two-faces-of-rt-s-coronavirus-propaganda. Zugegriffen am 29. November 2023.

Meduza (2023). „*Чтобы россияне их не боялись*" [„Damit die Russen keine Angst vor ihnen haben"] https://meduza.io/feature/2023/10/24/chtoby-rossiyane-ih-ne-boyalis. Zugegriffen am 15. November 2023.

Neef, C. (2023). *Wie aus Dmitrij Medwedew ein Kriegspropagandist wurde.* https://www.spiegel.de/aus land/krieg-in-der-ukraine-ex-praesident-dimitrij-medwedew-als-kriegskorrespondent-a-62c7bc21-34c7-4ab2-8c00-579c420d7d81. Zugegriffen am 22. November 2023.

Nothhaft, H., & Zerfaß, A. (2022). Strategische Kommunikation: Begriffliche und konzeptionelle Grundlagen aus internationaler Perspektive. In A. Zerfaß, M. Piwinger, & U. Röttger (Hrsg.), *Handbuch Unternehmenskommunikation: Strategie – Management – Wertschöpfung* (S. 145–171). Wiesbaden: Springer Fachmedien.

Poliakoff, S., & Toepfl, F. (2023). *The CVs of the Kremlin's Trolls: Demographics, Skills, and Career Paths of the Internet Research Agency's Work Force* [Konferenzbeitrag]. ICA, Toronto.

Pomerantsev, P. (2015). The Kremlin's Information War Authoritarianism Goes Global (II). *Journal of Democracy*, 26(4), 40–50.

Raupp, J., & Kocks, J. N. (2018). Regierungskommunikation und staatliche Öffentlichkeitsarbeit aus kommunikationswissenschaftlicher Perspektive. In J. Raupp, J. Kocks & K. Murphy (Hrsg.) *Regierungskommunikation und staatliche Öffentlichkeitsarbeit*. Wiesbaden: Springer VS.

Rivera, D. W., & Rivera, S. W. (2018). The Militarization of the Russian Elite under Putin. *Problems of Post-Communism*, 65(4), 221–232.

Röttger, U., Gehrau, V., & Preusse, J. (2013). Strategische Kommunikation. In U. Röttger, V. Gehrau, & J. Preusse (Hrsg.), *Strategische Kommunikation: Umrisse und Perspektiven eines Forschungsfeldes* (S. 9–17). Wiesbaden: Springer Fachmedien.

Ryzhova, A. (2024). Motivated by political beliefs, not only by language: How Russian speakers in Germany compose their transnational news repertoires. Journalism, 25(1), 218–237. https://doi.org/10.1177/14648849221130557

Ryzhova, A., & Toepfl, F. (2023). Verlassen auf „Fakten", „Gefühle" oder den „sechsten Sinn": Wie russischsprachiges Publikum in Deutschland die „Wahrheit" in ihrem transnationalen Nachrichtenumfeld sucht. Präsentation bei der 2. Wissenschaftskonferenz des Bundesamts für Verfassungsschutz. 05.-06. September, Berlin.

TASS (2022). *Lavrov blasts West's 'Russian invasion of Ukraine' rumors as information terrorism.* https://tass.com/world/1403563. Zugegriffen am 20. November 2023.

Toepfl, F., Beseler, A., Kling, J., Kravets, D., Poliakoff, S., & Ryzhova, A. (2023). Ein System von Kanälen. *Epd Medien*, 40, 5–10.

Tolz, V., & Hutchings, S. (2023). Truth with a Z: disinformation, war in Ukraine, and Russia's contradictory discourse of imperial identity. *Post-Soviet Affairs*, 39(5), 347–365.

Weimer, W. (2022). *Was verdient eigentlich Gerhard Schröder?.* https://www.n-tv.de/politik/politik_per son_der_woche/Was-verdient-eigentlich-Gerhard-Schroeder-Gehalt-bei-Gazprom-Altbundeskanzler-Ruhegehalt-etc-article23289992.html. Zugegriffen am 23. November 2023.

Mandy Ganske-Zapf und Tamina Kutscher

Täglich grüßt die „Zombiekiste" – Die Propaganda des russischen Staatsfernsehens

Zusammenfassung: Das staatliche und staatsnahe Fernsehen dominiert die russische Medienlandschaft und erreicht nahezu alle Haushalte. Damit ist es eines der zentralen Instrumente der offiziellen Propaganda im Krieg Russlands gegen die Ukraine. Der Artikel zeigt auf, welche Narrative, Formate und Mechanismen dabei zum Einsatz kommen – und welches Verständnis von Journalismus die Macher prägt.

1 Die Bedeutung der „Zombiekiste": Staatlich kontrollierte Sender in Russland

Die Beziehung zwischen Kühlschrank und Fernseher ist eine besondere in Russland: Je leerer der Kühlschrank, desto voller der Fernseher, so eine russische Redensart. Je schlechter die wirtschaftlichen und gesamtgesellschaftlichen Bedingungen sind, desto mehr Propaganda bekommen die Menschen in Russland zu hören und zu sehen, so könnte man den alten Vergleich erklären.

„Wer immer sich uns in den Weg stellt oder gar unser Land, unser Volk bedroht, muss wissen, dass Russlands Antwort augenblicklich erfolgen wird", erklärt Wladimir Putin in seiner Ansprache, die am frühen Morgen des 24. Februar 2022 im *Perwy Kanal* (dt. Erster Kanal) übertragen wird und damit landesweit über die Bildschirme flimmert. Und weiter: „Sie [diese Antwort] wird Folgen für Sie haben, wie Sie sie in ihrer Geschichte noch nicht erlebt haben. Wir sind auf alle Entwicklungen vorbereitet."

Putin spricht von einem „feindlich gesinnten Anti-Russland", in dem sich „immer mehr NATO-Staaten festsetzen" würden. Er spricht von „Selbstverteidigung" und erinnert an den 22. Juni 1941, als das nationalsozialistische Deutschland die Sowjetunion überfiel: Der Überfall habe die Sowjetunion völlig unvorbereitet getroffen, doch „ein zweites Mal dürfen wir einen solchen Fehler nicht begehen" (Osteuropa 2022).

In der Nacht hatte die russische Armee die Ukraine angegriffen, als großangelegte Invasion von Süden, Osten und Norden. Diese und weitere Ansprachen Putins setzten den Ton und die Inhalte dafür, wie die russische Öffentlichkeit über

https://doi.org/10.1515/9783111331508-004

diesen Krieg auch künftig informiert werden sollte. Dabei dominiert das staatliche und staatsnahe Fernsehen die russische Medienlandschaft und erreicht nahezu alle Haushalte. Es ist eines der wichtigsten Instrumente der offiziellen Propaganda. Auch angesichts der Sanktionen gegen Russland, die bald darauf einsetzten, mit der Mobilmachung in Russland und mit der zunehmenden Repression im Inland setzt die russische Führung auf bestimmte Mechanismen und Methoden von Propaganda, um die spezifische Beziehung zwischen Kühlschrank und Fernseher im Gleichgewicht zu halten.

Wer die besondere Rolle des Staatsfernsehens verstehen will, muss wissen, wie omnipräsent es ist – auch im Vergleich zu anderen Medien: *Perwy Kanal*, *Rossija 1* und *NTW* bilden die „große Troika" der russischen Fernsehlandschaft. Diese drei größten und reichweitenstärksten Kanäle Russlands sind direkt dem Staat oder staatsnahen Unternehmen unterstellt und beeinflussen die politische Meinungsbildung in Russland maßgeblich: 64 Prozent der Bevölkerung informieren sich über das Fernsehen, unter den über 55-Jährigen sind es sogar 84 Prozent – das ergab eine Umfrage des unabhängigen Meinungsforschungszentrums Lewada im November 2022 (Lewada Zentr 2022).

Dem gegenüber steht ein nahezu bedeutungsloser Zeitungsmarkt – und die Nische der unabhängigen (Online-)Medien. Diese Nische ist nach Beginn des großflächigen russischen Angriffskriegs in der Ukraine in großen Teilen ins Exil ausgewandert, da zahlreiche Websites blockiert, Medien und Journalisten als sogenannte „ausländische Agenten" diffamiert wurden oder als „unerwünschte Organisation" ihre Arbeit im Land de facto nicht mehr ausüben können (Kutscher 2023). Schon zuvor sah sich die vergleichsweise kleine, aber bunte und heterogene Nische der unabhängigen Medien immer stärkerem Druck ausgesetzt (Ganske-Zapf 2018, 2021; Kutscher 2020, 2021) – und wurde auch nur von einer schmalen Schicht der Bevölkerung konsumiert: Laut einer Lewada-Umfrage von 2016 informierte sich damals gerade mal knapp ein Prozent der Bevölkerung *täglich* in kritischen Medien wie dem Fernsehsender *Doschschd* oder dem Radiosender *Echo Moskwy* (Lewada Zentr 2016).

Der heutigen Dominanz des Staatsfernsehens in Russland ging eine lange Entwicklung voraus: Bei Putins Machtantritt war das Fernsehen vielfältig, überwiegend in Hand unterschiedlicher privater Eigentümer, darunter auch von Oligarchen. Medienkriege waren an der Tagesordnung, als politische Gegner sich mit Hilfe der Sender heftige Auseinandersetzungen lieferten (Amelina 2006, S. 255–266). Doch die Medienszene war aufgeblüht in den 1990er Jahren, Kritik an Staat und Regierung möglich. Das änderte sich unter Putin: Die bisherigen Eigentümer wurden – mitunter aufgrund fadenscheiniger Vorwürfe – sukzessive enteignet und das Fernsehen wurde dem Staat unterstellt.[1]

Der Sender *NTW* etwa galt in den 1990er Jahren als Leuchtturm unabhängiger und kritischer Berichterstattung – und geriet unter dem neu gewählten Präsidenten Wladimir Putin direkt unter Druck. Wiederholt stürmten bewaffnete und maskierte Einheiten in Camouflage die Redaktionsräume des Senders. Gegen den Eigentümer, den Oligarchen Wladimir Gussinski, wurden zahlreiche Vorwürfe erhoben – unter anderem Veruntreuung (Kommersant 2003) – und erst fallengelassen, nachdem er seine Anteile am Sender 2001 an die Mediaholding des (damals halbstaatlichen) Energiekonzerns Gasprom verkauft hatte. Die politische Ausrichtung des Kanals änderte sich, zahlreiche Redakteure verließen den Sender aus Protest gegen die Zensur, und Gussinski ging ins Exil. Seit 2006 hält Gasprom Media 100 Prozent an *NTW* (Gaseta 2007).

Das Kapern von Marken, die Übernahme kritischer Blätter und Sender durch das Auswechseln von Eigentümern und des Managements, war in den vergangenen zwei Jahrzehnten eine mehrfach angewandte Strategie der russischen Führung, um den Mediensektor unter Kontrolle zu bringen. In Kriegszeiten wird sie noch aggressiver gegen die noch wenigen geduldeten Nischen-Medien eingesetzt: Der kremlkritische Radiosender *Echo Moskwy* musste im März 2022 von einem Tag auf den anderen schließen, seit dem 9. März läuft der Sender *Sputnik* auf dieser Frequenz. *Sputnik* gehört zum Staatskonzern *Rossija Sewodnja*. Der hat inzwischen angekündigt, auch die Marke von *Echo Moskwy* kaufen zu wollen. Sie könnte weitere Reichweite schaffen und den einstigen Sender *Echo Moskwy* vergessen machen.

Ähnlich war es Anfang der 2000er Jahre auch *ORT* ergangen: Der Eigentümer, der Oligarch Boris Beresowski, musste verkaufen, ging ins Exil, und der russische Kanal, einst zentraler Sender der Sowjetunion, bekam seinen alten Namen zurück: *Perwy Kanal*. Er führt, was Reichweite angeht, bis heute die Troika der drei größten Staatskanäle an. Knapp 34 Prozent der Anteile am *Perwy Kanal* hält der Staat. Rund 66 Prozent gehören inzwischen der WTB-Bank, der Nationalen Mediengruppe und dem Versicherungskonzern Sogas (Stand von 2021, Bordjug 2021). Doch die unterschiedlichen Anteilseigner des Senders bilden ein potemkinsches Dorf der Vielfalt: hinter Sogas und der Nationalen Mediengruppe führen unterschiedliche Fäden zu einem einzigen Mann – zum Oligarchen Juri Kowaltschuk. Er gilt als enger und langjähriger Freund Wladimir Putins. Der Sender *Rossija 1* – ewiger Konkurrent

---

1 Vorboten gab es in den 1990er Jahren, darunter die massive Pro-Jelzin-Kampagne zum Präsidentschaftswahlkampf 1996, um die Kommunisten kleinzuhalten.

des *Perwy Kanals* – gehört wiederum zur Allrussischen staatlichen Fernseh- und Radiogesellschaft, kurz *WGTRK*. Diese ist komplett in staatlicher Hand.[2]

Die staatskontrollierten Sender nehmen keinerlei Kontrollfunktion gegenüber der Politik wahr: Stattdessen wirken sie in nahezu allen politischen Fragen als Sprachrohr des Kreml. Immer wieder dringen außerdem Informationen nach außen, die Präsidialadministration schicke Themenpläne, sogenannte *metoditschki*, an die einzelnen Sender (Perzew 2022). Es gilt zudem als übliche Praxis, dass die Sender-Chefs zu regelmäßigen Planungstreffen in den Kreml fahren (Yaffa 2021, S. 83). Nicht zu persönlichen Zusammenkünften mit Putin, wohl aber mit Medien-/Kommunikationsmanagern und Spin-Doktoren (Amelina 2006, S. 276–277). Als *Sombirowanije* (dt. *Zombiesierung*) bezeichnen Kritiker den Effekt, den das Fernsehen als Manipulationsmedium hat, der Fernseher ist die „Zombiekiste".

Ein mächtiges agitatorisches Instrument der Staatssender sind Polittalkshows. Diese erlebten vor allem 2014 ihr Comeback, als Russland die Krim annektierte und der Krieg im Donbass begann. Zahlreiche Polittalk-Formate wurden 2014 und in den Folgejahren erstmals ins Programm gehoben. Mit dem russischen Angriff vom Februar 2022 steigerte sich die Sendezeit der Polittalkshows nochmal. So sendet etwa der *Perwy Kanal* Polittalkshows und „Nachrichten" inzwischen rund zwölf Stunden täglich. Hetzerische Rhetorik und Emotionalisierung sind Programm: In den Shows wird regelrecht eingepeitscht und Stimmung gemacht – fürs Vaterland und gegen seine vermeintlichen Feinde, nämlich die Opposition im Inneren, den Westen und die Ukraine. In der Polittalkshow *Wremja Pokaschet* (dt. *Die Zeit wird es zeigen*) stellte Moderator Artjom Schejnin einem ukrainischen Studiogast, der sich weigerte zu sagen, dass die Ukraine schon immer russisch gewesen sei, einen Eimer mit Fäkalien vor die Füße (Sweschi Kompot 2017). Später hieß es, es sei nur Schokolade gewesen (Yaffa 2019) – in jedem Fall war es eine deftige Geste. Olga Skabejewa und Jewgeni Popow ließen in ihrer Show *60 minut* (dt. *60 Minuten*) auf *Rossija 1* den inzwischen verstorbenen rechtspopulistischen Politiker Wladimir Schirinowksi zum Geburtstag eine Torte zerteilen – die die Form der Ukraine hatte (DeNews 2019).

Der hetzerische Charakter der Talkshows wird auch am Auftreten der Moderatoren deutlich, die sich mit heftigen Wutausbrüchen in die Studiodebatten einmischen: Dmitri Kisseljow etwa ist ein bekanntes Fernsehgesicht – der Generaldirektor

---

2 Neben *Rossija 1* gehören noch viele weitere Fernseh- und Radiosender zu *WGTRK*, auch regionale, sowie unterschiedliche Onlinemedien. Früher war auch die Nachrichtenagentur *Ria Nowosti* Teil von *WGTRK* – bis Putin sie 2013/2014 ausgliederte und der per Dekret gegründeten Medienholding *Rossia Sewodnja* zuschlug. Zur Holding *Rossija Sewodnja* gehört außerdem der Auslandssender *RT*. Dessen Chefredakteurin Margarita Simonjan ist häufiger Gast in den Talkshows der anderen Staatssender.

der staatlichen Medienholding *Rossija Sewodnja* (dt. *Russland heute*) gilt als Chefpropagandist des Kreml. In *Westi nedeli* (dt. *Nachrichten der Woche*) im Staatssender *Rossija 1* hatte er bereits im März 2014 behauptet, dass Russland der einzige Staat sei, der die USA „jederzeit in radioaktive Asche verwandeln" könne (Trend Video 2014). 2022 drohte er, dass Russland Großbritannien mittels eines nuklearen Torpedos „auf den Meeresgrund schicken" könne (Kisseljow 2022).

Ebenso zentral, wenn nicht gar omnipräsent, ist der Propagandist Wladimir Solowjow, vor allem mit seinen Polittalkshows *Wetscher s Wladimirom Solowjowym* (dt. *Abend mit Wladimir Solowjow*, s. Abb. 1), beziehungsweise dem sonntäglichen *Woskresni wetscher s Wladimirom Solowjowym* (dt. *Sonntagabend mit Wladimir Solowjow*) auf *Rossija 1*. Solowjow ist seine eigene Marke: Meist im hochgeschlossenen, dunklen Anzug gekleidet, mischt er sich hochemotional in die Debatten seiner Sendung ein.[3] 2014 erhielt er den Alexander-Newski-Orden für „hohe Professionalität und Objektivität in der Berichterstattung". Viel Aufmerksamkeit bekamen auch

Abb. 1: Wladimir Solowjow (obere Reihe, Mitte) ist Gastgeber des Talkformats *Wetscher s Wladimirom Solowjowym* auf *Rossija 1*. Mit seinen Gästen stimmt er darin überein, dass die Ukraine vernichtet werden soll; gegen die Unterstützer der Ukraine im Westen richtet die Runde regelmäßig hasserfüllte Tiraden. (Foto: Vitalii Bilokon)

---

3 Laut einer Lewada-Umfrage vom April 2023 wurde er am häufigsten genannt auf die Frage, wessen Sendungen die Befragten zu folgen versuchen (Lewada Zentr 2023).

seine Sendungen, in denen Wladimir Putin exklusiv zu Gast war (Kaltseis 2017). Schon kurz nach Beginn des großflächigen Angriffskriegs ertönten in Solowjows Talkshows mehrfach Forderungen nach Atomschlägen (Braden 2022), die der Moderator selbst immer wiederholt. Im Juni 2023 etwa forderte er abermals „taktische Nuklearschläge" gegen die Ukraine (Heraschtschenko 2023). Dabei geht es vor allem darum, Stimmung zu machen, klare Feindbilder zu umreißen, die Ukraine und „den Westen" zu dämonisieren und einzuschüchtern sowie gegebenenfalls zu testen, wie die Bevölkerung auf solche Szenarien reagiert.

2 Offizielle Narrative im Staatsfernsehen

In den Talkshows und Nachrichtensendungen des Staatsfernsehens wird nahezu jede Meldung, jedes Ereignis im Krieg gegen die Ukraine mit bestimmten Narrativen erklärt und in sie eingebettet – es sind die gleichen Botschaften, die Wladimir Putin in seinen programmatischen Reden in den Tagen vor der Invasion und am Morgen des 24. Februar 2022 benutzt hat.

In den von Putin dargebotenen Erzählungen wird der Krieg zum Gebot der Stunde und Russland erscheint umzingelt von Feinden in einem ihm angeblich aufgezwungenen Kampf um die eigene staatliche Existenz, mit der Ukraine beziehungsweise Wolodymyr Selenskyj als „Marionetten des Westens". Während Kritikerinnen und Kritiker mundtot gemacht werden, stricken der Kreml und seine Medien an dieser inszenierten Schein-Realität, die stets aus den realen Vorgängen schöpft, diese jedoch in die offizielle Rhetorik einfügt sowie immer wieder mit Halbwahrheiten, Verschwörungsmythen und Fake News ver- und zersetzt (Kaltseis 2022, S. 7–29; Pomerantsev und Weiss 2014; Pomerantsev 2015; Sarmina 2020).

Seit vielen Jahren zieht sich das Narrativ einer direkten Bedrohung durch den Westen durch das russische Staatsfernsehen und wird seit der ausgeweiteten Invasion so massiv propagiert wie noch nie. Die USA werden dabei zum Strippenzieher stilisiert, die Ukraine wird zum Vasall Washingtons degradiert. In dieser Schablone gilt jeder, der nicht im Sinne Russlands agiert, als „Marionette des Westens". Das Bild der Marionette wird sogar in einem neu aufgelegten täglichen Talk-Format unterfüttert: *Kukli naslednika Tutti* (dt. etwa *Die Marionetten des Thronerben Tutti* – der Name spielt auf ein beliebtes Kinderbuch der frühen Sowjetzeit an) gibt schon im Sendungs-Intro die Richtung vor. Selenskyj sowie führende westliche Politiker tanzen darin karikiert als Marionetten (Kukli naslednika Tutti 2023). Moderiert von Maria Butina, Duma-Abgeordnete, Waffennärrin und 2019 aus US-Haft nach Russland abgeschoben, nachdem sie wegen Spionage zu 18 Monaten Gefängnis verurteilt worden war, arbeitet sich jede Sendung psychologisierend und verunglimpfend an einer politischen Persönlichkeit ab. So wird etwa EU-Kommissionspräsidentin Ursula von der Leyen als russophobe Antreiberin für die Sanktionen hingestellt und als psychisch instabil beleidigt, mit einer angeblich übersteigerten Angst vor Ärzten, weil sie nicht gechipt werden wolle. US-Präsident Joe Biden wird schwerer sexueller Missbrauch angedichtet und Selenskyjs Ehefrau als zweifelhafte „First Lady" dargestellt. Das Setting mit Einspielern und Gästen in der Funktion von Talking Heads (Psychologen, Politologen etc.) bildet eine Arena der Emotionalisierung mit Tribunalcharakter, wobei westlichen Politikerinnen und Politikern dabei quasi pauschal unterstellt wird, gegen Russland zu arbeiten. So wird Politik als Ganzes unglaubwürdig gemacht.

Das Szenario der Bedrohung durch den Westen wird in der Propaganda verknüpft mit einem Verfallsszenario, wonach der Westen einem stetigen Werteverfall unterliege, in dem „traditionelle familiäre Werte" und so etwas wie Treue und Glauben angeblich nichts mehr zählen. So transportieren die Fernsehbotschaften eine Sehnsucht nach den „guten alten Zeiten", seien es Sowjet- oder Zarenzeiten, beziehungsweise einer vermeintlich „heilen" Welt, was dann auch immer meint: jenseits von LGBTQ.[4] Es entsteht eine Melange aus militaristischem Patriotismus für ein starkes, unabhängiges Russland, das sich mit dem Krieg gegen die Übermacht des gesamten Westens zur Wehr setze, gepaart mit einem beschworenen russischen Sonderweg als „Weltretter" (Kaltseis 2022) und imperialen, großrussischen Ansprüchen. In dieser Lesart will Russland sich „lediglich" das Gebiet (zurück-)holen, das ihm ohnehin historisch zustehe. Probleme im Land, die im TV nicht vollends ausgespart werden, beispielsweise fehlende Medikamente infolge der Sanktionen (NTW 2022), erscheinen im Kontext der transportierten Groß-Narrative als notwendige Opfer, die das Land und seine Menschen erbringen (und letztlich hinnehmen) müssten. So kultiviert das Fernsehen den Glauben an den russischen Staat als letzten Hort des Guten in der Welt und daran, dass die „militärische Spezialoperation", wie der Krieg offiziell durchweg genannt wird, das einzig Richtige sei.

Aber nicht nur, dass der Krieg als Verteidigungskrieg gegen den Westen dargestellt wird. Es gelte auch, so die Botschaft, die russischsprachige Bevölkerung im Osten der Ukraine vor dem „faschistischen Regime" in Kiew zu schützen, das als „Söldner" des russlandfeindlichen Westens agiere. Das Narrativ von „Faschisten in Kiew" reicht zurück in die Zeit des Zweiten Weltkriegs, als nationalistische ukrainische Gruppen in Teilen mit den Nationalsozialisten kollaborierten. Es ist

---

4 Auch die offizielle russische Politik agiert LGBTQ-feindlich. Das zeigte sich erneut Ende November 2023: Das Oberste Gericht verhängte ein Verbot gegen die „internationale LGBT-Bewegung" – wegen „Extremismus". Eine solche Organisation ist gar nicht existent (folglich in Russland nicht registriert). Beobachter werten die Entscheidung als LGBTQ-feindliches Signal, mit der die Rechte von queeren und Transpersonen weiter eingeschränkt werden (Hartwich 2023).

in Russland deshalb wirkmächtig, weil die Erinnerung an den „Kampf gegen den Faschismus" gerade in der älteren Generation als ein Erbe empfunden wird, dem man sich bis heute verpflichtet fühlt. Auch die historische Erinnerung wurde längst vom russischen Staat gekapert, der vergessen macht, dass der siegreichen sowjetischen Roten Armee auch ukrainische Soldaten angehörten – und dass nirgends in der Sowjetunion so viele Menschen dem Holocaust zum Opfer fielen wie in der Ukraine und in Belarus[5].

Doch das Narrativ hält sich und wird eskaliert: So sagte Margarita Simonjan, Chefredakteurin des staatlichen Auslandssenders *RT*, man habe unterschätzt, wie tief der Nazismus die ukrainische Gesellschaft durchdrungen habe (Maksym Melnychuk 2022). Im staatlichen Auslandssender *RT* wurde etwa dazu aufgerufen, ukrainische Kinder zu ertränken (Davis 2022). Anfang April 2022 veröffentlichte die staatliche Nachrichtenagentur *RIA Nowosti* den Artikel *Schto Rossija dolschna sdelat s Ukrainoi* (dt. *Was Russland mit der Ukraine tun muss*) des Propagandisten Timofej Sergejzew (Sergejzew 2022). In seinem Artikel fordert Sergejzew, der häufig auch in Polittalkshows der Staatssender zu Gast ist, eine „weitere Entnazifizierung dieser Bevölkerungsmasse" (der Ukraine). Der Historiker Andrej Subow sieht in Sergejzews Pamphlet „einen Aufruf zum Genozid am ukrainischen Volk und zur Vernichtung der ukrainischen Kultur" (Dekoder 2022).

Einer der zentralen Aspekte, der die russische von der sowjetischen Propaganda unterscheidet, verdichtet sich für den britischen Autor Peter Pomerantsev schon in der Art und Weise des Lügens: „Wenn Putin lügt, ist es ihm egal, dass man ihn beim Lügen ertappt. Eigentlich gefällt er sich dabei sogar: ‚Es ist mir egal, ob man mich erwischt, der Unterschied zwischen Fakten und Lügen ist mir egal.'" (IWMVienna 2017) In neuen Formaten wie der Sendung *Antifejk* (dt. *Antifake*) im *Perwy Kanal*, die sich auf die Fahnen schreibt, Fakes zu entlarven, werden Wahrheit und Lüge sogar geschickt gemischt, um vor einem Millionenpublikum neue Fakes in die Welt zu setzen. So werden in erster Linie Zerrbilder produziert, des Angriffskrieges gegen die Ukraine, aber auch der Welt, so dass schließlich gar nicht mehr klar ist, was richtig und was falsch ist.

Welchen Nebel aus Geschichten die Staatspropaganda mitunter verbreitet, um damit zu verunsichern und Orientierungslosigkeit zu schaffen, lässt sich beispielsweise an den Beiträgen russischer Staatsmedien über die Massaker von Butscha beschreiben. Gezeigt wurden die gleichen schrecklichen Bilder von Leichen auf den

---

5 Ebenso bleibt unbeachtet, dass das „Faschisten"-Narrativ nicht nur deswegen abwegig ist, weil der ukrainische Präsident Wolodymyr Selenskyj aus einer russischsprachigen jüdischen Familie stammt. Sondern auch, weil bei den letzten Wahlen rechte Parteien deutlich mit unter zwei Prozent der Wählerstimmen unterlagen (Baumann 2022).

Straßen, wie sie in den Nachrichten westlicher Sender zu sehen waren. Doch die dafür gelieferten Erklärungen waren jedes Mal andere und in sich widersprüchlich: Mal hieß es, die Bilder seien Inszenierung, was man daran erkennen könne, dass sich einzelne Leichen angeblich bewegten. Ein anderes Mal wieder wurde behauptet, es seien zwar keine Inszenierungen, jedoch seien die Verbrechen nicht von russischen, sondern von ukrainischen Soldaten verübt worden – was nachweislich nicht stimmt (Office of the High Commissioner for Human Rights 2022). Auch schon nach dem Mord an dem Oppositionspolitiker Boris Nemzow 2015 oder nach der Vergiftung des Ex-Spions Sergei Skripal 2018 wurden bewusst unterschiedliche und weit hergeholte Versionen des Geschehens in Umlauf gebracht. Einmal in der Welt, lassen sie sich nicht so einfach entkräften. Man kann sich streiten, wie es denn nun wirklich war – und die Wahrheit ist erschüttert. Der Moskauer Soziologe Grigori Judin hat die Wirkung, die davon ausgeht, einmal so formuliert (2022): „Die Aufgabe von Propaganda ist es nicht, dich von etwas zu überzeugen oder dir einen bestimmten Standpunkt aufzudrängen, sondern dir einen Grund zu geben, nichts zu tun." Tatsächlich ließe sich vieles von dem, was im Fernsehen an Unwahrheiten verbreitet wird, widerlegen, mit Recherchen im Internet, etwa über Anonymisierungstools (VPN) auf den Seiten der blockierten Exil-Medien, oder in Telefonaten mit ukrainischen Verwandten. Doch wenn man nichts mehr glauben kann, weil jede andere mögliche Instanz unglaubwürdig, zwielichtig, kriminell oder schlicht als Feind erscheint, kommt es darauf nicht mehr an.

Dabei spielen die offiziellen Kreml-Narrative, das Staatsfernsehen und die gesamte öffentlich-politische Sphäre, mit ständigen Statements politischer Hardliner, ineinander und orchestrieren sich gegenseitig. Nicht zuletzt laufen auf allen staatlich kontrollierten Kanälen (und im Kino) patriotische Film- und Serienproduktionen.

3 Journalistisches Selbstverständnis: „Patrioten" vs. „Verräter"

Doch es sind eben nicht nur Politikerinnen und Politiker, die die offizielle Lesart der Ereignisse lautstark weitergeben, sondern die Macher der Staatsmedien selbst – auch wider besseres Wissen. „Die Menschen, die sie da auf dem Bildschirm sehen, kann man nicht als Journalisten bezeichnen. Meistens sind es einfach Agitatoren." Der das sagt, ist ausgerechnet Dmitri Kisseljow. Als er es sagte, galt er als „Sprachrohr der Post-Perestroika-Bewegung" (Jerofejew 2013) und sprach in einem Schulungsvideo der *BBC* über Journalismus (Dekoder 2018). Das war im Jahr 1999. Es ist auffällig, dass einige der lautesten Propagandisten im russischen Staatsfernsehen – wie eben Kisseljow oder auch Konstantin Ernst, Generaldirektor des *Perwy Kanal* –

in den 1990er Jahren noch als liberale Stimmen galten, die für die nach dem Zerfall der Sowjetunion neu gewonnene Medien- und Meinungsfreiheit eintraten. Welches Verständnis von Journalismus haben sie heute?

Ohne zu viel Küchenpsychologie hineinzulegen, ist offensichtlich, dass sie ihre Rolle nicht als die einer unabhängigen und objektiven Instanz sehen, die den Mächtigen kontrollierend auf die Finger schaut. Sondern das Gegenteil ist der Fall: *Perwy Kanal*-Chef Konstantin Ernst beschreibt es als Hauptaufgabe der Medien zu mobilisieren, dagegen sei es nur die zweite Aufgabe der Medien zu informieren. Und da fände er es seltsam, wenn „in einem Sender, der dem Staat gehört, regierungskritische Äußerungen fallen". So zitiert der US-amerikanische Journalist Joshua Yaffa (2019) aus einem Gespräch mit Ernst. Yaffa war selbst mehrfach in russischen Talkshows zu Gast und schildert seine Erfahrungen in einem Buch, in dem er russische Persönlichkeiten wie Konstantin Ernst porträtiert.

Führende Medienmacher wähnen sich in einem „Informationskrieg": RT-Chefredakteurin Margarita Simonjan erklärte in einem Interview mit *Lenta.ru* schon im Jahr 2013, Medien seien „im Informationskrieg eine Waffe wie jede andere" (Asar 2013). Auch der Moderator der Polittalkshow *Wremja Pokaschet*, Artjom Schejnin, sieht es als seine klare Aufgabe an, „aktuelle Themen immer unter dem Aspekt ‚wir gegen sie' oder sagen wir ‚unser Land und seine Feinde'" zu diskutieren (Yaffa 2021, S. 118). Schejnin lehnte es direkt ab, eine neutrale Haltung einzunehmen: „Ich habe das einmal getan, und mein Land ist zerbrochen, auseinandergerissen, mit Füßen getreten worden." (Yaffa 2021, S. 119) Journalistinnen und Journalisten unabhängiger Medien, die kritisch berichten, werden dagegen oftmals als „Verräter" oder vermeintliche „Söldner des Westens" angesehen (Kostjutschenko 2014). Die Vorstellung, den Staat aus einer patriotischen Pflicht heraus auch als Journalistin oder Journalist verteidigen zu müssen, geht oftmals einher mit der Überzeugung, dass es auch im Westen keine objektive Berichterstattung gebe (Yaffa 2019).

Doch dieses Misstrauen hat in Russlands staatlich kontrollierten Medien nicht die Folge, dass in der eigenen Berichterstattung möglichst hohe Objektivität und Faktentreue angestrebt wird, sondern – im Gegenteil – es führt zu einem Verwirrspiel aus Fakten und Fiktionen, das als legitim empfunden wird (Pomerantsev 2015).

Dass jemand wie die *Perwy Kanal*-Mitarbeiterin Marina Owsjannikowa aus diesem System mit einem Zeichen des Protests aussteigt, bleibt eine bis heute einmalige Störaktion: Im März 2022 war sie in einer laufenden Live-Sendung mit einem Plakat ins Studio gesprungen, auf dem stand: „Kein Krieg. Beendet den Krieg. Glaubt der Propaganda nicht. Hier werden Sie belogen. Russen gegen den Krieg." (Euronews po russki 2022) Für eine weitere Protestaktion wurde sie später von einem russischen Gericht zu achteinhalb Jahren Haft verurteilt. Zu diesem Zeitpunkt war sie bereits im Exil (→ Beitrag Löffelholz & Xu).[6]

4 Lautes Schweigen, Gummiparagraphen, Militärzensur

Die Selektion des Geschehens in den staatlichen Fernsehkanälen filtert dabei seit Jahren Bilder und Narrative heraus, die vor allem einen ins rechte Licht rücken: Wladimir Putin. Regimegegner dagegen werden in großem Stil marginalisiert. Als Ilja Jaschin am 9. Dezember 2022 zu achteinhalb Jahren Lagerhaft verurteilt wurde, machten die Hauptnachrichten im *Perwy Kanal* am Abend beispielsweise mit minutenlangen Ausführungen Putins vor Pressevertretern auf dem Eurasischen Wirtschaftsforum im kirgisischen Bischkek auf. Auch sonst kam Jaschin nicht vor, der einer der prominentesten Oppositionellen und Kriegsgegner ist, die nach Beginn des Krieges noch in Russland geblieben sind, wenn er auch im Schatten Nawalnys steht. Putin-Gegnern wie ihnen, denen die Fähigkeit zugeschrieben wird, potenziell Straßenproteste mobilisieren zu können, wird schon deshalb seit Jahren kaum eine Plattform geboten.[7] Und wenn, dann in einem Kontext als Verräter, Aufrührer oder Kriminelle. Danach gefragt, ob es Anweisungen gebe, bestimmte Personen nicht zu nennen, sagte *Perwy Kanal*-Direktor Konstantin Ernst dem Journalisten Joshua Yaffa schon vor Jahren: „Das sagt dir keiner. [...] solche Botschaften werden nicht in Worten vernommen. Die staatlichen Fernsehsender werden immerhin von Leuten verantwortet, die nicht dumm sind." (Yaffa 2019).

Gummi-Paragraphen, selektiv angewandt und willkürlich interpretiert und ausgelegt, sorgen schon lange für (Selbst-)Zensur (Kutscher 2020, 2021, 2023) – so kann bereits seit 2014 jegliche Berichterstattung über das Protestgeschehen im Land geahndet werden (Ganske-Zapf 2021). Über sich stetig verschärfende Mediengesetze konnten Kritiker schließlich als „ausländische Agenten" oder Medien als „unerwünschte Organisationen" diffamiert werden. Seit der Großinvasion in

---

6 Zwei Jahrzehnte lang hat Marina Owsjannikowa beim wichtigsten Propagandaorgan des Landes gearbeitet und Nachrichten nach politischen Vorgaben selektiert (Owsjannikowa 2023). So verwundert es nicht, dass es heftige Kritik gab – nicht nur von ukrainischen Journalistinnen und Journalisten –, als sie kurz nach ihrem Ausstieg im März 2022 zur Korrespondentin der deutschen Tageszeitung *Die Welt* wurde und ausgerechnet auch aus der Ukraine berichten sollte.
7 Putin selbst spricht nicht einmal Nawalnys Namen aus, nie. Er tat das auch dann nicht, als er 2017 einmal ganz direkt bei einer Pressekonferenz auf Nawalny angesprochen wurde. Putin bezeichnete ihn als „die von Ihnen angesprochene Person" (Tass 2017).

die Ukraine wurde der Rahmen noch enger gesteckt – und zwar auch für Privatpersonen: Ins Strafgesetzbuch wurde das Verbreiten von Fake News als neuer Straftatbestand aufgenommen, wofür bis zu 15 Jahre Haft drohen („Fake-News-Gesetz"). Demnach darf auch von Medien nur verbreitet werden, was aus offiziellen Quellen stammt, sprich: Regierungspropaganda. Das betrifft alle militärischen Aspekte. Weitere Straftatbestände bilden die wiederholte „Diskreditierung der Armee" sowie die „Diskreditierung von Freiwilligenverbänden". So kommen Zahlen gefallener russischer Soldaten weder im Fernseh- noch im offiziellen Diskurs vor. Lieber werden verliehene Tapferkeitsorden in Szene gesetzt.

5 Fazit

Die Propaganda in staatlich kontrollierten Medien agiert nicht im luftleeren Raum: Offizielle Botschaften der russischen Führung zur sogenannten „Spezialoperation" in der Ukraine werden von den staatlich kontrollierten Fernsehsendern in Russland eins zu eins übernommen, die Berichterstattung bettet das gesamte (Kriegs-)Geschehen in diese Narrative ein. Die restriktive (Medien-)Gesetzgebung – die sich nach Beginn des großflächigen Angriffskriegs gegen die Ukraine nochmal deutlich verschärfte, zahlreiche unabhängige und kritische Medienschaffende und ganze Redaktionen ins Exil zwang und sich auch gegen Privatpersonen richtet[8] – tut ein Übriges, abweichende oder kritische Töne zu unterbinden. Führende Köpfe der staatlichen TV-Sender sehen Medien „als Waffe". So wird in unterschiedlichen TV-Formaten spätestens seit 2014 gegen den Westen, die NATO, die Ukraine und vermeintliche „innere Feinde" gehetzt. Aufgebaut wird ein gezieltes Verwirrspiel unterschiedlicher Erzählungen. Eine wiederholte Phrase lautet „Es ist alles nicht so eindeutig" – sie kann als Meme pro-staatlicher Rhetorik verstanden werden (Litvinienko 2023). Denn widersprüchliche Darstellungen haben Methode: Fakten, Tatsachen, Wahrheiten werden so lange erschüttert, bis keiner mehr weiß, was und wem man Glauben schenken kann. Aus diesem Nebel von Geschichten und Propaganda ragen die oben skizzierten Feindbilder umso klarer umrissen heraus.

---

8 Die Nichtregierungsorganisation OWD-Info bietet monatliche *Repression reports* u. a. zu eingeleiteten Strafverfahren, Verurteilungen sowie zu Einzelpersonen oder Organisationen, die zu „ausländischen Agenten" oder „unerwünschten Organisationen" erklärt wurden, auch in englischer Sprache (OWD-Info 2023).

Literatur

Amelina, A. (2006). *Propaganda oder Autonomie? Das russische Fernsehen von 1970 bis heute*. Bielefeld: Transcript.

Asar, I. (2013). *„Не собираюсь делать вид, что я объективная" Интервью с Маргаритой Симоньян* [„Ich werde nicht so tun, als wäre ich objektiv" Interview mit Margarita Simonjan]. https://lenta.ru/articles/2013/03/07/simonyan/. Zugegriffen am 16. Oktober 2023.

Baumann, F. (2022). *Und warum „Entnazifizierung"? Wird die Ukraine von Nazis regiert?*. https://specials.dekoder.org/putin-angriffskrieg-ukraine-faq/. Zugegriffen am 16. Oktober 2023.

Bordjug, T. (2021). *ВТБ и „Согаз" станут акционерами „Первого канала"* [WTB und Sogas werden Aktionäre des Perwy Kanal]. https://www.vedomosti.ru/media/articles/2021/03/22/862542-vtb-i-sogaz-stali-aktslonerami-pervogo-kanala. Zugegriffen am 16. Oktober 2023.

Braden, B. (2022). *So hetzten russische Talkshows im Auftrag des Kreml*. https://www.spiegel.de/ausland/tv-talk-in-russland-ueber-ukraine-krieg-so-hetzen-russische-talkshows-im-auftrag-des-kreml-a-76529968-4bdd-469d-9267-b15a43424af9. Zugegriffen am 16. Oktober 2023.

Davis, J. (2022, 23. Oktober). *Meanwhile on Russia's state-funded RT, director of broadcasting Anton Krasovsky suggests drowning or burning Ukrainian children, makes hideous comments about the rapes by Russian soldiers in Ukraine, says Ukraine should not exist and Ukrainians who resist Russia should be shot* [Video]. https://twitter.com/JuliaDavisNews/status/1584054018145685504. Zugegriffen am 16. Oktober 2023.

Dekoder (2018). *Video #25: Dimitri Kisseljow über Ethik im Journalismus*. https://www.dekoder.org/de/article/kisseljow-ethik-journalismus-propaganda-staatsfernsehen. Zugegriffen am 16. Oktober 2023.

Dekoder (2022). *RIA Nowosti: Programm zur „Entukrainisierung"?*. https://www.dekoder.org/de/article/ria-nowosti-sergejzew-propaganda-krieg-ukraine. Zugegriffen am 16. Oktober 2023.

DeNews (2019, 29. April). *Жириновский режет торт в виде Украины – подарок на др от Скабеевой* [Schirinowski schneidet eine Torte in Form der Ukraine an – ein Geburtstagsgeschenk von Skabejewa] [Video]. https://www.youtube.com/watch?v=maqoPXetjJE. Zugegriffen am 16. Oktober 2023.

Euronews po russki (2022, 15. März). *Марина Овсянникова не выходит на связь* [Marina Owsjannikowa ist nicht erreichbar] [Video]. https://www.youtube.com/watch?v=dgN8IW0yOMY. Zugegriffen am 16. Oktober 2023.

Ganske-Zapf, M. (2018). *Internet in Russland: Wie Aktivisten gegen Sperren und Zensur kämpfen*. https://www.berliner-zeitung.de/zukunft-technologie/internet-in-russland-wie-aktivisten-gegen-sperren-und-zensur-kaempfen-li.25378. Zugegriffen am 16. Oktober 2023.

Ganske-Zapf, M. (2021). *Russisches Magazin vor dem Kadi*. https://www.fr.de/politik/russisches-magazin-vor-dem-kadi-90487830.html. Zugegriffen am 16. Oktober 2023.

Gaseta (2007). *„Газпром" стал единоличным владельцем НТВ.* [„Gasprom" wurde der alleinige Eigentümer von NTW] https://www.gazeta.ru/news/lenta/2007/06/28/n_1086529.shtml. Zugegriffen am 16. Oktober 2023.

Heraschtschenko, A. (2023, 17. Juni). *Attention, Poland, Germany, Slovakia! Nuclear threats from Russian propagandist Solovyev* [Video]. https://twitter.com/Gerashchenko_en/status/1670054052283990017. Zugegriffen am 16. Oktober 2023.

IWMVienna (2017, 23. Juni). *Ivan Krastev, Peter Pomerantsev: Truth in Times of War – and the New War on Truth* [Video]. https://www.youtube.com/watch?v=v5sujx43wCk&t=1185s. Zugegriffen am 16. Oktober 2023.

Hartwich, I. (2023). *Homosexualität ist jetzt illegal.* https://taz.de/Russland-verbietet-LGBT-Bewegung/! 5973323/. Zugegriffen am 01. Dezember 2023.

Jerofejew, V. (2013). *Putins Propagandachef. Russland in der Offensive.* https://www.faz.net/aktuell/feuil leton/putins-propagandachef-russland-in-der-offensive-12711503.html. Zugegriffen am 16. Oktober 2023.

Judin, G. (2022). *Russland wird aufs Schrecklichste verlieren.* https://www.dekoder.org/de/article/judin-krieg-ukraine-oeffentliche-meinung. Zugegriffen am 16. Oktober 2023.

Kaltseis, M. (2017). *Wladimir Solowjow.* https://www.dekoder.org/de/gnose/wladimir-solowjow-moderator. Zugegriffen am 16. Oktober 2023.

Kaltseis, M. (2022). *TV-Talkshows als Propagandainstrument Russlands im Ukrainekonflikt (2014).* Berlin: de Gruyter.

Kisseljow, D. K. (2022). *Всего лишь один пуск: Англия заигралась в ядерную войну* [Nur ein Start: England spielt Atomkrieg]. https://www.vesti.ru/article/2720534. Zugegriffen am 16. Oktober 2023.

Kommersant (2003). *Как судили Владимира Гусинского* [Wie Wladimir Gussinski verurteilt wurde]. https://www.kommersant.ru/doc/419840. Zugegriffen am 16. Oktober 2023.

Kostjutschenko, J. (2014). *Ukraine-Krise: Jucken im amputierten Arm.* https://ostpol.de/beitrag/3934-ukraine-krise-jucken-im-amputierten-arm. Zugegriffen am 16. Oktober 2023.

Kukli naslednika Tutti (2023, 28. August). *Урсула фон дер Ляйен. Между гинекологией и войной. Куклы наследника Тутти. Выпуск от 28.08.2023* [Ursula von der Leyen. Zwischen Gynäkologie und Krieg. Die Marionetten des Thronerben Tutti. Ausgabe vom 28.08.2023] [Video]. https://rutube.ru/video/4854075f2f2d23be25ad65d469d06ea5/. Zugegriffen am 16. Oktober 2023.

Kutscher T. (2020). *Digitaler Druck.* https://www.goethe.de/de/uun/pub/das/dgw/21745096.html. Zugegriffen am 16. Oktober 2023.

Kutscher, T. (2021). *Medien unter der Repressionswalze.* https://www.derpragmaticus.com/r/russland-medien. Zugegriffen am 16. Oktober 2023.

Kutscher, T. (2023). *Die russische Medienlandschaft. Propaganda und Exil.* https://www.bpb.de/themen/europa/russland/521940/die-russische-medienlandschaft/. Zugegriffen am 16. Oktober 2023.

Lewada Zentr (2016). *СМИ: Внимание И Цензура* [Medien: Aufmerksamkeit und Zensur]. https://www.levada.ru/2016/06/06/smi-vnimanie-i-tsenzura/. Zugegriffen am 16. Oktober 2023.

Lewada Zentr (2022). *The main sources of information of Russians.* https://www.levada.ru/en/2022/11/10/the-main-sources-of-information-of-russians. Zugegriffen am 16. Oktober 2023.

Lewada Zentr (2023). *Основные Источники Информации И Популярные Журналисты* [Hauptinformationsquellen und bekannte Journalisten]. https://www.levada.ru/2023/04/20/os novnye-istochniki-informatsii-i-populyarnye-zhurnalisty. Zugegriffen am 16. Oktober 2023.

Litvinienko, A. (2023). *Wie kommt es, dass die Menschen der Propaganda Glauben schenken?.* https://specials.dekoder.org/faq-propaganda-russland-krieg-ukraine/. Zugegriffen am 16. Oktober 2023.

Maksym Melnychuk (2022, 26. März). *Симонян в шоке. Все украинцы бандеровцы* [Simonjan unter Schock. Alle Ukrainer sind Banderowzy] [Video]. https://www.youtube.com/watch?v=H__ 0HE0bdqQ. Zugegriffen am 16. Oktober 2023.

NTW (2022, 09. Dezember). *„Сегодня": 9 декабря 2022 года. 19:00 | Выпуск новостей | Новости НТВ* [„Heute": 9. Dezember 2022. 19:00 | Nachrichtensendung | NTW News] [Video]. https://rutube.ru/video/fd2a31ec1243caa7363fe0226ebf1bef/. Zugegriffen am 16. Oktober 2023.

Office of the High Commissioner for Human Rights (2022). *UN report details summary executions of civilians by Russian troops in northern Ukraine.* https://www.ohchr.org/en/press-releases/2022/12/

un-report-details-summary-executions-civilians-russian-troops-northern. Zugegriffen am 16. Oktober 2023.

Osteuropa (2022). *Kriegserklärung. Die Ansprache des russländischen Präsidenten am Morgen des 24.2.2022*. https://zeitschrift-osteuropa.de/blog/vladimir-putin-ansprache-am-fruehen-morgen-des-24.2.2022/. Zugegriffen am 16. Oktober 2023.

OWD-Info (2023). *Reports and Data*. https://en.ovdinfo.org/reports. Zugegriffen am 16. Oktober 2023.

Owsjannikowa, M. (2023). *Zwischen Gut und Böse. Wie ich mich endlich der Kreml-Propaganda entgegenstellte*. München: Langen Müller.

Perzew, A. (2022). *Мы внимательно изучили кремлевские методички для СМИ, написанные за последние полгода. И рассказываем, как устроена реальность российской пропаганды* [Wir haben die Medienhandbücher des Kreml aus den letzten sechs Monaten unter die Lupe genommen. Und wir sagen Ihnen, wie die Wirklichkeit der russischen Propaganda aufgebaut ist]. https://meduza.io/feature/2022/10/10/my-vnimatelno-izuchili-kremlevskie-metodichki-dlya-smi-napisannye-za-poslednie-polgoda-i-rasskazyvaem-kak-ustroena-realnost-rossiyskoy-propagandy. Zugegriffen am 16. Oktober 2013.

Pomerantsev, P., & Weiss, M. (2014). *The Menace of Unreality. How the Kremlin weaponizes Information, Culture and Money, A Special Report by The Interpreter, a project of the Institute of Modern Russia*. New York: Institute of Modern Russia.

Pomerantsev, P. (2015). *Nichts ist wahr und alles ist möglich. Abenteuer in Putins Russland*. München: DVA.

Sarmina, A. (2020). Die Macht der Propaganda im Ukraine-Konflikt. In R. Hohlfeld, M. Harnischmacher, E. Heinke, L. Lehner & M. Sengl (Hrsg.), *Fake News und Desinformation. Herausforderungen für die vernetzte Gesellschaft und die empirische Forschung* (S. 117–134). Passau: Nomos.

Sergejzew, T. (2022). *Что Россия должна сделать с Украиной* [Was Russland mit der Ukraine tun sollte]. https://ria.ru/20220403/ukraina-1781469605.html. Zugegriffen am 16. Oktober 2023.

Sweschi Kompot (2017, 24. April). *Ведро говна в студию!* [Einen Eimer voll Scheiße, bitte!] [Video]. https://www.youtube.com/watch?v=mVCTmSJKaOM&t=2s. Zugegriffen am 16. Oktober 2023.

Tass (2017). *Песков предположил, что Путин не произносит фамилию Навального из-за отношения к нему* [Peskow deutete an, dass Putin den Nachnamen Nawalnys aufgrund seiner Haltung ihm gegenüber nicht ausspricht]. https://tass.ru/politika/4816068. Zugegriffen am 16. Oktober 2023.

Trend Video (2014, 17. März). *Россия может превратить США в радиоактивный пепел. Дмитрий Киселёв* [Russland kann die USA in radioaktive Asche verwandeln. Dmitri Kisseljow] [Video]. https://www.youtube.com/watch?v=TA9mVLomYo8. Zugegriffen am 16.10.2023.

Yaffa, J. (2019). *The Kremlin's Creative Director. How the television producer Konstantin Ernst went from discerning auteur to Putin's unofficial minister of propaganda*. https://www.newyorker.com/magazine/2019/12/16/the-kremlins-creative-director. Zugegriffen am 16. Oktober 2023.

Yaffa, J. (2021). Die Überlebenskünstler. Menschen in Putins Russland zwischen Wahrheit, Selbstbetrug und Kompromissen. Berlin: Econ.

Christian F. Trippe

„Z-Blogger" erzeugen Pseudo-Pluralität – Wie russische Kriegsberichterstatter auf Telegram ihr Publikum finden

Zusammenfassung: In Russland betätigen sich viele Kriegsberichterstatter auf privaten Telegram-Accounts. Sie werden „Milblogger" oder auch „Z-Blogger" genannt – nach jenem Buchstaben, der in Russland als militärisches Kenn- und popkulturelles Markenzeichen für die Invasionstruppen steht. In dieser Annäherung an die Szene und ihre bevorzugte Plattform wird beschrieben, mit welchen journalistischen Produkten die Blogger in ihren Kanälen Reichweite erzielen – und warum ausgerechnet auf Telegram. Anschließend soll eine Typologie der Bloggerszene versucht werden, als Überleitung zu abschließenden Überlegungen, welches journalistische Selbstverständnis sie leitet und welche Rolle ihre journalistische Arbeit in der staatlich gelenkten russischen Medienlandschaft spielt.

1 Nationalistische Journalisten inszenieren sich selbst

Ein patriotischer Club hatte für den Nachmittag des 2. April 2023 den Buchautor Maksim Fomin in die „Street Food Bar No 1" im Zentrum von St. Petersburg eingeladen, zu einem Vortrag mit anschließender Diskussion. Fomin, besser bekannt unter seinem Pseudonym Wladlen Tatarski, hatte es als ehemaliger separatistischer Kämpfer und prorussischer Kriegsblogger zu einiger Bekanntheit gebracht; er betrieb einen Telegram-Kanal mit zuletzt rund 560.000 Abonnenten. In Petersburg sollte er über den Beruf des Kriegsberichterstatters sprechen.[1]

Kurz vor Beginn der Veranstaltung überreichte ihm eine Besucherin und vorgeblicher Fan einen mit Goldbronze überzogenen Gipskopf als Geschenk. Die Büste trug Tatarskis Gesichtszüge (Dress 2023). Doch das Geschenk war mit einem Sprengsatz präpariert, die Explosion um 18.13 Uhr Ortszeit tötete Tatarski, 40 Menschen wurden verletzt. Wenige Stunden nach dem Mordanschlag präsentierten die russischen Ermittler eine stadtbekannte Antikriegsaktivistin als Verdächtige,

---

1 „Есть такая профессия военкор" hieß die Veranstaltung, wörtlich: „Es gibt den Beruf des Kriegskorris" (The Insider 2023).

https://doi.org/10.1515/9783111331508-005

die Staatsanwaltschaft vermutete den ukrainischen Geheimdienst oder Nawalnys Anti-Korruptionsstiftung als Drahtzieher. Doch Jewgeni Prigoschin, damals Führer der notorischen Wagner-Söldnertruppe und Inhaber der Bar, war sich da nicht so sicher; er deutete an, dass Tatarski ein Opfer interner russischer Machtkämpfe geworden sein könnte.

Tatarski gehörte zu den bekanntesten und schillerndsten Figuren der sogenannten „MilBlogger"-Szene in Russland. Seine Texte zeichneten sich durch besondere Radikalität aus, in Talksendungen des russischen Fernsehens verbreitete er anti-ukrainische Gewaltfantasien. Dafür steht exemplarisch ein Satz, den er im Überschwang vaterländischen Empfindens als Selfie-Video im Kreml aufnahm: „Wir werden jeden besiegen, wir werden jeden töten, wir werden jeden ausrauben, wenn es nötig ist – genau so, wie wir es wollen",[2] sagte er beim Verlassen des St.-Georgs-Saales im Kreml. Dort war zuvor die Annexion der von Russland in der Ost- und Südukraine besetzten Gebiete gefeiert worden.

Der Anschlag auf Tatarski und die breite internationale Medienaufmerksamkeit für die Umstände seines gewaltsamen Todes werfen ein ebenso grelles wie plötzliches Schlaglicht auf die Militärblogger-Szene in Russland. Mit einem Schlag war dieses neuartige Medienphänomen, waren seine Akteure und ihr Publikum von Interesse. Nach Schätzungen des US-amerikanischen Institute for the Study of War (ISW) begleiten derzeit rund 500 russische Militärblogger den Russisch-Ukrainischen Krieg (Stepanenko et al. 2022, S. 1). Die Blogger posten in unterschiedlicher Dichte und divergierenden Reichweiten, vor allem auf dem Messengerdienst Telegram.

Dieser Text versucht eine Annäherung an die Militärblogger-Szene, wobei folgende Telegram-Accounts, hier aufgelistet nach Anzahl der Abonnenten am Stichtag 8. Oktober 2023, die Grundlage der Einschätzung bilden. Die Profilbilder der Accounts – wie in Tab. 1 abgebildet – fungieren als Logos. So wählten *Redakova* und *Rybar* mit ihren jeweiligen Redaktionsteams, aber auch die Ein-Personen-Marke *WarGonzo* graphisch gestaltete Symbolbilder mit hoher Wiedererkennbarkeit und mithin Werbewirkung. Einen ähnlichen Effekt erzielen jene Symbolbilder, die erkennbar von Phantasy- und Manga-Comics inspiriert worden sind (*Colonelcassad, Reverse Side of the Medal, PriZrak, Starshe Eddy*), oder optisch auf die Militärgeschichte des 19. Jahrhunderts rekurrieren (*Mir Segodnja*). Eine ganze Reihe von Bloggern inszeniert sich selbst als Marke und wählte Porträtfotos als Symbolbilder für ihre Accounts (Agranowitsch, Steschin, Koz, Poddubny, Sladkov):

---

2 „Всех победим, всех убьём, всех, кого надо, ограбим, всё будет, как мы любим." (The Insider 2023).

Tab. 1: Ausgewählte Telegram-Kanäle russischer Militärblogger und Kriegsberichterstatter.

Symbol	Accountname	Adresse	Accountinhaber	Abos
	Mir Segodnja c „Juri Podoljaka"	https://t.me/yurasumy	Juri Podoljaka	2.760.769
	Readovka	https://t.me/readovkanews	anonym, evtl. Aleksej Kostylew	2.340.365
	Rybar	https://t.me/rybar	Michail Swintschuk	1.220.715
	WarGonzo	https://t.me/wargonzo	Semjon Pegow	1.187.766
	Sladkov+	https://t.me/Sladkov_plus	Alexander Sladkov	991.430
	Colonelcassad	https://t.me/boris_rozhin	Boris Roschin	813.046
	Poddubny ZOV	https://t.me/epoddubny	Jewgeni Poddubny	788.311

Tab. 1 (fortgesetzt)

Symbol	Accountname	Adresse	Accountinhaber	Abos
	Kotsnews	https://t.me/sashakots	Alexander Koz	612.030
	Starshe Eddy	https://t.me/ vysokygovorit	German Kulikovsky	569.125
	Reverse Side of the Medal	https://t.me/ rsotmdivision	anonym	382.890
	PriZrak Novorosii	https://t.me/ghost_of_ novorossia	Wladimir Grubnik	176.800
	Russkij Tarantass	https://t.me/ DmitriySteshin	Dmitrij Steschin	165.031
	Katrusja	https://t.me/kaagranovich	Jekaterina Agranowitsch	63.019

2 Wie die „Milblogger" journalistisch arbeiten

Die Ursprünge der russischen Militärbloggerszene liegen im Frühjahr 2014. Damals annektierte Russland die ukrainische Halbinsel Krim und begann mit den verdeckten, als separatistischer Aufstand getarnten Kämpfen im Donbass. Im Zuge dieser Operationen veröffentlichten einzelne Korrespondenten und Journalistinnen auf dem wenige Monate zuvor erst gegründeten Messengerdienst Telegram kurze Texte und Videos zum Geschehen. Diese Praxis setzte sich fort, als über Russlands Intervention in den syrischen Bürgerkrieg und die Einsätze der Wagner-Söldner in mehreren zentralafrikanischen Staaten berichtet wurde (Kottasova 2023).

Die Szene stand von Anfang an in einem Spannungsverhältnis zu den etablierten Medien, für die die Blogger zum Teil damals bereits arbeiteten und auch heute noch arbeiten: Die auf Telegram publizierten Inhalte zum Kriegsgeschehen könnten durchaus als komplementäres Angebot zu den Veröffentlichungen der Hauptarbeitgeber der Blogger verstanden werden. Doch die Grenze zu einem konkurrierenden (und dann auch noch kostenfreien) journalistischen Produkt ist kaum auszumachen. Hinzu kamen im Zuge des Krieges gegen die Ukraine ab Frühjahr 2022 gravierende Meinungsverschiedenheiten zwischen Bloggern und Militärführung. Die Spannungen wurden so groß, dass das russische Verteidigungsministerium im Herbst des ersten Kriegsjahres die Militärblogger der strafbewehrten Militärzensur unterwerfen wollte. Zur Begründung hieß es, die Blogger hätten immer wieder sicherheitsrelevante Informationen weitergegeben und dadurch das Leben russischer Soldaten gefährdet (Groom 2023; Stepanenko 2022, S. 2). Im Gewand des Bloggers können russische Kriegsberichterstatter offenkundig jene Inhalte publizieren, die in den staatlich kontrollierten Medien von der Zensur bemäntelt werden.

Zu diesem Zeitpunkt hatte die Nachfrage nach den Telegram-Kanälen der Blogger dazu geführt, dass dem russischen Militär die Deutungshoheit über das Geschehen im Kriegsgebiet zu entgleiten drohte. Zwar liefen (und laufen) die inhaltlich sterilen täglichen Briefings aus dem Moskauer Generalstab zur Prime Time in den gleichgeschalteten landesweiten TV-Sendern, doch auf Plattformen wie Telegram ergibt sich ein anderes Bild: Unter den Top-10 Telegram-Angeboten in russischer Sprache rangierten im ersten Halbjahr 2022 vier „Z-Blogger" (Buziashvili 2022, S. 5). Das Verteidigungsministerium hatte zum Stichtag sechs Monate nach Kriegsbeginn gerade einmal knapp 350.000 Abonnenten, während es allein diese vier reichweitestärksten Militärblogger-Kanäle auf zusammen rund 2,8 Millionen Follower brachten.[3]

Woher rührt dieser Zuspruch, den die Telegram-Kanäle seit Kriegsbeginn erfahren? Ihre Reichweite hatte sich im März 2022 explosionsartig vergrößert, weil sie einen Kontrapunkt zu den geschönten Erfolgsmeldungen des offiziellen Informationsbetriebes in Moskau setzen. Die Texte der Militärblogger berichten oft sehr persönliche, häufig dramatische Geschichten aus den Schützengräben und der frontnahen Etappe. NZZ-Korrespondent Ivo Mijnssen nennt die in den Kanälen der Militärblogger abgebildete Realität „eine dystopische Welt" (Mijnssen 2022) – zeigen die Videos und Bilder, schildern viele Texte und Textfragmente doch die Wirklichkeit des Krieges in ungeschönter Drastik und Dramatik. So weisen die Inhalte aller hier untersuchten Kanäle einige gemeinsame Strukturmerkmale auf:

- eine Mischung der Darstellungsformate aus Texten, Videos, Bildern, Karten
- die Verwendung externer Zulieferungen, vor allem Drohnen- und Combat-Cam-Videos
- die Arbeit mit anonymen Quellen und Zuträgern aus Streitkräften und Ministerien
- gegenseitiges Zitieren und Reposten von Produkten kleinerer Accounts
- klare politische Positionierung bei einer dichotomen Verortung von Gut und Böse
- unverblümte Zurschaustellung von militärischer Gewalt und ihren Folgen
- sehr direkte, manchmal aggressive bis menschenverachtende Sprache

Die Militärblogger greifen auf, was in den offiziellen Briefings nie zur Sprache kommt: Ausrüstungsmängel und Munitionsknappheit, das Fehlverhalten von Frontoffizieren und die Fehlentscheidungen der Kommandeure. Erfolge der russischen Streitkräfte werden häufig mit dem militärischen Leitungsvermögen des Gegners abgeglichen. Während in der offiziellen politisch-militärischen Kommunikation Russlands immer nur die eigene Seite gewinnt, zeichnen die Autoren auf Telegram ein abgewogeneres Bild. Wenn sie Erfolge der ukrainischen Armee beschreiben, wie beispielsweise während der Herbstoffensive 2022, dann benennen sie auch zumeist diejenigen in den eigenen Reihen, die in ihren Augen für Niederlage und Misserfolg verantwortlich sind.

Je nach inhaltlichem Fokus des jeweiligen Kanals und je nach Tonalität der dahinterstehenden Autorinnen und Autoren kann das bis zu herb formulierten

---

3 Diese Berechnungen fußen auf Zahlen, die mithilfe des russischen Analyse-Tools TGStat (2023) ermittelt wurden, hier für das Verteidigungsministerium.

Verratsvorwürfen an das Verteidigungsministerium pauschal oder an einzelne, namentlich genannte Offiziere gehen. Eine Vielzahl von Texten wirkt so, als ob die Kanäle sich als Sprachrohre der einfachen Soldaten verstehen. „Ein Journalist an der Front stellt nicht immer Fragen, er wird oft gefragt, weil er die Welt im Allgemeinen repräsentiert", beschreibt Dmitrij Steschin, der Mann hinter dem Account *Russische Tarantass*, die Nähe zwischen Bloggern und Soldaten (President of Russia 2023b, S. 46).

Die Accounts unterscheiden sich in ihrer Publikationsdichte, in ihrer Machart und in ihrem inhaltlichen Zugriff auf die Thematik. Die Kanäle *Rybar* und *Colonelcassad* verstehen sich als dezidiert analytische Angebote; so unterhält *Rybar* eine eigene Grafik-Abteilung, die Karten der Operationen und des Frontverlaufs anfertigt, die wiederum von *Colonelcassad* repostet werden, um sie in eigene analytische Texte einzubinden. *Rybar* unterhält einen englischsprachigen („international") Dienst, der täglich vertonte Videos mit animierten Karten publiziert; außerdem gibt es eine nicht-autorisierte, inoffizielle deutschsprachige Ausgabe (*@Rybar – DE*). Natasha Groom (2023) schätzt, dass hinter *Rybar*-Betreiber Michail Swintschuk ein Team von bis zu 40 Mitarbeitenden steht.

Die Produktion der Militärblogger erfüllt eine Funktion, die weit über die primären journalistischen Intentionen hinausgeht: Sie dienen Regierungen, Nachrichtendiensten und Forschungsinstituten wie etwa dem ISW in aller Welt als wichtige Quelle,
– um das Kriegsgeschehen und die Entwicklung des Frontverlaufs zu monitoren,
– um Rückschlüsse auf die Kampfmoral der russischen Truppen zu gewinnen,
– um die Verluste der kriegführenden Parteien abschätzen zu können,
– um eigene zur Publikation bestimmte Analysen oder interne Lagebilder anzureichern.

In einer Studie für die NATO konstatiert Groom (2023), die Blogger lieferten „essential context, insights, and detail as we try to interpret internal dynamics, Moscow's actions, and the lessons the Russian leadership might be learning". Dass auch und gerade die Kriegspartei Ukraine davon profitiert, ungefilterte Informationen von der gegnerischen russischen Seite der Front zu bekommen, ist ein paradoxes Wirkungsmerkmal der Arbeit der Militärblogger (Pertsev 2022, S. 3).

3 Die Plattform Telegram

Mit dem Krieg gegen die Ukraine hat die russische Führung die Pressefreiheit weiter eingeschränkt und nach dem 24. Februar 2022 eine Reihe von Sprachregelungen und Zensurmaßnahmen verhängt. Die bekannteste ist wohl das Verbot des Begriffes „Krieg" in den russischen Medien, stattdessen muss durchgängig von der „militärischen Spezialoperation" gesprochen werden. Das Verbreiten von Fehlinformationen über die russische Armee kann pauschal mit bis zu 15 Jahren Haft bestraft werden – wobei der Begriff „Fehlinformation" so weit gefasst ist, dass er unscharf bleibt und somit staatlicher Willkür gegenüber einzelnen Journalistinnen und Redakteuren oder ganzen Medienbetrieben den Boden bereitet (→ Beitrag Toepfl & Beseler). In der Folge wurde eine ganze Reihe renommierter Medienunternehmen ins Exil gedrängt, darunter so bekannte wie die Zeitung *Nowaja Gazeta* oder das Internet-Fernsehen *TV-Doschschd* (auch bekannt unter dem englischen Namen „TV-Rain").

Hinzu kamen diskriminierende Maßnahmen gegen die Korrespondentenbüros nicht-russischer Medien und ein ganzes Bündel von Maßnahmen der technischen Zensur: So wird der Zugriff auf die Seiten internationaler Anbieter russischer Sprachdienste – *BBC*, *RFE/RL* und *DW* – ebenso blockiert wie die Webseiten unliebsamer russischer Medienbetriebe gesperrt sind. Der Zugriff auf Facebook und Instagram wurde im Zuge der Kriegszensur blockiert, wohingegen die Plattform X (ehemals Twitter) technisch stark verlangsamt wurde.

Die unmittelbare Folge dieser technischen Zensur war, dass Millionen von informationssuchenden Russinnen und Russen auf die Plattform Telegram wechselten (Davydov 2022, S. 6). Bezogen noch Ende Februar 2022 insgesamt 27,5 Millionen Bürger Russlands Informationen über diese App, so waren es einen Monat später bereits 40,6 Millionen (Buziashvili 2022, S. 2). Dabei ist Telegram eine Plattform, deren Nutzung in Russland bis 2021 offiziell verboten war. Den russischen Regulierern behagte offenkundig nicht, dass das Weiterleiten ("Sharen") von Informationen nicht zur Quelle nachverfolgt werden kann; außerdem können auf der Plattform Konten mit beliebig vielen Abonnenten und potentiell unbegrenzten Share-Kapazitäten eröffnet werden (Warzel 2023). Telegram bietet eine für die Nutzenden kostenlose Reichweiten-Bazooka.[4] Ihr Gründer, der IT-Milliardär Pawel Durow, lebt in Abu Dhabi, er pflegt im dortigen Exil ein libertäres Weltbild, zu dem anfänglich eine kategorische Absage an jede Form staatlicher Meinungs- und Informationsregulierung gehörte.

---

[4] Eine Analyse des Erfolgs einzelner Postings mithilfe der „Engagement by Reach Rate" (ERR) kann zur Einschätzung der Informationsbedürfnisse der russischen Öffentlichkeit dienen; zugleich erlaubt eine derartige Erfolgsmessung aber auch Rückschlüsse auf das inhaltlich-journalistische Profil der einzelnen Blogger. Die ERR wird berechnet, indem in einem Telegram-Kanal die Zahl der durchschnittlichen Aufrufe pro Post durch die Anzahl der Abonnenten geteilt werden. Der dadurch ermittelte Prozentsatz liefert nach Einschätzung des DFRLab den verlässlichsten Vergleichswert, um Erfolg (oder Misserfolg) zu messen. TGStat liefert EERs über den gesamten Zeitraum und für einzelne Posts in den ersten 24 Stunden nach Veröffentlichung (Buziashvili 2022).

Bei der Duma-Wahl im September 2021 aber kooperierte Telegram mit dem russischen Staat und blockierte Bots, die das sogenannte „taktische Wählen" des Nawalny-Teams gegen die Kandidaten der Regierungspartei unterstützten. (Epifanova und Dietrich 2023, S. 13)

Nach Einschätzung der Politologin Tatiana Stanovaya geht der Kreml bis auf weiteres nicht gegen Telegram vor, weil diese Plattform zu „intra-élite communications, including within the Kremlin itself" genutzt wird (Chotiner 2023, S. 11). Inwieweit der Erfolg der „Z-Blogger" mit ihren Telegram-Accounts in Russland zu dieser Grundhaltung der russischen Führung beiträgt, wird noch zu diskutieren sein.

4 Einzelkämpfer, Zweitverwerter und Medienunternehmer

Bei den kleineren Accounts ist die Affiliation der jeweiligen Blogger mit einzelnen Macht- oder Militärstrukturen kaum auszumachen, wohingegen die Verbindungen der reichweitenstarken Kanäle zumeist offen liegen. So steht Swintschuks Kanalfamilie *Rybar* hochrangigen Offizieren der Militärführung nahe – was insofern nicht verwundert, als er selbst bis Herbst 2021 in Diensten des russischen Verteidigungsministeriums stand. Tatarskis Kanal und das anonyme *Reverse Side of the Medal* waren eng mit der Wagner-Söldnertruppe unter ihrem damaligen Chef Prigoschin verbandelt. Pegows Projekt *WarGonzo* wiederum kooperiert mit der militärischpolitischen Führung der Separatisten in Donezk und Luhansk (Metzger 2022). Beim besonders reichweitenstarken Kanal *Readovka* bleiben die Macher zwar anonym; und auch die gleichnamige Website – zugleich Landing Page für das Telegramangebot – verschweigt, wer als Herausgeber oder Finanzier hinter ihr steht. Doch Themensetzung und Texte lassen erkennen, dass *Readovka* redaktionell in der Welt der russischen Sicherheitsdienste angebunden, wenn nicht gar beheimatet ist.

Andere Accountinhaber, wie der Schriftsteller Sachar Prilepin, der selber mehrfach als Freiwilliger an der Front war und auf den in Russland im Herbst 2022 ein Anschlag verübt wurde, stehen mit ultra-nationalistischen, neo-imperialen Zirkeln wie dem Isborski-Club in enger Verbindung. Doch Prilepin zählt ebenso wenig zu den Militärbloggern im engeren Sinne wie etwa Igor Girkin, alias Igor Strelkow, der trotz ausgewiesener Affinität zu allem Militärischen sich eher als nationalistischer Scharfmacher und Putin-Beschimpfer hervorgetan hat, denn als Lieferant von auch nur halbwegs verwertbaren journalistischen Informationen aus dem Kriegsgebiet. Seit Sommer 2023 sitzt Girkin in Moskau in Haft; als ehemaliger Offizier des russischen Geheimdienstes FSB hatte er bei den Kämpfen im Donbass 2014 eine Schlüsselrolle als „Verteidigungsminister" der Donezker Separatisten gespielt.

Unter den Autoren der großen Militärblogger-Kanäle findet sich niemand, der seine journalistische Produktion ausschließlich im Messengerdienst Telegram veröffentlicht. Lediglich Tatarski bildete hier eine Ausnahme, der mit seinen zumeist selbst verfassten Blog-Texten eine beachtliche Anzahl von Abonnenten gewonnen hatte. Die wie Tatarski in der Ostukraine geborene Jekaterina Agranowitsch publiziert exklusiv in ihrem Telegram-Account *Katrusja*; über sich selbst sagt sie im Profil ihres Kanals: „Ich erstelle Projekte im Internet, ich lebe zwischen Moskau und Donezk." Außerdem gibt sie dort weitere Affiliationen an: So arbeitet sie als Sekretärin der „Union Russischer Journalisten" (SJR), wobei ihr genaues Aufgabengebiet in dieser Standesorganisation (im Gegensatz zu den Angaben zu den übrigen 16 SJR-Sekretärinnen und Sekretäre) nicht aus dem Webauftritt der Journalisten-Union hervorgeht. Außerdem ist Agranowitsch Mitglied der Gesellschaftskammer des Präsidenten der Russischen Föderation. Ihr Kanal *Katrusja* (Ukrainisch für „Katja") bringt vergleichsweise wenige von ihr verfasste Originalbeiträge, dafür leitet Agranowitsch eine Vielzahl halbamtlicher und amtlicher Bulletins weiter und repostet Material von großen Accounts. Dieser Kanal funktioniert eher wie ein Aggregator.

Für die reichweitenstarken Accounts ist das Bloggen und Posten auf Telegram nur eine Distributions- und Publikationsplattform von vielen. So ist Alexander Koz (*Kotsnews*) im Hauptberuf regulärer Kriegskorrespondent der Boulevardzeitung *Komsomolskaya Prawda*, für die er Texte schreibt und als On-Reporter in Videos des blatteigenen Youtube-Kanals auftritt. Koz wurde im November 2022 von Präsident Putin in den Menschenrechtsrat der RF berufen (Barros et al. 2022, S. 3). Sein Telegram-Kanal dient sicherlich der Reichweiten- und Popularitätssteigerung; zugleich nutzt Koz die Plattform, um Texte in klassischer Blog-Form – einer Art Wiederkehr des Tagebuchs im digitalen Journalismus – zu publizieren.

Gleiches gilt für die festangestellten Korrespondenten Jewgeni Poddubny, der für den ersten TV-Kanal *Rossija-1* über den Krieg berichtet und auf Telegram aktiv ist (*Poddubny ZOV*), es gilt für Alexander Sladkov, Moderator beim gleichen Sender und Host des Blogs *Sladkov+* oder für Dmitrij Steschin, ebenfalls für die *Komsomolskya Prawda* im Krieg unterwegs und Autor des Telegram-Blogs *Russische Tarantass*. Nur in den originären Blogeinträgen ist ansatzweise ein „neues Genre" (Rother 2023) zu erkennen. Der (große) Rest ist Marketing und Distribution. Denn die reichweitenstarken Accounts verlinken auch Texte und Videos, die in ihren eigenen und in befreundeten Mainstream-Medien publiziert sind. Bei *WarGonzo* Semjon Pegow ist der Telegram-Kanal Teil seines Geschäftsmodells; er betreibt einen Youtube-Kanal und produziert längere Dokumentationen. Ähnlich liegen die Dinge beim freien Journalisten Juri Podoljaka und seinem Kanal *Mir Segodnja* (dt. „Frieden heute").

Eine investigative Recherche der BBC enthüllte im Sommer 2023, dass viele der Z-Blogger gegen eine entsprechende Gebühr Werbung in ihren Kanälen schalten; demnach kostet ein kommerzieller Post bei *Kotsnews* umgerechnet bis zu 780 Euro, *WarGonzo* nimmt pauschal rund 1.800 Euro pro Reklamepost (Atanesian 2023). Nicht alle Kanäle schalten Werbung, bei vielen Bloggern bleibt im Dunkeln, womit sie sich, ihre Mitarbeiter und ihre Aktivitäten finanzieren, ob sie etwa Zuwendungen vom Verteidigungsministerium oder anderen staatlichen Strukturen bekommen (Özdemir 2023, S. 7).

5 Selbstverständnis und Rolle der „Z-Journalisten"

Wie sehr die Leitwölfe der Blogger-Szene untereinander vernetzt sind, ist bei einer journalistischen Panne im Mai 2023 deutlich geworden. Einzelne Militärkorrespondenten meldeten auf ihren Telegram-Kanälen den Beginn der erwarteten ukrainischen Gegenoffensive. Das erwies sich zwar wenig später als verfrüht, doch die Falschinformation blieb viele Stunden in der Welt. Denn praktisch alle namhaften Accounts saßen ihr auf und gaben sie weiter (Goncharenko 2023). Die Blogger benahmen sich wie die sprichwörtliche journalistische Meute.

Das journalistische Selbstverständnis der Kriegsberichterstatter und „Z-Blogger" lässt sich aus dem Protokoll eines Treffens herauslesen, zu dem Präsident Wladimir Putin 18 Medienschaffende am 12. Juni 2023 in den Kreml geladen hatte, unter ihnen sieben Militär-blogger im Sinne dieses Textes (President of Russia 2023a, siehe Abb. 1). Das redigierte Wortprotokoll gibt den Verlauf der gut zweistündigen Frage-Antwort-Runde wieder. In Putins Interaktion mit den Gästen aus der Medienbranche kommt seine Wertschätzung der Journalistinnen und Journalisten „im Informationskrieg" (Putin) zum Ausdruck; der Ton der Gespräche ist durchweg offen. Die Journalisten fragen nach Rehabilitationsmaßnahmen für kriegsversehrte russische Soldaten, sie haken kritisch wegen nicht-gezahlter Frontzulagen nach, sie sprechen gesellschaftlich breit und kontrovers diskutierte Themenfelder an – die Rotation der Fronttruppen, mögliche Pläne für eine weitere Mobilmachung und die per Gesetz zwar verbotene, aber wohl immer wieder praktizierte Teilnahme von Wehrpflichtigen an Kampfeinsätzen (President of Russia 2023b, S. 15–17, 19). Kurzum: Die Kriegsberichterstatter machen sich häufig zum Anwalt einfacher Soldaten und besorgter russischer Bürger.

Abb. 1: Treffen mit Kriegsberichterstattern und „Z-Bloggern" im Kreml (v.l.n.r.): Jekaterina Agranovich (*Katrusja*), Präsident Wladimir Putin, Andrei Filatov (*RT*), Ilya Uschenin (*NTV*), Dmitrij Steschin (*Komsomolskaja Pravda* und *Russkij Tarantass*), Alexander Sladkov (*VGTRK* und *Sladkov+*). (Foto: Wikimedia Commons 2023)

Darin sind sie in ihrem professionellen Rollenverständnis gar nicht weit entfernt von den entsprechenden Handlungsmustern ihrer Kolleginnen und Kollegen im Westen. Die Unterschiede liegen in dem, was nicht zur Sprache kam: Die Politik des obersten Kriegsherrn wird mit keinem Wort grundsätzlich infrage gestellt, ja nicht einmal kritisch gestreift. Putins Entscheidung zum Überfall auf die Ukraine wird als präsidentengegeben nicht nur hingenommen, sondern offenkundig mitgetragen. Schuld an dem, was schlecht läuft, sind die anderen: Der Westen sowieso (um den es in dieser Runde aber nur am Rande ging), die russische Militär- und Sozialbürokratie aber ganz gewiss. Fragen nach Putins konkreten Kriegszielen, die über den propagandistischen Zweiklang „Entmilitarisierung und Entnazifizierung der Ukraine" hinausgehen würden, blieben aus. Nach einem politisch gangbaren Ausweg aus dem Konflikt, nach Verhandlungen und Waffenstillständen fragt folglich auch niemand. Die vielfältigen internationalen Folgewirkungen des russischen Angriffskrieges – direkte sicherheits- und geo-politische ebenso wie indirekte handels- und kulturpolitische – kommen überhaupt nicht zur Sprache. Diese Negativliste markiert nicht allein das Trennende gegenüber einem an westlichen handwerklichen Regeln ausgerichteten Journalismus, sie wirft auch grundsätzliche Fragen nach der Rolle auf, die die Militärblogger in der russischen Öffentlichkeit spielen.

Beim Treffen im Juni 2023 wurde noch etwas vage über die Einbindung der Militärblogger in den offiziellen Informationsraum des Kreml gesprochen; offenbar treibt Putin diese Idee voran, um sich der dauerhaften Unterstützung der ultranationalistischen Kreise zu versichern (Mappes et al. 2023, S. 2). Auch eine systemfromme Opposition will bei Laune gehalten werden. Dabei stellt sich grundsätzlich die Frage, welche zusätzlichen Schnittstellen zwischen Staat und Militärbloggern überhaupt noch geschaffen werden können, ist doch die Verquickung beider Welten bereits weit gediehen.

So wären die reichweitenstärksten Militärblogger auch dann journalistisch erfolgreich, wenn sie ihre Aktivitäten auf Telegram einstellen würden. Sie sind fest eingebunden in den von staatlicher Seite gegängelten Medienbetrieb und seine journalistischen Vorgaben. Die meisten Blogger sind mit den russischen Truppen „embedded" unterwegs und zelebrieren in ihren Videos die Nähe zu den Soldaten; viele Z-Blogger tragen zudem die russische Uniform oder einzelne Uniformteile. Alexander Koz rühmte sich in einem Interview der direkten Drähte, die er und andere Blogger in das russische Verteidigungsministerium unterhielten (Atanesian 2023). Dass der Kreml, allen voran Präsident Putin, die inhaltlichen Freiräume der Blogger trotz der strengen Zensur im Land toleriert, überrascht Beobachter immer wieder (Stepanenko et al. 2022, S. 2). Gleichwohl hat Kremlsprecher Dmitri Peskow bei einem seiner Briefings deutlich gemacht, dass die Z-Blogger, solange sie sich innerhalb der Gesetze bewegen, zwar Teil des „Pluralismus" seien, „doch die Linie ist sehr-sehr dünn. Da muss man vorsichtig sein." (Beardsworth 2022) Im Klartext: Treibt es nicht zu toll, auch eure Texte werden aufmerksam verfolgt. Regierungssprecher Peskow war beim Stelldichein seines Chefs mit den Kriegsberichterstattern übrigens nicht zugegen.

Wenn die Blogger mit ihren Fronterfahrungen und ihrer neo-imperialen Grundhaltung sich nun also dauerhaft in Putins Dunstkreis aufhalten und dort Gehör finden, verheißt das für das Policy Making im Kreml erst einmal nichts Gutes. Andrey Pertsev (2022, S. 4) spricht mit Blick auf die Blogger und ihre Telegram-Texte von „Putins Samisdat", das die Echokammer des Präsidenten mit einem heroischen Narrativ versorge. Dadurch könnte sich die Bereitschaft des russischen Präsidenten zur militärischen Eskalation tendenziell verstärken.

Putins ostentative Zuwendung zur Szene und Peskows Vergatterung der Blogger sind nur auf den ersten Blick widersprüchlich. Die Militärblogger fungieren in Grenzen und innerhalb ihres monothematischen Fokus als Sprachrohre einer systemtreuen Opposition. Wobei sie mit ihren politischen Forderungen nach professionellerer und vor allem konsequenterer Kriegsführung eine Opposition von rechts darstellen. Diese Opposition spielt ihre Rolle nicht allein im Moskauer Medienzirkus, wo sie sich in relativer Narrenfreiheit auf Telegram austoben darf. Vier der Militärjournalisten berief Putin Ende des ersten Kriegsjahres in eine Kreml-Arbeitsgruppe, die sich mit der Mobilmachung und ihren sozialen Folgen für die Einberufenen und deren Familien befassen soll: Pegow, Swintschuk, Sladkov und Poddubny sitzen dort neben Amtsträgern aus verschiedenen Bereichen der Administration (Groom 2023; Barros et al. 2022, S. 2). Dort dürfen die „Z-Blogger" nun ganz offiziell und direkt Politik machen. Dies ist offenkundig eine Anerkennung dafür, dass die Blogger mit ihrer journalistischen Arbeit Putins Kriegspolitik gesellschaftlich wie psychologisch den Boden bereiten.

Literatur

Atanesian, G. (2023). *Ukraine war: Putin influencers profiting from war propaganda*. https://www.bbc.com/news/world-europe-66653837. Zugegriffen am 27. September 2023.

Barros, G., Stepanenko, K., Bailey, R., Howard, A., Philipson, L., Williams, M., & Kagan, F. W. (2022). *Russian Offensive Campaign Assessment, December 21*. https://www.understandingwar.org/backgrounder/russian-offensive-campaign-assessment-december-21. Zugegriffen am 21. August 2023.

Beardsworth, J. (2022). *Who are Russia's Pro-War- Bloggers And Why Are They Important?* https://www.themoscowtimes.com/2022/09/14/crimea-wedding-party-arrested-fined-for-playing-ukrainian-patriotic-song-a78790. Zugegriffen am 22. August 2023.

Buziashvili, E. (2022). *What Russia reads on Telegram*. https://medium.com/dfrlab/what-russia-reads-on-telegram-a45d90e3bdc1. Zugegriffen am 14. August 2023.

Chotiner, I. (2023). *Q&A – Why Russian Elites think Putin's war is doomed to fail*. https://www.newyorker.com/news/q-and-a/why-russian-elites-think-putins-war-is-doomed-to-fail. Zugegriffen am 19. August 2023.

Davydov, S. (2022). *How the war changed Russia's media Consumption*. https://ridl.io/how-the-war-changed-russia-s-media-consumption/. Zugegriffen am 19. August 2023.

Dress, B. (2023). *Deadly attack puts spotlight on Russia's influential military bloggers*. https://thehill.com/policy/defense/3936417-deadly-attack-puts-spotlight-on-russias-influential-military-bloggers/. Zugegriffen am 07. April 2023.

Epifanova, A., & Dietrich, P. (2023). *Russia's Quest for Digital Sovereignty*. https://dgap.org/en/research/publications/russias-quest-digital-sovereignty. Zugegriffen am 18. August 2023.

Goncharenko, R. (2023). *Ukraine: Wie sich russische Kriegsblogger blamierten*. https://www.dw.com/de/ukraine-wie-sich-russische-kriegsblogger-blamierten/a-65605982. Zugegriffen am 20. August 2023.

Groom, N. (2023). *Heroes of the Information Front?* https://www.ndc.nato.int/research/research.php?icode=794&lang=fr#_edn1. Zugegriffen am 22. August 2023.

Kottasova, I. (2023). *Putin's digital footsoldiers: How bloggers became a key cog in Russia's war machine*. https://edition.cnn.com/2023/04/04/europe/russia-military-bloggers-war-machine-intl-cmd/index.html. Zugegriffen am 18. August 2023.

Mappes, G., Stepanenko, K., Wolkov, N., & Clar, M. (2023). *Russian Offensive Campaign Assessment, 18.06.2023*. https://www.understandingwar.org/backgrounder/russian-offensive-campaign-assessment-june-18-2023. Zugegriffen am 28. September 2023.

Metzger, N. (2022). *Wie Russlands Kriegsberichterstatter arbeiten*. https://www.zdf.de/nachrichten/politik/ukraine-krieg-russland-journalist-propaganda-wargonzo-100.html. Zugegriffen am 25. August 2023.

Mijnssen, I. (2022). *Ukraine-Krieg in Echtzeit: eintauchen in die Parallelwelten von Telegram*. https://www.nzz.ch/international/krieg-gegen-die-ukraine/ukraine-krieg-in-echtzeit-parallelwelten-auf-telegram-ld.1672768. Zugegriffen am 18. August 2023.

Özdemir, H. (2023). *The Rise of Military Bloggers Amid the Russian-Ukrainian War*. https://researchcentre.trtworld.com/featured/the-rise-of-military-bloggers-amid-the-russian-ukrainian-war/. Zugegriffen am 18. August 2023.

Pertsev, A. (2022). *'Самиздат' для Владимира Путина* [„Samisdat" für Wladimir Putin]. https://ridl.io/ru/samizdat-dlya-vladimira-putina/. Zugegriffen am 22. August 2023.

President of Russia (2023a). *Teilnehmer des Treffens mit Kriegsberichterstattern*. http://kremlin.ru/supplement/5950. Zugegriffen am 24. August 2023.

President of Russia (2023b). *Meeting with War Correspondents*. en.kremlin.ru/events/president/news/71391. Zugegriffen am 15. Juni 2023.

Rother, F. (2023). *Russische Kriegskorrespondenten in der Ukraine*. https://www.deutschlandfunk.de/propaganda-von-der-front-russische-kriegskorrespondenten-in-der-ukraine-dlf-46963b22-100.html. Zugegriffen am 23. August 2023.

Stepanenko K., Kagan, F. W., & Mappes, G. (2022). *Russian Offensive Campaign Assessment, 20.11.2022*. https://www.understandingwar.org/backgrounder/russian-offensive-campaign-assessment-november-20. Zugegriffen am 18. August 2023.

TGStat (2023). *Минобороны России* [Russisches Verteidigungsministerium]. https://tgstat.ru/en/channel/@mod_russia/stat/subscribers. Zugegriffen am 23. August 2023.

The Insider (2023). *В кафе в Петербурге произошел взрыв во время 'творческого вечера' пропагандиста Владлена Татарского. Он погиб* [Während eines „kreativen Abends" des Propagandisten Wladlen Tatarski kam es in einem Café in St. Petersburg zu einer Explosion. Er starb]. https://theins.info/news/260635. Zugegriffen am 21. August 2023.

Warzel, C. (2023). *The World's Most Important App (for Now)*. https://www.theatlantic.com/technology/archive/2023/06/telegram-app-encrypted-messaging-russia/674558/. Zugegriffen am 01. Juli 2023.

Wikimedia Commons (2023). *Meeting with war correspondents (2023-06-13)* [Foto]. https://commons.wikimedia.org/wiki/File:Meeting_with_war_correspondents_(2023-06-13)_03.jpg. Zugegriffen am 18. Januar 2024.

Daria Taradai
Kampf für die gerechte Sache – Die strategische Regierungskommunikation der Ukraine

Zusammenfassung: Der Ukraine ist es in erstaunlich kurzer Zeit gelungen, ihre strategische Kommunikation neu aufzubauen und an die Realität des Krieges anzupassen. Eine umfassende Medien- und PR-Maschinerie hat begonnen, um die Narrative der Ukraine zu verbreiten. Langfristig gesehen sind jedoch neue Herausforderungen entstanden. Als wie effizient erweisen sich zum Beispiel die ersten Entscheidungen nach dem Schock des Angriffs, wenn der Krieg auf unbestimmte Zeit anhält? In diesem Beitrag werden wesentliche Erfolge der strategischen Kommunikation der Ukraine, aber auch zentrale Misserfolge und die damit verbundenen Herausforderungen beschrieben[1].

1 Der Krieg ums Überleben

„Wir sind alle hier. Wir schützen unseren Staat und unsere Unabhängigkeit. Und das werden wir auch weiterhin tun", sagte Wolodymyr Selenskyj am 25. Februar 2022 in einem Video, das er selbst im Hof der Präsidialverwaltung im Zentrum Kiews aufgenommen hatte (Selenskyj 2022a). Dieses 30-sekündige Video, in dem er zusammen mit seinem Büroleiter, dem Regierungschef, dem Vorsitzenden der Präsidentenpartei im Parlament und seinem wichtigsten Berater zu sehen ist, sollte zeigen, dass die Führer der Ukraine ihre Hauptstadt nicht verlassen und gegen Russland kämpfen. Dies war einer neben vielen anderen erfolgreichen Schritte, die die ukrainische Führung unternahm, um die Menschen zum Kampf gegen Russland zu inspirieren.

Wolodymyr Selenskyj wurde 2019 Präsident der Ukraine, drei Jahre vor der umfassenden russischen Invasion. Er war ein erfolgreicher Entertainer, Künstler und Geschäftsmann, bevor er in die ukrainische Politik wechselte. Sein Hintergrund im Showbusiness und sein Team mit ähnlicher Erfahrung haben ihm geholfen, während seiner Präsidentschaft schon vor dem 24. Februar erfolgreich

---

1 Dieser Beitrag wurde von der Autorin auf Englisch verfasst und vom Herausgeberteam ins Deutsche übersetzt.

https://doi.org/10.1515/9783111331508-006

Medienereignisse zu schaffen. Und diese professionelle Herangehensweise ist auch seither zu beobachten.

In den letzten Wochen vor dem Einmarsch Russlands in die Ukraine gab es eine Reihe kontroverser Äußerungen von Regierungsvertretern zu der Frage, ob es sich lohne, Angst vor einem massiven Angriff zu haben oder nicht. Viele Ukrainer kritisieren die Regierung bis heute dafür, dass sie sich vor dem Einmarsch nicht über das Ausmaß der Gefahr im Klaren war, aber für Selenskyj war sein Schweigen Teil der Kommunikationsstrategie der Regierung, um Panik und eine Kapitulation zu vermeiden:

> Ich sage nicht, wessen Idee es war, aber im Allgemeinen hatte unser inneres Gefühl recht. Hätten wir vor der Invasion Chaos unter den Menschen gesehen, hätten uns die Russen verschlungen. Denn im Chaos fliehen die Menschen aus dem Land. Und genau das geschah, als die Invasion begann – wir waren so stark, wie wir nur sein konnten. Einige unserer Leute verließen das Land, aber die meisten blieben hier, sie kämpften um ihre Heimat. Und so zynisch es auch klingen mag, das sind die Leute, die alles aufgehalten haben. (Khurshudyan 2022)

Dieser fragwürdige, aber erfolgreiche Ansatz ermöglichte es der Ukraine, das erste Jahr dieses katastrophalen Krieges zu überstehen und in das zweite Jahr der Kampfhandlungen einzutreten. In diesem Beitrag werde ich die ukrainische strategische Kommunikation mit ihren Erfolgen und Grenzen analysieren. Als ukrainische strategische Kommunikation verstehe ich dabei eine Regierungskommunikation, die mehrere Elemente der öffentlichen Diplomatie, des politischen Marketings, der Überzeugungsarbeit, der internationalen Beziehungen, der Militärstrategie und vieles andere umfasst (StratCom COE 2020). Was genau steckt also hinter der ukrainischen strategischen Kommunikation?

Russland griff die Ukraine 2014 mit der Annexion der Krim an, durchgeführt von russischen Streitkräften ohne Hoheitsabzeichen. Einige Wochen später begannen die von Russland unterstützten und bewaffneten ukrainischen Separatisten den Konflikt in der Ostukraine, und die russische Armee unterstützte sie bei der Errichtung ihrer Quasi-Republiken. Trotz zahlreicher Beweise leugnete Russland stets seine direkte Beteiligung am Krieg in der Ukraine. Das hybride Format des russischen Angriffs hinderte alle ukrainischen Medien und die Mehrheit der PolitikerInnen daran, ihn konsequent als Krieg zu bezeichnen. Dies galt auch für viele ukrainische JournalistInnen (Taradai 2019).

Am 24. Februar 2022 kämpfte die Ukraine also bereits seit fast acht Jahren gegen Russlands Informationskrieg, war aber viel besser darauf vorbereitet, zurückzuschlagen, als es 2014 der Fall war. Seit diesem Tag haben sowohl die ukrainische Regierung als auch die Medien den Angriff unmissverständlich als eine umfassende Invasion Russlands in die Ukraine in dem 2014 begonnenen Krieg bezeichnet.

Unmittelbar nach dem Einmarsch Russlands betonte die Ukraine, dass es sich um einen ungerechtfertigten, nicht provozierten Angriff handele und dass die Ukraine einen „Krieg ums Überleben", d. h. um ihre Existenz und Unabhängigkeit, kämpfe. Seitdem hat die Ukraine die „gerechte Sache", mit der sie ihr Handeln erklärt, konsequent und klar kommuniziert. Es gab einige wenige Fälle, in denen die ukrainische Kommunikation diesem Narrativ zu widersprechen schien, aber diese konnten die generelle Widerstandsfähigkeit der strategischen Kommunikation der Ukraine nicht ernsthaft untergraben (Ekman und Nilsson 2023).

Russland hingegen hat eine viel vagere Darstellung der Kriegsgründe, die sich immer wieder ändert (→ Beitrag Toepfl & Beseler). Das ukrainische Konzept des „Überlebenskampfes" ist deutlich stärker als die russische Einordnung als „militärische Sonderoperation" (russischer Euphemismus für den Krieg). In den Augen ukrainischer WissenschaftlerInnen hat der Krieg Russlands gegen die Ukraine einen eindeutig kolonialen Charakter, zumal Russland ein offen sichtbares imperialistisches Verhalten an Tag legt (Tavrov und Gorodnichenko 2022).

Die Konsistenz und Integrität des ukrainischen Narrativs haben dies für das westliche Publikum wie für die Ukrainer im Lande verständlich gemacht. Auch die unmittelbare Geschlossenheit der ukrainischen Gesellschaft trug wesentlich zum Erfolg der strategischen Kommunikation der Regierung bei. Das breite gesellschaftliche Engagement und die weit verbreitete Freiwilligenarbeit in der Ukraine waren von zentraler Bedeutung für den Erfolg der Kommunikationsbemühungen, schlussfolgern Ivar Ekman und Per-Erik Nilsson (2023) in ihrer Untersuchung „Ukraine's Information Front – Strategic Communication during Russia's Full-Scale Invasion of Ukraine".

2 Telethon im Informationskrieg der Ukraine

Die ersten Tage nach dem Einmarsch der Russen waren für viele Ukrainer äußerst dramatisch. Diese Zeit lässt sich als „Informationschaos" beschreiben. Das Land wurde aus vielen Richtungen angegriffen, die Menschen waren von Luftalarmen und Bombardierungen der Städte im ganzen Land schockiert. Es war überaus schwierig, sich einen Überblick über die Geschehnisse zu verschaffen. Unter diesen Umständen hat die ukrainische Regierung das Projekt *Telethon „United News"* ins Leben gerufen. Die wichtigsten staatlichen und privaten Fernsehsender haben sich zusammengetan, um ein gemeinsames Informationsformat zu produzieren, das nach wie vor von allen Fernsehsendern ausgestrahlt wird (Stand November 2023) und von der Regierung organisiert wird (siehe Abb. 1).

Im Jahr 2022 unterstützten ukrainische Medienexperten diese Initiative aus mehreren Gründen nachdrücklich (Dovzhenko 2022). In den ersten Tagen des Einmarsches gab es sehr viele Falschnachrichten und gezielte Desinformationen verbunden mit einer Informationsüberflutung. Die Menschen waren aufgrund des ersten Schocks besonders anfällig dafür. Mit *Telethon* wurde nun eine hilfreiche staatliche Informationsquelle etabliert, die rund um die Uhr zugänglich war und auf der Arbeit vieler professioneller JournalistInnen beruhte. Millionen von UkrainerInnen verließen in den ersten Stunden des Krieges das Land oder wurden zu Binnenflüchtlingen: viele Frauen, auch viele Journalistinnen, kümmerten sich um den Schutz ihrer Kinder. Und auch unter diesen Umständen wäre es für einen einzelnen Sender eine große Belastung gewesen, allein Inhalte zu produzieren. Stattdessen wurden die 24 Stunden eines Tages unter allen Kanälen aufgeteilt, was den Ukrainern wie den Fernsehsendern zu überleben half, auch finanziell.

Abb. 1: Zappen zwecklos. Sechs Sender, ein Programm: Die ukrainischen TV-Stationen *1 + 1*, *ICTV*, *Perschyj*, *My – Ukraina*, *Inter* und das Parlamentsfernsehen *Rada* produzieren „einheitliche Nachrichten", in der Unterzeile des Kennbildes für das staatlich verordnete Gemeinschaftsprogramm heißt es „Gemeinsam sind wir stark". (Foto: Vitalii Bilokon)

Obwohl das Gemeinschaftsprogramm *Telethon* in den ersten Monaten der Invasion sehr erfolgreich war, wurde es kritisiert, weil oppositionelle Fernsehsender, die mit dem früheren Präsidenten der Ukraine verbunden waren, nicht einbezogen wurden. Der größte Nachteil dieses Projekts besteht nach Ansicht ukrainischer Medienexperten darin, dass es auch nach 18 Monaten Krieg weiterläuft, während sich die Lage vor Ort geändert hat und es einem großen Teil der Ukraine (einschließlich der Hauptstadt) gelungen ist, sich an den Krieg anzupassen und in allen Bereichen wieder nachhaltig zu funktionieren. Es wäre insofern logisch, *Telethon* zu beenden und die normale Arbeit untereinander konkurrierender Fernsehsender wieder aufzunehmen, aber das geschieht nicht. Folglich behält die ukrainische Regierung die Kontrolle über das Fernsehen (Dovzhenko 2022), welches nach wie vor eine sehr beliebte Informationsquelle ist; 66,7 Prozent nutzten es 2022, um sich über Nachrichten zu informieren (Opora 2022). *Telethon* wird wegen mangelnder Professionalität und aufgrund der Förderung durch die Regierung kritisiert, aber es gibt keine Anzeichen dafür, dass es gestoppt werden kann und der TV-Pluralismus, den es in der Ukraine vor dem Krieg gab, wiederhergestellt werden könnte.

Neben dem Fernsehen gab es eine weitere Medienplattform, deren Popularität in der Ukraine mit dem Beginn der groß angelegten Invasion in die Höhe schnellte: Telegram. Dieser Messengerdienst war in der Ukraine schon lange vor Kriegsbeginn recht populär. Im Februar 2022 hatten bereits viele ukrainische Medien ihre Kanäle in Telegram gestartet, ebenso wie zahlreiche Meinungsführer und Influencer. Der eigentliche Höhepunkt der Telegram-Nutzung lag jedoch in den ersten Monaten der russischen Invasion. Auch die meisten ukrainischen Behörden eröffneten Accounts auf Telegram. Nach dem 24. Februar 2022 wurden lokale Telegram-Kanäle und Chat-Gruppen in anderen sozialen Medien zu dominierenden ersten Informationsquellen, deren Gehalt anschließend in offiziellen Quellen überprüft wurde. Nach einer Untersuchung vom Mai 2022 nannten 76,6 Prozent der Ukrainer soziale Medien als ihre Informationsquelle während des Krieges, wobei Telegram der Spitzenreiter unter ihnen ist – 65,7 Prozent der Menschen nutzen es zur Informationsbeschaffung (Opora 2022). Mitte 2023 gaben 77,9 Prozent der Befragten an, dass soziale Medien für sie die wichtigste Informationsquelle seien. Und Telegram gilt weiterhin als das vertrauenswürdigste soziale Medium in der Ukraine, 71,3 Prozent der Ukrainer vertrauen dem Dienst (Opora 2023).

Es überrascht also nicht, dass es für die ukrainischen Institutionen äußerst wichtig war, auf Telegram präsent zu sein. In der ersten Kriegswoche wurde ein neues System offizieller Telegram-Kanäle eingeführt. Die Mehrheit der staatlichen ukrainischen Institutionen ist seither zu Telegram „umgezogen". Offizielle Websites und Seiten in anderen sozialen Medien oder Messengern funktionieren zwar noch, aber Telegram hat sich zur wichtigsten Plattform entwickelt. In der Regel werden Informationen aus den verifizierten Kanälen der ukrainischen Behörden in Telegram von ukrainischen und sogar ausländischen Medien ohne zusätzliche Überprüfung veröffentlicht. Im ersten Jahr der Invasion haben die Ukrainer recht unterschiedliche und nicht allzu zuverlässige Telegram-Kanäle genutzt, um auf mögliche Gefahren während der Luftalarme hingewiesen zu werden. Im Sommer des zweiten Kriegsjahres schließlich beschlossen die ukrainischen Luftstreitkräfte, solche Informationen selbst zu veröffentlichen. Die ukrainischen Behörden konnten die Posts mit Details über die Flugbewegungen russischer Raketen nicht verbieten oder kontrollieren, also entschieden sie mit zeitlicher Verzögerung, solche Daten selbst zu veröffentlichen. In gewisser Weise konkurrieren die Luftstreitkräfte nun mit anonymen Telegram-Kanälen.

3 Der Krieg der Symbole und Slogans

Die ukrainischen Behörden sind sehr erfolgreich darin, die Symbole dieses Krieges auszuwählen und aufzugreifen. Ein solcher Fall ist der berühmt gewordene Satz „Russisches Kriegsschiff, f*ck dich". Er wurde in den ersten Stunden des Krieges von einem Grenzsoldaten auf der Schlangeninsel gesagt. Diese ukrainische Insel ist noch nicht einmal einen Quadratkilometer groß, hat aber eine große Bedeutung für die Kontrolle des westlichen Schwarzen Meeres (Williams und Kirby 2022). Deshalb fuhr das russische Flaggschiff Moskwa innerhalb weniger Stunden nach Kriegsbeginn dorthin und forderte die ukrainischen Soldaten auf der Insel zur Kapitulation auf, was zu der berühmten Antwort führte. Der Satz selbst wurde zu einem Slogan für den ukrainischen Kampf gegen Russland. Er wurde und wird weiterhin auf Plakatwänden, Kleidung, Souvenirs, Büchern, anderen Produkten und natürlich auf Briefmarken abgebildet, die nicht nur in der Ukraine wertvoll und beliebt geworden sind (z. B. finden sich mehr als 3.400 Suchergebnisse bei eBay im November 2023). Viele dieser Symbole und Slogans des Krieges wurden von der ukrainischen Regierung und Bevölkerung aufgegriffen und popularisiert. Sie alle eint der Gedanke an den Sieg der Ukraine über Russland und ihr Stoizismus unter den Härten des Krieges.

Der ukrainische Präsident Wolodymyr Selenskyj ist ebenfalls zu einem solchen Symbol geworden. Er wurde mit weltbekannten, angesehenen Staatsoberhäuptern verglichen – und zum Beispiel als Winston Churchill mit iPhone bezeichnet (Freedland 2022). Seine ausgeklügelte PR-Kampagne zur Unterstützung der Ukraine in der ganzen Welt wird von vielen Experten als erfolgreich angesehen. In den ersten Kriegsmonaten verhandelte Selenskyjs Team über möglichst viele Auftritte des Präsidenten in ausländischen Parlamenten und auf internationalen Veranstaltungen. Da seine Anwesenheit in der Ukraine in den ersten Monaten des Krieges von besonderer Bedeutung war, hielt er seine Reden in der Regel über Online-Kanäle, sorgfältig auf jedes Publikum zugeschnitten. Er benutzte historische Parallelen und versuchte, die ukrainische Darstellung des Krieges in einer für jedes Land und jede Region verständlichen Sprache zu erklären. Seine Reden wurden bereits mehrfach in Buchform veröffentlicht (Selenskyj 2022b). Der Präsident ist insofern ein Element der ukrainischen Kommunikationsstrategie. Allerdings gab es nicht nur Erfolge, sondern auch Misserfolge. Im Jahr 2022 wurde die Ukraine zum G20-Gipfel in Indonesien eingeladen, und Selenskyj durfte eine Rede halten. Im Folgejahr, als Indien den G20-Gipfel ausrichtete, geschah dies jedoch nicht, was signalisiert, dass ein großer Teil der Länder Asiens, Afrikas und Lateinamerikas die Ukraine nicht unterstützen.

Nach den ersten Monaten der Fernkommunikation begannen Wolodymyr und seine Ehefrau Olena Selenskyj, ins Ausland zu reisen, um die ukrainische Sicht auf den Krieg zu erläutern und um dafür so viel Unterstützung wie möglich zu gewinnen. Die Zahl der Besuche nimmt zu, die Aufmerksamkeit der Medien nimmt ab, aber unter ukrainischen JournalistInnen ist die Überzeugung weit verbreitet, dass der Präsident nur dann in bestimmte Länder reist, wenn er sich darauf verlassen kann, dass bereits vor seiner Reise gute Nachrichten wie Waffenlieferungen oder finanzielle Hilfe vereinbart wurden. So wurde beispielsweise seine erste Reise in die USA während des Krieges inszeniert, um die zuvor getroffene Entscheidung zu verkünden, dass der Ukraine Patriot-Luftabwehrsyteme geliefert werden (Koziej 2023). Dieser Besuch war von großer Bedeutung für die internationale strategische Kommunikation mit ukrainischen, westlichen, russischen und anderen Zielgruppen.

Der ukrainische Präsident ist eines der mächtigsten Symbole des ukrainischen Widerstands, und sein Image scheint überaus professionell aufgebaut zu sein. Außerdem unterscheidet sich sein Image auffallend von dem des russischen Präsidenten Wladimir Putin, was von Kommentatoren in beiden Ländern oft betont wird. Selenskyj ist ein Kommunikator, der nach außen wie nach innen wirkt. Er besucht regelmäßig die Front und spricht mit den Soldaten, trotz aller offensichtlichen Risiken, die mit solchen Reisen verbunden sind. Täglich veröffentlicht er Abendansprachen an das ukrainische Volk. Sie mögen nach fast zwei Jahren Krieg nicht mehr so informativ und wichtig sein wie zu Beginn des Krieges, aber sie erwecken immer noch den Eindruck eines ständigen Kontakts mit dem ukrainischen Volk. Nach Umfragen vom 1. März 2022, dem sechsten Tag des Krieges, als die russische Armee Gebiete der Ukraine im Süden und Osten eroberte, gaben 93 Prozent der Ukrainer an, dass sie die Politik von Selenskyj unterstützen; 88 Prozent glaubten, dass die Ukraine den Angriff Russlands abwehren könne (Rating Group 2022). Nach mehr als einem Jahr des verheerenden Krieges, der die Ukraine bereits zehntausende Menschenleben gekostet hat, sind 86 Prozent der Ukrainer immer noch der Meinung, dass Wolodymyr Selenskyj als Oberbefehlshaber effektiv arbeitet (KIIS 2023).

Interessanterweise erwarteten einen Monat vor der Invasion, im Januar 2022, nur 32 Prozent der Ukrainer, dass er ein effizienter Oberbefehlshaber sein würde. Die Tatsache, dass die Unterstützung der ukrainischen Führung in der Bevölkerung auch im zweiten Kriegsjahr weiterhin stark ist (→ Beitrag Berdnyk & Trubetskoy), könnte bedeuten, dass die staatlichen Stellen der Ukraine trotz der enormen und offensichtlichen Schwierigkeiten des Krieges erfolgreich mit dem Publikum kommunizieren.

4 Der mediatisierte Krieg

Der Krieg Russlands gegen die Ukraine ist der erste groß angelegte Kampf im Zeitalter von Starlink, GoPro und überall verfügbaren Smartphones. Dieser Krieg ist aufgrund des technologischen Entwicklungsstands hochgradig mediatisiert. Wie Horbyks (2022) Untersuchung zeigt, nutzen ukrainische Militärs trotz eines offiziellen Verbots ihre Handys in der Nähe der Frontlinie. Abgesehen von den offensichtlichen Auswirkungen auf das Privat- und Familienleben führt dies auch zu einer „Militarisierung" des Mobiltelefons: Horbyk spricht von "war phones" und verweist auf deren mögliche Verwendung: „Abhören, Feuerleitung, Minenfeldkartierung" (Horbyk 2022, S. 9) sowie zudem für Filmaufnahmen und die Verbreitung von Informationen.

Gefechtsfeldaufnahmen sind für die Kommunikation der ukrainischen Regierung und der ukrainischen Streitkräfte äußerst wichtig, um Fehler zu analysieren – und für die westlichen Regierungen, um abzuschätzen, wie deren Waffen gegen die russischen Streitkräfte wirken. Innerhalb der Ukraine tragen Videos von ukrainischen Erfolgen, die sorgfältig und bewusst ausgewählt werden, dazu bei, die Menschen für den Kampf und zur Unterstützung der Regierung und der Streitkräfte zu motivieren. Außerhalb der Ukraine werden Botschaften über die Erfolge gesendet, um zu beweisen, dass die westliche Hilfe nicht vergebens und die ukrainische Armee langfristig eine Unterstützung wert ist. Dieser Mechanismus wird jedoch von allen Seiten des Krieges genutzt, auch die prorussischen Sender setzen ihn zu ihren Gunsten ein. Meistens ist zu beobachten, dass JournalistInnen und Open-Source-RechercheurInnen die offiziellen russischen Nachrichten über den Krieg untergraben, indem sie nutzergenerierte Inhalte (eng. *User Generated Content*, UGC) aus dem Frontgebiet verwenden (Reznikova 2022). Während ukrainische Offizielle es vermeiden, direkte Lügen zu verbreiten, können sie aber bestimmte Ereignisse oder Entwicklungen unterschlagen, wie etwa Veränderungen an der Front oder die Folgen von Angriffen. Hier können UGC und Nachrichten von der Front Licht ins Dunkel bringen.

Horbyk (2022, S. 22) weist darauf hin, dass eine solche aktive Nutzung mobiler Technologien durch Soldaten auf allen Ebenen „die Geschlossenheit des Militärs als staatliche Institution und als Insel innerhalb der Gesellschaft aufbricht", was „zu einer medialen Erweiterung des Schlachtfelds" führt. Das Narrativ des Krieges in der Ukraine wird auf mehreren Ebenen produziert, und es ist weit verbreitet, da jeder, der ein Smartphone besitzt, Inhalte erstellen und sich direkt an ein beliebiges Publikum wenden kann (Laine 2022).

In den ersten Monaten nach der Invasion bauten die ukrainischen Behörden ein relativ klares System der Medienkommunikation auf: Aus dem Chaos der ersten Wochen entwickelten sie ein System der Medienakkreditierung, ein Netzwerk von Pressebeauftragten sowie ein Netz aus etablierten Kommunikationskanälen. Nach dem Bericht „Ukraine's Information Front – Strategic Communication during Russia's Full-Scale Invasion of Ukraine" der schwedischen Defence Research Agency gibt es vier Hauptgründe für den Erfolg der ukrainischen Kommunikation: Vorbereitung, Koordination, Geschwindigkeit und Transparenz. Die Forscher kommen zu dem Schluss, dass die ukrainischen Behörden proaktiv gehandelt haben, indem sie „Russlands nächsten Schritt oft antizipiert und vorweggenommen haben" (Ekman und Nilsson 2023).

Ein großes Team von PR-Spezialisten (oft mit Medienhintergrund) und professionellen Videoredakteuren arbeitet mit allen Abteilungen der Streitkräfte der Ukraine zusammen. Die Qualität der veröffentlichten Materialien belegt dies. Alle Waffengattungen sind auf allen sozialen Plattformen vertreten, und die dort verbreiteten Links demonstrieren die Vielfalt ihrer Präsenz.

Ein weiterer Faktor, der der Ukraine bei ihrer strategischen Kommunikation und im Informationskrieg hilft, ist die starke Unterstützung durch die Europäische Union und andere westliche Verbündete. In der Ukraine gibt es Debatten über die Geschwindigkeit und die Bereitschaft des Westens, der Ukraine Waffen zu liefern, aber die EU war schnell entschlossen, den Informationsraum zu begrenzen, indem sie die russischen staatlichen Medien und den Rundfunk innerhalb der EU blockierte (National Council of Television and Radio Broadcasting of Ukraine 2022). Pantti vermutet, dass dies dazu beigetragen habe, in vielen europäischen Ländern eine überraschend einheitliche Darstellung des Krieges zu schaffen (Laine 2022). Auch die Tatsache, dass die Ukraine und ihre westlichen Verbündeten besser auf die russischen Cyberangriffe vorbereitet waren, hat Russland bei seinen Eingriffen in den Informationssektor geschwächt, die es zuvor sehr geschickt betrieben hatte.

5 Die Berichterstattung über die Gegenoffensive und andere Misserfolge

Es wäre nicht angemessen zu behaupten, dass die Ukraine jegliche Fehler in ihrer strategischen Kommunikation vermieden hat, obwohl sie auf diesem Feld insgesamt erfolgreich agierte. Im Hinblick auf die auffälligsten Kommunikationsfehler der Ukraine ist zunächst die Zeit vor der Invasion zu betrachten, als Warnungen vor möglichen russischen Angriffen von den westlichen Medien und PolitikerInnen aktiv wiedergegeben, von der ukrainischen Führung jedoch öffentlich ignoriert wurden. Am 19. Januar 2022 hielt Selenskyj eine Rede (Präsidialamt der Ukraine 2022), auf die sich seine Kritiker seither immer wieder beziehen. In dieser Rede versuchte er, die Menschen zu beruhigen, und sagte, dass es keinen Grund zur Panik gäbe und die Ukrainer später friedlich Schaschlik grillen würden, wie sie es im Mai immer tun. Tatsächlich war der Mai 2022 eine Zeit blutiger Kämpfe mit der Einkesselung vieler großer Städte in der Region Luhansk und der Eroberung der wichtigen Hafenstadt Mariupol durch Russland, wobei diese Kämpfe Tausenden Soldaten und Zivilisten das Leben kosteten. Diese Rede vor dem Krieg ist ein Beispiel für die Strategie der Regierung, die Menschen zu beruhigen. Die Debatten darüber, ob dies eine richtige Entscheidung war, dauern an und werden wahrscheinlich nach dem Krieg noch intensiver aufflammen, wenn die Gesellschaft kritischer ist und die Regierung weniger Möglichkeiten zur Einschränkung von Informationen hat (→ Beitrag Berdnyk & Trubetskoy).

Ein weiteres kritisches Element der ukrainischen strategischen Kommunikation sind die Erwartungen an die ukrainische Gegenoffensive im Jahr 2023. Im politischen und medialen Diskurs innerhalb der Ukraine und bei ihren westlichen Verbündeten verbreitete sich die Vorstellung einer sehr erfolgreichen Offensive, die dazu führen würde, den Zugang zum Meer wiederzuerlangen. Sehr bald wurde jedoch deutlich, dass die Erwartungen zu hoch und unrealistisch waren. Sie waren so hoch, dass binnen kurzer Zeit eine neue Gefahr aufkam: die Befürchtung, dass entsprechend bescheidene Ergebnisse die internationale Unterstützung der Ukraine beeinträchtigen und die Waffenversorgung gefährden könnten (Dress 2023). „Der Hype um die Gegenoffensive war notwendig, um die Unterstützung zu sichern, die Truppen optimistisch zu halten und die Ausrüstung und Waffen zu beschaffen, die für die Streitkräfte erforderlich sind", meint Dress (2023), aber schon bald hat selbst die Ukraine versucht, die Erwartungen zu dämpfen. Ukrainische Offizielle machen ihre Amtskollegen in den verbündeten Regierungen für den übertriebenen Optimismus im Zusammenhang mit der Gegenoffensive und die langsame Lieferung der versprochenen Waffen verantwortlich. Andere weisen jedoch darauf hin, dass die Ukraine eine gewisse Verantwortung für die optimistische Prognose eines schnellen

Durchbruchs trage. So lässt sich festhalten, dass die ukrainische strategische Kommunikation die Botschaft vom künftigen Erfolg derart effizient verbreitet hat, dass sie angesichts der fehlenden militärischen Erfolge als gescheitert einzuschätzen ist.

Schließlich gibt es ein weiteres Thema, das regelmäßig zu Missverständnissen zwischen der Ukraine und ihren Partnern führt, nämlich die Idee, dass die Ukraine den westlichen Partnern dankbar sein und ihre Dankbarkeit deutlicher zeigen sollte. Nach meiner Beobachtung werden viele Diskussionen darüber im Verborgenen und hinter verschlossenen Türen geführt, aber gelegentlich können sie öffentlich werden. Im Juli 2023 schlug der britische Verteidigungsminister Ben Wallace nach dem NATO-Gipfel in Vilnius vor (siehe Abb. 2), dass die Ukraine ihren Verbündeten „Dankbarkeit" zeigen müsse. Wallace erwähnte die Enttäuschung, die in Washington durch die Haltung der Ukraine gegenüber der westlichen Hilfe hervorgerufen wurde: „Wir haben 83 Milliarden Dollar oder was auch immer gegeben, wir sind nicht Amazon" (Gallardo 2023). Diese Aussagen wurden in der Ukraine mit einem gewissen Maß an Ironie und Irritation aufgenommen. Präsident Selenskyj antwortete auf eine Frage zu diesem Vorfall mit den Worten: „Ich wusste nicht, was er meinte und wie ich sonst meine Dankbarkeit ausdrücken sollte" (Frangoul 2023).

Abb. 2: Der britische Premier Rishi Sunak, US-Präsident Joe Biden, Italiens Regierungschefin Giorgia Meloni, der ukrainische Präsident Wolodymyr Selenskij, NATO-Generalsekretär Jens Stoltenberg und sein Stellvertreter Micea Geoana (v.l.n.r) auf dem NATO-Gipfel in Vilnius, 12. Juli 2023. (Foto: NATO)

Solche kleinen Disharmonien deuten nicht auf einen tiefgreifenden Konflikt zwischen der Ukraine und ihren Verbündeten hin, aber sie zeigen, dass trotz der im Allgemeinen erfolgreichen Kommunikation kleine Lücken bestehen. Und je länger der Krieg andauert, desto mehr solcher Widersprüche werden auftreten.

Das „Rallying around the flag" (Mueller 1970) war für die Ukraine in den ersten Monaten der Invasion überlebenswichtig, wird aber von der Regierung auch im zweiten Kriegsjahr noch durchgesetzt. Dazu gehört die Kontrolle der Informationen. Die Daten über die ukrainischen Verluste sind weiterhin geheim. Einerseits ist es wichtig, sie geheim zu halten, weil sie, wie die ukrainische Regierung sagt, Aufschluss darüber geben, wie erfolgreich bestimmte Operationen der russischen Streitkräfte gegen die Ukraine waren. Andererseits erlaubt es dem ukrainischen Volk nicht, den Preis, den die Bevölkerung für ihren Widerstand zahlt, einzuschätzen und die Maßnahmen der Regierung kritisch zu bewerten. Die ausländischen Verbündeten der Ukraine haben mehrere Schätzungen der Verluste des Landes vorgenommen, die jedoch eher widersprüchlich und allgemein gehalten sind. Bislang (Stand November 2023) können die Ukrainer die Verluste des Landes nur annähernd abschätzen, wenn sie sich die stets größer werdenden Soldatenfriedhöfe im Land ansehen.

Zu erwähnen sind schließlich die Kultur der Unterstützung des eigenen Landes und die damit verbundene Selbstzensur der ukrainischen Medien. Dieser Trend wurde bereits zu Beginn des Krieges im Jahr 2014 sichtbar. Ukrainische JournalistInnen ziehen es vor, für das eigenen Land Partei zu ergreifen, statt einer Scheinneutralität den Vorzug zu geben; sie definieren sich also als Teil der Verteidigung der Nation (Nygren et al. 2018).

6 Steht ein größerer Kampf bevor?

Die Ukraine hat enorme Anstrengungen unternommen und die erste kritische Zeit der groß angelegten Invasion überstanden. Möglich war dies dank der gemeinsamen Anstrengungen von Militärs, Offiziellen und einfachen Ukrainern mit Hilfe der westlichen Verbündeten. Auch die erfolgreiche strategische Kommunikation der Ukraine spielte dabei eine wichtige Rolle. Der ukrainische Präsident und sein Team haben die Bedeutung des Informationskriegs nicht unterschätzt und sich seit den frühen Morgenstunden des 24. Februar 2022 in diesen Kampf gestürzt.

Gleichzeitig startete die Regierung eine Kampagne, die sich mit unterschiedlichen Botschaften an verschiedene externe wie interne Zielgruppen richtete. Die dringenden und zunächst erfolgreichen Maßnahmen, die zu Beginn des Krieges durchgeführt wurden, waren jedoch im zweiten Kriegsjahr nicht so effizient wie zuvor. Die Beschränkungen, die der Medienwelt in den ersten Tagen auferlegt wurden, erscheinen heute zweifelhaft. Und es stellt sich die Frage, in welchem Ausmaß die Redefreiheit im Interesse der nationalen Interessen eingeschränkt werden darf.

Eine weitere große Herausforderung, vor der die Ukraine jetzt steht, ist der Wettbewerb mit Russland um die Unterstützung des so genannten globalen Südens. Die westlichen Länder waren von Beginn des Krieges an bereit, die Ukraine zu unterstützen, und ihre Unterstützung nahm nach der Invasion noch zu, aber andere Teile der Welt waren dabei eher zurückhaltend. „Im ‚Globalen Süden' hatte die russische Darstellung des Krieges einen viel größeren Einfluss, wodurch der Ukraine wichtige Unterstützung von außen vorenthalten wurde", folgert die schwedische Defence Research Agency (Ekman und Nilsson 2023). Die ukrainische Außenpolitik war lange Zeit hauptsächlich westlich orientiert, und die derzeitige Dominanz des russischen Narrativs außerhalb des Westens ist zum Teil ein Ergebnis davon. Viele andere Faktoren veranlassen den Globalen Süden, Russland zu unterstützen, wie etwa eine enge militärische Zusammenarbeit, Russlands Unterstützung für Pariastaaten, russische Investitionen usw. Aber bis zum 24. Februar 2022 hatte die Ukraine kaum versucht, diese Situation zu ändern, und jetzt braucht Kiew die Unterstützung möglichst vieler Länder. Die Änderung dieser Haltung erfordert enorme Ressourcen und Zeit, die die Ukraine nicht hat.

Gleichzeitig könnte die solide Unterstützung des Westens mit der Zeit schwächer werden, insbesondere nach Wahlen in jenen Ländern, die derzeit die engsten Verbündeten der Ukraine sind. Es gibt Anzeichen dafür, dass das Mitleid mit der Ukraine schwindet und die Unterstützung erodiert – dies sollte von der ukrainischen Regierung unverzüglich angegangen werden. Nachhaltige Unterstützung über einen langen Zeitraum zu sichern, wäre eine neue Herausforderung für das ukrainische strategische Kommunikationsteam, nachdem es sich unmittelbar nach Beginn der russischen Invasion behaupten konnte.

Literatur

Dovzhenko, O. (2022). *Диво, що затягнулося. Телемарафон „Єдині новини" у 2022 році* [Ein Wunder, das anhielt. United News Telethon im Jahr 2022]. https://detector.media/shchodenni-telenovini/article/206445/2022-12-28-dyvo-shcho-zatyagnulosya-telemarafon-iedyni-novyny-u-2022-rotsi/. Zugegriffen am 20. Oktober 2023.

Dress, B. (2023). Ukraine battles sky-high expectations ahead of counteroffensive. https://thehill.com/policy/defense/4030835-ukraine-battles-sky-high-expectations-ahead-of-counteroffensive/. Zugegriffen am 20. Oktober 2023.

Ekman, P., & Nilsson, P.-E. (2023). *Per-Erik Nilsson Ukraine's Information Front – Strategic Communication during Russia's Full-Scale Invasion of Ukraine.* https://www.foi.se/en/foi/reports/report-summary.html?reportNo=FOI-R–5451–SE. Zugegriffen am 20. Oktober 2023.

Frangoul, A. (2023). *'I am not Amazon' and 'people want to see gratitude': UK minister's comments on Ukraine cause a stir.* https://www.cnbc.com/2023/07/13/uk-defense-secretary-says-ukraines-allies-want-gratitude.html. Zugegriffen am 20. Oktober 2023.

Freedland, J. (2022). *A key reason Putin's bloody invasion is faltering? He's no match for Zelenskiy's iPhone.* https://www.theguardian.com/commentisfree/2022/mar/25/churchill-iphone-volodymyr-zelenskiy-ukraine-west. Zugegriffen am 20. Oktober 2023.

Gallardo, K. (2023). *Ukraine must show 'gratitude' to the West to keep support, UK defense minister warns.* https://www.politico.eu/article/ukraine-show-gratitude-west-support-ben-wallace-nato/. Zugegriffen am 20. Oktober 2023.

Horbyk, R. (2022). „The war phone": mobile communication on the frontline in Eastern Ukraine. *Digi War,* 3, 9–24.

Khurshudyan, I. (2022). *An interview with Ukrainian President Volodymyr Zelensky.* https://www.washingtonpost.com/national-security/2022/08/16/zelensky-interview-transcript/. Zugegriffen am 20. Oktober 2023.

KIIS (2023). *Is Volodymyr Zelenskyi able to work effectively as supreme commander: views of Ukrainians before and after the large-scale Russian invasion.* https://kiis.com.ua/?lang=eng&cat=reports&id=1252&page=1. Zugegriffen am 20. Oktober 2023.

Koziej, S. (2023). *Ukraine's strategic communication in the war with Russia.* https://www.gisreportsonline.com/r/ukraine-strategic-communication/. Zugegriffen am 20. Oktober 2023.

Laine, M. (2022). *Mervi Pantti: „The War in Ukraine Illustrates how Developments in Information Technology have moulded the Way ‚We do War'".* https://www.helsinki.fi/en/degree-programmes/global-politics-and-communication-masters-programme/studying/news-archive/mervi-pantti-war-ukraine-illustrates-how-developments-information-technology-have-moulded-way-we-do-war. Zugegriffen am 20. Oktober 2023.

Mueller, J. (1970). Presidential Popularity from Truman to Johnson. *American Political Science Review,* 64, 18–34. http://media.aucegypt.edu/Pols/finalProzent20cairoProzent20files/MuellerAPSR1970.pdf. Zugegriffen am 20. Oktober 2023.

National Council of Television and Radio Broadcasting of Ukraine (2022). *Watch the Ukrainian! European locations where russian propaganda is ceased and Ukrainian programmes appear.* https://www.nrada.gov.ua/en/watch-the-ukrainian-european-locations-where-russian-propaganda-is-ceased-and-ukrainian-programmes-appear-updated/. Zugegriffen am 20. Oktober 2023.

Nygren, G., Glowacki, M., Hök, J., Kiria, I., Orlova, D., & Taradai, D. (2018). Journalism in the Crossfire. *Journalism Studies,* 19(7), 1059–1078.

Opora (2022). *Media Consumption of Ukrainians in a Full-Scale War. OPORA Survey.* https://www.oporaua.org/en/polit_ad/24068-mediaspozhivannia-ukrayintsiv-v-umovakh-povnomasshtabnoyi-viini-opituvannia-opori-24068. Zugegriffen am 20. Oktober 2023.

Opora (2023). *Медіаспоживання українців: другий рік повномасштабної війни. Опитування ОПОРИ* [Mediennutzungsgewohnheiten der Ukrainer: das zweite Jahr des Krieges in vollem Umfang. OPORA-Umfage]. https://www.oporaua.org/polit_ad/mediaspozhivannia-ukrayintsiv-drugii-rik-povnomasshtabnoyi-viini-24796. Zugegriffen am 20. Oktober 2023.

Präsidialamt der Ukraine (2022, 19. Januar). *Без паніки. З вірою в Україну та мир!* [Keine Panik. Mit Vertrauen in die Ukraine und Frieden!] [Video]. https://www.youtube.com/watch?v=DSMMIF9vptg. Zugegriffen am 20. Oktober 2023.

Rating Group (2022). *Загальнонаціональне Опитування: Україна В Умовах Війни (1 Березня 2022)* [Nationale Umfrage: Die Ukraine im Krieg (1. März 2022)]. https://ratinggroup.ua/research/uk raine/obschenacionalnyy_opros_ukraina_v_usloviyah_voyny_1_marta_2022.html?fbclid= IwAR2LvNLxicdO0OIdLoQF3NvHPpAfi7PbbV2GjlHv2IzTSinKBF74u6Gzfz. Zugegriffen am 20. Oktober 2023.

Reznikova, E. (2022). *Подмена мест слагаемых. Исследование о том, как Минобороны врет о победах в Украине* [Ersetzung der Orte der Summanden. Studie über die Lügen des Verteidigungsministeriums über die Siege in der Ukraine]. https://www.proekt.media/research/ofitsialnaya-statistika-minoborony/. Zugegriffen am 20. Oktober 2023.

StratCom COE (2020). *About Strategic Communications*. https://stratcomcoe.org/about_us/about-strategic-communications/1. Zugegriffen am 20. Oktober 2023.

Taradai, D. (2019) Who is Ukraine's enemy: narratives in the military communication regarding the war in Donbas, *Russian Journal of Communication*, 11(2), 141–156.

Tavrov, D., & Gorodnichenko, Y. (2022) *The last colonial war in Europe or why Ukraine cannot surrender*. https://voxukraine.org/en/the-last-colonial-war-in-europe-or-why-ukraine-cannot-surrender. Zugegriffen am 20. Oktober 2023.

Williams, S., & Kirby, P. (2022). *Ukraine war: Snake Island and battle for control in Black Sea*. https://www.bbc.com/news/world-europe-61406808. Zugegriffen am 20. Oktober 2023.

Selenskyj, W. (2022a, 25. Februar). *Ми тут. Ми в Києві. Ми захищаємо Україну* [Wir sind hier. Wir sind in Kiew. Wir verteidigen die Ukraine] [Video]. https://www.facebook.com/watch/?v= 624877852076446. Zugegriffen am 20. Oktober 2023.

Selenskyj, W. (2022b). *A Message from Ukraine. Speeches, 2019–2022*. Gütersloh: Penguin Random House. https://www.penguinrandomhouse.com/books/726799/a-message-from-ukraine-by-volodymyr-zelensky/. Zugegriffen am 20. Oktober 2023.

Katerina Veljanovska Blazhevska

Was sagt Brüssel? – Zur Kommunikation der Ukraine-Unterstützer

Zusammenfassung: Für eine umfassende strategische Kommunikation zur Unterstützung eines anderen Staates ist ein ganzheitlicher Ansatz erforderlich, der sowohl seine eigene Politik, die Medienbeziehungen, die Herausforderungen des modernen Informationsbetriebs, den Umgang mit Falschinformationen als auch Schulungen fur alle am Prozess Beteiligten einschließt. Die strategische Kommunikation jener Länder und Organisationen, welche die Ukraine im Widerstand gegen den russischen Angriff unterstützen, sollte Narrative verwenden, die das Verständnis für die Ukraine fördern. Die Europäische Union und die NATO sollten sich dabei der ständigen Beeinflussungsversuche der Kriegsparteien bewusst sein. Und sie sollten wissen, wie sie ihre Bürger schützen und positive Kommunikation zur Unterstützung von Frieden und Stabilität fördern können[1].

1 Zur Schaffung, Förderung und Konsolidierung von Narrativen

Strategische Kommunikation wie auch strategische Narrative sind komplexe Phänomene, die sich in verschiedenen zeitlichen und räumlichen Dimensionen entwickeln und deren Verständnis sich dabei wandelt. Den Medien kommt bei diesen Veränderungen eine besondere Rolle zu, gerade im digitalen Zeitalter. Die strategische Kommunikation richtet sich auf verschiedene Zielgruppen (→ Beitrag Jungblut). Sie ist notwendig, um die Redefreiheit zu gewährleisten, und sie spielt eine Schlüsselrolle bei der Schaffung, Förderung und Konsolidierung von Narrativen, insbesondere im Kontext der Ukraine unter Kriegs- und Krisenbedingungen (Davlikanova und Kostenko 2023).

In diesem Beitrag beschreibe ich auf Basis öffentlich zugänglicher Dokumente zunächst die strategische Kommunikation der Europäischen Union (EU), wobei ich insbesondere auf die spezifische Terminologie eingehe, wie sie von den EU-Mitgliedstaaten und ihren Verbündeten gleichermaßen verstanden werden muss (Europäisches Parlament 2016). In diesem Zusammenhang spielt die strate-

---

1 Dieser Beitrag wurde von der Autorin auf Englisch verfasst und vom Herausgeberteam ins Deutsche übersetzt.

https://doi.org/10.1515/9783111331508-007

gische Kommunikation eine besondere Rolle zur Verbesserung der Sicherheitslage, insbesondere durch die Verbreitung von Informationen. Der Beitrag behandelt des Weiteren die Bedeutung zeitnaher, effektiver und zielgerichteter
strategischer Kommunikation im internationalen Kontext, vor allem im Hinblick
auf die Kommunikation der NATO mit Bezug auf die Ukraine. Dabei gehe ich auf
die Unterstützerstaaten der Ukraine ein, ihre Möglichkeiten zur Sensibilisierung
in der strategischen Kommunikation und die Ansprache der Öffentlichkeit angesichts der besonderen Herausforderungen hybrider Kommunikationsräume.

2 Strategische Kommunikation der Europäischen Union

Die EU beschäftigt sich seit längerem mit den Bedrohungen durch die Russische
Föderation. Besonders hervorzuheben sind dabei die folgenden Dokumente: (1)
die EU-Globalstrategie (EEAS 2017); (2) das Gemeinsame Rahmendokument zur
Bekämpfung hybrider Bedrohungen (Europäische Kommission 2016); (3) der EU-
Aktionsplan zur strategischen Kommunikation (EEAS 2015) sowie (4) der Bericht
der Generaldirektion Externe Politikbereiche des Europäischen Parlaments mit
dem Titel „Strategische Kommunikation der EU im Hinblick auf die Bekämpfung
von Propaganda" (Europäisches Parlament 2016).

In Situationen, in denen pro-russische Informationskampagnen auf pro-
ukrainische europäische Regierungen treffen, sollten diese verschiedene Infor-
mationskanäle nutzen, um zu verhindern, dass sich ein wirkmächtiger Propagandaapparat gegen sie richtet. Diese Herausforderungen erfordern eine koordinierte
Zusammenarbeit staatlicher Stellen im Informationsbereich sowie eine enge Zusammenarbeit mit den Medien. Dabei sollte zwar die jeweilige nationale Identität
gewahrt bleiben, aber auch rechtzeitig auf Sicherheits- und andere aktuelle Informationsbedrohungen reagiert werden. Die Information der Bevölkerung muss
dabei auf der Anwendung demokratischer Normen und der Grundsätze der Medienfreiheit beruhen sowie internationale Unterstützung für eine unangemessene
Nutzung der medialen Öffentlichkeit mobilisieren. Die strategische Kommunikation
der Ukraine-Unterstützer befasst sich insofern mit politischen Aktivitäten, die von
Russland zur Legitimierung der Krim-Annexion eingesetzt werden und konterkariert die russische Propaganda sowie damit verbundene Lobbyisten, die die
Bevölkerung in westlichen Ländern durch Desinformationen demoralisieren
und desorientieren wollen (→ Beitrag Radechovsky).

Wie die EU gegen Desinformation vorgeht

Schon ihr Name macht klar, dass diese Stabsstelle des Europäischen Auswärtigen Dienstes undiplomatisch direkt zur Sache kommen will: „East StratCom Task Force", zu Deutsch: „Strategisches Kommunikationsteam Ost". Seit 2015 bemühen sich die Experten darum, Schmutzkampagnen und gebündelte Falschinformationen zu erkennen und aufzudecken, die Russland gezielt gegen die Europäische Union oder einzelne Mitgliedsländer richtet. Besonderes Augenmerk richten die „Debunker" auf die Länder der sogenannten Östlichen Partnerschaft, von denen mittlerweile die Ukraine, die Republik Moldau und Georgien einen Status als EU-Beitrittskandidaten haben. Inzwischen arbeiten rund 40 Fachleute in diesem Kommunikationsteam; ihr Jahresbudget beträgt rund 1,1 Millionen Euro. Um ihre Arbeit zu dokumentieren, veröffentlicht die EU plakativ aufgemachte Newsletter mit frischen Fällen; sie sind in mehreren Sprachen abruf- und abonnierbar über https://euvsdisinfo.eu/. Hier findet sich auch der Zugang zu einer Datenbank, in der erfolgreich entlarvte Akte russischer Desinformation abgelegt sind: In den ersten acht Jahren seit Gründung der Brüsseler StratCom-Zelle waren es über 16.000.

Zur Arbeitsweise der StratCom East hat deren Leiter, der deutsche EU-Diplomat Lutz Güllner (Preppner 2022), festgestellt, „dass wir nicht davon ausgehen, dass es ein russisches Narrativ gibt und wir machen ein Gegennarrativ – und dann ist das Problem gelöst. Sondern wir zeigen, wie diese Strategien entworfen, implementiert und ausgerollt werden." Kritik an der EU-Desinformationszelle entzündete sich immer wieder am zunächst unklaren Mandat der Einrichtung, aber auch an den Methoden – gipfelnd in dem Vorwurf, in der Task Force East würde sich die EU ihrerseits manchmal unlauterer Informationstechniken bedienen und „Gegenpropaganda" betreiben (Schultz 2018, Jackisch 2023).

Für eine erfolgreiche strategische Kommunikation ist die Abstimmung der Ukraine mit EU und NATO besonders bedeutsam. Die weitere Stärkung der Zusammenarbeit in diesem Bereich und die Vertiefung der Integrationsprozesse sind dabei vorrangige Ziele. Im Einzelnen bedeutet das (Ilchenko-Syuyva et al. 2021, S. 3–4): (1) Identifikation möglicher Probleme der strategischen Kommunikation in den Beziehungen zwischen Ukraine, EU und NATO; (2) Streben nach professioneller Zusammenarbeit und beruflicher Erfahrung und (3) Initiierung eines multilateralen Formats zur politischen Zusammenarbeit. Die strategische Kommunikation bei der Umsetzung einer gemeinsamen internationalen Agenda zur Unterstützung der Ukraine muss vor diesem Hintergrund mehreren Aspekten gerecht werden:

- dem bestehenden System zur Steuerung der Kommunikation;
- den Bedürfnissen der Öffentlichkeit;
- dem Vorhandensein einer strategischen Kommunikation;
- der strategischen Planung der öffentlichen Informationsbedürfnisse;
- einem umfassenden System zum Wissens- und Informationsaustausch;
- der regelmäßigen Überprüfung der Genauigkeit und Relevanz der wissenschaftlichen Ansätze (Frandersen und Johansen 2017)

Im Rahmen der Zusammenarbeit der Ukraine und der EU wurde auf dem 20. Ukraine-EU-Gipfel am 9. Juli 2018 in Brüssel auch die strategische Kommunikation thematisiert. Demnach bezieht sich die Kooperation nicht zuletzt darauf, die strategische Kommunikation zwischen dem Regierungs- und dem Nichtregierungssektor sowie den Sicherheitsstrukturen zu fördern, um Informationsbedrohungen rechtzeitig zu erkennen. Die begrenzten Hinweise auf konkrete taktische Aktivitäten zu aktuellen Themen deuten allerdings auf gewisse Mängel der strategischen Kommunikation hin. Besonders deutlich wird dies dadurch, dass es offenbar an vorausschauender strategischer Planung mangelt, die sich an den Bedürfnissen der Öffentlichkeit orientiert. Gleichzeitig werden weitere Kommunikationsfachleute benötigt, damit die Informationen der relevanten staatlichen Stellen in angemessener Weise an die Öffentlichkeit gelangen und Botschaften präzise und zielgruppengerecht übermittelt werden.

3 Strategische Kommunikation der NATO und ihrer Partner

Alle Partner der NATO haben sich verpflichtet, positive Informationsaktivitäten zu fördern, wobei der Umgang mit Desinformation eine herausgehobene Rolle spielt, wie es in der Abschlusserklärung des Brüsseler NATO-Gipfels 2018 zum Ausdruck kommt. Kommunikation wird dabei als Teil der Abschreckungspolitik und als weiterzuentwickelnde Fähigkeit des Bündnisses definiert, während Desinformation als hybride Bedrohung und Herausforderung verstanden wird. Festgehalten wurde, dass es einen erheblichen Bedarf an Lösungen gibt, inklusive Kampagnen und Cyber-Aktivitäten, um allen Kommunikations- und Informationsherausforderungen potentieller oder realer Gegner des Bündnisses begegnen zu können (NATO 2018). Die Stärke der strategischen Kommunikation liegt demnach nicht zuletzt in der Fähigkeit eines Landes begründet, seine Integrität innerhalb der eigenen Bevölkerung wie auf internationaler Ebene zu wahren.

Die Informationssicherheitsdoktrin der Ukraine, mit der die Maßnahmen der öffentlichen Diplomatie koordiniert werden, prägt das jährliche nationale Programm für die Zusammenarbeit zwischen der Ukraine und der NATO sowie das Konzept für die Entwicklung des Sicherheits- und Verteidigungssektors von 2016. Beide Dokumente sind entscheidend für eine glaubwürdige Berichterstattung, die nicht nur die Sicherheit der Bevölkerung betrifft, sondern auch staatliche Interessen einbezieht, darunter den Schutz vor konventionellen und nicht-konventionellen Bedrohungen wie Cyber- oder andere hybride Gefahren. Um einen realitätsnahen Ein-

blick in die Aufrechterhaltung einer sicheren strategischen Kommunikation zu erhalten, sollten die folgenden Aspekte berücksichtigt werden:
–   Sensibilisierung der Öffentlichkeit;
–   Einblick in die Kontrolle der Medienkanäle;
–   Bereitstellung von Haushaltsmitteln zur Förderung eines transparenten Informationsraums;
–   Anpassung neuer Informationsinstrumente an den Bedarf der Öffentlichkeit;
–   Targeting der Zielgruppen;
–   Schnelle Identifizierung von Desinformation.

Auf dem Weg zur „Cyber-NATO"

Das „Kompetenzzentrum der NATO für Strategische Kommunikation" in der lettischen Hauptstadt Riga versorgt das westliche Militärbündnis mit Fachwissen über das, was Militärs mit dem Akronym „StratCom" bezeichnen. Seit Anfang 2014 fungiert das Kompetenzzentrum (Center of Excellence, COE) als eine Art Think Tank der NATO und ihrer Partnerländer, es ist aber kein offizieller Teil der Bündnisstrukturen. Stand Januar 2024 beteiligen sich 15 Nationen an der Einrichtung, Frankreich und Australien bereiten ihren Beitritt vor. Auf seiner Website https://stratcomcoe.org nennt das Rigaer COE einige Schwerpunkte seines Arbeitsprogramms; so werden für 2024 Studien angekündigt zu „Russia's Communication Strategy to support military actions in Ukraine and influence audiences" oder zu „Russian information operations outside of the Western information environment (Asia, Africa, Latin America)."

In Tallinn, Hauptstadt des benachbarten Estland, bündelt die NATO ihr Wissen zur technischen Abwehr von Bedrohungen aus dem Internet; hier hat das „Cooperative Cyber Defence Centre of Excellence" seinen Sitz. Estland war 2007 Opfer eines umfassenden Cyberangriffs auf seine digitale Infrastruktur und seinen Dienstleistungssektor geworden; die Hackerangriffe kamen mutmaßlich aus Russland. Die beiden im Baltikum beheimateten Kompetenzzentren werden oft in einem politischen Zusammenhang mit Bestrebungen gesehen, eine „Cyber-NATO" aufzubauen (Ilves 2018). Die enge Verknüpfung zwischen Kommunikationsinhalten und -techniken im Cyber-Warfare beobachtet der Leiter des Rigaer COE, Jānis Sārts (Steger 2023): „China und Russland machen nicht wirklich einen Unterschied zwischen Cyberoperationen und Einflussoperationen. [...] Wenn also zum Beispiel eine litauische Zeitung gehackt wurde und während dieses Hacks falsche Informationen auf die Website gestellt und durch eine Trollfabrik verstärkt wurde. [sic!] Es gibt eben eine Seite des Mondes und die andere Seite des Mondes, aber es ist immer noch derselbe Mond."

In der strategischen Kommunikation ist es entscheidend, die Öffentlichkeit nicht von Informationen abzuschneiden, so dass die Aufmerksamkeit auf die Notwendigkeit der Unterstützung der Ukraine gerichtet bleibt. Strategische Kommunikation, die durch die Unterstützung eines Landes, das sich in einem Konflikt befindet, gefördert wird, stellt eine besondere Herausforderung dar. Die ausgedrückte Unterstützung für die Ukraine erweist sich für die NATO wie für die EU als Herausforderung, da systematische und effiziente kommunikative Gegenreaktionen erforderlich sind, um der hybriden russischen Aggression über soziale Medien zu begegnen. Darüber hinaus beeinflusst die strategische Kommunikation die Schaffung eines sicheren Umfelds zur Bildung einer transparent informierten Öffentlichkeit.

Die strategische Kommunikation im Hinblick auf den militärischen Konflikt auf dem Territorium der Ukraine, die sich auf die Zusammenarbeit mit der EU und der NATO richtet, ist für die Regierung in Kiew zu einer langfristigen Priorität geworden. Dabei geht es um die Umsetzung strategischer Dokumente, die europäische und euro-atlantische Integration und den Umgang mit Desinformation, welche die Beziehungen der Ukraine und ihren Unterstützern beschädigen kann. Das ist vor allem hinsichtlich einer möglichen künftigen Mitgliedschaft der Ukraine in der EU und der NATO wichtig. Insgesamt zielt strategische Kommunikation auf Nachhaltigkeit im Umgang mit der Zivilgesellschaft, die Unterstützung freier Medien sowie die Gewährleistung der Verbreitung wahrheitsgetreuer Informationen. Der NATO kommt in diesem Kontext eine wichtige Rolle bei der Unterstützung der Ukrainischen Regierungsbehörden und zivilgesellschaftlichen Organisationen zu, um Programme zur strategischen Kommunikation zu implementieren (NATO 2023), insbesondere durch:

– Personalschulungen;
– Förderung und Entwicklung von Forschungskapazitäten zur besseren Information gesellschaftlicher Gruppen;
– Verankerung strategischer Kommunikation zur Vermeidung von Sicherheitsrisiken;
– Beratung und logistische Unterstützung bei der Umsetzung der notwendigen Reformen.

Die strategische Kommunikation der NATO zielt insgesamt darauf, die effektive Zusammenarbeit der Mitgliedsstaaten und eine transparente Regierungskommunikation zu fördern. Zudem unterstützt die NATO beratend die Erstellung relevanter Dokumente der strategischen Kommunikationspolitik, um Botschaften umfassend an die Öffentlichkeit zu vermitteln.

Literatur

Davlikanova, O., & Kostenko, A. (2023). *The war of narratives: Ukraine's image in the media*. Kyiv: Vistka.

EEAS (2015). *Action Plan on Strategic Communication*. https://www.eeas.europa.eu/sites/default/files/action_plan_on_strategic_communication.docx_eeas_web.pdf. Zugegriffen am 23. August 2023.

EEAS (2017). *The EU Global Strategy*. https://www.eeas.europa.eu/eu-global-strategy/eu-global-strategy-%E2%80%93-year-1_en?s=2280. Zugegriffen am 30. September 2023.

Europäische Kommission (2016). *Joint Communication to the European Parliament and the Council Joint Framework on countering hybrid threats a European Union response*. https://eur-lex.europa.eu/legal-content/EN/TXT/PDF/?uri=CELEX:52016JC0018. Zugegriffen am 05. September 2023.

Europäisches Parlament (2016). *EU strategic communications with a view to counteracting propaganda.* http://www.europarl.europa.eu/RegData/etudes/IDAN/2016/578008/EXPO_IDA(2016) 578008_EN.pdf. Zugegriffen am 23. September 2023.

Frandersen, F., & Johansen, W. (2017). Strategic Communication. In S. Craig & L. Lewis (Hrsg.), *The International Encyclopedia of Organizational Communication* (S. 2250–2258). Boston: Wiley.

Government Communication Service (2022). *Responding to Russia's invasion.* https://gcs.civilservice. gov.uk/news/responding-to-russias-invasion/. Zugegriffen am 22. August 2023.

Preppner, K. (2022). *„Das Problem ist, dass Desinformation oft einen wahren Kern hat".* https://www.poli tik-kommunikation.de/das-problem-ist-dass-desinformation-oft-einen-wahren-kern-hat/. Zugegriffen am 19. Januar 2024.

Gutiérrez, N. (2001). *The study of national identity.* In A. Dieckhoff & N. Gutiérrez (Hrsg.), *Modern Roots: Studies of National Identity* (S. 3–20). Ashford: Ashgate Publishing.

Ilchenko-Syuyva, L., Riabtsev G., & Tertychka, V. (2021). Education in Government Communications: Case of Ukraine. *E3S Web of Conferences,* 319(01053). https://doi.org/10.1051/e3sconf/ 202131901053.

Ilves, T. H. (2018). Auf dem Weg zur Cyber-NATO. Zum Schutz unserer liberalen Demokratien im digitalen Zeitalter. *Internationale Politik,* 2018, 51–53.

Jackisch, S. (2023). *Fake-News-Jäger in der Kritik.* https://www.tagesschau.de/faktenfinder/eu-east-stratcom-101.html. Zzugegriffen am 19. Januar 2024.

Miskimmon, A., & O'Loughlin, B (2017). Russia's narratives of global order: Great power legacies in a polycentric world. *Politics and Governance,* 5(3), 111–120. https://doi.org/10.17645/pag.v5i3.1017.

NATO (2018). *Brussels Summit Declaration.* https://www.nato.int/cps/en/natohq/official_texts_156624. htm?selectedLocale=uk. Zugegriffen am 27. August 2023.

NATO (2023). *70 Years of NATO Review.* https://www.nato.int/docu/review/articles/2022/09/16/nato-s-role-in-a-changing-world/index.html. Zugegriffen am 25. September 2023.

Steger, J. (2023). *„Die Beeinflussung des Informationsraumes durch Russland sollten wir nicht mehr unterschätzen".* https://background.tagesspiegel.de/cybersecurity/die-beeinflussung-des-informationsraums-durch-russland-sollten-wir-nicht-mehr-unterschaetzen. Zugegriffen am 20. Januar 2024.

Schultz, T. (2018). *EU counter-disinformation efforts in disarray.* https://www.dw.com/en/eu-counter-disinformation-efforts-in-disarray/a-43285144. Zugegriffen am 19. Januar 2024.

SPRAVDI (2022). *Centre for Strategic Communication in 2022.* https://spravdi.gov.ua/en/centre-for-strategic-communication-in-2022/. Zugegriffen am 08. September 2023.

Sascha Stoltenow

Zögerliche Zeitenwende – Die strategische Kommunikation der Bundesregierung

Zusammenfassung: Der Beitrag betrachtet anhand ausgewählter Aspekte die strategische Kommunikation der Bundesregierung im Kontext des russischen Angriffskrieges auf die Ukraine. Vor dem Hintergrund eines klassischen Verständnisses von Kommunikation als zentralem Operationsmodus der Politik entwickelt er die provokante These, dass mit der Zeitenwende grundlegende Narrative des deutschen Selbstverständnisses nach dem Ende des zweiten Weltkriegs in Frage gestellt werden. Die damit verbundenen politischen Auseinandersetzungen werden dabei insbesondere an der Diskussion um Art und Umfang der militärischen Unterstützung der Ukraine deutlich und überlagerten zumindest teilweise die Wahrnehmung der Politik der Bundesregierung.

1 Narrative und strategische Kommunikation

> Wir erleben eine Zeitenwende. Und das bedeutet: Die Welt danach ist nicht mehr dieselbe wie die Welt davor. Im Kern geht es um die Frage, ob Macht das Recht brechen darf, ob wir es Putin gestatten, die Uhren zurückzudrehen in die Zeit der Großmächte des 19. Jahrhunderts, oder ob wir die Kraft aufbringen, Kriegstreibern wie Putin Grenzen zu setzen.

Als Bundeskanzler Olaf Scholz am 27. Februar 2022 in seiner Regierungserklärung nach dem Beginn des russischen Angriffskriegs gegen die Ukraine eine Zeitenwende (Presse- und Informationsamt der Bundesregierung 2022) ausrief, waren viele überzeugt, dass Deutschland tatsächlich an einem weiteren Wendepunkt seiner Geschichte angekommen war. Doch hat sich diese Zeitenwende tatsächlich vollzogen, und woran könnte man das erkennen? Welche Faktoren haben die politischen Entscheidungen und Handlungen beeinflusst? Und wie hat die Bundesregierung diese Zeitenwende nach der Rede des Bundeskanzlers erklärt? Diesen Fragen geht dieser Text im Sinne einer Spurensuche nach. Spurensuche deshalb, weil es in der Sache der strategischen Kommunikation liegt, ihr Publikum – zumindest teilweise – über konkrete Pläne im Unklaren zu lassen, um erfolgreich sein zu können. Dazu gehört, dass die Akteure der strategischen Kommunikation und ihre Handlungen häufig nicht direkt, sondern nur über das, was kommuni-

https://doi.org/10.1515/9783111331508-008

ziert wird, sichtbar werden. Dies gilt insbesondere in Zeiten des Krieges und umso nachdrücklicher in Zeiten eines Krieges, der auch hybrid geführt wird.[1]

Grundlage dieses Textes ist keine umfassende empirische Analyse. Stattdessen sollen die inhaltliche Linie sowie wesentliche Einflussfaktoren für die strategische Kommunikation der Bundesregierung in Deutschland anhand ausgewählter Aspekte rekonstruiert werden. Dazu gehört unter anderem das Verständnis der Bundesregierung von strategischer Kommunikation, das mit den Definitionen der NATO und des Europäischen Auswärtigen Dienstes verglichen wird. Dem schließt sich eine Beschreibung und Bewertung exemplarischer Maßnahmen der strategischen Kommunikation der Bundesregierung an, bevor abschließend der Versuch unternommen wird, die politischen Entscheidungen der Bundesregierung vor dem Hintergrund ausgewählter identitätsstiftender Narrative deutscher Politik zu betrachten.

Der nachfolgenden Analyse liegt ein klassisches Verständnis von Kommunikation als zentralem Operationsmodus der Politik zugrunde (Sarcinelli 2013, S. 93), dessen Ziel es ist, politische Entscheidungen und damit das Handeln der Regierung zu legitimieren. Darüber hinaus nutzt der Text Heuristiken, die sich an wissenschaftlichen Definitionen und Methoden orientieren. Dies gilt insbesondere für die Begriffe „Narrativ" und „Strategische Kommunikation".

Narrative sollen als sinnstiftende Erzählungen verstanden werden, die entscheidend beeinflussen, wie wir die Welt wahrnehmen und interpretieren. Erfolgreiche Narrative ermöglichen es Individuen, sich mit einem größeren Ganzen zu identifizieren, und legitimieren darüber hinaus das Handeln kollektiver Akteure. Ein weiteres Merkmal ist ihre Langlebigkeit, insbesondere, wenn sie Ausdruck von (politischen) Grundüberzeugungen sind. Häufig lassen sich Narrative auf Leitsätze verdichten. Ein Beispiel für ein solches Narrativ in Deutschland ist die Formulierung „Aufstieg durch Bildung." Sie ist ein Teil einer übergreifenden großen Erzählung, dass in Deutschland ein gerechtes Bildungssystem den sozialen Aufstieg ermöglicht (Gadinger et al. 2014).

---

1 Das European Centre of Excellence for Countering Hybrid Threats (Hybrid CoE) charakterisiert hybride Bedrohungen wie folgt (2023): „Coordinated and synchronized action that deliberately targets democratic states' and institutions' systemic vulnerabilities through a wide range of means", „Activities that exploit the thresholds of detection and attribution, as well as the different interfaces (war-peace, internal-external security, local-state, and national-international)", „Activities aimed at influencing different forms of decision-making at the local (regional), state, or institutional level, and designed to further and/or fulfil the agent's strategic goals while undermining and/or hurting the target."

Strategische Kommunikation wiederum soll den Einsatz unterschiedlicher kommunikativer medialer Aktivitäten und Maßnahmen bezeichnen, mit denen Akteure versuchen,

> die Akzeptanz für ihre politischen, ökonomischen, rechtlichen oder anderweitig motivierten Interessen bei ausgewählten Zielgruppen zu halten oder zu erhöhen. [...] Diesen Aktivitäten liegen in der Regel komplexe, zumindest teilweise verdeckt gehaltene Handlungspläne zugrunde (Strategien), die Annahmen über den zu verändernden Status quo, den herbeizuführenden Zielzustand sowie über geeignete Verfahren bzw. Techniken auch zum Umgang mit Widerständen treffen. (Vogel 2021)

Insbesondere in der Politik beruht die strategische Kommunikation auf der Macht der handelnden Akteure, die im Falle einer Regierung ihre Interessen auch mit physischer Gewalt durchsetzen könnten, in der Kommunikation aber darauf verzichten. Das Machtpotential wird quasi immer mitkommuniziert, ohne dass es die Akteure explizit machen (müssen).

Aus der Verbindung der beiden Konzepte „Narrativ" und „Strategische Kommunikation" ergibt sich, dass sich die Akteure bei der strategischen Kommunikation an bestehenden Narrativen orientieren und diese bestätigen bzw. verstärken oder versuchen, neue Narrative zu etablieren, um Veränderungen zu ermöglichen. Das wiederum bedeutet, dass grundlegende Veränderungen wie etwa eine politische Zeitenwende auch zwingend durch eine Veränderung bestehender strategischer Narrative sichtbar werden müssen. Die Bundesregierung versteht strategische Kommunikation als

> mittel- bis langfristig geplante Kommunikation im Rahmen der regierungsamtlichen Öffentlichkeitsarbeit gegenüber dem In- und Ausland. Es gilt, verlässliche Informationen zielgruppengerecht und nachhaltig zu vermitteln, um sowohl im digitalen Raum, aber auch in direktem Kontakt mit Menschen im In- und Ausland Werte und Interessen der deutschen Außenpolitik sichtbar und Positionen verständlich zu machen. (Deutscher Bundestag 2022)

Die NATO legt ihrer strategischen Kommunikation folgende Definition zugrunde:

> A holistic approach to communication based on values and interests that encompasses everything an actor does to achieve objectives in a contested environment. (StratCom COE 2023)

Eine weitere Perspektive auf strategische Kommunikation liefert das Verständnis des Europäischen Auswärtigen Dienstes:

> The Strategic Communications division and its Task Forces contribute to effective and fact-based communication, countering disinformation, narrative-positioning and the strengthening of the overall media environment and civil society in their corresponding regions. (European External Action Service 2023)

Auffällig ist, dass die Definitionen aller drei Institutionen zwar grundsätzlich dem Akzeptanzanspruch der hier anfangs zugrunde gelegten Definition folgen, aber nur die NATO und der EAD mögliche Widerstände thematisieren („contested environment") oder sogar eine aktive Rolle bei der Durchsetzung ihrer Interessen artikulieren („countering disinformation"). Demgegenüber orientiert sich die Definition der Bundesregierung eher am Modell einer „verständigungsorientierten Öffentlichkeitsarbeit". Dieses geht ideengeschichtlich auf die Diskursethik von Habermas zurück, die als theoretischen, aber faktisch nicht zu erreichenden Idealzustand den herrschaftsfreien Diskurs formuliert (Burkart 2000). Während also NATO und EAD zumindest implizit die Macht-Dimension ihrer strategischen Kommunikation thematisieren, gibt sich die Bundesregierung rhetorisch eher defensiv. Das entspricht zum einem dem im Grundgesetz in Artikel 5 festgehaltenen Prinzip der Meinungsfreiheit. Zum anderen spiegelt sich darin vermutlich auch die spezifisch deutsche Kultur außenpolitischer Zurückhaltung (Bundeszentrale für politische Bildung 2016; Pew Research Center 2023). Kommunikativ eröffnet die Formulierung der Bundesregierung auf jeden Fall gewisse Handlungsspielräume – was sie wiederum zu einem Ausdruck eines strategischen Kommunikationsverständnisses macht.

2 Umfassendes Angebot bei ressortübergreifender Konsistenz

Seit dem Beginn des Angriffskrieges Russlands gegen die Ukraine hat die Bundesregierung parallel zu ihrer intensiven Presse- und Öffentlichkeitsarbeit sehr rasch ressortübergreifend ein umfassendes spezifisches Kommunikationsangebot aufgebaut, insbesondere über digitale Kanäle. So stellt die Bundesregierung auf ihrer Webseite auf einer eigens eingerichteten Unterseite zum Krieg in der Ukraine umfassend dar, wie sie die Ukraine militärisch und finanziell unterstützt und informiert über ihre internationalen und nationalen politischen Aktivitäten (Bundesregierung 2023a). Außerdem klären das Bundesamt für Migration und Flüchtlinge im Auftrag des Bundesministeriums des Inneren und für Heimat (BMI) mit dem Hilfeportal Germany4Ukraine ausführlich über Hilfen für geflüchtete Menschen auf (Bundesamt für Migration und Flüchtlinge 2023).

Federführend bei den Aktivitäten der Bundesregierung ist das Presse- und Informationsamt der Bundesregierung (BPA) (Borucki 2023). Die anderen Ministerien verfügen über eigene kommunikative Einheiten, die sich wiederum mit dem BPA abstimmen. Eine Besonderheit mit Blick auf die strategische Kommunikation ist, dass die Verantwortung für Auslandspressearbeit und Public Diplomacy beim

Auswärtigen Amt liegt (u. a. Zöllner 2020). Dieses betreibt unter anderem die Webseite deutschland.de (2023). Die Seite ist in insgesamt zehn Sprachen verfügbar. Informationen zur deutschen Ukrainepolitik gibt es auf Deutsch und Englisch. Für den Umgang mit Desinformationen folgt die Bundesregierung ebenfalls einem ressortübergreifenden Ansatz. In der bestehenden Arbeitsgruppe Hybride Bedrohungen (AG Hybrid) wurde unter Federführung des BMI eine Unterarbeitsgruppe Russland/Ukraine (UAG RUS/UKR) eingerichtet (Bundesministerium des Innern und für Heimat 2023).

Über die unmittelbare Öffentlichkeitsarbeit der Regierung hinaus haben auch nachgeordnete Behörden wie die Bundeszentrale für politische Bildung oder von der Bundesregierung finanzierte Denkfabriken wie die Stiftung Wissenschaft und Politik vielfältige Angebote zum Angriffskrieg Russlands gegen die Ukraine ins Leben gerufen, mit deren Hilfe sich Bürgerinnen und Bürger informieren können. Ein Beispiel dafür ist das Projekt „Narrative über den Krieg Russlands gegen die Ukraine (NUK)", bei dem die Bundeszentrale für politische Bildung mit der deutschen Tochterorganisation des Institutes for Strategic Dialogue zusammenarbeitet (ISD Germany 2023). Darüber hinaus verweist die Bundesregierung auf ihren Webseiten im Zusammenhang mit Maßnahmen gegen Desinformation auf unabhängige, durch die EU finanzierte Organisationen wie das European Digital Media Observatory (EDMO 2023) und dessen Spin-off German-Austrian Digital Media Observatory (GADMO 2023).

Unter den Aktivitäten, die zumindest teilweise durch die Bundesregierung finanziert und gesteuert werden, sticht vor allem das Format „Zeitenwende on tour" hervor, das von der Stiftung Münchner Sicherheitspolitik (2023) organisiert wird. Im Unterschied zu den offiziellen Angeboten, die eher einer klassischen Absender-Kommunikation entsprechen, ist die „Zeitenwende on tour" auf den Dialog mit Bürgerinnen und Bürgern ausgerichtet.

Rein formal erfüllen diese Beispiele für die Kommunikation der Bundesregierung in weiten Teilen die Kriterien für eine moderne integrierte Kommunikation (Zerfaß und Borchers 2017). Die Aktivitäten auf den unterschiedlichen Kanälen sind inhaltlich und zeitlich koordiniert, so dass davon auszugehen ist, dass sich die verantwortlichen Einheiten regelmäßig synchronisieren. Die Botschaften wirken abgestimmt und scheinen einheitlichen Zielen zu folgen.

Inhaltlich sind die Angebote der Bundesregierung konsistent mit der strategischen Linie, die insbesondere in den Reden und Statements des Bundeskanzlers deutlich wird. Fundamentale Widersprüche sind auf der Ebene der Regierungsmitglieder und Ministerien anhand der offiziellen Äußerungen nicht festzustellen. Allenfalls in Nuancen sind unterschiedliche Auffassungen zu erkennen. Ein deutlich größerer Dissens innerhalb des Kreises derer, die grundsätzlich die Ukraine unterstützen, wird jedoch anhand einzelner Akteure deutlich.

3 Streitpunkt Waffenlieferungen

Mit dem Begriff der Zeitenwende hat Bundeskanzler Olaf Scholz versucht, unmittelbar nach Beginn des russischen Angriffskrieges auf die Ukraine ein neues Narrativ für die deutsche Politik zu etablieren und dieses mit konkreten Entscheidungen hinterlegt. Am deutlichsten wird das am Sondervermögen in Höhe von 100 Milliarden Euro, um die Bundeswehr zu modernisieren und dringend benötigte Investitionen in die Sicherheitsinfrastruktur zu finanzieren. In gleicher Weise stellte die Reduzierung der Abhängigkeit von den russischen Lieferungen bei der Energie- und Rohstoffversorgung eine grundlegende Abkehr von der bisherigen Politik dar. Auch die umfassende finanzielle Hilfe für die Ukraine sowie die Unterstützung der aus der Ukraine nach Deutschland geflüchteten Menschen zahlen auf dieses Narrativ ein. Dennoch wird die Ukraine-Politik der Bundesregierung seit Beginn des Krieges teilweise heftig kritisiert. Der entscheidende Streitpunkt ist dabei die Frage nach Art, Umfang und Geschwindigkeit der Waffenlieferungen an die Ukraine.

Abb. 1: Arbeit an der „Zeitenwende": Bundeskanzler Olaf Scholz im Gespräch mit der damaligen Verteidigungsministerin Christine Lambrecht vor der Sitzung des Bundessicherheitskabinetts, 12. April 2022, Kanzleramt, Berlin. (Foto: Bundesregierung/ Guido Bergmann)

Ohne die Debatte in allen Details nachzuzeichnen, hat sich dabei folgendes Muster etabliert: Forderungen der Ukraine nach konkreten Waffensystemen lehnt die

Bundesregierung zunächst ab. Die Unionsfraktion im Bundestag als größte Oppositionsfraktion macht sich die Forderungen der Ukraine zu eigen. Außerdem äußern sich einzelne Politikerinnen und Politiker der Regierungsparteien im Sinne der Ukraine oder rechtfertigen die Regierungslinie. Sowohl Linke als auch AfD lehnen die Waffenlieferungen komplett ab oder äußern sich kritisch. Wissenschaftlerinnen und Wissenschaftler renommierter Einrichtungen unterstützen das ukrainische Anliegen, während einzelne Stimmen vor einer weiteren Eskalation warnen. Nach einigem Zögern entscheidet sich die Bundesregierung, die geforderten Waffen doch zu liefern. Die nachfolgenden Beispiele sollen dieses Muster illustrieren.

Bereits vor Beginn des Angriffskrieges hatte die Ukraine die Bundesregierung um Unterstützung gebeten. Nach einigem Hin und Her sagte die damalige Verteidigungsministerin Christine Lambrecht (siehe Abb. 1) mit großer Geste schließlich die Lieferung von 5.000 Helmen zu (FAZ 2022). Angesichts der tatsächlichen Bedrohungslage wurde diese Entscheidung nicht nur spöttisch kommentiert, sondern die gleichzeitig erfolgte Zusage, zwei Feldlazarette zu liefern, geriet darüber in den Hintergrund. Im Frühjahr 2022 war es erneut die Verteidigungsministerin, die der Kritik an der Politik der Bundesregierung eine kommunikative Steilvorlage lieferte. Im Zusammenhang mit der Frage, ob Deutschland schwere Waffen in die Ukraine liefern sollte, sagte sie im Bundestag unter anderem, dass der Flugabwehrkanonenpanzer Gepard kein Panzer sei, und weiter „Der Gepard ist ja dafür da, Infrastruktur zu schützen dadurch, dass er dann mit diesem Rohr in die Luft schießt." (t-online 2022) Schlussendlich entschied die Bundesregierung, nicht nur den Gepard, sondern auch Panzerhaubitzen sowie moderne Flugabwehrsysteme in die Ukraine zu liefern.

Kommunikativ ebenfalls interessant waren bei all diesen Entscheidungen die sich wiederholenden Argumentationslinien. So hieß es beispielsweise immer wieder, die Ukrainer könnten die modernen westlichen Waffensysteme gar nicht nutzen, weil diese zu komplex seien. Außerdem warnte unter anderem der Bundeskanzler vor den mit Waffenlieferungen verbundenen Risiken. Dazu zählten Warnungen vor einer Schwächung der Bundeswehr, die Sorge, selbst zur Kriegspartei zu werden, und immer wieder die Angst vor einer nuklearen Eskalation des Krieges durch Russland. Eine weitere Argumentationslinie der Regierung betonte, dass die Lieferungen an die Ukraine immer mit den europäischen Bündnispartnern sowie den USA abgestimmt sein müssten. Dieses Argument spielte vor allem Anfang 2023 bei der Entscheidung eine Rolle, auch Kampf- und Schützenpanzer zu liefern, weil Bundeskanzler Olaf Scholz die Zusage der Bundesregierung damit verknüpfte, dass die USA ihrerseits ebenfalls zusagten, vergleichbare Panzer zu liefern. Als ab dem Sommer 2023 dann eine Diskussion um eine mögliche Lieferung von deutschen Marschflugkörpern vom Typ Taurus aufkam, waren die Aktivitäten der NATO-

Verbündeten allerdings kein hinreichendes Argument mehr. Mit Blick auf entsprechende Lieferungen der europäischen Partner formulierte der Bundeskanzler den etwas kryptisch klingenden Satz, „dass Großbritannien und Frankreich dabei Möglichkeiten hätten, die Deutschland nicht zur Verfügung stehen" (Süddeutsche 2023). Verteidigungsminister Boris Pistorius berief sich in diesem Zusammenhang gar auf den Eid der Regierung, die geschworen habe „Schaden vom deutschen Volk abzuwenden, und das steht an erster Stelle" (Gebauer et al. 2023).

In der öffentlichen Debatte wurden die Argumente der Bundesregierung gegen die Lieferungen jedes Mal durch Expertinnen und Experten widerlegt, teilweise unter Verweis auf technische Details einzelner Waffensysteme. Auch beim Einsatz der unterschiedlichen Systeme zeigte sich, dass die ukrainischen Soldaten – auch dank einer intensiven Ausbildung in Deutschland – diese sehr wohl bedienen konnten. Doch während sich bei den anderen Waffensystemen diejenigen schließlich durchsetzen konnten, die sich für die Lieferungen ausgesprochen hatten, ist die Situation bei den Taurus Marschflugkörpern (noch) anders. Stand Dezember 2023 hat die Bundesregierung einer Lieferung nicht zugestimmt.

Ein inhaltlich relevanter, durch die Bundesregierung aber eher defensiv kommunizierter Punkt ist der tatsächliche Umfang der Unterstützung der Ukraine. So liegt Deutschland laut des Ukraine Support Trackers des Instituts für Weltwirtschaft bei der militärischen Unterstützung inzwischen weltweit auf Platz zwei (IfW Kiel 2023). Über aktuelle und geplante Ausrüstungs- und Waffenlieferungen informiert auch die Bundesregierung auf ihrer Webseite (2023b). Welchen Beitrag diese Lieferungen allerdings bei der Verteidigung der Ukraine leisten, bleibt unklar. Trotz der massiven Unterstützung der Ukraine entsteht so der Eindruck, dass die Bundesregierung diese nicht als Erfolgsgeschichte kommunizieren will. Mit Blick auf die Frage nach der Definition von Erfolg zeigt sich schließlich auch, wie vorsichtig – und damit strategisch – insbesondere Bundeskanzler Olaf Scholz kommuniziert. Während sowohl Außenministerin Annalena Baerbock als auch Verteidigungsminister Boris Pistorius sagten, die Ukraine müsse den Krieg gegen Russland gewinnen, bleibt Scholz in seiner Kernaussage konsistent, dass Russland diesen Krieg nicht gewinnen dürfe (ZDF 2022; Volmer 2022).

Während also die Bundesregierung und vor allem Olaf Scholz sich mit seiner Zeitenwende-Rede und den mit ihr verbundenen Entscheidungen sehr früh – nur einen Tag nachdem die USA dem ukrainischen Präsidenten angeboten hatten, ihn aus der Ukraine zu evakuieren (Braithwaite 2022) – eindeutig auf Seiten der Ukraine positioniert hatten und Deutschland sich seitdem zu einem der stärksten Unterstützer des Landes entwickelt hat, entstand in der öffentlichen Wahrnehmung der Eindruck, dass die Regierung insbesondere bei den Waffenlieferungen zu wenig tue, zu spät liefere und das auch nur widerwillig. Wie passt diese Differenz zwischen Wahrnehmung und Wirklichkeit zusammen?

4 Zeitenwende im Konflikt mit identitätsstiftenden Narrativen

Eine bewusst spekulative Hypothese zur Erklärung dieser Differenz lautet aus der Perspektive eines narrativen Politikverständnisses, dass die Waffenlieferungen an die Ukraine zentralen identitätsstiftenden Narrativen der deutschen Politik nach dem Ende des Zweiten Weltkriegs und insbesondere denen der Regierungsparteien SPD und Bündnis90/Die Grünen zuwiderlaufen. Zwei dieser Narrative können als direkte Reaktion auf den durch Deutschland begonnenen Zweiten Weltkrieg gesehen werden. Es sind auch die Leitsätze der deutschen Friedensbewegung – „Nie wieder Krieg" und „Frieden schaffen ohne Waffen". Ein weiteres, vielleicht sogar wirkmächtigeres Narrativ findet sich in der Grundidee der Ostpolitik des späteren Bundeskanzlers Willy Brandt. Das Prinzip „Wandel durch Annäherung", erstmals 1963 von Egon Bahr formuliert (1963), prägte die deutsche Politik bis weit nach der Wiedervereinigung im Jahr 1990. Zwar standen diese Narrative teilweise in einem Spannungsverhältnis zur Politik der Westbindung, mit der seit 1949 die Integration der Bundesrepublik in die westlichen Bündnisse erfolgte. Die Kombination der Konzepte war jedoch ein wesentlicher Teil des deutschen Erfolgsrezepts, neben der europäischen Integration auch gute Beziehungen zu den drei Großmächten USA, Russland und China zu etablieren. Die Politikwissenschaftlerin Constanze Stelzenmüller brachte das dieser Politik zugrunde liegende Prinzip wie folgt auf den Punkt:

> Germany is a case study – perhaps *the* case study – of a Western middle power which made a strategic bet on a full embrace of interdependence and globalization in the late 20th century: it outsourced its security to the U. S., its export-led growth to China, and its energy needs to Russia. (Stelzenmüller 2022; Hervorh. i. Orig.)

Erst der Angriff Russlands auf die Ukraine im Februar 2022 entzog diesem „Geschäftsmodell" die Grundlage. Doch während es der Bundesregierung gelang, in vielen Bereichen die Zeitenwende zu vollziehen, stieß sie ausgerechnet in der Frage von Waffenlieferungen an die Ukraine auf Widerstand.

Nach der eingangs formulierten These ist es plausibel anzunehmen, dass genau an diesem Punkt insbesondere der innerparteiliche Widerstand in der SPD-Bundestagsfraktion kulminierte. Eine schnellere Lieferung der von der Ukraine geforderten Systeme wäre aus militärischer Sicht zwar vermutlich richtig gewesen, hätte aber noch radikaler mit Grundüberzeugungen und wegweisenden Entscheidungen der Nachkriegspolitik brechen müssen, die insbesondere in der SPD einen wesentlichen Teil der politischen Identität ausmachen. Angesichts des anfänglichen Widerstands mancher Sozialdemokraten hätte das sogar die Machtbasis des Bundeskanzlers in der eigenen Partei gefährden können. Darüber hinaus könnte die nicht explizit formulierte Angst vor einer noch größeren Instabilität ebenfalls eine Rolle spielen, sollte die Russische Föderation nach einer möglichen Niederlage zerfallen. Darauf deuten unter anderem die regelmäßigen Warnungen vor der Gefahr einer weiteren, womöglich sogar nuklearen Eskalation durch Russland hin.

Neben den Erwartungen der Bündnispartner sowie der Ukraine musste und muss Bundeskanzler Olaf Scholz bei der Ukraine-Politik die unterschiedlichen Interessen in der Regierungskoalition sowie die Spannungen in Fraktion und Partei in seiner Kommunikation berücksichtigen. Genau diese Spannungen haben Deutschland gleichermaßen zum Ziel der strategischen Kommunikation der Ukraine und der Russischen Föderation gemacht. Beide Kriegsparteien adressieren gezielt die vorstehend skizzierten Narrative, um ihre Ziele zu erreichen. In der Folge muss die Bundesregierung nach dem Beginn des Angriffskrieges gegen die Ukraine erstmals in einem umkämpften Umfeld („contested environment") agieren und kommunizieren.

Wie gut ihr das gelingt, lässt sich zum jetzigen Zeitpunkt noch nicht abschließend bewerten. Dass die Bundesregierung trotz teilweiser sehr kontroverser Diskussionen weiterhin mit einer Stimme spricht und die Zustimmung der Bevölkerung zu dieser Politik – im Unterschied zu anderen Politikbereichen – relativ stabil ist[2], legt allerdings den Schluss nahe, dass es genau dieses vorsichtige Vorgehen in Fragen der militärischen Unterstützung der Ukraine ist, das als eigentlicher Erfolg der Kommunikation gesehen werden kann. Auch wenn es wünschenswert wäre, dass die Bundesregierung ihre Entscheidungen gerade im militärischen Bereich besser erläutert, hat sie das Ziel, ihre politischen Entscheidungen zu legitimieren, erreicht und gleichzeitig zentrale Narrative der deutschen Nachkriegspolitik verändert. Ob diese kommunikativ zögerliche Zeitenwende reicht, die Zustimmung zu einer Ausweitung der militärischen Unterstützung der Ukraine durch Deutschland zu erhalten, um einen Sieg Russlands zu verhindern oder einen Sieg der Ukraine zu ermöglichen, ist zum jetzigen Zeitpunkt allerdings nicht absehbar.

---

2 Die Zustimmungswerte zur Ukraine-Politik der Bundesregierung sind trotz leichter Rückgänge relativ stabil. So waren im November 2023 laut ZDF-Politbarometer 39 Prozent der Befragten der Meinung, dass der Westen die Ukraine wie bisher militärisch unterstützen sollte. 29 Prozent sprachen sich für ein stärkeres Engagement aus (Forschungsgruppe Wahlen 2022c). Im April 2022 hatten sich 32 Prozent der Befragten für eine stärkere Unterstützung ausgesprochen, während 50 Prozent diese für gerade richtig hielten (Forschungsgruppe Wahlen 2022a). Im Juli 2022 lagen diese Werte bei 35 Prozent (mehr Unterstützung) bzw. 32 Prozent (gerade richtig) (Forschungsgruppe Wahlen 2022b).

Literatur

Bahr, E. (1963). *Wandel durch Annäherung* [Tutzinger Rede]. https://www.1000dokumente.de/index. html?c=dokument_de&dokument=0091_bah&object=pdf&st=&l=de. Zugegriffen am 03. Dezember 2023.

Braithwaite, S. (2022). *Zelensky refuses US offer to evacuate, saying 'I need ammunition, not a ride'.* https://edition.cnn.com/2022/02/26/europe/ukraine-zelensky-evacuation-intl/index.html. Zugegriffen am 02. Dezember 2023.

Bundesamt für Migration und Flüchtlinge (2023). *Der Germany4Ukraine-Lotse.* https://www.germa ny4ukraine.de/hilfeportal-de. Zugegriffen am 30. November 2023.

Bundesministerium des Innern und für Heimat (2023). *FAQ – Desinformation im Kontext des russischen Angriffskrieges gegen die Ukraine*: https://www.bmi.bund.de/SharedDocs/faqs/DE/themen/hei mat/desinformation/faq-liste-desinformation.html. Zugegriffen am 30. November 2023.

Bundesregierung (2023a). *Krieg in der Ukraine.* https://www.bundesregierung.de/breg-de/schwer punkte/krieg-in-der-ukraine. Zugegriffen am 04. Dezember 2023.

Bundesregierung (2023b). *Liste der militärischen Unterstützungsleistungen.* https://www.bundesregie rung.de/breg-de/schwerpunkte/krieg-in-der-ukraine/lieferungen-ukraine-2054514. Zugegriffen am 04. Dezember 2023.

Borucki, I. (2023). *Handwörterbuch des politischen Systems. Staatliche Öffentlichkeitsarbeit/Presse- und Informationsamt der Bundesregierung*: https://www.bpb.de/kurz-knapp/lexika/handwoerterbuch-politisches-system/202110/staatliche-oeffentlichkeitsarbeit-presse-und-informationsamt-der-bundesregierung/. Zugegriffen am 03. Dezember 2023.

Bundeszentrale für politische Bildung (2016). Aus Politik und Zeitgeschichte. *Deutsche Außenpolitik*, 28–29.

Burkart, R. (2000). Die Wahrheit über die Verständigung. Eine Replik auf Klaus Merten. *Public Relations Forum für Wissenschaft und Praxis*, 2, 96–99.

Deutscher Bundestag (2022). *Antwort der Bundesregierung auf die Kleine Anfrage der Abgeordneten Sevim Dağdelen, Andrej Hunko, Żaklin Nastić und der Fraktion DIE LINKE. Bundestagsdrucksache 20/ 5092.* https://dserver.bundestag.de/btd/20/052/2005250.pdf. Zugegriffen am 30. November 2023.

Deutschland.de (2023). *Angriff auf die Ukraine.* https://www.deutschland.de/de/Putin-russland-angriff -auf-die-ukraine. Zugegriffen am 30. November 2023.

EDMO (2023). *European Digital Media Observatory.* https://edmo.eu/. Zugegriffen am 04. Dezember 2023.

European External Action Service (2023). *Strategic Communications. Editorial Team.* https://www.eeas. europa.eu/taxonomy/term/400164_en. Zugegriffen am 30. November 2023.

FAZ (2022). *Lambrecht verspricht der Ukraine 5000 Helme.* https://www.faz.net/aktuell/politik/ausland/ lambrecht-verspricht-ukraine-5000-helme-im-konflikt-mit-russland-17752622.html. Zugegriffen am 30. November 2023.

Forschungsgruppe Wahlen (2022a). *Politbarometer April II 2022.* https://www.forschungsgruppe.de/ Umfragen/Politbarometer/Archiv/Politbarometer_2022/April_II_2022/. Zugegriffen am 30. November 2023.

Forschungsgruppe Wahlen (2022b). *Politbarometer Juli II 2022.* https://www.forschungsgruppe.de/Um fragen/Politbarometer/Archiv/Politbarometer_2022/Juli_II_2022/. Zugegriffen am 30. November 2023.

Forschungsgruppe Wahlen (2022c). *Politbarometer November II 2023*. https://www.forschungsgruppe. de/Umfragen/Politbarometer/Archiv/Politbarometer_2023/November_II_2023/. Zugegriffen am 30. November 2023.

Gadinger, F., Jarzebski, S., & Yildiz, T. (2014). *Politische Narrative. Konzepte – Analysen – Forschungspraxis*. Wiesbaden: Springer VS.

Gebauer, M., Kormbaki, M., & Traufetter, G. (2023). *Darum hält Scholz die Taurus-Waffen zurück*: https://www.spiegel.de/politik/deutschland/taurus-fuer-die-ukraine-darum-haelt-olaf-scholz-die -waffen-zurueck-a-006021b4-d80c-4d13-b3da-2bd60b89fa24. Zugegriffen am 30. November 2023.

GADMO (2023). *German-Austrian Digital Media Observatory*. https://gadmo.eu/. Zugegriffen am 04. Dezember 2023.

Hybrid CoE (2023). *Hybrid threats as a concept*. https://www.hybridcoe.fi/hybrid-threats-as-a-phenomenon/. Zugegriffen am 30. November 2023.

IfW Kiel (2023). *Ukraine Support Tracker*. https://www.ifw-kiel.de/de/themendossiers/krieg-gegen-die-ukraine/ukraine-support-tracker/. Zugegriffen am 03. Dezember 2023.

ISD Germany (2023). *Projekt Narrative über den Krieg Russlands gegen die Ukraine (NUK)*. https://isdgermany.org/projekt-nuk/. Zugegriffen am 04. Dezember 2023.

Pew Research Center (2023). The Berlin Pulse Survey 2023/2024. In Köber-Stiftung (Hrsg.), *The Berlin Pulse* (S. 25–37). Hamburg: Körber-Stiftung. https://koerber-stiftung.de/site/assets/files/34911/ the_berlin_pulse_20232024_1.pdf. Zugegriffen am 09. Dezember 2023.

Presse- und Informationsamt der Bundesregierung (Hrsg.). (2022). *Reden zur Zeitenwende: Bundeskanzler Olaf Scholz*. Berlin. https://www.bundesregierung.de/resource/blob/992814/ 2131062/78d39dda6647d7f835bbe76713d30c31/bundeskanzler-olaf-scholz-reden-zur-zeitenwende-download-bpa-data.pdf. Zugegriffen am 09. November 2023.

Sarcinelli, U. (2013). Legitimation durch Kommunikation?. In K.-R. Korte & T. Grunden (Hrsg.), *Handbuch Regierungsforschung* (S. 93–102). Wiesbaden: Springer VS.

Stelzenmüller, C. (2022). *Putin's war and European energy security: A German perspective on decoupling from Russian fossil fuels*. https://www.brookings.edu/articles/putins-war-and-european-energy-security-a-german-perspective-on-decoupling-from-russian-fossil-fuels/. Zugegriffen am 04. Dezember 2023.

Stiftung Münchner Sicherheitskonferenz (2023). *Zeitenwende on tour*. https://securityconference.org/ zeitenwende/. Zugegriffen am 03. Dezember 2023.

StratCom COE (2023). *About Strategic Communications*. https://stratcomcoe.org/about_us/about-strategic-communications/1. Zugegriffen am 30. Oktober 2023.

Süddeutsche (2023). *Scholz will keine Taurus-Raketen liefern*. https://www.sueddeutsche.de/politik/ krieg-scholz-will-keine-taurus-raketen-liefern-dpa.urn-newsml-dpa-com-20090101-231005-99-444122. Zugegriffen am 30. November 2023.

t-online (2022). *Lambrecht überrascht mit Statement: „Gepard ist kein Panzer"*. https://www.t-online.de/ nachrichten/deutschland/militaer-verteidigung/id_92335714/waffenlieferungen-christine-lambrecht-gepard-ist-kein-panzer-.html. Zugegriffen am 10. November 2023.

Vogel, F. (2021). Strategische Kommunikation. In Forschungsgruppe Diskursmonitor und Diskursintervention (Hrsg.), *Diskursmonitor. Glossar zur strategischen Kommunikation in öffentlichen Diskursen*. https://diskursmonitor.de/glossar/strategische-kommunikation. Zugegriffen am 30. November 2023.

Volmer, H. (2022). *Warum Scholz nicht vom Sieg der Ukraine spricht*. https://www.n-tv.de/politik/Olaf-Scholz-Kriegsziele-Warum-der-Kanzler-den-Ukraine-Sieg-nicht-aussprechen-kann-article23368517.html. Zugegriffen am 03. Dezember 2023.

ZDF (2022). *Baerbock bei „Lanz": „Die Ukraine muss gewinnen."*. https://www.zdf.de/nachrichten/poli tik/lanz-baerbock-ukraine-krieg-russland-100.html. Zugegriffen am 03. Dezember 2023.

Zerfaß, A., & Borchers, N. S. (2017). *Integrierte Kommunikation 2017. Studie zum Status Quo und Verständnis von Integrierter Kommunikation in Deutschland*. Frankfurt am Main, Leipzig: F.A.Z.-Institut, Universität Leipzig.

Zöllner, O. (2020). *Germany's Public Diplomacy*. In N. Snow & N. J. Cull (Hrsg.), Routledge Handbook of Public Diplomacy. London: Routledge. https/doi/10.4324/9780429465543-31.

2 Ein Krieg mit Folgen für den Journalismus

Kathrin Schleicher

Kriegsberichterstattung im digitalen Zeitalter – Ein Forschungsüberblick

Zusammenfassung: Die Medien beeinflussen maßgeblich die Meinungsbildung und öffentliche Unterstützung für Kriege und sind damit der zentrale Untersuchungsgegenstand der kommunikationswissenschaftlichen Forschung über Kriege. Dieser Beitrag gibt einen Überblick über den aktuellen Forschungsstand zur Kriegsberichterstattung. Im Mittelpunkt stehen Studien, die die Rolle der Medienberichterstattung in Kriegen untersuchen, sowie Forschungen, die sich mit den verschiedenen Aspekten der Medienberichterstattung über Kriege auseinandersetzen. Zudem werden Folgen der Digitalisierung sowie Studien zur Rolle der Medien im Russisch-Ukrainischen Konflikt einbezogen.

1 iWar – Neuerungen in der Kriegsberichterstattung durch digitale Medien

Seit ihren Anfängen berichten Massenmedien intensiv über Kriege, da diese oft überraschend sind, das Leben vieler Menschen negativ beeinflussen und starke Emotionen hervorrufen (Vogel et al. 2014). Die meisten Kriege finden außerhalb des direkten Erfahrungsbereichs der Menschen statt, weshalb die Medien eine entscheidende Rolle als Informationsquellen spielen, die das Geschehen über einen längeren Zeitraum einordnen und dem Publikum wichtige Eindrücke über den aktuellen Fortgang des Kriegsgeschehens vermitteln (Beuthner et al. 2022). Die Kriegsberichterstattung prägt nicht nur die Mediennutzung, sondern auch die wahrgenommene Relevanz von Kriegen, die Interpretationen von Kriegsereignissen und die öffentliche Unterstützung für Interventionen (Jungblut 2023). Kriege, die unmittelbare Auswirkungen auf die eigene Bevölkerung haben, stehen dabei stärker im Fokus der Berichterstattung. Der Russisch-Ukrainische Krieg wird aufgrund seiner Nähe, der Flüchtlingskrise und der deutschen Beteiligungsdebatte daher intensiv in den deutschen Medien behandelt (Richter 2022).

Im digitalen Zeitalter beeinflussen die Medien jedoch nicht nur die Berichterstattung über Kriege, sondern prägen diese maßgeblich. Die hybride Kriegsführung zeichnet sich durch die Verbindung konventioneller und unkonventioneller Machtmittel aus, wobei der Fokus nicht mehr ausschließlich auf tödlicher Gewalt liegt (Bilal 2021). Ein Beispiel ist die russische Troll-Armee, die über soziale Medien staat-

https://doi.org/10.1515/9783111331508-009

lich unterstützte Propaganda verbreitet (Hoskins und O'Loughlin 2015). Neben staatlichen Akteuren beeinflussen auch nichtstaatliche Akteure aktiv die öffentliche Wahrnehmung von Kriegsereignissen (Ojala et al. 2017). Die Einführung von Multimedia-Smartphones, Messenger-Diensten oder Social-Media-Plattformen hat eine globale, partizipative Arena geschaffen, in der die traditionellen Grenzen zwischen Kämpfenden, ZivilistInnen und „Informationskriegsführenden" verwischen (Merrin und Hoskins 2020). Russlands Krieg gegen die Ukraine wird maßgeblich durch einen über die sozialen Medien erstreckten „Kriegs-Feed" geprägt, an dem jeder teilhaben kann (Hoskins und Shchelin 2023). Dies zeigt sich in kollektiven Entscheidungen, wie dem Crowdsourcing zum Kauf von Waffen und Nachschub (Boichak und Kumar 2022). Pötzsch (2015) prägte dafür den Begriff „iWar".

Asmolov (2021) beschreibt den Russisch-Ukrainischen Krieg ironisch als „Sofa-Krieg", bei dem Internet-NutzerInnen am Krieg teilnehmen, ohne dabei ihr eigenes Sofa zu verlassen. Horbyk (2022) zeigt in einer Studie zur Mediatisierung des Russisch-Ukrainischen Kriegs, dass Mobiltelefone an der Front nicht nur für private Zwecke, sondern auch für kriegsrelevante Aufgaben wie Abhören, Minenfeldkartierung und Kampfkommunikation genutzt werden. Dies verdeutlicht die Erweiterung des Schlachtfelds durch Mobiltelefone, von Horbyk (2022) als „war phone" bezeichnet. Auch traditionelle Medien machen sich die neuen Medien zunutze, indem sie diese als Informationslieferanten nutzen. Obgleich der Zugang zu Social-Media-Plattformen den AkteurInnen ermöglicht, eigene Botschaften zu produzieren und zu verbreiten, ist ein beträchtlicher Teil des nationalen Publikums weiterhin auf traditionelle Medien angewiesen, um Informationen über Kriege im Ausland zu erhalten (Hoskins und O'Loughlin 2015). Nationale und internationale Nachrichtenmedien spielen daher nach wie vor eine zentrale Rolle, auch im Russisch-Ukrainischen Krieg (Hoskins und O'Loughlin 2015).

In der Kommunikationswissenschaft hat der Russisch-Ukrainische Konflikt – beginnend mit der Krim-Annexion 2014 und im Russisch-Ukrainischen Krieg 2022 eskalierend – einerseits zu einer verstärkten Beachtung der Rolle digitaler Technologien und sozialer Medien im Krieg geführt. Andererseits hat er das ehemalige Sowjetimperium als Forschungsthema in den Fokus gerückt (Nygren et al. 2018). Die kommunikationswissenschaftliche Forschung konzentrierte sich bisher vor allem auf Konflikte und Kriege mit Beteiligung der USA oder der NATO, wie dem ersten Golfkrieg 1991–1992, dem Irakkrieg 2003, dem Libyen-Krieg 2011 und dem Krieg in Syrien seit 2011.

Ziel dieses Beitrages ist es, einen Überblick über den Forschungsstand zur Kriegsberichterstattung zu geben. Der Fokus liegt dabei auf Studien, die die Unabhängigkeit der Medien von politischen Einflüssen thematisieren (Abschnitt 2), sowie auf Untersuchungen, die sich mit der Art und Weise beschäftigen, wie Medien über Kriege berichten. Im Kontext der Digitalisierung werden dabei zentrale

Forschungsfelder wie Nachrichtenauswahl und Framing der Berichterstattung (Abschnitt 3), visuelle Kriegsberichterstattung (Abschnitt 4) und die Qualität der Berichterstattung (Abschnitt 5) eingehend betrachtet.

2 Macht und Propaganda: Zur Rolle der Medien im Krieg

Die Rolle der Nachrichtenmedien bei der Beeinflussung der öffentlichen Meinung wird aus unterschiedlichen kommunikationswissenschaftlichen Perspektiven untersucht. Eine erste Perspektive betont den Einfluss dramatisierter Medienberichterstattung, insbesondere durch globale Medienunternehmen wie das *Cable News Network (CNN)*, auf die Ausweitung von Konflikten und ihre Eskalation – bekannt als der *CNN*-Effekt (Gilboa 2005). Dieser besagt, dass die Berichterstattung über Kriege mit Bildern menschlichen Leids das öffentliche Bewusstsein schärfen und politischen Druck zum Handeln erzeugen kann (Gilboa 2005). Eine zweite Perspektive, basierend auf der Manufacturing Consent-Theorie (Herman und Chomsky 2002) und der Indexing-These (Bennett 1990), sieht die Medienrolle eher als Propaganda denn als unabhängigen Journalismus während des Krieges. Laut der Indexing-These hängt die Unabhängigkeit der Medien vom Elitendiskurs innerhalb des Staates ab (Bennett 1990): Sie besagt, dass Medien der Meinungsverteilung ihrer politischen Elite folgen, wobei kritische Stimmen bei einem Konsens unter den Eliten weniger sichtbar sind – offizielle Debatten führen hingegen zu kritischerer Berichterstattung (Bennett 1990).

Forschungen aus einer dritten Perspektive zeigen, dass die journalistische Berichterstattung über Kriege von zahlreichen internen und externen Faktoren beeinflusst wird (u. a. Meyer und Baden 2018). Besonders relevant sind dabei die spezifischen Merkmale des Konflikts, wie die involvierten Parteien, die Streitfragen, die Intensität und Salienz des Konflikts, einschließlich der Beteiligung des eigenen Staates sowie geografischer Nähe (Robinson et al. 2017). Auch Bedingungen für den Zugang zur Berichterstattung wie der Sicherheit der JournalistInnen und der Aktivitäten strategischer Kommunikationsakteure spielen eine entscheidende Rolle (Robinson et al. 2017). Das Modell von Meyer und Baden (2018, S. 45) verknüpft spezifische Konfliktdarstellungen mit Kontextfaktoren wie kulturellen Wahrnehmungen, Publikumsvertrauen, Medienkonfiguration, Konfliktakteuren und dem Verlauf des Konflikts. Die Wechselwirkungen dieser Elemente formen die Art und Weise, wie Medien Kriege und Konflikte darstellen und interpretieren.

Die zunehmende Verbreitung digitaler Medien hat in den letzten Jahren die Frage aufgeworfen, wie sich diese auf die Berichterstattung auswirken (u. a. Jungblut 2022b; Zahoor und Sadiq 2021). So erleichtert die Digitalisierung die Erfassung und Verbreitung von Nachrichten, wobei digitale Technologien und soziale Medien sofortige globale Reichweite und schnelle Kommunikation bieten (Zahoor und Sadiq 2021), den Zugang zu Konfliktinformationen und Konfliktgebieten vereinfachen (Jungblut 2020) und deren Sammlung und Überprüfung unterstützen (Zahoor und Sadiq 2021). Nicht nur die Geschwindigkeit und Zugänglichkeit von Konfliktnachrichten haben zugenommen, sondern auch das Spektrum der Akteure hat sich diversifiziert und ihre Handlungsebene erweitert (Meyer et al. 2018). Gilboa et al. (2016) verwenden den Begriff „Hybridität", um die vielschichtige Natur der digitalen Kommunikation zu beschreiben, die einen komplexen Austausch zwischen verschiedenen Akteuren, einschließlich lokaler, nationaler und internationaler Medien sowie den Konfliktparteien, umfasst.

Die Hybridität ermöglicht es allen beteiligten Akteuren, auf mehreren Ebenen mit den Medien und der globalen Öffentlichkeit in Kontakt zu treten. Das Aufkommen neuer kommunikativer Praktiken wie Bürgerjournalismus, unter Einbeziehung von Handyvideos, Blogbeiträgen usw., stellt traditionelle Medien jedoch auch vor Herausforderungen hinsichtlich Genauigkeit und Verantwortlichkeit (Balabanova und Parry 2014). So haben die Digitalisierung der Kriegskommunikation und soziale Medien die Gatekeeper-Funktion des Journalismus teilweise aufgelöst, wodurch Konfliktakteure direkt mit verschiedenen Zielgruppen kommunizieren können (Jungblut 2022b). Gleichzeitig führte dieser Prozess zu einer enormen Zunahme an textuellen, visuellen und audiovisuellen Informationen – was Kriege heute transparenter macht als je zuvor (Jungblut 2022a).

3 Zwischen den Zeilen: Nachrichtenauswahl und Framing

Kriege und bewaffnete Konflikte sind intensiv erforscht, aber die Faktoren, die ihre Sichtbarkeit in den Nachrichtenmedien beeinflussen, sind wenig bekannt. Empirische Untersuchungen zeigen, dass sowohl kontextbezogene Faktoren wie Bevölkerung, Wirtschaft und politischer Einfluss eines Landes als auch ereignisbezogene Faktoren, insbesondere hohe Opferzahlen, die mediale Aufmerksamkeit beeinflussen (Jungblut 2022a; Zerback und Holzleitner 2018). Für die deutsche Berichterstattung sind sowohl Ereignis- als auch Kontextfaktoren – darunter die Betroffenheit der Bevölkerung, geografische Nähe, ein möglicher Atomwaffeneinsatz, militärische Beteiligung des über den Krieg berichtenden Landes, politische Sanktionen und die Anzahl der Todesopfer – prägend für die Mediensichtbarkeit von Konflikten (Zillich et al. 2012; Zerback und Holzleitner 2018). Zudem variiert die mediale Aufmerksamkeit je nach Phase des Konflikts, wobei Frühphasen ohne akute Gewaltausbrüche oft vernachlässigt werden (Zillich et al. 2012). Chernov (2023) untersucht Gemeinsamkeiten in Mediensystemen demokratischer und autoritärer Gesellschaften am Beispiel russischer und US-amerikanischer Nachrichtensender, insbesondere im Hinblick auf die Themenzyklen journalistischer Berichterstattung, in denen das Interesse an einem Krieg mit der Zeit nachlässt. Im Vergleich zum Kriegsbeginn im Februar 2022 zeigte sich im September 2022 ein deutlicher Rückgang der Artikel menge in beiden Ländern (Chernov 2023) – die Medienberichterstattung über den Russisch-Ukrainischen Krieg nahm folglich unabhängig von der Pressefreiheit der untersuchten Länder ab.

Die Forschung zur Kriegsberichterstattung befasst sich des Weiteren intensiv mit der medialen Darstellung von Konflikten, insbesondere den Eigenschaften der Konfliktberichterstattung (Löffelholz 2004). Studien zur Berichterstattung über Kriege nutzen oft den Framing-Ansatz (Entman 1993), um Medienvoreingenommenheit zu identifizieren (Jungblut 2023). Frames sind interne Gestaltungsmechanismen der Berichterstattung (Chernov 2023), die bestimmte Aspekte betonen und andere vernachlässigen (Entman 1993). Mit Beginn des Russisch-Ukrainischen Konflikts wurden zahlreiche Framing-Studien zur Printberichterstattung veröffentlicht (u. a. Fengler et al. 2020; Liu 2022; Nygren et al. 2018). Sie fokussieren auf den Informationskrieg zwischen der Ukraine, Russland und den USA seit Konfliktbeginn sowie auf die Darstellung des Krieges in den westlichen Medien. Ihre Ergebnisse zeigen, dass Medien in angelsächsischen, russischen und ukrainischen Kontexten stark von geopolitischen Interessen beeinflusst werden (Watanabe 2017).

Die Framing-Studie von Liu (2022) analysiert die Berichterstattung über den Russisch-Ukrainischen Konflikt in russischen und britischen Medien. Britische Medien neigen zu selektiver Berichterstattung, die die Position des Westens im Konflikt unterstützt, während nicht-westliche Medien wie russische Medien die Auffassung vertreten, dass der Westen aggressiv an Russlands Grenzen vordringt (Liu 2022). Nygren et al. (2018) verglichen die Berichterstattung über den Russisch-Ukrainischen Konflikt in ukrainischen, russischen, polnischen und schwedischen Medien. Ukrainische und westliche Medien interpretieren den Konflikt oft als Resultat russischer Aggression, während russische Medien ihn als Kampf ethnischer Russen gegen den Faschismus darstellen (Fengler et al. 2020; Ojala et al. 2017). Ojala und Pantti (2017) analysierten das Framing der Presseberichterstattung aus Deutschland, dem Vereinigten Königreich, Schweden und Finnland über den Russisch-Ukrainischen Konflikt und zeigen, dass westliche Medien Nachrichtenframes zur Legitimation der EU-Politik nutzen, die die Ukraine unterstützt und Russland die Verantwortung für den Konflikt zuschreibt.

Eine der umfassendsten Ländervergleiche zum Framing im Russisch-Ukrainischen Konflikt stammt von Fengler et al. (2020). Die Studie analysierte die Berichterstattung in europäischen Ländern wie Albanien, Tschechien, Deutschland, Lettland, Niederlande, Polen, Portugal, Rumänien, Serbien, Schweiz, Vereinigtes Königreich sowie Ukraine und Russland. In den untersuchten Zeitungen zeigten sich gemeinsame Muster in der Berichterstattung: positive Darstellung ukrainischer Akteure, Hervorhebung der russischen Verantwortung für den Krieg und Fokus auf die negativen Aspekte des russischen Präsidenten Wladimir Putin (Fengler et al. 2020). Diese Muster unterstützen westliche Positionen und entfremdeten Russland. Russland dominierte die Nachrichtenagenda in allen Zeitungen mit einem ständigen Strom von Konfliktnachrichten: Obwohl ukrainische Akteure mehr als die Hälfte der codierten Akteure ausmachten, stellten russische Akteure fast ein Viertel dar (Fengler et al. 2020). Im Gegensatz dazu spielten europäische Akteure, einschließlich der EU-Institutionen und einzelner EU-Länder, mit insgesamt 13 Prozent der codierten Akteure eine untergeordnete Rolle in der Konfliktberichterstattung (Fengler et al. 2020).

Einige Studien analysieren die Fernsehberichterstattung (u. a. Lichtenstein und Koerth 2022), vor allem im Ländervergleich mit russischen TV-Sendern (u. a. Chernov 2023; Roman et al. 2017). Historisch als Propagandaplattformen etabliert, spielen diese eine maßgebliche Rolle bei der Verbreitung strategischer Narrative zur Legitimierung von militärischem Engagement (Gaufman 2019; → Beitrag Ganske-Zapf & Kutscher). Beispielsweise untersucht Chernovs Studie (2023) themenspezifische Frames in *CNN* und der russischen Quelle gazeta.ru während des Russisch-Ukrainischen Kriegs. In autoritären Mediensystemen wie Russland hängt die Verwendung von Frames („Verteidigung der Menschen im Donbass" und „Entmilitarisierung" und „Entnazifizierung" der Ukraine) stärker von Propagandazielen als von den tatsächlichen Ereignissen ab (Chernov 2023). Westliche Medien wie *CNN* verwenden Frames, die eher der realen Situation entsprechen („Aggression" und „Invasion"), obwohl auch demokratische Länder nicht immer völlig vorurteilsfrei berichten (Chernov 2023). Roman et al. (2017) analysieren die Berichterstattung über den Russisch-Ukrainischen Konflikt in russischen, ukrainischen und US-amerikanischen Nachrichtensendungen. Die Studie ergab erhebliche Variationen in der Berichterstattung über den Konflikt in den untersuchten Medien und zeigt, dass die Berichterstattung über den Konflikt stark von der Haltung der Regierungen dazu beeinflusst wurde – wie bereits in früheren Forschungen betont (Bennett 1990). Im Gegensatz dazu weisen Lichtenstein und Koerth (2022) für die deutsche TV-Berichterstattung nach, dass die öffentlich-rechtlichen Nachrichten zwar vorwiegend den Standpunkt der Regierung widerspiegeln, Infotainment-Formate die Legitimität der deutschen Krisenpolitik jedoch infrage stellten (Lichtenstein und Koerth 2022).

Die Erforschung der Darstellung des Ukraine-Konflikts in sozialen Medien ist hingegen noch begrenzt. Beispielsweise analysierten Makhortykh und Sydorova (2017) die russische Social-Media-Plattform „Vkontakte" und stellten fest, dass pro-ukrainische und pro-russische Communities unterschiedliche Konfliktinterpretationen aufwiesen. Während pro-ukrainische Gruppen den Konflikt als begrenzte Militäraktion gegen lokale Aufständische betrachteten, sahen pro-russische Gruppen ihn als umfassenden Krieg gegen die russische Bevölkerung in der Ostukraine. Nikolayenko (2019) analysierte Twitter während des Friedensmarsches in Moskau (2014). Die Ergebnisse zeigen, dass Frames von Friedensaktivisten auf konträre Frames ihrer Gegner trafen. Weitere Studien beschäftigten sich mit Reaktionen in sozialen Medien zur russischen Annexion der Krim 2014, darunter bspw. Analysen von Bildern (Pantti 2019) von Memes (Asmolov 2021). Einen direkten Bezug zur medialen Berichterstattung stellen nur wenige Studien her. Beispielsweise betrachtet Pantti (2019), wie während des Ostukraine-Konflikts die traditionellen Grenzen zwischen persönlicher und beruflicher Berichterstattung durch die Twitter-Nutzung von Moskauer Korrespondenten und einem Fotojournalisten, die parallel zu ihrer Arbeit für große Zeitungen Konfliktgeschichten auf Twitter teilten, verwischt wurden. Dabei ließ die Nutzung von Twitter mehr Meinungen und Emotionen zu als die traditionelle Nachrichtenberichterstattung (Pantti 2019).

4 Opfer, Täter, Emotionen: Untersuchungen zur visuellen Berichterstattung

Obwohl die Textberichterstattung bereits umfassend untersucht wurde, gibt es bisher nur wenige Erkenntnisse zur visuellen Kriegsberichterstattung (Müller und Knieper 2019). Dies ist überraschend, da Social-Media-Plattformen weit verbreitet sind und einen Schwerpunkt auf visuelle Inhalte legen, und die Öffentlichkeit zunehmend visuell geprägt ist (Dhanesh und Rahman 2021). Einzelstudien zu spezifischen Kriegen sind zwar vorhanden, jedoch selten medien- oder kriegsübergreifend. Diese befassen sich vorwiegend mit dem visuellen Framing, da visuelle Elemente eigenständige Framing-Effekte erzeugen können (Müller und Knieper 2019; Ojala et al. 2017).

In der Forschung lassen sich zentrale Tendenzen der visuellen Kriegsberichterstattung identifizieren (Jungblut 2022a). Fotos in der Kriegsberichterstattung betonen oft das Leiden der Zivilbevölkerung, insbesondere durch viktimisierende Darstellungen von Müttern oder Kindern, um Emotionen zu wecken (Khaldarova und Pantti 2021). In asymmetrischen Konflikten zeigt sich eine Verzerrung zugunsten der vermeintlich schwächeren Konfliktpartei (Jungblut 2022a). Eine Untersuchung von Martikainen und Sakki (2023) analysiert beispielsweise die Darstellung von Flüchtlingen im Russisch-Ukrainischen Krieg in einer finnischen Zeitung. Sie identifizieren vier Frames für ukrainische Flüchtlinge: verletzliche Opfer, unschuldige Opfer, leidende UkrainerInnen, beharrliche/resiliente UkrainerInnen. Alle Strategien implizieren eine negative Einstellung gegenüber Russland. Ähnliche Effekte werden von Khaldarova und Pantti (2021) in der visuellen Berichterstattung von Russlands Erstem Kanal (*Perwy Kanal*) zu Beginn des Russisch-Ukrainischen Konflikts festgestellt. Der Sender verknüpft den Konflikt mit Russlands Sieg im Zweiten Weltkrieg, betont ein „Gut gegen Böse"-Paradigma und fokussiert sich auf das Leid der Zivilbevölkerung, um die Empathie des Publikums zu wecken und die öffentliche Meinung zu beeinflussen (Khaldarova und Pantti 2021).

Daran zeigt sich, dass die mediale Darstellung in Konfliktnationen meist eine ethnozentrische Perspektive aufweist, die visuelle Frames betont, welche die In-group-Perspektive unterstützen und die Regierungspolitik legitimieren (Jungblut 2022a). Dies geht einher mit der Vermenschlichung und Personalisierung der Kriegsberichterstattung, beeinflusst durch die Logik sozialer Medien (Dhanesh und Rahman 2021). Humanitäres Framing ist in der visuellen Berichterstattung über Konflikte in westlichen Medien vorherrschend (Ojala et al. 2017). Studien untersuchen auch den Einfluss von Kriegsbildern auf politische Interpretationen, insbesondere zu Ursachen und Verantwortlichen für den Konflikt (u. a. Parry 2010). Beispielsweise zeigt Ojala et al. (2017) eine überwiegend negative Darstellung Putins in Westeuropa, was darauf hindeute, dass ihre visuellen Konstruktionen eine härtere Politik gegenüber Russland unterstützen.

Der Russisch-Ukrainische Krieg hat nicht nur zahlreiche Bilder von professionellen Fotojournalisten und regionalen Fotografen hervorgebracht, die das Ausmaß des Konflikts dokumentieren. Auch Amateur-Handyfotos in sozialen Medien lösen starke emotionale Reaktionen aus (Stallabras 2022). Die Digitalisierung hat den Verbreitungsmodus von Fotografien stark verändert, indem Amateurfotos, Selbstinszenierungen und soziale Online-Kommunikation öffentlich und sogar von etablierten Medien reproduziert werden (Müller und Knieper 2019). Soziale Medien konkurrieren daher zunehmend mit traditionellen Nachrichtenformaten (Müller und Knieper 2019). Obgleich die Auswirkungen unterschiedlicher Bilder in Nachrichtenformaten auf das Publikum aufgrund fehlender Rezeptions- und Wirkungsstudien bislang unklar sind (Müller und Knieper 2019), deuten empirische Ergebnisse darauf hin, dass Nachrichtenbilder die Wahrnehmung effektiver beeinflussen können als Textinhalte, indem sie beispielsweise stärker Verhaltensabsichten triggern (Ojala et al. 2017; → Beitrag Löffelholz & Xu).

5 Ausgewogenheit und Parteilichkeit: Qualität in der Kriegsberichterstattung

Die Angemessenheit der Berichterstattung nationaler und internationaler Medien im Russisch-Ukrainischen Krieg wurde und wird heftig diskutiert, insbesondere was die Darstellung der russischen Position im Konflikt angeht (Fengler et al. 2020). Ein weiterer Schwerpunkt inhaltsanalytischer Forschung ist daher die Frage, wie einseitig oder ausgewogen die Medien über Kriege berichten.

Die Forschung zum Russisch-Ukrainischen Krieg hat sich bislang vor allem auf Aspekte einer ausgewogenen Berichterstattung konzentriert, wie Themenwahl, Akteure und Frames (u. a. Nygren et al. 2018; Ojala und Pantti 2017; Udris 2022; → Beitrag Maurer et al.). Die Häufigkeit und Form, in der die Kriegsparteien sowie ihre Befürworter und Kritiker zu Wort kommen, wurde beispielsweise von Udris et al. (2022) für Schweizer Medien analysiert: In der Berichterstattung zum Russisch-Ukrainischen Krieg waren staatlich-militärische Quellen in 31 Prozent der Beiträge präsent, wobei die Ukraine (21 Prozent) häufiger als Russland (12 Prozent) zitiert wurde. Eine Untersuchung der deutschen Fernsehberichterstattung zum Russisch-Ukrainischen Konflikt ergab, dass pro-russische Akteure trotz ausreichender Erwähnung wenig Redezeit erhielten, was auf eine Pro-Ukraine-Haltung der Medien hindeutet (Krüger und Mundt 2020). Ein Vergleich der russischen und britischen Medienberichterstattung über den Russisch-Ukrainischen Konflikt (Liu 2022) zeigt, dass beide Seiten eine einseitige Perspektive einnehmen, die nicht über die politischen Linien ihrer Regierungen hinausgeht. Kritisierte Aspekte journalistischer Kriegsberichterstattung wie die einseitige Orientierung an staatlichen Informationsquellen und die Parteilichkeit (Löffelholz 2004) lassen sich damit auch für den Russisch-Ukrainischen Krieg nachweisen. Es gibt jedoch empirische Hinweise, die auf eine Abkehr vom Elite-Fokus deuten (u. a. Fengler et al. 2020; Roman et al. 2017). So zeigen die Ergebnisse von Fengler et al. (2020) in der internationalen Berichterstattung einen hohen Anteil an nicht-staatlichen Akteuren, darunter BürgerInnen und soziale Akteure, besonders unter den ukrainischen Akteuren.

Weitere Befunde weisen darauf hin, dass die Berichterstattung über Konflikte tendenziell stereotypisierte Freund-Feind-Bilder konstruiert (Löffelholz 2004). Beispielsweise untersuchten Bjørge und Kalnes (2021) die Rolle der Nachrichtenmedien anhand einer Fallstudie zum Russisch-Ukrainischen Konflikts in drei norwegischen Zeitungen. Die Ergebnisse zeigen, dass diese Medien Russland als Feind Norwegens und des Westens darstellen, im Einklang mit dem Narrativ der norwegischen Regierung, jedoch im klaren Gegensatz zum russischen Narrativ (Bjørge und Kalnes). Khaldarova (2021) analysierte, wie russische Fernsehnachrichten das Narrativ der

UkrainerInnen als „Brüder" dekonstruieren und sie stattdessen in einer imaginierten sozialen Realität als bedrohlichen „Anderen" positionieren (Khaldarova 2021). Politische Konflikte führen zu einem negativen „Othering", basierend auf einer Dichotomie von „Sie gegen uns" (Khaldarova 2021). Als einen Grund für solche stereotypen Darstellungen, gerade in Ländern, die nicht direkt am Krieg beteiligt sind, wird in der Forschung das Phänomen des sogenannten „Parachute Journalism" diskutiert (Jungblut 2022a; Sobel et al. 2020): Finanzielle Engpässe zwingen JournalistInnen, insbesondere in nicht direkt am Krieg beteiligten Ländern, oft zu Reisen in Konfliktgebiete, ohne über ausreichende Kenntnisse zu verfügen. Kotišová (2023) untersucht die Zusammenarbeit zwischen diesen „Fallschirmjournalisten" und lokalen JournalistInnen, den sogenannten „Fixern" daraufhin, wie die persönliche Nähe zwischen diesen beiden Gruppen die Qualität der Berichterstattung beeinflusst. Die Interviews mit JournalistInnen aus der Ukraine ergeben u. a., dass den lokalen JournalistInnen aufgrund ihrer Nähe zu Ereignissen mitunter weniger Vertrauen geschenkt wird. Trotzdem wird die Nähe der LokaljournalistInnen in der Praxis als wertvolles Wissen für faktenbasierte und ethische Berichterstattung betrachtet.

Im digitalen Zeitalter gewinnen Propaganda- und Desinformationskampagnen an Dynamik, da NutzerInnen online zur Verbreitung von Desinformation, einer absichtlichen Fehlinformation zu Propagandazwecken, beitragen können (von Sigorski und Merz 2022). Diese kann nach außen gerichtet sein, um Verwirrung zu stiften, wie bei der Verbreitung von Verschwörungstheorien durch *Russia Today*, oder nach innen, um Zustimmung und Unterstützung im eigenen Lager zu gewinnen, wie in der Medienkampagne Russlands (von Sigorski und Merz 2022). Fehl- und Desinformationen beeinträchtigen nicht nur die Wahrnehmung von Kriegen, wie im Beispiel des Russland-Ukraine-Konflikts gezeigt wurde – so stiegen im Kontext dieses Kriegs die Zustimmungswerte zu pro-russischen Desinformationen (Lamberty et al. 2022), sondern erschweren es den JouralistInnen, Lügen und falsche Informationen aufzudecken. Watanabe (2017) zeigt, dass das russische Narrativ über die „slawische Welt" auch durch westliche Nachrichtenagenturen verbreitet wurde. Die Studie basiert auf der Analyse der Berichterstattung von *ITAR-TASS, Reuters, Associated Press* und *Agence France-Presse* in einem Zeitraum von zwei Jahren. Die Ergebnisse weisen darauf hin, dass russische Narrative international durch westliche Nachrichtenagenturen weiterverbreitet wurden. Dies deutet nicht zwangsläufig auf eine Beteiligung dieser Agenturen an russischer Propaganda hin, sondern verdeutlicht die Anfälligkeit globaler Nachrichtenerfassungs- und -verbreitungssysteme (Watanabe 2017).

6 Virtuelle Welten und Faktenchecks – künftige Herausforderungen

Die Darstellung von Kriegen hat sich durch digitale, multimodale Medienformen verändert (Boichak und Hoskins 2022). Im Russisch-Ukrainischen Krieg erschweren diese Veränderungen die Unterscheidung zwischen Fakten und Propaganda, was die Lieferung authentischer Nachrichten herausfordernd macht (Pavlik 2022). Desinformationskampagnen auf sozialen Medien tragen zur Verzerrung des Kriegsbildes bei, wobei auch traditionelle Medien wiederholt des Verbreitens von Fehlinformationen beschuldigt werden (Boyd-Barrett 2015). JournalistInnen müssen daher sorgfältig Fakten überprüfen und Desinformation kritisch hinterfragen, um Objektivität zu gewährleisten (Zahoor und Sadiq 2021). Zukünftige Forschung sollte sich verstärkt auf den journalistischen Faktencheck konzentrieren (→ Beitrag Radechovsky).

Die globale Digitalisierung hat zur Verbreitung von Kriegsgräuelbildern beigetragen (Müller und Knieper 2019), und weitere Forschung ist notwendig, um die Auswahl und Darstellung dieser Bilder sowie die professionelle journalistische Ethik zu untersuchen. Da sich Framing selten auf verbale oder visuelle Elemente beschränkt, ist eine multimodale Analyse wichtig (Ojala et al. 2017). Zukünftige Forschung sollte Text-Bild-Verhältnisse und Text-Bild-Ton-Verhältnisse berücksichtigen (Müller und Knieper 2019).

Trotz dieser Herausforderungen bieten Fortschritte in der Medientechnologie, wie künstliche Intelligenz und virtuelle Realität, dem Journalismus neue Möglichkeiten (→ Beitrag Sarısakaloğlu). Diese Technologien ermöglichen immersive Berichterstattung, die Verständnis und Empathie fördern kann (Pavlik 2022). Zukünftige Forschung sollte die Auswirkungen von künstlicher Intelligenz und virtueller Realität auf den Kriegsjournalismus sowie Wirkungs- und Rezeptionsstudien zu deren Effekten auf das Publikum untersuchen. Eine kulturübergreifende Perspektive auf die Medienrolle in Konflikten wird für zukünftige Forschungsvorhaben ebenfalls empfohlen, unter Einbeziehung verschiedener Akteure und einer Ent-Westlichung der Forschung (Gilboa et al. 2016) – so fokussiere sich die Forschung noch zu stark auf die Untersuchung der Berichterstattung der westlichen Medien.

Literatur

Asmolov, G. (2021). From sofa to frontline: The digital mediation and domestication of warfare. *Media, War & Conflict, 14*, 342–365.

Balabanova, E., & Parry, K: (2014) Introduction: Communicating War. *Journal of War & Culture Studies*, 7(1), 1–4. https://doi.org/10.1179/1752627213Z.00000000036.

Bennett, W. L. (1990). Toward a theory of press-state relations in the United States. *Journal of Communication*, 40, 103–125.

Beuthner, M., Bomnüter, U., & Kantara, J. A. (2022). *Risiken, Krisen, Konflikte. Herausforderungen und Perspektiven medialer Vermittlung*. Wiesbaden: Springer VS.

Bilal, A. (2021). *Hybrid Warfare – New Threats, Complexity, and 'Trust' as the Antidote*. https://www.nato.int/docu/review/articles/2021/11/30/hybrid-warfare-new-threats-complexity-and-trust-as-the-antidote/index.html. Zugegriffen am 28. November 2023.

Bjørge, N. M., & Kalnes, Ø. (2021). Cultures of anarchy: Images of Russia in the narrative of Norwegian mainstream news media during the Ukraine crisis 2014. *Media, War & Conflict*, 14(2), 150–173. https://doi.org/10.1177/1750635219864024.

Boichak, O., & Hoskins, A. (2022). My war: participation in warfare. *Digital War*, 3, 1–8. https://doi.org/10.1057/s42984-022-00060-7.

Boyd-Barrett, O. (2015). Ukraine, Mainstream Media and Conflict Propaganda. *Journalism Studies*, 18(8), 1016–1034. https://doi.org/10.1080/1461670X.2015.1099461.

Chernov, G. (2023). The Russian – Ukrainian War: Persistence of Frames and the Media Issue-Cycles. *Athens Journal of Mass Media and Communications*, 9, 1–13. https://doi.org/10.30958/ajmmc.X-Y-Z.

Dhanesh, G. S., & Rahman, N. (2021). Visual communication and public relations. Visual frame building strategies in war and conflict stories. *Public Relations Review*, 47(1). https://doi.org/10.1016/j.pubrev.2020.102003.

Entman, R. M. (1993). Framing: Toward Clarification of a Fractured Paradigm. *Journal of Communication*, 43(4), 51–58. https://doi.org/10.1111/j.1460-2466.1993.tb01304.x.

Fengler, S., Kreutler, M., Alku, M., Barlovac, B., Bastian, M., Bodrunova, S. S., Brinkmann, J., Dingerkus, F., Hájek, R., Knopper, S., Kus, M., Láb, F., Lees, C., Litvinenko, A., Medeiros, D., Orlova, D., Ozolina, L., Paluch, A., Radu, R. N., & Zguri, R. (2020). The Ukraine conflict and the European media: A comparative study of newspapers in 13 European countries. *Journalism*, 21(3), 399–422. https://doi.org/10.1177/1464884918774311.

Gaufman, E. (2019). Come all ye faithful to the Russian world: Governmental and grass-roots spiritual discourse in the battle over Ukraine. In E. A. Clark & D. Vovk (Hrsg.), *Religion during the Russian Ukrainian conflict* (S. 54–68). London: Routledge.

Gilboa, E. (2005). The CNN Effect. The Search for a Communication Theory of International Relations. *Political Communication*, 22(1), 27–44.

Gilboa, E., Jumbert, M. G., Miklian, J., & Robinson, P. (2016). Moving media and conflict studies beyond the CNN effect. *Review of International Studies*, 42(4), 654–672. https://doi.org/10.1017/S026021051600005X.

Herman, E. S., & Chomsky, N. (2002). *Manufacturing Consent – The Political Economy of the Mass Media* (2. Aufl.). New York: Pantheon Books.

Horbyk, R. (2022). "The war phone": mobile communication on the frontline in Eastern Ukraine. *Digital War*, 3, 9–24.

Hoskins, A., & O'Loughlin, B. (2015). Arrested war: the third phase of mediatization. *Information, Communication & Society*, 18, 1320–1338.

Hoskins, A., & Shchelin, P. (2023). The War Feed: Digital War in Plain Sight. *American Behavioral Scientist*, 67(3), 449–463. https://doi.org/10.1177/00027642221144848.

Hoxha, A., & Hanitzsch, T. (2018). How conflict news comes into being: Reconstructing 'reality' through telling stories. *Media, War & Conflict*, 11(1), 46–64. https://doi.org/10.1177/1750635217727313.

Jungblut, M. (2020). *Strategic communication and its role in conflict news. A computational analysis of the international news coverage on four conflicts*. Wiesbaden: Springer VS.

Jungblut, M. (2022a). Kriegs- und Konfliktberichterstattung im digitalen Zeitalter. In I. Borucki, K. Klein-von-Königslow, S. Marschall & T. Zerback (Hrsg.), *Handbuch Politische Kommunikation* (S. 313–326). Wiesbaden: Springer VS. https://doi.org/10.1007/978-3-658-26242-6_23-1.

Jungblut, M. (2022b). Berichterstattung und Kommunikation während Kriegs- und Krisenzeiten. *BzKJAKTUELL – Bundeszentrale für Kinder- und Jugendmedienschutz*, 3, 4–9.

Jungblut, M. (2023). Content Analysis in the Research Field of War Coverage. In F. Oehmer-Pedrazzi, S. H. Kessler, E. Humprecht, K. Sommer & L. Castro (Hrsg.), *Standardisierte Inhaltsanalyse in der Kommunikationswissenschaft*. Wiesbaden: Springer VS. https://doi.org/10.1007/978-3-658-36179-2_11.

Khaldarova, I., & Pantti, M. (2021). Visual images as affective anchors: strategic narratives in Russia's Channel One coverage of the Syrian and Ukrainian conflicts. *Russian Journal of Communication*, 13(2), 140–162. https://doi.org/10.1080/19409419.2021.1884339.

Khaldarova, I. (2021). Brother or 'Other'? Transformation of strategic narratives in Russian television news during the Ukrainian crisis. *Media, War & Conflict*, 14(1), 3–20. https://doi.org/10.1177/1750635219846016.

Kotišová, J. (2023). The epistemic injustice in conflict reporting: Reporters and 'fixers' covering Ukraine, Israel, and Palestine. *Journalism*, 1–20. https://doi.org/10.1177/14648849231171019.

Krüger, U. & Mundt, A. (2020). Wie objektiv war die Ukraine-Berichterstattung? Eine Sourcing-Analyse zum Euromaidan 2013/14 im deutschen Fernsehen. In H.-J. Bucher (Hrsg.), *Medienkritik zwischen ideologischer Instrumentalisierung und kritischer Aufklärung* (S. 315–333). Köln: Herbert von Halem Verlag.

Lamberty, P., Heuer, C., & Holnburer, J. (2022). Belastungsprobe für die Demokratie: Pro-russische Verschwörungserzählungen und Glaube an Desinformation in der Gesellschaft. https://cemas.io/publikationen/belastungsprobe-fuer-die-demokratie/2022-11-02_ResearchPaperUkraineKrieg.pdf. Zugegriffen am 08. Januar 2024.

Lichtenstein, D., & Koerth, K. (2022). Different shows, different stories: How German TV formats challenged the government's framing of the Ukraine crisis. Media. War & Conflict, 15(2), 125–145. https://doi.org/10.1177/175063522090997.

Liu, Z. (2022). News framing of the Euromaidan protests in the hybrid regime and the liberal democracy: Comparison of Russian and UK news media. *Media, War & Conflict*, 15(4), 407–426. https://doi.org/10.1177/1750635220953445.

Löffelholz, M. (2004). Krisen- und Kriegskommunikation als Forschungsfeld. Trends, Themen und Theorien eines hoch relevanten, aber gering systematisierten Teilgebietes der Kommunikationswissenschaft. In M. Löffelholz (Hrsg.), *Krieg als Medienereignis. Krisenkommunikation im 21. Jahrhundert* (S. 13–55). Wiesbaden: VS Verlag für Sozialwissenschaften.

Makhortykh, M., & Sydorova, M. (2017). Social media and visual framing of the conflict in Eastern Ukraine. *Media, War & Conflict*, 10(3), 359–381. https://doi.org/10.1177/1750635217702539.

Martikainen, J., & Sakki, I. (2023). Visual humanization of refugees: A visual rhetorical analysis of media discourse on the war in Ukraine. *British Journal of Social Psychology*, 1–25. https://doi.org/10.1111/bjso.12669.

Merrin, W., & Hoskins, A. (2020). Tweet fast and kill things: digital war. *Digital War*, 1, 184–193. https://doi.org/10.1057/s42984-020-00002-1.

Meyer, C. O., & Baden, C. (2018). Dissecting media roles in conflict. A transactionist process model of conflict news production, dissemination and influence. In R. Fröhlich (Hrsg.), *Media in War and Armed Conflict. The Dynamics of Conflict News Production and Dissemination* (S. 23–48). London: Routledge.

Meyer, C. O., Baden, C., & Frère, M.-S. (2018). Navigating the complexities of media roles in conflict: The INFOCORE approach. *Media, War & Conflict*, 11(1), 3–21. https://doi.org/10.1177/1750635217719754.

Müller, M.G., & Knieper, T. (2019). Terror der Bilder. In K. Lobinger (Hrsg.), *Handbuch Visuelle Kommunikationsforschung. Springer Reference Sozialwissenschaften*. Wiesbaden: Springer VS. https://doi.org/10.1007/978-3-658-06738-0_9-1.

Nikolayenko, O. (2019). Framing and counter-framing a Peace March in Russia: the use of Twitter during a hybrid war. *Social Movement Studies*, 18(5), 602–621. https://doi.org/10.1080/14742837.2019.1599852.

Nygren, G., Glowacki, M., Hök, J., Kiria, I., Orlova, D., & Taradai, D. (2018). Journalism in the Crossfire: Media Coverage of the War in Ukraine 2014. *Journalism Studies*, 19(7), 1059–1078. https://doi.org/10.1080/1461670X.2016.1251332.

Ojala, M. M., Pantti, M. K., & Kangas, J. (2017). Whose War, Whose Fault? Visual Framing of the Ukraine Conflict in Western European Newspapers. *International Journal of Communication*, 11, 474–498.

Ojala, M., & Pantti, M. (2017). Naturalising the new cold war: The geopolitics of framing the Ukrainian conflict in four European newspapers. *Global Media and Communication*, 13(1), 41–56. https://doi.org/10.1177/1742766517694472.

Pantti, M. (2019). The personalization of conflict reporting. Visual coverage of the Ukraine crisis on Twitter. *Digital Journalism*, 7(1), 124–145. https://doi.org/10.1080/21670811.2017.1399807.

Parry, K. (2010). Images of liberation? Visual framing, humanitarianism and British press photography during the 2003 Iraq invasion. *Media, Culture & Society*, 33(8), 1185–1201.

Pavlik, J. V. (2022). The Russian War in Ukraine and the Implications for the News Media. *Athens Journal of Mass Media and Communications*, 8, 1–17. https://doi.org/10.30958/ajmmc.X-Y-Z.

Pötzsch, H. (2015). The emergence of iWar: Changing practices and perceptions of military engagement in a digital era. *New Media & Society*, 17(1), 78–95. https://doi.org/10.1177/1461444813516834.

Richter, C. (2022). *Kriegsberichterstattung*. https://journalistikon.de/kriegsberichterstattung/. Zugegriffen am 03. Dezember 2023.

Robinson, P., Seib, P., & Fröhlich, R. (2017). Conclusion. Looking ahead. In P. Robinson, P. Seib & R. Fröhlich (Hrsg.), *Routledge Handbook of Media, Conflict and Security*. London: Routledge.

Roman, N., Wanta, W., & Buniak, I. (2017). Information wars: Eastern Ukraine military conflict coverage in the Russian, Ukrainian and U. S. newscasts. *International Communication Gazette*, 79(4), 357–378. https://doi.org/10.1177/1748048516682138.

Sobel, M. R., Kim, S., & Riffe, D. (2020). The World at War: Three and a Half Decades of New York Times Conflict Coverage. *Media, War & Conflict*, 13(2), 170–187. https://doi.org/10.1177/1750635219828763.

Stallabras, J. (2022). The Look of War. *Art Monthly*, 456, 6–9.

Udris, L., Vogler, D., Eisenegger, M., Siegen, D., Weston, M., & Schäfer, S. (2022). Die Qualität der Berichterstattung über den Ukrainekrieg. In Forschungszentrum Öffentlichkeit und Gesellschaft (Hrsg.), *Jahrbuch Qualität der Medien* (S. 53–67). Basel: Schwabe. https://doi.org/10.5167/uzh-224736.

Vogel, I. C., Stengel, K., & Rahnke, M. (2014). Qualität der Fernsehberichterstattung über internationale Krisen und Konflikte. Ein Vergleich zwischen öffentlich-rechtlichen und privaten Nachrichtenanbietern. *Medien & Kommunikationswissenschaft*, 62(1), 42–63.

Von Sikorski, C., & Merz, P. (2022). Die Bedeutung der medialen Kommunikation in Kriegen und Konflikten. In C. Cohrs, N. Knab & G. Sommer (Hrsg.), *Handbuch Friedenspsychologie*. https://doi.org/10.17192/cs2022.0061.

Watanabe, K. (2017). Measuring news bias: Russia's official news agency ITAR-TASS's coverage of the Ukraine crisis. *European Journal of Communication*, 32(3), 224–241.

Wolff, M. A. (2018). *Kriegsberichterstattung und Konfliktsensitivität. Qualitätsjournalismus zwischen Anspruch und Wirklichkeit*. Wiesbaden: Springer VS.

Zahoor, M., & Sadiq, N. (2021). Media and Armed Conflicts: An Overview. *Journal of International Peace and Stability*, 4(1), 70–80.

Zerback, T., & Holzleitner, J. (2018). Under-cover. The influence of event- and context-traits on the visibility of armed conflicts in German newspaper coverage (1992–2013). *Journalism*, 19(3), 366–383.

Zillich, A. F., Göbbel, R., Stengel, K., Maier, M., & Ruhrmann, G. (2012). Proactive crisis communication? News coverage of international conflicts in German print and broadcasting media. *Media, War & Conflict*, 4(3), 251–267.

Daniel Goffart, Katrin Eigendorf, Oliver Köhr und Christian F. Trippe

Gründlichkeit vor Schnelligkeit – Ein Gespräch zur Berichterstattung des öffentlich-rechtlichen Rundfunks über den Russisch-Ukrainischen Krieg

Die Berichterstattung des öffentlich-rechtlichen Rundfunks in Deutschland sah sich mit Kriegsbeginn auf die Probe gestellt. Zurecht erwartete das Publikum, dass ARD und ZDF in der Ukraine präsent sind, um kompetent, umfassend und abwägend zu berichten. Wurden die Sender dieser Erwartungshaltung gerecht? Und welche Herausforderungen mussten sie dabei bewältigen? Über diese und andere Fragen sprach Daniel Goffart (siehe Abb. 1), Chefreporter der WirtschaftsWoche, am 6. November 2023 in Berlin mit Katrin Eigendorf (siehe Abb. 2), internationale Sonderkorrespondentin des ZDF, ARD-Chefredakteur Oliver Köhr (siehe Abb. 3) und DW-Osteuropachef Christian F. Trippe (siehe Abb. 4). Katrin Eigendorf war per Video aus Israel zugeschaltet, wo sie für ihren Sender über den Krieg gegen die Hamas berichtete.

Abb. 1: Daniel Goffart, Chefreporter der WirtschaftsWoche. (Foto: Daniel Goffart)

https://doi.org/10.1515/9783111331508-010

Abb. 2: Katrin Eigendorf, internationale Sonderkorrespondentin des ZDF. (Foto: Katrin Eigendorf/ Willi Müller-Sieslak)

Abb. 3: Oliver Köhr, ARD-Chefredakteur. (Foto: ARD/ Laurence Chaperon)

Abb. 4: Christian F. Trippe, Leiter der Hauptabteilung Osteuropa bei der Deutschen Welle. (Foto: DW)

Daniel Goffart: Wie zufrieden sind Sie mit der bisherigen Berichterstattung über den Krieg in der Ukraine?

Katrin Eigendorf: Bin ich mit mir selbst zufrieden? Darüber möchte ich, ehrlich gesagt, das Urteil anderen überlassen. Also gucken wir doch einmal auf die Berichterstattung insgesamt. Wir sind selten an einem Ereignis so dauerhaft und so dicht drangeblieben wie an dem Krieg in der Ukraine. Das muss man schon sagen, wenn man sich die deutsche Medienlandschaft anguckt, das reicht von der schreibenden Zunft bis zu allen Fernsehsendern. Der Krieg im Nahen Osten hat den Ukraine-Krieg jetzt ein bisschen aus den Nachrichten verdrängt, aber das liegt in der Natur des Nachrichtengeschäfts.

Daniel Goffart: Ich würde später noch einmal zum Nahost-Thema kommen. Auch an die anderen die Frage: Anderthalb Jahre nach Kriegsbeginn, was denken Sie über die bisherige Berichterstattung?

Oliver Köhr: Ich glaube auch, dass wir sehr intensiv berichtet haben – von Anfang an. Über die ersten zwei, drei Tage, da kann man fragen, wie wir vor Ort aufgestellt waren. Grundsätzlich aber haben wir vom ersten Tag an sehr angemessen berichtet. Wir haben das Programm sofort komplett aufgemacht und über nichts anderes mehr berichtet. Weil es vom Studio Moskau aus – die Ukraine ist deren Berichterstattungsgebiet – nicht mehr möglich war, über und aus der Ukraine zu berichten, haben wir ein eigenes Studio in Kiew aufgebaut. Es ist schon lange her, dass die ARD ein Studio aufgemacht hat. Das ist auch eine Folge dieses Krieges.

Daniel Goffart: Christian Trippe, Sie sind langjähriger Osteuropa-Experte. Waren Sie überrascht von dem russischen Angriff? Viele in Politik und Medien haben ja gar nicht mit der Invasion gerechnet. Man hört zwar jetzt im Nachhinein, dass man ein paar Tage vorher doch etwas gewusst habe, zumindest im Kanzleramt wird das behauptet. Die Frage ist, war das bei Ihnen und anderen Medienleuten auch so?

Christian Trippe: Wir haben uns bei der Deutschen Welle kurz vor Weihnachten 2021 in Bereitschaft versetzt. Ich habe über die Weihnachtsfeiertage mit dem Kollegen aus Kiew, wir hatten da schon ein Studio, die Evakuierungslisten geschrieben und geplant, wer bleibt, wer geht ins Ausweichstudio nach Lemberg und wen holen wir nach Deutschland. Insofern waren wir nicht ganz so überrascht. Was mich aber überrascht hat, war die Wucht und die Wut dieses militärischen Angriffs. Meine Erwartung war, die Russen holen sich die beiden Oblaste im Osten, Luhansk und Donetsk. Aber dass es zu diesem Sturm auf Kiew kam, das hat mich auch kalt erwischt.

Daniel Goffart: Die sich anschließende Frage auch an Sie, Frau Eigendorf: Sie waren offenbar vorbereitet auf diese Invasion. Trifft dieser Eindruck zu – oder ist es vielleicht ein bisschen zu positiv im Nachhinein?

Katrin Eigendorf: Wir waren vorbereitet. Wir hatten schon Wochen zuvor ReporterInnen im Land, die über die Situation berichtet haben. Es gab ja frühzeitig Warnungen der US-Geheimdienste. Über all das haben wir berichtet, und es gab Spekulationen, dass Russland die Situation in der Ukraine immer weiter eskalieren wird, um die Entwicklung des Landes zu behindern, die Orientierung Richtung Westen. Aber dieser Krieg, der hat uns überrascht, der hat auch mich persönlich überrascht. Ich war kurz vor der Invasion in Afghanistan, und ich habe dort kurzfristig die Zelte abgebrochen und bin in die Ukraine gereist. Ich hatte nicht damit gerechnet, dass es zu dem Zeitpunkt zu einem flächendeckenden Angriff auf das Land kommen würde. Jeder, der die Ukraine kennt, wusste, dass es, wenn es in einem Land erbitterten Widerstand geben wird, dann in der Ukraine. Und mit diesem erbitterten Widerstand ist Russland bis jetzt konfrontiert.

Daniel Goffart: Herr Köhr, Sie haben eben gesagt, man konnte schon ahnen, dass da was in der Luft liegt: Wie war es bei Ihnen mit der Vorbereitung?

Oliver Köhr: Vom konkreten Zeitpunkt waren wir auch überrascht. Natürlich hat man das gesehen, nicht nur die Deutsche Welle hat Evakuierungslisten geschrieben, sondern wir haben auch gesehen, wie die News Networks, CNN, BBC, sich intensiv vorbereitet haben. Es konnte keinem entgehen, dass da etwas passieren könnte. Wir hatten zwar immer wieder Kolleginnen und Kollegen vor Ort, aber – auch dazu kommen wir vielleicht gleich noch – wir hatten keine Kriegsberichterstatter vor Ort. Frau Eigendorf war in Afghanistan, wir hatten unsere Kolleginnen aus dem Studio Moskau vor Ort. Wenn wir gewusst hätten, der Krieg bricht an diesem Tag oder in dieser Woche aus, hätten wir jemanden geschickt, der oder die für Kriegs- und Krisenberichterstattung explizit vorbereitet ist.

Daniel Goffart: Es geht ja in diesem Buch auch um die Frage, was macht der Krieg mit den Berichterstattern? Alle Medien wollten mit Journalisten in die Ukraine hineingehen, die hinreichend für die Kriegsberichterstattung qualifiziert sind. Waren das von Anfang an Kollegen, die entsprechende Erfahrungen mitbrachten? Oder waren das auch ganz normale Korrespondenten, die von jetzt auf gleich dahin mussten und vielleicht überfordert waren?

Christian Trippe: Wir hatten doppelt Glück, weil zum 1. Januar 2022 bei uns ein Korrespondentenwechsel anstand, das heißt, wir hatten durch Zufall zwei Korrespondenten in Kiew. Beide hatten bereits Erfahrung in der Krisen- und Kriegsberichterstattung, und beide hatten die entsprechenden Sicherheitstrainings absolviert. Die lokalen ukrainischen Mitarbeitenden sind außerdem alle durch das Sicherheitstraining ihrer Streitkräfte gegangen. Kurzum, wir hatten dann niemanden im Land, der nicht die Ausbildung gemacht bzw. zusätzlich bereits leidlich Erfahrungen gesammelt hatte.

Daniel Goffart: Frau Eigendorf, zeigt die Tatsache, dass Sie schnell in die Ukraine gereist sind, um von dort zu berichten, dass Sie den Leuten, die vor Ort waren, nicht getraut haben, über den Krieg zu berichten?

Katrin Eigendorf: Ich bin in die Ukraine gegangen, weil ich mich in dem Land sehr gut auskenne und die Sprache spreche. Es war diese Sachkenntnis, die, glaube ich, den Sender hat entscheiden lassen, dass ich das machen soll. Auch die Leute, die dort für das ZDF vor Ort waren, haben alle ein Krisentraining gemacht, waren alle in Hammelburg bei der Bundeswehr. Aber was wir im Krieg in der Ukraine festgestellt haben: Wir haben in Deutschland keine wirkliche Tradition von Kriegsberichterstattung. Ein Seminar in Hammelburg kann einen nicht auf einen Krieg vorbereiten. Für eine solche Situation braucht es einfach sehr, sehr viel Erfahrung. Ich hatte das Glück oder Unglück, dass ich relativ früh, als junge Korrespondentin in Russland mit dem Krieg in Tschetschenien konfrontiert war, und ich habe eher zufällig viele Kriege erlebt. Diese Erfahrungen helfen in solch einer Situation. Ich mache es mal konkret: Wenn ein Kollege, der sich in Kriegen nicht auskennt, hört, Kiew wird jetzt von russischer Luftwaffe bombardiert, dann jagt einem das erstmal einen riesen Schrecken ein. Wenn man aber schon mal Kriege mitgemacht hat, wo Städte viel, viel schlimmer bombardiert wurden, als es Kiew zu dem Zeitpunkt wurde, dann weiß man das natürlich einzuschätzen. Es beginnt bei uns jetzt erst, dass Kollegen sich in diese Thematik einarbeiten. Ich habe auch Schwierigkeiten mit dem Begriff „Kriegsberichterstatter". Ich persönlich sehe mich nicht als Kriegsberichterstatterin, und ich wundere mich, dass viele Kollegen, die einmal einen Monat lang in der Ukraine waren, sich jetzt so definieren.

Oliver Köhr: Wir haben diese Tradition tatsächlich nicht. Was Katrin Eigendorf sagt, ist vollkommen richtig. Wir haben nicht die Vielzahl an Leuten, die sich darauf einlassen. Erfahrung ist das eine – das andere ist, dass man eben weiß, man befindet sich in einem Land, das von Russland angegriffen wird. Wenn ich das nicht will, wenn ich mich darauf nicht gedanklich eingelassen habe, dann kann ich (als verantwortlicher Redakteur) voll und ganz nachvollziehen, dass jemand sagt, ich muss jetzt erstmal weg. Die ARD hat noch das Problem, dass wir strukturell so aufgestellt sind, dass die ARD-Anstalten die Welt unter sich aufgeteilt haben: Für jeden Krieg, für jeden Konflikt ist im Zweifelsfall jemand anders zuständig. Wir können nicht einfach die Kollegin, die sich gerade in Afghanistan befindet, in die Ukraine schicken. Daran sind dann mindestens zwei oder wenn man Pech hat, sogar drei ARD-Anstalten beteiligt, die zumindest in früheren Jahren Stoppschilder aufgebaut haben. Das versuchen wir gerade zu überwinden, weil wir gemerkt haben, dass es so nicht funktioniert. Wir bauen jetzt einen Kriegs- und Krisenreporter-Pool auf, weil wir gemerkt haben, wir sind nicht schnell genug – und das ist tatsächlich auch durch die nicht vorhandene Tradition zu begründen.

Christian Trippe: Ich würde da noch eine Nutzer- und eine Newsroom-Perspektive anfügen. Mir ist in den ersten Wochen des Krieges aufgefallen, dass selbst Qualitätsmedien im Printbereich nicht mal die einfachsten militärischen Begriffe klar bekamen. Dass offenbar in den Redaktionen Leute saßen, die sich handwerklich und intellektuell nie mit einem Krieg beschäftigt hatten. Ich weiß von zwei Verlagen, die sind in der zweiten Kriegswoche auf den Arbeitsmarkt gegangen und haben händeringend junge Journalisten gesucht, die Wehrdienst geleistet hatten. Auch wir haben in unserem großen Newsroom nur wenige Leute, die die richtigen militärischen Begrifflichkeiten kennen.

Daniel Goffart: Als Journalist in Deutschland befasst man sich am besten nicht mit militärischen Dingen, denn es gibt spannendere, modernere und auch beliebtere Themen …

Christian Trippe: … in Deutschland, ja. Und eben diese allgemeine Mentalität: Wir hatten jahrzehntelang Frieden und deshalb kein Interesse an solchen Themen – auch nicht von journalistischer Seite.

Daniel Goffart: In diesem Krieg wird ja an verschiedenen Fronten gekämpft. So sehen wir eine massive Kommunikation Russlands, der Ukraine, aber auch der westlichen Unterstützerstaaten, sogar die Geheimdienste mischen offen mit. Mir fällt zum Beispiel auf, dass die Briten gerne ihre Geheimdienstinformationen öffentlich teilen. Wie gehen Sie als Medienvertreter mit dieser strategischen Kommunikation um?

Katrin Eigendorf: Im Krieg gelten keine anderen Regeln als im Lokaljournalismus. Journalisten sind gehalten, zu recherchieren und Informationen zu überprüfen. Sie sind letztendlich der Wahrheit verpflichtet. Und das heißt, sie müssen Propaganda entlarven. In einem Krieg ist das eine besondere Herausforderung, denn es ist oft gefährlich, Informationen zu überprüfen. Man muss hingehen, und ich glaube, da hat Deutschland ein Problem: Wo es gefährlich ist, wo es weh tut – das trauen wir uns nicht. Ich sehe das in meinem eigenen Sender, das große Zögern, wie es in Afghanistan schon war, was auch im Ukraine-Krieg vorherrschte: Bloß nicht unsere Reporter in Gefahr bringen! Das ist wichtig, aber wenn man Kriegsberichterstattung machen will, dann muss man ein Risiko auf sich nehmen, sonst kann man es auch sein lassen. Man kann das nicht aus dem Hotel machen, man kann das auch nicht im Internet recherchieren, sondern man muss vor Ort gehen. Dann das Thema der zweiten Quelle, was ja im Prinzip ein wichtiges journalistisches Credo ist, das können wir in einem Kriegsgebiet nicht immer einhalten. Ich nehme mal ein konkretes Beispiel: Die Situation in Butscha. Ich habe das, was die russische Regierung behauptet hat, dass es sich um eine Inszenierung der ukrainischen Regierung handelt, als Lüge betitelt, weil ich aus eigener Anschauung gesehen habe, was dort passiert ist. Da kann man jetzt sagen: ‚Gut, da fehlt die zweite Quelle, wo ist die? Das ist deine eigene Anschauung'. Aber das ist in einem Krieg und bei der Geschwindigkeit, mit der wir heute berichten, nicht immer möglich. Ich glaube, das muss man für den Zuschauer transparent machen und sagen, woher kommt meine Haltung, woher kommt die Information. Aber das ist das Dilemma, in dem wir uns bei Berichterstattung in einem Krieg grundsätzlich befinden.

Daniel Goffart: In der Abwägung, Herr Köhr, zwischen dem Bedürfnis nach Schnelligkeit und dem Gebot zur Verifizierung liegt ein Spannungsverhältnis. Je dichter man dran ist, desto besser die Möglichkeit, Dinge zu erkennen, aber desto gefährlicher ist es auch. Wie gehen Sie mit dieser Spannung um?

Oliver Köhr: Wenn man nicht bereit ist, sich in Gefahr zu begeben, dann ist man an der falschen Stelle. Man kann versuchen, diese Gefahr so gering wie möglich zu halten, aber sie wird da sein. Es gilt immer, wenn der Korrespondent sagt, mir ist das zu gefährlich, ich gehe hier raus, dann gibt es keine Diskussion. Das muss im Vorfeld geklärt werden – wo ist deine rote Linie? Zur Frage der Verifizierung: Es gibt dann plötzlich Bilder, auch über soziale Medien, auf denen etwas zu erkennen ist. Da hat die eine und die andere Seite ein Interesse daran, es so und so zu deuten. Unsere Korrespondenten kommen da aber nicht so schnell hin. Entweder weil man so schnell nicht nach Butscha kommt oder weil man überhaupt nicht nach Gaza kommt. Dann ist in meinen Augen das Wichtigste, erstmal zu sagen, was geht und was nicht geht. Ich kann nicht dahinfahren und kann es nicht selbst überprüfen – das ist schon ein wichtiger Satz, den man immer wieder sagen muss. Es wird aber immer wieder vorkommen, dass man etwas beurteilen soll, was man eigentlich nicht beurteilen kann. Dann kann man nur beide Seiten nennen, sagen, was die eine und was die andere Seite sagt und vielleicht noch seine eigene journalistische Erfahrung mit einbringen.

Christian Trippe: Was wir gemacht haben, war den Disclaimer für diese Abwägung für unterschiedliche Plattformen und Ausspielwege deutlich zu machen: Das sind keine handgemachten News, sondern die stammen aus unterschiedlichen, zum Teil disparaten Quellen. Wir haben die Faktencheck- und Debunking-Teams verstärkt, um vor allem das ganze über Social Media in die Nachrichten gespülte Material auf Authentizität zu überprüfen. Und wir haben zeitweise ein Sechs-Augen-Prinzip eingeführt, sprich: alle Texte und Videos wurden doppelt abgenommen. Was nicht heißt, dass uns bei der Menge an Material, die wir rausgehauen haben, in den ersten Monaten nicht auch mal was durchgegangen ist. Wie wir umgehen mit der strategischen Kommunikation? Das Wichtigste ist, sich bewusst zu machen, dass alle Seiten strategisch kommunizieren und ein Ziel, eine direkte politische Absicht in ihrer Kommunikation verfolgen. Die gerade schon angesprochenen Geheimdienstberichte der Briten folgen einem gezielten politischen Interesse, das man benennen kann, benennen soll; vor allem muss man sich immer dieses Interesses bewusst sein, wenn man die Quellen abwägt.

Daniel Goffart: Das Stichwort Quelle ist mehrfach gefallen. Inwieweit kann man auf Kriegsparteien als Quelle zurückgreifen? Ist die russische Armee eine Quelle, ist aber mit Blick auf den Nahostkrieg auch die Hamas eine Quelle?

Katrin Eigendorf: Nein. Die Hamas ist eine Terrororganisation, die als solche auch eingestuft wird, und ich finde nicht, dass man eine Terrororganisation als Quelle nutzen kann. Man kann sie zitieren, man kann sagen: ‚Das ist die Haltung der Hamas'. Man muss auch für den Zuschauer deutlich machen, was will die Hamas, warum will sie es und mit welchen Mitteln verfolgt sie es, aber die Hamas ist keine vertrauenswürdige Quelle. Das würde ich absolut ablehnen und mich wundert, dass Kollegen auch öffentlich-rechtlicher Sender das getan haben, also Behauptungen der Hamas ohne Einordnung haben stehen lassen. Nehmen wir das konkrete Beispiel der Bombardierung des Al-Ahli-Krankenhauses in Gaza. Da haben wir erlebt, dass die Hamas als Quelle genutzt wurde und gesagt wurde, die israelische Armee habe dieses Krankenhaus bombardiert und das ging durch die Weltnachrichten.

Daniel Goffart: Das Krankenhaus wurde aber offenbar bombardiert. Die einen sagen, das waren Israelis, die anderen sagen, es war eine fehlgeleitete Hamas-Rakete. Wie geht man als Journalist damit um?

Oliver Köhr: Also ich halte diese Debatte für eine semantische Diskussion, und ich kann mit dieser Absolutheit nicht wirklich etwas anfangen. Sie haben gerade selbst gesagt, Frau Eigendorf, die Hamas ist keine Quelle, und dann im nächsten Satz, sie ist keine verlässliche Quelle. Ich glaube, sie ist keine verlässliche Quelle, darauf können wir uns sofort uneingeschränkt einigen. In meinen Augen wird man natürlich trotzdem die Haltung der Hamas, die Haltung der russischen Armee in irgendeiner Form benennen. Aber eben eingeordnet. Und klar sagen: ‚Die Terrororganisation Hamas sagt, dass ...'. Und natürlich kann man das zitieren. Man hat auch Al-Qaida zitiert und gesagt, Al-Qaida hat den Tod von bin Laden bestätigt. Das ist ja letztlich auch nichts anderes als eine Quelle.

Katrin Eigendorf: Es ist aber, Entschuldigung, nicht unsere Aufgabe als Journalisten eine „He-Said- She-Said-Berichterstattung" zu machen. Unsere Aufgabe als Journalisten ist, die Wahrheit zu berichten. Die Meldung stand erst einmal im Raum, Israel habe angeblich ein Krankenhaus bombardiert. Und viele der Meldungen, die aus Gaza kommen, gehen durch die Kontrolle der Hamas. Das hätte man nie so veröffentlichen dürfen. Man hätte diese Meldung in der Form nicht rausgeben müssen.

Oliver Köhr: Da widersprechen wir uns gar nicht.

Daniel Goffart: Da kommen wir zum Problem Geschwindigkeit und zur Konkurrenz der Medien. Es gab in den sozialen Medien binnen weniger Sekunden Bilder von diesem zerstörten Krankenhaus in Gaza. Was soll man als „klassisches Medium" tun? Wir wollen Verifizierung und Wahrheit, aber auch Geschwindigkeit. Wie lässt sich der Druck aushalten, den die sozialen Medien auslösen?

Christian Trippe: Dadurch, dass die redaktionellen Kapazitäten ausgebaut werden, damit rund um die Uhr die richtigen Leute da sind. Der Krieg ist in der Regel ein 24-Stunden-Unternehmen. Die ausgedünnten Nachtschichten in so manchem Newsroom sind einfach nicht ausreichend. Wir werden immer in diesem Spannungsverhältnis Wahrhaftigkeit und Geschwindigkeit stehen. Wenn ich das bei dem Krankenhaus in Gaza richtig verfolgt habe, Katrin, dann war es die BBC, die als erste mit der Eilmeldung auf dem Markt war – ohne jede Distanzierung in der Meldung, dass es sich hier exklusiv um eine Hamas-Behauptung handelte. Anschließend sind viele nachgekleckert aus dem Bemühen, ebenfalls schnell zu sein. Die Verifikation aber, die dauerte ein paar Stunden. Wenn wir Öffentlich-Rechtliche in Deutschland uns verabreden würden, wir nehmen ein bisschen Geschwindigkeit raus, dann hilft uns das überhaupt nicht. Der Medienmarkt ist ein internationaler, und die BBC-App haben auch viele hierzulande geladen. Was dann folgt, ist die Debatte, warum steigt ihr nicht ein, warum meldet ihr das nicht oder warum erst so spät?

Daniel Goffart: Frei nach dem Motto ‚die BBC berichtet und die liegen ja in der Regel immer ganz gut‘, also nehmen wir das schon mal?

Christian Trippe: Die BBC ist einfach von der Größe des Korrespondentennetzes her für uns im Nachrichtengeschäft eine bevorzugte Sekundärquelle. Dass der Sender in der Regel als recht vertrauenswürdig gilt, kommt noch hinzu.

Oliver Köhr: Zumal die britischen Kollegen Standards gesetzt haben in der Bildüberprüfung. Jede Rundfunkanstalt baut mittlerweile seine eigenen Einheiten zur Verifikation auf, um Bildmaterial auf seine Echtheit hin zu überprüfen. Die BBC macht das schon, sie ist dabei Vorreiter gewesen.

Christian Trippe: Selbst, wenn ein Sender wie die BBC ein großes Korrespondentennetz mit erfahrenen Leuten im Krisengebiet hat, so können die nicht überall sein. Die Wahrscheinlichkeit, dass die Reporter dort sind, wo gerade die große Nachricht des Tages passiert, ist gering. Das heißt, die Redaktion ist häufig von zugelieferten, zusammengeklaubten Bildern abhängig. Das Videomaterial von Bodycams der Soldaten, das über Telegram verbreitet und dort heruntergeladen wird, spielt dabei eine wichtige Rolle. Es gibt immer wieder Videomaterial aus der Ukraine, bei dem die Korrespondenten sagen: guckt noch mal genau hin. Weil sie vor Ort dazu keine Zeit haben. Die können das Bildmaterial lokalisieren, und sie können die inneren Bildmerkmale besser beschreiben als wir in Bonn oder Berlin. Das ist immerhin schon die halbe Miete, aber eben nicht die komplette Verifikation.

Oliver Köhr: Das Bildmaterial geht um die Welt und dadurch werden Redaktionen zusätzlich unter Druck gesetzt. Wenn etwas seit ein, zwei Stunden viral geht und man selber kann aber immer noch nicht dazu sagen, ist es jetzt echt oder nicht – dann ist man in einem Dilemma und wird getrieben von anderen, auch privaten Mitbewerbern, die mehr oder weniger laut fragen: Warum habt ihr euch immer noch nicht dazu positioniert? In solchen Fällen bin ich immer für Gründlichkeit vor Schnelligkeit! Dann muss man aushalten, dass andere sagen, das hättet ihr aber schon vor zwei Stunden posten können.

Daniel Goffart: Gibt es in der Berichterstattung Neutralität oder neigt man am Ende eher den Opfern zu, den Überfallenen?

Oliver Köhr: Neutralität ist immer das Gebot. Jeder, der in den Nachrichten arbeitet, muss das trennen können. Jeder wird eine eigene Meinung haben, und man muss es trotzdem voneinander trennen. Die Neutralität bei Fakten und Nachrichten ist unstrittig. Wir hatten eine interne Diskussion im Ukraine-Konflikt, ob die ständige Wiederholung der Formulierung „durch den russischen Angriffskrieg" schon ein Verlassen der Neutralität darstellt. Ich bin der Meinung, es wird ja nicht falsch dadurch, dass man es immer wiederholt.

Daniel Goffart: Ein „framing the news" sozusagen.

Oliver Köhr: Man kann diesen Standpunkt haben, ich teile ihn nicht. Ich glaube, dass in der Berichterstattung von vor Ort diese Neutralität besonders wichtig ist. Auch da stellt sich immer wieder die Frage, sind die Korrespondenten, die vor Ort etwas erleben, die auch Grausames sehen, noch zu neutraler Berichterstattung in der Lage? Nach meiner Beobachtung funktioniert das.

Katrin Eigendorf: Mein Credo als Reporterin ist, ich bin der Wahrheit verpflichtet und den Fakten, aber neutral bin ich nicht. Natürlich muss ich als Journalistin unterschiedliche Perspektiven zeigen, das gilt auch im Krieg. Aber dennoch habe ich eine Haltung angesichts von Kriegsverbrechen, Menschenrechtsverletzungen, Völkermord müssen wir Täter und Opfer benennen. Und ich finde es auch wichtig, Empathie für die Opfer zu haben. Anders ist es nicht möglich, ihre Geschichten zu erzählen. Aber es gilt auch hier: Wir müssen auch ihre Geschichten prüfen.

Daniel Goffart: Welche Rolle spielt Mitleid mit den Überfallenen und auch *Political Correctness*, etwa gegenüber Israel? Es gibt immer Versuche, durch Begriffe einen gewissen Rahmen zu setzen. Man hat jetzt beim Nahostkonflikt manchmal den Eindruck, dass es auch da ein *Framing* gibt, dass alle aufpassen müssen, die Israelis ja nicht zu verletzen. Welche Rolle spielen Faktoren wie Mitleid, Correctness, Kontextualisierung?

Christian Trippe: Ich glaube, dass diese Äquidistanz gegenüber den beiden Konflikten, über die wir hier reden, ein Konstrukt ist, das im journalistischen Alltag nicht durchzuhalten ist – und das auch nicht redlich ist. Auch als Berichterstatter muss ich eine Haltung dazu haben und kann nicht sagen, das ist nicht mein Krieg, haut ihr euch mal die Köpfe ein, und ich berichte über beide Seiten. In einem Krisengebiet erlebt jeder Korrespondent völlig verrückte Dinge, die nicht in das Raster passen, mit dem wir einen Krieg aufschlüsseln. Um diese Verrücktheiten nicht an mich heranzulassen und um das menschliche Leid wahrnehmen und sortieren zu können in meiner Berichterstattung, habe ich mir als Reporter gesagt: Das ist nicht mein Krieg! Politisch aber geht das nicht, nur als Schutzmechanismus.

Daniel Goffart: Welche Bilder können dem Publikum zugemutet werden, welche nicht? Wo liegen die Grenzen?

Oliver Köhr: An der Stelle, wo die Würde des Menschen betroffen ist, ist Schluss. Dann zeigen wir die Gesichter nicht mehr, wenn die Menschenwürde berührt wird. Immer steht die Frage im Raum, ob es notwendig ist, diese Bilder zu zeigen. Was ist zum Verstehen der Geschichte notwendig? Das steht an oberster Stelle. Im Zweifelsfall, wenn es nicht notwendig ist, dann wird es eben nicht gezeigt.

Christian Trippe: Militärische Gewalt muss nicht immer eins-zu-eins gezeigt werden, um trotzdem jedem verständlich zu machen, was gerade passiert. In den ersten Kriegsmonaten in der Ukraine waren viele Videos auf dem Markt, gedreht von Soldaten, teilweise auch von den Pressestellen der ukrainischen Streitkräfte, die Verhöre russischer Kriegsgefangener zeigten. Die haben wir nicht verwendet.

Daniel Goffart: Weil mit den Leuten, vorsichtig gesagt, sehr schlecht umgegangen wurde?

Christian Trippe: Nein, im Gegenteil: Viele Inszenierungen waren erkennbar so gemacht, dass gerade in Russland, was der Hauptzielmarkt dieser Bilder war, der Eindruck entstehen sollte, die Ukrainer behandeln unsere Gefangenen anständig. Nur ist der Wahrheitsgehalt der Aussagen, wenn sich verwundete russische Soldaten von Putin distanzieren, doch sehr eingeschränkt. Kriegsgefangene dürfen nicht vorgeführt und sie dürfen nicht namentlich genannt werden. Dazu gibt es klare internationale Regeln, die das Zeigen solcher Bilder verbieten, um die Würde der Soldaten zu wahren.

Katrin Eigendorf: Wir Journalisten sehen als Augenzeugen vor Ort oft grauenvolle Dinge, und wir müssen jedes Mal abwägen, was wir zeigen können und dürfen. Für mich ist hier wichtig, dass die Würde der Opfer gewahrt sein muss. In Butscha, in der Ukraine, haben wir entsetzlich zugerichtete Tote gesehen, sie zu zeigen, finde ich, ist ein Verstoß gegen ihre Menschenwürde, auch gegen die Gefühle ihrer Angehörigen, vielleicht. Und es sind auch Bilder, die traumatisierend wirken können auf Zuschauer.

Daniel Goffart: Es gibt das Phänomen des „News-Fatigue", der großen Müdigkeit gegenüber Nachrichten. Wie gehen Sie damit um?

Oliver Köhr: Man erkennt an verschiedenen Stellen, dass Menschen einen regelrechten Nachrichtenslalom machen, um bestimmte Informationen zu vermeiden. Ich glaube, dass wir das nicht verhindern können. Aber das Geschehen verständlicher zu machen, Geschichten an Beispielen zu erzählen, Identifikationsmöglichkeiten zu schaffen – all das sind Mittel und Wege, um das Interesse des Publikums gegenüber langanhaltenden Konflikten zu halten. Zum Beispiel, indem wir aus der Ukraine weiterhin über Kultur berichten – und nicht nur über Raketeneinschläge.

Christian Trippe: Wir beim Auslandsrundfunk sind kein Begleitmedium; zu uns kommt das Publikum gezielt. Das heißt, wir werden auf die Achterbahnfahrt der Klicks geschickt. Jeden News-Fatigue spüren wir ganz schnell. In der Ukraine gibt es überhaupt keinen News-Fatigue gegenüber der Kriegsberichterstattung, überhaupt nicht. In Russland hingegen geht es rauf und runter. Das haben wir zum Beispiel bei zwei nachrichtenstarken Ereignissen gesehen, bei der Mobilmachung durch Putin letztes Jahr im Herbst und jetzt beim Überfall der Hamas auf Israel. Zu beiden Ereignissen haben sich unsere Abrufzahlen bei den Programmen in russischer Sprache verachtfacht, um nach wenigen Tagen wieder auf normal zurück zu schwingen.

Oliver Köhr: Über einen so langen Zeitraum, fast zwei Jahre lang die Berichterstattung derart hoch und umfassend zu halten, das ist wirklich ungewöhnlich. Wir sind jetzt, vier Wochen nach dem Überfall der Hamas auf Israel bei der Ukraine-Berichterstattung schon wieder fast auf dem Stand von vorher. Die Ukraine hat zwar kurz die Schlagzeilen verlassen, ist dann aber relativ schnell wieder hineingekommen.

Daniel Goffart: Ich danke Ihnen allen für das Gespräch.

Marcus Maurer, Pablo Jost und Jörg Haßler

Grenzen der Perspektivenvielfalt – Wie deutsche Nachrichtenmedien über den Ukraine-Krieg berichtet haben

Zusammenfassung: Die Berichterstattung deutscher Nachrichtenmedien über den Ukraine-Krieg wurde von vielen Kritikern als einseitig und die Bundesregierung unterstützend beschrieben. Dieser Beitrag untersucht deshalb die Perspektivenvielfalt in der Berichterstattung von acht deutschen Leitmedien in den ersten drei Monaten des Ukraine-Kriegs mit Hilfe einer manuellen Inhaltsanalyse von knapp 4.300 Medienberichten. Die Analysen zeigen, dass die untersuchten Medien sich zwar grundsätzlich auf die Seite der angegriffenen Ukraine gestellt haben. Zugleich wurde die Bundesregierung aber weit überwiegend negativ bewertet und die Lieferung schwerer Waffen an die Ukraine wurde zwar überwiegend, aber nicht von allen untersuchten Medien gleichermaßen gefordert. Der Beitrag wirft abschließend die Frage auf, unter welchen Bedingungen die Forderung nach medialer Vielfalt an Grenzen stößt.

1 Mediale Perspektivenvielfalt und ihre Grenzen

Die Vielfalt der deutschen Medienberichterstattung steht seit der so genannten Flüchtlingskrise 2015/16 unter besonderer Beobachtung. Damals lautete der Vorwurf, die Medien hätten sich kollektiv auf die Seite der Flüchtlinge gestellt und eine weitgehend unkontrollierte Zuwanderung befürwortet. Alternative Positionen seien kaum zu Wort gekommen. Einige Jahre später wiederholten sich diese Vorwürfe in Bezug auf die Corona-Pandemie: Die Medien hätten Partei für jene ergriffen, die harte Corona-Maßnahmen befürworteten, kritische Stimmen seien erneut ausgeblendet worden. In beiden Fällen seien die Medien zudem weitgehend einheitlich der Linie der Bundesregierung gefolgt und somit ihrer Kritik- und Kontrollfunktion nicht gerecht geworden. Auch wenn sich diese Vorwürfe in empirischen Studien allenfalls partiell bestätigt haben (z. B. Maurer et al. 2019, 2021, 2023), werden sie im Zusammenhang mit der Berichterstattung über den Russland-Ukraine-Krieg erneut erhoben. Demnach stützten die Medien unkritisch den Regierungskurs, der Ukraine auch schwere Waffen wie Panzer zu liefern. Sie unterschieden sich dabei kaum in ihrer Berichterstattung und ließen alternative

https://doi.org/10.1515/9783111331508-011

Stimmen, die auf diplomatische Verhandlungen setzen, kaum zu Wort kommen
(z. B. Precht und Welzer 2022).

Wir wollen uns in diesem Beitrag deshalb mit der (Perspektiven-)Vielfalt in der
Berichterstattung deutscher Nachrichtenmedien über den Ukraine-Krieg beschäftigen. War die Berichterstattung tatsächlich so einseitig? Und wie ist dies gegebenenfalls zu beurteilen? Dazu erläutern wir zunächst theoretische Hintergründe zur
Vielfalt der Medienberichterstattung und ihrer Grenzen in Kriegszeiten. Danach
präsentieren wir die Befunde einer quantitativen Inhaltsanalyse der Berichterstattung von acht deutschen Leitmedien in den ersten Monaten des Ukraine-Kriegs
(Februar bis Mai 2022).

Die Vielfalt von Themen, Akteuren und Perspektiven ist eine zentrale Forderung an den Journalismus. So heißt es beispielsweise im Medienstaatsvertrag in
Bezug auf den öffentlich-rechtlichen Rundfunk: „Die öffentlich-rechtlichen Rundfunkanstalten haben bei der Erfüllung ihres Auftrags die Grundsätze der Objektivität und Unparteilichkeit der Berichterstattung, die Meinungsvielfalt sowie die
Ausgewogenheit ihrer Angebote zu berücksichtigen". Zugleich ist die Forderung
nach Vielfalt ein zentrales Element in kommunikationswissenschaftlichen Syste-
matisierungen von Medienqualität (Maurer und Reinemann 2006, S. 28–33; Stark
et al. 2021). Nachrichtenmedien sind für gesellschaftliche Akteure noch immer ein
wichtiger Kanal, um Zugang zur Öffentlichkeit zu erhalten. Gleichzeitig sind sie
für die Bürger eine wichtige Quelle für gesellschaftlich relevante Informationen.
Für eine funktionierende Demokratie ist es folglich notwendig, dass die Nachrichtenmedien die Positionen möglichst aller gesellschaftlichen Akteure abbilden,
damit sich die Rezipierenden anhand der Vielfalt an Positionen ihre eigene Meinung bilden können. Allerdings bleibt in der Mediengesetzgebung weitgehend un-
definiert, was genau unter (Perspektiven-)Vielfalt zu verstehen ist.

Aus dieser Definitionslücke ergeben sich zwei normative und zwei empirische Probleme. Das erste normative Problem betrifft die Frage, ob die Forderung
nach Vielfalt unter allen Umständen gleichermaßen gelten soll. Erwarten wir also
in der Berichterstattung über zwei Konfliktparteien, dass die Positionen beider
Parteien gleichberechtigt berichtet werden, auch wenn wir eine der beiden als
Aggressor und die andere als Opfer wahrnehmen? Während hier vermutlich die
wenigsten Bedenken haben, sich auf die Seite des Opfers zu schlagen, wirft ein
solches in der Gesetzgebung nicht vorgesehenes Abweichen vom Vielfaltsgebot
die Frage auf, in welchen anderen Fällen dies ebenfalls legitim oder sogar geboten sein könnte.

Das zweite normative Problem betrifft die Frage, wann die (optimale) Vielfalt
der Berichterstattung erreicht ist. Nehmen wir an, es gibt zu einem Problem zwei
Positionen, die in der Gesellschaft oder unter Experten sehr ungleich verteilt sind.
Ist optimale Vielfalt dann gegeben, wenn beide Positionen gleichermaßen repräsen-

tiert sind, oder dann, wenn beide Positionen entsprechend ihrer (ungleichen) Verteilung in der Gesellschaft repräsentiert sind? Während hier eine der Realität widersprechende Gleichverteilung von Positionen in der Berichterstattung häufig als so genannte False Balance (Boykoff und Boykoff 2004) kritisiert wird, kann man andersherum argumentieren, dass Nachrichtenmedien gesellschaftliche Meinungsverteilungen zementieren, wenn sie überwiegend über die bereits bestehenden Mehrheitspositionen berichten. Schließlich könnte man sogar argumentieren, dass es für eine vielfältige Berichterstattung ausreicht, wenn beide Positionen überhaupt berichtet werden, unabhängig davon, wie häufig dies der Fall ist.

Das erste empirische Problem betrifft die Frage, auf welcher Ebene man Vielfalt misst: auf der Ebene einzelner Beiträge, der Ebene einzelner Medien oder der Ebene des gesamten Mediensystems. Dahinter steckt natürlich auch eine normative Frage, nämlich die Frage, ob es ausreicht, wenn sich die Vielfalt in einem Mediensystem aus den (möglicherweise einseitigen) unterschiedlichen Darstellungen verschiedener Medien ergibt (Außenpluralismus), oder ob jedes einzelne Medium für sich vielfältig sein soll (Binnenpluralismus). Für ein außenpluralistisches Modell spricht hier, dass die Bürger prinzipiell Zugang zu Medien mit verschiedenen redaktionellen Linien haben. Für ein binnenpluralistisches Modell spricht, dass die meisten Menschen dennoch allenfalls einzelne Medien nutzen und somit faktisch nur dann mit einer vielfältigen Berichterstattung konfrontiert werden, wenn jedes Medium in sich vielfältig berichtet. Um dieses normative Problem empirisch zu umgehen, ist es folglich sinnvoll, Vielfalt auf unterschiedlichen Ebenen zu messen.

Das zweite empirische Problem betrifft die Frage, mit welchen Indikatoren (Perspektiven-)Vielfalt gemessen werden kann (für einen Überblick Baden und Springer 2017). Dabei wird in vielen Studien auf näherungsweise Indikatoren wie die Vielfalt von z. B. Akteuren zurückgegriffen, weil diese einfach zu erheben sind und man annimmt, dass sich eine Vielfalt von Perspektiven automatisch ergibt, wenn unterschiedliche Konfliktparteien in der Berichterstattung vorkommen. Allerdings ist die reine Präsenz von Akteuren noch kein hinreichender Indikator für Perspektivenvielfalt, weil die Positionen der jeweiligen Akteure in den Medienbeiträgen nicht zwingend erwähnt werden oder sogar massiv kritisiert werden können. Geeignetere Indikatoren für Perspektivenvielfalt sind deshalb insbesondere die Bewertungen der Akteure, z. B. positive oder negative Darstellungen der unterschiedlichen Konfliktparteien, und unterschiedliche Perspektiven auf das Geschehen (Framing). Letzteres betrifft z. B. die Frage, welche Ursachen eines Konflikts und welchen Maßnahmen zu seiner Lösung in der Berichterstattung in den Vordergrund gerückt werden.

2 Perspektivenvielfalt in der Kriegsberichterstattung

Normative Ansätze wie das Konzept des Friedensjournalismus (Galtung 1998) oder des konfliktsensitiven Journalismus (Bilke 2008) fordern, dass Nachrichtenmedien in Kriegszeiten besonders auf eine vielfältige Berichterstattung achten sollen. Demnach sollen alle Konfliktparteien gehört werden, anstatt sich auf eine Seite des Konflikts zu stellen. Anstelle von einseitigen Schuldzuweisungen soll eine breite Ursachendarstellung erfolgen, die auch historische Konfliktlagen einbezieht. Um den Krieg zu beenden, sollen gewaltfreie Konfliktlösungen thematisiert werden.

Diesem normativen Idealmodell stehen allerdings Theorien gegenüber, die unterstellen, dass es der Medienberichterstattung gerade in Kriegszeiten an Vielfalt mangelt. Dabei argumentiert beispielsweise die Indexing-Theorie (Bennett 1990), dass in Krisen- und Kriegszeiten zunächst die politischen Eliten einen Konsens über Ursachen und Problemlösungen erzielen. Dieser einheitliche Elitenkonsens führt dann dazu, dass auch die Medien mit ursprünglich sehr unterschiedlichen redaktionellen Linien einheitlich und tendenziell regierungsfreundlich über das Kriegsgeschehen berichten – unter anderem, weil sie ihre Berichterstattung stark an den Stellungnahmen politischer Eliten ausrichten. In eine ähnliche Richtung weist der Rally-Round-The-Flag-Effekt, der ursprünglich das Phänomen beschreibt, dass in Kriegszeiten die politische Unterstützung der Bevölkerung für die Regierung steigt – entweder aus Patriotismus oder, weil kritische Stimmen aus der Opposition fehlen (Mueller 1970). Dieses Phänomen lässt sich aber auch auf die Medienberichterstattung übertragen: Nachrichtenmedien tendieren demnach dazu, sich in Kriegszeiten dem allgemeinen Konsens in Politik und Bevölkerung anzuschließen, vermutlich weil sie dies als dem gesellschaftlichen Zusammenhalt dienend wahrnehmen (z. B. Baker und Oneal 2001; Hatuel-Radoshitzky und Yarchi 2022).

Beide Theorien legen folglich gleichermaßen nahe, dass Nachrichtenmedien in Kriegszeiten nicht vielfältig berichten, sondern den Regierungskurs einheitlich und eher unkritisch unterstützen. Empirische Studien zur Kriegsberichterstattung bestätigen dies weitgehend (z. B. Zaller und Chiu 1996; Pohr 2005; Hayes und Guardino 2010), während sich für ein friedensjournalistisches Modell kaum Belege finden lassen (z. B. Hanitzsch 2004). Allerdings befassen sich nahezu alle dieser Studien mit der Berichterstattung in Ländern, die selbst am Krieg aktiv beteiligt sind, was die postulierten Effekte vermutlich verstärkt. Die Situation nach dem russischen Einmarsch in die Ukraine war aber eine andere: Deutschland hat die Lage zwar schnell als russischen Angriffskrieg eingeschätzt und sich folglich auf die Seite der Ukraine gestellt, wie alle anderen NATO-Länder aber auf eine aktive Kriegsbeteiligung verzichtet. Es ging folglich nicht darum, dass deutsche Soldaten oder gar die deutsche Bevölkerung selbst bedroht waren, sondern vorrangig darum, mit welchen Maßnahmen Deutschland am ehesten dazu beitragen kann, den Krieg zu beenden, und darum, wie entschieden und geschlossen die Bundesregierung auf die Situation reagiert. Dennoch war unter den politischen Eliten in Deutschland aber ein weitgehender Konsens in der Beurteilung der Lage und der Präferenz für eine Unterstützung der Ukraine, die auch die Lieferung von (schweren) Waffen einschließt, erkennbar. Nur Linkspartei und AfD lehnten dies mehrheitlich ab.

Dies wirft grundsätzlich die Frage auf, ob die deutsche Medienberichterstattung auch ohne aktive Kriegsbeteiligung Deutschlands dem von der Indexing-Theorie postulierten – und von vielen Kritikern unterstellten – Muster gefolgt ist, einheitlich und regierungsfreundlich zu berichten. Wir wollen deshalb untersuchen, wie vielfältig die Berichterstattung deutscher Nachrichtenmedien über den Ukraine-Krieg in den ersten Kriegsmonaten war. Im Detail geht es dabei vor allem um folgende Fragen:

1. Wie häufig kamen verschiedene Akteure in der Medienberichterstattung vor und wie wurden sie bewertet?
2. Welchen Akteuren wurde die Verantwortung für den Krieg zugeschrieben?
3. Welche Maßnahmen zur Beendigung des Krieges wurden in der Medienberichterstattung diskutiert und wie wurden sie bewertet?
4. Wie einheitlich war die Berichterstattung unterschiedlicher Medien im Hinblick auf diese Merkmale?

3 Methode

Um diese Fragen zu beantworten, haben wir die Berichterstattung über den Krieg gegen die Ukraine und seine Folgen in acht deutschen Leitmedien (*FAZ, Süddeutsche Zeitung, Bild, Spiegel, Zeit,* ARD *Tagesschau* [20 Uhr], ZDF *Heute* [19 Uhr], *RTL Aktuell* [18:45]) mithilfe einer manuellen Inhaltsanalyse untersucht. Die Untersuchung beginnt am Tag des russischen Einmarsches (24. Februar 2022) und endet aus forschungsökonomischen Gründen am 31. Mai 2022. Die Medien wurden nach ihrer Reichweite, ihrer redaktionellen Linie (politische Ausrichtung) und ihrem vermuteten Einfluss auf die Berichterstattung anderer Medien (Meinungsführermedien) ausgewählt. Wir können mit dieser Untersuchung folglich zwar keine Aussagen über „die deutschen Medien" machen, sondern nur über die acht von uns untersuchten Leitmedien. Die Berichterstattung anderer etablierter Nachrichtenmedien ist dieser aber mit einer relativ hohen Wahrscheinlichkeit zumindest ähnlich. Erfasst wurden alle Beiträge (Berichte und Kommentare), die sich mit dem Krieg gegen die Ukraine, dem Kriegsverlauf, den Kriegsursachen, den Folgen des Krieges für die beteiligten Länder oder Deutschland und/oder Maßnahmen im Kontext des Krieges beschäftigen. Die genannten Aspekte mussten in mindestens einem ganzen Absatz behandelt werden, damit ein Beitrag codiert wurde. Dabei musste es nicht unbedingt um das Kriegsgeschehen selbst gehen. Relevant waren beispielsweise auch Beiträge, die den Krieg in einem politischen oder wirtschaftlichen Kontext thematisierten. Nicht codiert wurden dagegen Beiträge, die sich z. B. mit Benefizveranstaltungen anlässlich des Krieges, mit Sport und Kultur beschäftigen und/oder bei denen der Krieg nur ein Randthema darstellt.

Die Codierung erfolgte auf Beitragsebene. Neben einer Reihe formaler Merkmale (z. B. Medium, Datum, Stilform) haben wir etwa 20 inhaltliche Merkmale erfasst. Dabei haben wir einerseits Kategorien verwendet, mit denen wir das Vorkommen von Themen, Akteuren und Maßnahmen erhoben haben. In diesen Fällen haben wir pro Beitrag bis zu drei Codierungen zugelassen, sodass die Zahl der Codierungen die Zahl der Beiträge überschreiten kann. Andererseits enthält die Studie eine Reihe von Kategorien, mit denen wir Bewertungen und ähnliche Darstellungsaspekte gemessen haben (z. B. die Bewertung von Akteuren und Maßnahmen). Solche Bewertungskategorien haben wir auf fünfstufigen Skalen (z. B. eindeutig positiv – eindeutig negativ) erfasst und für die Auswertung der Übersichtlichkeit halber auf dreistufige Skalen (z. B. positiv, ambivalent, negativ) zusammengefasst. In unseren Analysen weisen wir dabei erstens den Anteil der Beiträge aus, in denen sich positive und negative Bewertungen ungefähr die Waage gehalten haben (Vielfalt auf der Ebene einzelner Beiträge). Zudem weisen wir insgesamt und für jedes Medium den Saldo aus positiven und negativen Beiträgen in Prozent aus (Vielfalt auf der Ebene einzelner Medien bzw. des Mediensystems). Dabei ist es für unsere Codierung unerheblich, ob die Wertungen direkt vom Autor oder von Dritten, die im Beitrag zitiert wurden, stammen. Nach diesen Kriterien haben die sechs an unserer Untersuchung beteiligten und ausführlich geschulten Codiererinnen und Codierer 4292 Beiträge erfasst. Die Codierungen erreichten in allen Fällen gute bis sehr gute Reliabilitätswerte zwischen 0,71 und 0,98 (paarweise Übereinstimmung nach Holsti).

4 Befunde

Zwischen Ende Februar und Ende Mai 2022 erschienen die mit Abstand meisten Beiträge über den Ukraine-Krieg in den beiden überregionalen Tageszeitungen *FAZ* (1166) und *Süddeutsche Zeitung* (1071). In den drei Fernsehnachrichtensendungen und der *Bild* erschienen jeweils zwischen 300 und 500 Beiträge. *Spiegel* und *Zeit* veröffentlichten aufgrund ihrer wöchentlichen Erscheinungsweise naturgemäß noch etwas weniger Beiträge. Im Zeitverlauf zeigt sich ein massiver Rückgang der Berichterstattungsmenge bereits innerhalb der ersten drei Kriegsmonate, obwohl das Kriegsgeschehen in dieser Zeit nicht an Dramatik verloren hatte. Erschienen in den von uns untersuchten Medien Ende Februar und Anfang März insgesamt noch rund 500 Beiträge pro Woche, waren es in der letzten Maiwoche weniger als 150 Beiträge (siehe Abb. 1).

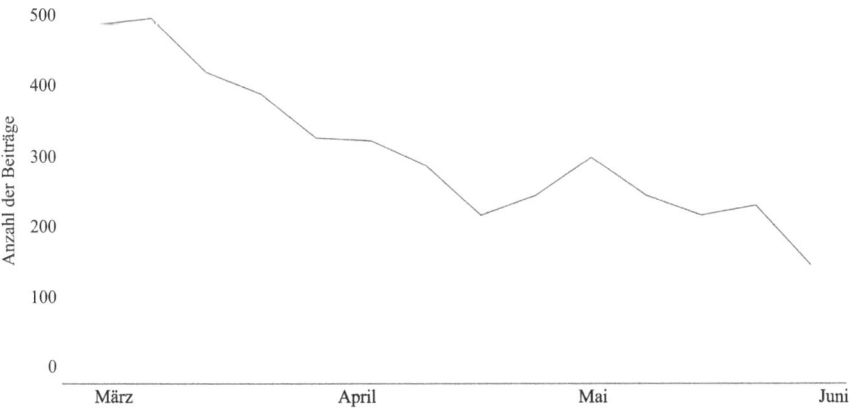

Abb. 1: Entwicklung der Berichterstattung über den Ukraine-Krieg im Zeitverlauf.

Ein erstes, eher einfaches Kriterium für die Perspektivenvielfalt in der Berichterstattung ist das Vorkommen unterschiedlicher Akteure. Dabei kann man, wie eingangs beschrieben, annehmen, dass die Wahrscheinlichkeit, dass in einem Beitrag eine bestimmte Perspektive auftritt, steigt, wenn darin Akteure vorkommen, die diese Perspektive grundsätzlich einnehmen. Da wir bis zu drei Akteure pro Beitrag erfasst haben, basieren die folgenden Analysen auf 12355 Akteursnennungen. Betrachtet man die in den Beiträgen zum Ukraine-Krieg auftretenden Akteure, fällt zunächst auf, dass politische Akteure das Geschehen eindeutig dominierten (80 % aller Akteursnennungen). Die verbleibenden 20 Prozent setzten sich im Wesentlichen aus Akteuren der Zivilgesellschaft zusammen, also Organisationen und Privatpersonen, die beispielsweise Hilfe für die Ukraine organisieren. Anders als während der Corona-Pandemie (Maurer et al. 2021) spielten wissenschaftliche Akteure in der Berichterstattung kaum eine Rolle. Sie kamen ähnlich selten vor wie z. B. Journalistinnen und Journalisten (jeweils etwa 2 % der Akteursnennungen).

Betrachtet man die Akteursvielfalt als einfachen Indikator für die Perspektivenvielfalt, sind vor allem zwei Vergleiche relevant: Zum einen geht es darum, wie häufig die Kriegsparteien, also Russland und die Ukraine, als Akteure in der Berichterstattung vorgekommen sind. Die Analysen zeigen zunächst, dass russische Politiker doppelt so häufig (8 %) in den Berichten vorkamen wie ukrainische Politiker (4 %). Das Vorkommen russischer und ukrainischer Politiker beschränkte sich insgesamt allerdings weitgehend auf die Präsidenten Putin (7,4 %) und Selenskyj (3,5 %). Darüber hinaus traten die beiden Länder, ihre Bevölkerung und die jeweiligen Streitkräfte in 11 Prozent (Ukraine) bzw. 12 Prozent der Fälle (Russland) als Akteure auf. Insgesamt wurden russische Akteure also deutlich häufiger thematisiert als ukrainische.

Zum anderen geht es um die Frage, welche deutschen Parteien und Politiker besonders häufig Gegenstand der Berichterstattung waren. Dabei zeigt sich, dass etwa ein Fünftel aller Akteure (21 %) deutsche Parteien und Politiker bzw. Politikerinnen waren. Von diesen machten die SPD und ihre Politiker nahezu die Hälfte (48 %) aller Akteursnennungen aus. Es folgten die Grünen mit etwa einem Viertel und die Union mit etwa einem Fünftel der genannten Akteure. Dagegen hatten Linkspartei und AfD, also die beiden Oppositionsparteien, die den Kurs der Bundesregierung weitgehend ablehnten, kaum Medienpräsenz (je etwa 1 %). Unter den deutschen Politikern dominierte Bundeskanzler Scholz, der in über 500 Beiträgen erwähnt wurde (4,7 % der Akteursnennungen). Wirtschaftsminister Habeck und Außenministerin Baerbock folgten mit jeweils etwa 150 Beiträgen.

Für jeden erfassten Akteur konnte anschließend eine Akteursbewertung auf einer fünfstufigen Skala (eindeutig positiv – eindeutig negativ) codiert werden. Die Mitte dieser Skala war mit „ambivalent", also gleichgewichtig positiv und negativ, beschriftet und ist somit ein guter Indikator für eine vielfältige Berichterstattung auf der Ebene einzelner Beiträge. Über alle Akteure hinweg fielen dabei 18 Prozent der Bewertungen ambivalent aus. Konzentriert man sich auf die Beiträge mit einer eindeutigen Wertung, lässt sich für jeden Akteur der Saldo aus positiven und negativen Bewertungen ermitteln. Nahezu ausschließlich positive Bewertungen erhielten dabei die Ukraine (Saldo 64 %) und ihr Präsident Selenskyj (67 %). Dagegen wurden Russland (-88 %) und Präsident Putin (-96 %) fast ausschließlich negativ bewertet. Noch positiver als die Ukraine und ihr Präsident schnitt im Urteil der von uns untersuchten Medien Außenministerin Baerbock ab (68 %), während Kanzler Scholz (-31 %) und die Bundesregierung insgesamt (-26 %) überwiegend negativ bewertet wurden. Gleiches galt für Verteidigungsministerin Lambrecht (-35 %), während Oppositionsführer Merz als einziger weitgehend ausgeglichen bewertet wurde. Insgesamt zeigt sich folglich zwar, dass sich die von uns untersuchten Medien eindeutig auf die Seite der Ukraine gestellt haben. Zugleich ist aber nicht erkennbar, dass sie gegenüber der Bundesregierung besonders kritiklos waren. Vielmehr bewerteten sie nur die grünen Minister Baerbock und Habeck (19 %) deutlich positiv, während sie die übrigen Regierungsmitglieder überwiegend kritisierten (siehe Abb. 2).

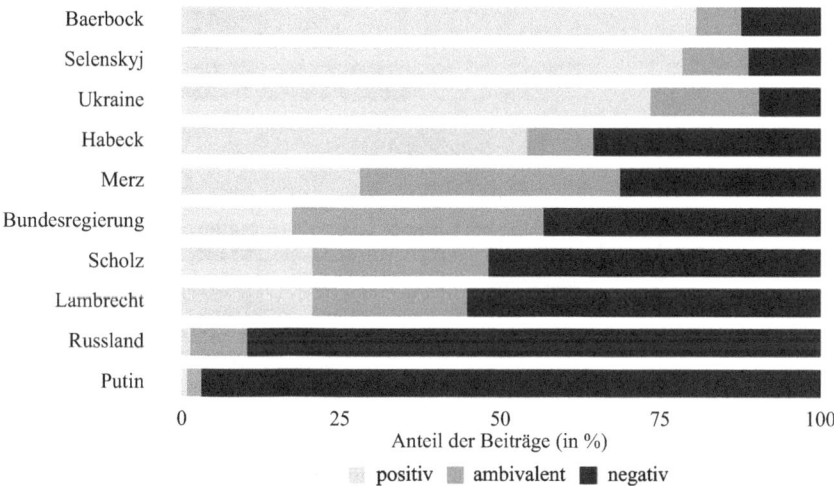

Abb. 2: Bewertungen zentraler Akteure.

Wie einheitlich die Akteursbewertungen unterschiedlicher Medien ausfielen, wollen wir exemplarisch am Beispiel der Bewertung von Bundeskanzler Scholz aufzeigen. Dabei zeigt sich, dass zwar alle von uns untersuchten Medien Scholz im Untersuchungszeitraum überwiegend negativ dargestellt haben. Allerdings zeigen sich durchaus erhebliche Unterschiede im Ausmaß der negativen Darstellung. Eindeutig negativ wurde Scholz von der *Bild* (-62 %) und dem *Spiegel* (-54 %) bewertet. Am wenigsten negativ und damit vergleichsweise vielfältig berichteten die *Tagesschau* (-13 %), *RTL aktuell* (-14 %) und die *FAZ* (-19 %) (siehe Abb. 3).

Um zu messen, wer in den von uns untersuchten Medien als Verursacher des Ukraine-Kriegs bezeichnet wurde, haben wir für jeden Beitrag drei potenzielle Verursacher erfasst: Russland, die Ukraine und „der Westen", also die USA, die NATO usw. Es konnten für jeden Beitrag folglich auch zwei oder alle drei Gennanten als Verursacher codiert werden. Dennoch wurde in nahezu allen Beiträgen (93 %) Russland bzw. Präsident Putin die alleinige Verantwortung für den Krieg zugeschrieben. „Der Westen" wurde in nur 4 Prozent als (mit-)verantwortlich bezeichnet, die Ukraine noch seltener (2 %). Andere Verursacher als Russland wurden zudem allenfalls in den beiden überregionalen Tageszeitungen sowie in *Spiegel* und *Zeit* in nennenswerter Häufigkeit erwähnt (je etwa 10 %) (siehe Abb. 4).

Die zentrale Streitfrage im Zusammenhang mit dem Ukraine-Krieg war während unseres Untersuchungszeitraums, welche Maßnahmen am ehesten geeignet sind, den Krieg zu beenden. Um zu messen, wie dies in den von uns untersuchten Medien dargestellt wurde, haben wir zunächst erfasst, welche Maßnahmen in

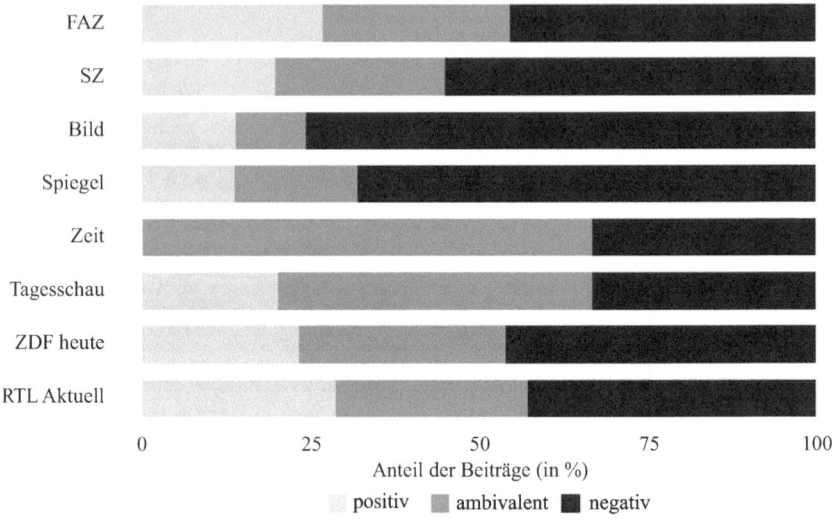

Abb. 3: Bewertung von Bundeskanzler Scholz im Medienvergleich.

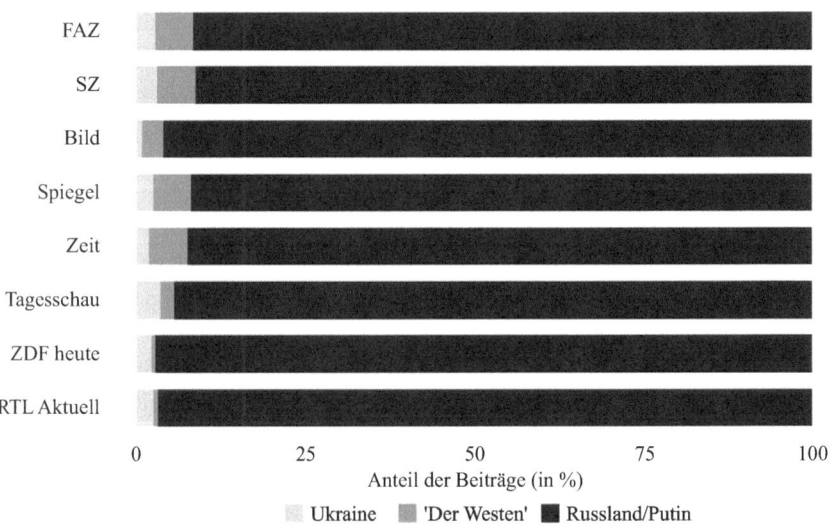

Abb. 4: Nennung von Kriegsverursachern im Medienvergleich.

einem Beitrag erwähnt wurden. Dabei konnten bis zu drei Maßnahmen codiert werden. Die Häufigkeit, mit der diese Maßnahmen in der Berichterstattung erwähnt werden, kann man – ähnlich wie das Vorkommen von Akteuren – als einfachen Indikator für Perspektivenvielfalt betrachten. Für die Analysen konzentrieren wir uns hier auf die vier Maßnahmen, die am häufigsten thematisiert wurden und die Konfliktlinien am besten abbilden: diplomatische Maßnahmen, allgemeine militärische Unterstützung für die Ukraine, explizit die Lieferung schwerer Waffen und wirtschaftliche Sanktionen gegen Russland. Die Analysen zeigen, dass sich die Berichterstattung mit Abstand am häufigsten Wirtschaftssanktionen gegen Russland widmete (1.168 Nennungen). Militärische Unterstützung für die Ukraine wurde in 748 Fällen thematisiert. Deutlich seltener thematisierten die Medien diplomatische Maßnahmen (393) sowie explizit die Lieferung schwerer Waffen (330).

Für jede dieser Maßnahmen haben wir anschließend auf einer fünfstufigen Skala erfasst, als wie sinnvoll sie bewertet wurden (eindeutig sinnvoll – eindeutig nicht sinnvoll). Auch hier war der mittlere Skalenpunkt wieder als „ambivalent" beschriftet, sodass wir ihn als Indikator für die Vielfalt auf der Ebene einzelner Beiträge heranziehen können. Über alle Maßnahmen hinweg betrug der Anteil ambivalenter Bewertungen hier 16 Prozent. Konzentriert man sich auf die Richtung der Bewertung, bewerteten die von uns untersuchten Medien vor allem die militärische Unterstützung der Ukraine im Allgemeinen als außerordentlich sinnvoll (74 %). Etwas weniger deutlich, aber immer noch als überwiegend sinnvoll wurde auch die Lieferung von schweren Waffen bewertet, wenn diese explizit angesprochen wurde (66 %). Ähnlich häufig als sinnvoll bewertet wurde zudem die Verhängung wirtschaftlicher Sanktionen (64 %). Diplomatische Verhandlungen wurden dagegen in weniger als der Hälfte der Fälle (43 %) als sinnvoll erachtet (siehe Abb. 5).

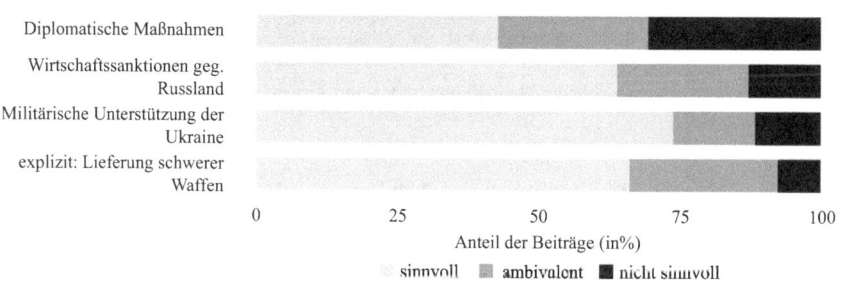

Abb. 5: Bewertungen unterschiedlicher Maßnahmen zur Beendigung des Krieges.

Auch in Bezug auf die Maßnahmen wollen wir abschließend einen Blick auf die Vielfalt im Mediensystem werfen, indem wir Unterschiede in der Darstellung verschiedener Medien betrachten. Die Analysen zeigen, dass Wirtschaftssanktionen und die allgemeine militärische Unterstützung der Ukraine in allen acht von uns untersuchten Medien in etwa gleichermaßen positiv bewertet wurden. Dies galt mit einer bemerkenswerten Ausnahme auch für die Lieferung schwerer Waffen. Diese wurde von allen untersuchten Medien mit Ausnahme des *Spiegels* deutlich überwiegend befürwortet (Saldo aus positiven und negativen Bewertungen jeweils über 50 %). Im *Spiegel* dagegen hielten sich ablehnende und befürwortende Beiträge in etwa die Waage (Saldo 8 %). Am stärksten unterschieden sich die Urteile der verschiedenen Medien über diplomatische Maßnahmen. Diese wurden vom *Spiegel* mit Abstand als am sinnvollsten bewertet (Saldo 53 %), womit der *Spiegel* auch das einzige der untersuchten Medien war, das diplomatische Verhandlungen positiver bewertete als die Lieferung schwerer Waffen. Während in den meisten anderen Medien eine leicht positive Bewertung diplomatischer Maßnahmen überwog, schätzte die *Tagesschau* diese sogar im Saldo als überwiegend nicht sinnvoll ein (siehe Abb. 6).

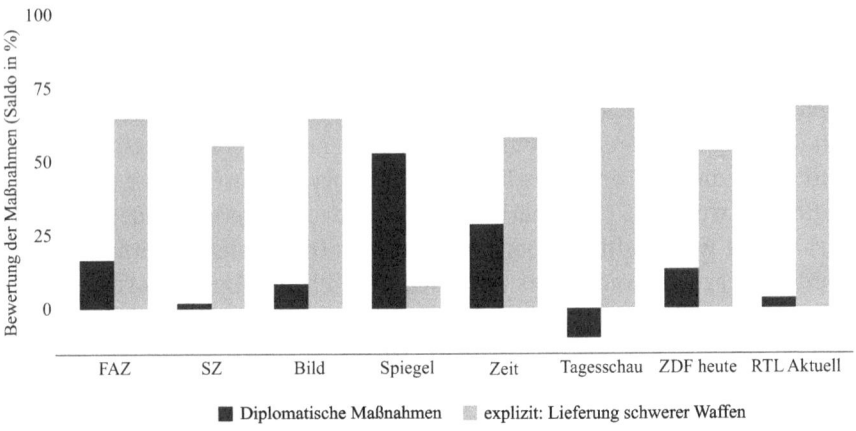

Abb. 6: Bewertung unterschiedlicher Maßnahmen im Medienvergleich.

5 Zusammenfassung und Diskussion

Wir haben im vorliegenden Beitrag die Berichterstattung von acht deutschen Leitmedien in den ersten drei Monaten des Ukraine-Kriegs untersucht. Dabei ging es uns vor allem darum, zu prüfen, wie vielfältig diese Medien über den Krieg berichtet haben. Im Zentrum stand dabei die Perspektivenvielfalt, also die Frage, wie die unterschiedlichen Positionen der beiden Kriegsparteien und die unterschiedlichen Positionen in der deutschen Politik in der Berichterstattung berücksichtigt wurden. Unsere Befunde lassen sich in vier Schritten zusammenfassen:

1. Die von uns untersuchten Medien berichteten zwar häufiger über russische als über ukrainische Akteure. Die Kriegsursachen wurden aber nahezu ausschließlich auf der russischen Seite gesucht. Während Russland und seine Vertreter dementsprechend sehr negativ bewertet wurden, fielen die Bewertungen der Ukraine und ihrer Vertreter weit überwiegend positiv aus.

2. In Bezug auf die deutsche Politik zeigt sich zum einen ein deutlicher Präsenzbonus der Regierung, während insbesondere die regierungskritischen Oppositionsparteien Linke und AfD kaum in der Berichterstattung vorkamen. Zum anderen zeigt sich aber, dass die Berichterstattung zugleich stark regierungskritisch war. So wurden Bundeskanzler Scholz und die gesamte Bundesregierung mit Ausnahme der beiden grünen Minister deutlich überwiegend negativ bewertet.

3. Von den in der öffentlichen Diskussion besonders häufig diskutierten Maßnahmen zur Lösung des Konflikts stellten die von uns untersuchten Medien vor allem die militärische Unterstützung der Ukraine als sinnvoll dar, während sie diplomatische Verhandlungen als deutlich weniger sinnvoll einschätzten.

4. In Bezug auf die mediale Vielfalt zeigt sich zunächst, dass in allen Fällen weniger als ein Fünftel der Beiträge in sich ausgewogen war (Vielfalt auf der Ebene einzelner Beiträge). Die einzelnen Medien verfolgten in der Regel relativ klare redaktionelle Linien, sodass die Bewertungstendenzen meist eindeutig ausfielen (Vielfalt auf der Ebene einzelner Medien). Allerdings unterschieden sich die von uns untersuchten Medien in ihren Darstellungen partiell (Vielfalt auf der Ebene des Mediensystems). So wurde Bundeskanzler Scholz zumindest unterschiedlich stark negativ bewertet. Der *Spiegel* unterschied sich zudem von allen anderen Medien darin, dass er eher auf diplomatische Verhandlungen als auf die Lieferung schwerer Waffen an die Ukraine setzte. Andere Darstellungen, z. B. die Zuweisung der Kriegsschuld an Russland und die positive Bewertung der militärischen Unterstützung für die Ukraine, fielen aber in allen Medien sehr ähnlich aus.

Insgesamt entsprach die Berichterstattung in den ersten Kriegsmonaten folglich zwar nicht den normativen Anforderungen des Friedensjournalismus, weil sich die deutschen Medien – wie die deutsche Politik – klar auf die Seite der angegriffenen Ukraine gestellt und überwiegend für eine militärische Lösung des Konflikts plädiert haben. Sie war aber in mancher Hinsicht vielfältiger als von vielen Kritikern behauptet, weil bereits innerhalb der von uns untersuchten acht Leitmedien tendenziell Unterschiede in der Berichterstattung erkennbar waren. Dies gilt wahrscheinlich umso mehr für andere Medien mit extremeren redaktionellen Linien, die wir hier nicht untersucht haben. Zugleich entsprach sie auch eher nicht den Annahmen der Indexing-Theorie, weil sie der Bundesregierung keineswegs unkritisch gegenüberstand.

Bezogen auf unsere normativen Ausgangsüberlegungen lassen sich hier zwei Positionen gegenüberstellen: Auf der einen Seite kann man konstatieren, dass Russland einen Angriffskrieg gegen die Ukraine führt und vermutlich nicht ernsthaft zu diplomatischen Verhandlungen bereit ist. Vor diesem Hintergrund ist es verständlich, wenn sich Politik und Medien gleichermaßen auf die Seite der Angegriffenen stellen. Eine vielfältige Berichterstattung, die auch die russische Konfliktsicht vermittelt, könnte man dann als False Balance betrachten, weil die beiden Konfliktparteien unter vollkommen unterschiedlichen Umständen in den Krieg verwickelt wurden. Auf der anderen Seite kann man aber durchaus die Frage aufwerfen, ob diese Ausgangslage die Medien tatsächlich von der Aufgabe einer vielfältigen Berichterstattung entbindet. Ist z. B. die weitgehend unkritische Haltung gegenüber der Ukraine gerechtfertigt? Ist es gerechtfertigt, die beiden einzigen Parteien, die den Kurs der Bundesregierung nicht mitgetragen haben, in der Berichterstattung weitgehend zu marginalisieren?

Um diese Fragen nicht immer wieder fallweise und damit vermutlich je nach subjektiver Konfliktsicht beantworten zu müssen, wäre es unseres Erachtens sinnvoll, die Grenzen der (Perspektiven-)Vielfalt der Medienberichterstattung grundlegend zu diskutieren. Dabei gelten selbstverständlich zum einen die Grenzen der Meinungsfreiheit, die im vorliegenden Fall aber nicht betroffen sind. Aus welchen anderen verallgemeinerbaren Gründen bestimmte Positionen und Perspektiven nicht oder kaum von den Nachrichtenmedien aufgegriffen werden sollten, scheint uns aber eine weitgehend offene Frage zu sein.

Literatur

Baden, C., & Springer, N. (2017). Conceptualizing Viewpoint Diversity in News Discourse. *Journalism*, 18(2), 176–194.

Baker, W. D., & Oneal, J. R. (2001). Patriotism or opinion leadership: The nature and origins of the 'rally 'round the flag' effect. *Journalism and Conflict Resolution*, 45(5), 661–687.

Bennett, W. L. (1990). Toward a theory of press-state relations in the United States. *Journal of Communication*, 40(2), 103–125.

Bilke, N. (2008). *Qualität in der Krisen- und Kriegsberichterstattung: Ein Modell für einen konfliktsensitiven Journalismus*. Wiesbaden: VS Verlag für Sozialwissenschaften.

Boykoff, M. T., & Boykoff, J. M. (2004). Balance as bias: Global warming and the US prestige press. *Global Environmental Change*, 14(2), 125–136.

Galtung, J. (1998). Friedensjournalismus: Warum, was, wer, wo, wann? In W. Kempf & I. Schmidt-Regener (Hrsg.), *Krieg, Nationalismus, Rassismus und die Medien* (S. 3–20). Münster: Lit.

Hanitzsch, T. (2004). Journalists as peacekeeping force? Peace journalism and mass communication theory. *Journalism Studies*, 5(4), 483–495.

Hatuel-Radoshitzky, M., & Yarchi, M. (2022). Rally 'round the flag revised: External soft threats and media coverage. *Media, War & Conflict*, 15(1), 61–81.

Hayes, D., & Guardino, M. (2010). Whose views made the news? Media coverage and the march to war in Iraq. *Political Communication*, 27(1), 59–87.

Maurer, M., Jost, P., Haßler, J., & Kruschinski, S. (2019). Auf den Spuren der Lügenpresse. Zur Richtigkeit und Ausgewogenheit der Medienberichterstattung in der „Flüchtlingskrise". *Publizistik*, 64, 15–35.

Maurer, M., Jost, P., Kruschinski, S., & Haßler, J. (2023). Inkonsistent einseitig. Die Medienberichterstattung über Geflüchtete, 2015-2020. *Publizistik*, 68, 13–35.

Maurer, M., & Reinemann, C. (2006). *Medieninhalte. Eine Einführung.* Wiesbaden: VS Verlag für Sozialwissenschaften.

Maurer, M., Reinemann, C., & Kruschinski, S. (2021). *Einseitig, unkritisch, regierungsnah? Eine empirische Studie zur Qualität der journalistischen Berichterstattung über die Corona-Pandemie.* Hamburg: Rudolf Augstein-Stiftung.

Mueller J. E. (1970). Presidential popularity from Truman to Johnson. *American Political Science Review*, 64(1), 18–34.

Pohr, A. (2005). Indexing im Einsatz. Eine Inhaltsanalyse der Kommentare überregionaler Tageszeitungen in Deutschland zum Afghanistankrieg 2001. *Medien & Kommunikationswissenschaft*, 53 (2-3), 261–276.

Precht, R. D., & Welzer, H. (2022). *Die Vierte Gewalt. Wie Mehrheitsmeinung gemacht, wird auch wenn sie keine ist.* Frankfurt am Main: S. Fischer.

Stark, B., Riedl, A., Eisenegger, M., Schneider, J., Udris, L., Jandura, O. (2021). Qualität des politischen Nachrichtenangebots in Deutschland. *Media Perspektiven*, 9, 430–449.

Zaller, J., & Chiu, D. (1996). Government's little helper: U. S. press coverage of foreign policy crises, 1945–1991. *Political Communication*, 13(4), 385–405.

Martin Löffelholz und Yi Xu

Bilder des Krieges – Wie visuelle Informationen ausgewählt und präsentiert werden

Zusammenfassung: Die Bilder des Krieges, ob Fotografien, Fernsehberichte oder andere Visualisierungen, können wirkmächtig werden, denn sie ermöglichen eine Sicht auf den Krieg, die besonders authentisch erscheint. In dem Beitrag wird daher zunächst erläutert, wie das komplexe Zusammenspiel von KriegsfotografInnen, Nachrichtenagenturen, Fernsehsendern und sozialen Medien die visuelle Berichterstattung über den Russisch-Ukrainischen Krieg prägt und welchen Einschränkungen BildberichterstatterInnen dabei unterliegen. Verdeutlicht wird anschließend, dass bereits bei der Aufnahme von Bildern Entscheidungen getroffen werden, die die Wahrnehmung und Wirkungen eines Bildes beeinflussen. Die wissenschaftliche Analyse dieses „visuellen Framings" konzentriert sich dabei auf drei Bereiche – die Produktion visueller Nachrichten, die Formen und Inhalte von Visualisierungen sowie die Rezeption durch unterschiedliche Publika.

1 Ein Antikriegsprotest und die Wirkmächtigkeit der Bilder

Vor etwas mehr als zwei Wochen marschierten ihre schwer bewaffneten Landsleute in die Ukraine ein – und die 44 Jahre alte Fernsehjournalistin Marina Wladimirowna Owsjannikowa saß in ihrer Moskauer Küche und entwarf ein Plakat. Am nächsten Tag, es war der 14. März 2022, ging sie zur Hauptsendezeit in das Studio des halbstaatlichen Senders *Perwy Kanal*, ihres Arbeitgebers, stellte sich hinter die Nachrichtensprecherin und hielt ihr improvisiertes Plakat in die Kamera. Immerhin fünf Sekunden lang konnten aufmerksame ZuschauerInnen dort auf Russisch und Englisch lesen: „Kein Krieg. Beenden Sie den Krieg. Glaubt der Propaganda nicht. Hier werden Sie belogen. Russen gegen den Krieg." Parallel dazu rief die Journalistin auf Russisch in die laufende Sendung: „Beendet den Krieg! Kein Krieg!" (Hebel 2022).

Die Regie von *Perwy Kanal*, dem populärsten Sender Russlands, unterbrach die Live-Sendung zwar umgehend. Aber Owsjannikowas Protest gegen den völkerrechtswidrigen Einmarsch ihres Landes in die Ukraine war bereits bildlich

https://doi.org/10.1515/9783111331508-012

festgehalten – und das Foto ihres Fernsehauftritts avancierte in kürzester Zeit zu einem Symbol des innerrussischen Widerstands gegen den Angriffskrieg des Wladimir Wladimirowitsch Putin. Owsjannikowa indes wurde wegen angeblicher Verbreitung falscher Informationen angeklagt und flüchtete – angesichts einer drohenden Gefängnisstrafe – in den Westen. Ihr fünfsekündiger Protest im russischen Fernsehen wirkt freilich bis heute nach: Russische Nachrichtensendungen laufen seither nicht mehr live, sondern werden um bis zu zwei Minuten versetzt übertragen (Hebel 2022).

Bilder des Krieges, aber auch Bilder von Antikriegsprotesten, können, wie dieses Beispiel illustriert, wirkmächtig werden, wenngleich die Mechanismen der Auswahl und Präsentation visueller Informationen bislang nur teilweise entschlüsselt wurden (Müller und Knieper 2019). Für die journalistische Praxis und die wissenschaftliche Forschung gleichermaßen bedeutsam sind dabei vor allem Fragen, wie kriegerische Ereignisse visualisiert werden und welche (ethischen) Grenzen bei der Bildauswahl und der Veröffentlichung zu beachten sind. Denn mit der Auswahl von Bildern oder Bildausschnitten werden bestimmte Aspekte eines Krieges betont, andere vernachlässigt, was die Sicht des Publikums auf den Krieg zwischen Russland und der Ukraine und damit verbundene politische Entscheidungen nachhaltig prägen kann (Aiello und Parry 2020; Coleman 2010).

Angesichts der Bedeutung dieses „visuellen Framings" (Geise 2017) ist nachvollziehbar, warum Medien an bildgebenden Technologien stets interessiert waren. Ausgehend von dem ersten praktikablen Fotografie-Verfahren (den sogenannten Daguerreotypien), das im mexikanisch-amerikanischen Krieg (1846–1848) eingesetzt wurde, entstand nach und nach die professionelle Kriegsfotografie – insbesondere während des Krimkrieges (1854–1856) und des amerikanischen Sezessionskrieges (1861–1865). Anders als die zuvor übliche, oft glorifizierende Historienmalerei ermöglichten Fotografien realistischer erscheinende Sichten auf den Krieg und seine Folgen. Seither haben sich die Bilder des Krieges mit jeder technologischen Innovation gewandelt – von Kino- und Fernsehproduktionen über die Satelliten- und Live-Berichterstattung (Paul 2005) bis zum Einsatz von Handy-Kameras, Drohnen (Maurer 2017) und virtueller Realität (Kool 2016; → Beitrag Sarısakaloğlu).

2 Das „visuelle Framing" von Kriegen und Konflikten

Im Unterschied zur Medienpraxis hat die Wissenschaft die Relevanz der visuellen Kommunikation für die Kriegsführung allerdings verhältnismäßig spät entdeckt. Erst in den letzten gut zwei Jahrzehnten rückten das visuelle Framing und wei-

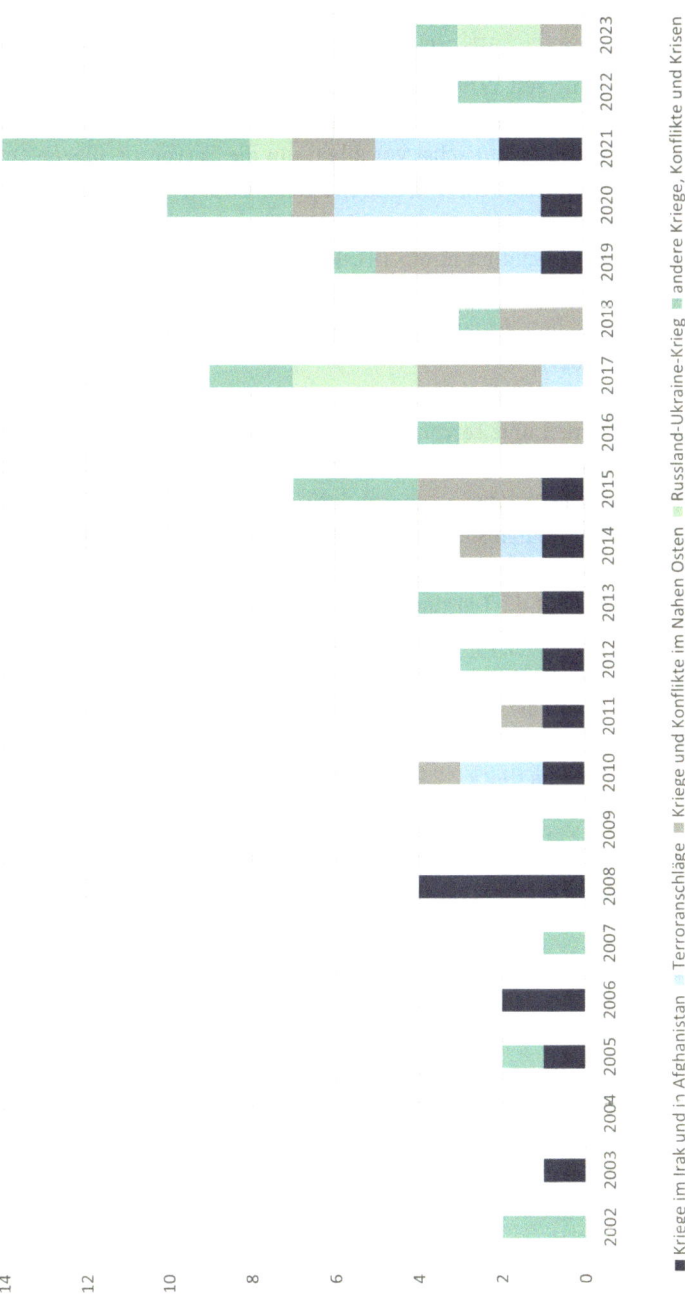

Abb. 1: Krisen, Konflikte und Kriege als Thema von Studien zum visuellen Framing (Quelle: Xu 2023).

tere Aspekte der Bildkommunikation verstärkt in den Fokus der Forschung. Konflikte, Kriege und terroristische Anschläge stellen dabei laut einer Metaanalyse von Veröffentlichungen, die seit 1979 in kommunikationswissenschaftlichen Zeitschriften publiziert wurden, eines der wichtigsten Forschungsfelder dar (Xu 2023). Ging es in diesen Studien zunächst vor allem um die Terroranschläge vom 11. September 2001 und die Kriege im Irak und in Afghanistan (Fahmy 2010; Parry 2011; Schwalbe 2013), kamen später Analysen der Bildberichterstattung über die Konflikte im Nahen Osten (Brantner et al. 2011; Jungblut und Zakareviciute 2019) hinzu – sowie, nach der russischen Annexion der Krim, Untersuchungen zur medialen und propagandistischen Visualisierung des Krieges zwischen Russland und der Ukraine (Ojala et al. 2017).

Generell nahm die Zahl der wissenschaftlichen Untersuchungen zur Visualisierung von Konflikten, Kriegen und Terroranschlägen insbesondere seit den 2010er Jahren deutlich zu, wie Abb. 1 zeigt. Im Vordergrund stehen dabei Konflikte und Kriege, an denen westliche Staaten, insbesondere die USA, entweder beteiligt waren, wie im Irak oder in Afghanistan, oder in die der Westen unterstützend oder vermittelnd involviert war, wie bei den Konflikten im Nahen und Mittleren Osten. Mit dem Angriff Russlands auf die Ukraine im Jahr 2014 und erneut seit dem russischen Einmarsch in die Ukraine 2022 widmet sich die Forschung zur visuellen Kommunikation vermehrt dieser zuvor wenig beachteten Auseinandersetzung (Xu 2023). Im wissenschaftlichen Fokus stehen dabei vor allem die Produktion visueller Nachrichten, die Formen und Inhalte von Visualisierungen sowie die Rezeption durch unterschiedliche Publika (Bock 2020; Geise 2017).

3 Keine Bildberichterstattung aus „roten Zonen"

Über Kriege zu berichten, ist gefährlich – lebensgefährlich. Seit Beginn des russischen Angriffs im Februar 2022 wurden mindestens 15 Journalistinnen und Journalisten in der Ukraine getötet, viele weitere verletzt. So schlug am 30. Dezember 2023 eine russische Rakete in ein vorwiegend von Medienleuten genutztes Hotel in der ostukrainischen Stadt Charkiw ein. Die Übersetzerin eines *ZDF*-Teams, das sich in dem Hotel aufhielt, wurde schwer verwundet, ein begleitender Sicherheitsmann ebenfalls (ZDF 2023). Während das in den USA ansässige *Committee to Protect Journalists* (CPJ) erklärte, Russland habe „bereits früher Hotels und Restaurants in der Ukraine angegriffen, die bekanntermaßen von Journalisten besucht werden" (CPJ 2024, übersetzt v. A.) und die Chefredakteurin des *ZDF*, Bettina Schausten, die Attacke als „Angriff Russlands auf die freie Presse" (ZDF 2023) wertete, behauptete das russische Verteidigungsministerium, die Rakete habe „Vertretern des wichtigsten Geheimdienstes und der ukrainischen Streitkräfte" (CPJ 2024, übersetzt v. A.) gegolten.

Angesichts der Reichweite russischer Raketen und Drohnen müssen alle Menschen in der Ukraine, auch Journalistinnen und Journalisten, die über den Krieg berichten, jederzeit um ihr Leben fürchten. Noch unsicherer ist die Lage für jene, die sich in die Nähe der Front begeben, darunter Fotografinnen, Fotografen und Kameraleute, die der Öffentlichkeit das Kriegsgeschehen unmittelbar nahebringen wollen. Etwa eine Woche vor dem Raketenangriff auf das Hotel in Charkiw wurde die Kriegsfotografin Vlada Liberova verwundet, als sie aus der östlichen Region Donezk berichtete (CPJ 2024). Der litauische Dokumentarfilmer Mantas Kvedaravicius wurde in Mariupol tot geborgen, wobei die Umstände seines Todes bislang ungeklärt sind. Und der ukrainische Fotograf Maksym Lewin sei im März 2022 von russischen Soldaten gezielt gefoltert und ermordet worden, so die Journalistenvereinigung *Reporter ohne Grenzen* (Redaktionsnetzwerk Deutschland 2023).

Um den Krieg und seine Folgen zu dokumentieren, unterliegen Bildberichterstatter, wie alle Journalistinnen und Journalisten, die in der Ukraine akkreditiert sind, bestimmten Bedingungen, die zwar nicht so extrem einschränkend und kontrollierend wirken wie in Russland (→ Beitrag Toepfl & Beseler). Gleichwohl weisen *Reporter ohne Grenzen* und dessen ukrainische Partnerorganisation *Institute of Mass Information* auf verschiedene Beeinträchtigungen der Medienfreiheit hin:

> Der Druck, der auf Journalisten und ihre Quellen innerhalb des Militärs ausgeübt wird, untergräbt die Berichterstattung über den Krieg Russlands in der Ukraine, und dies läuft den europäischen Bestrebungen der Ukraine zuwider. Die ukrainischen Behörden müssen damit aufhören, die Medien unter unbegründeten Bedingungen zu verunglimpfen, und müssen dem Militär erlauben, Journalisten ohne Angst vor Repressalien nicht klassifizierte Informationen zur Verfügung zu stellen. (Reporters Without Borders 2023b)

Kriegführende Parteien sind selten an einer ungefilterten Verbreitung visueller Darstellungen aus Kampfgebieten interessiert. Fotojournalisten und Kamerateams müssen daher fast immer mit Einschränkungen rechnen – vom möglichen Entzug ihrer Akkreditierung über begrenzte oder gar verbotene Zugänge zur Front bis zur engmaschigen Kontrolle durch militärisches Personal, etwa beim „eingebetteten Journalismus" (Löffelholz 2008a) oder durch ein Pool-System, nach dem nur ein kleiner Kreis ausgewählter Reporter in Frontnähe gebracht wird und anschließend andere Kolleginnen und Kollegen mehr oder weniger detailliert über die jeweiligen Eindrücke informiert (Löffelholz 2008b).

In der Ukraine ist die Berichterstattung aus dem Kriegsgebiet seit März 2022 in verschiedenen Vorschriften geregelt. So ist es verboten, militärisches Gerät zu fotografieren oder Bilder zu machen, die den Standort ukrainischer Einheiten verraten könnten. Um, so die Streitkräfte, sensible Informationen zu schützen, müssen Fotos oder Fernsehaufnahmen auf Nachfrage zur Kontrolle vorgelegt werden (Reporters Without Borders 2023a). Verschärft wurden diese Regeln im Februar 2023 durch einen Erlass, nach dem die Ukraine in Zonen unterschiedlicher Medienfreiheitsgrade eingeteilt wurde. Trotz heftiger Proteste ukrainischer und internationaler Journalistenvereinigungen dürfen Medienschaffende „rote Zonen" demnach gar nicht betreten, „gelbe Zonen" nur mit militärischen Begleitern, lediglich in „grünen Zonen" dürfen sie frei journalistisch arbeiten, womit die auf Augenzeugenschaft und räumlicher Nähe beruhende visuelle Berichterstattung zweifellos behindert wird (Reporters Without Borders 2023b).

Trotz mancher Einschränkungen können Journalistinnen und Journalisten in der Ukraine jedoch weitaus freier arbeiten als in vielen anderen Ländern – gerade im direkten Vergleich mit der Russischen Föderation (→ Beitrag Ganske-Zapf & Kutscher). Im World Press Freedom Index 2023, der jährlich von *Reporter ohne Grenzen* erstellt wird (Reporters Without Borders 2023c), steht Russland dementsprechend auf Platz 169 von 180 einbezogenen Ländern, während die Ukraine sich trotz der dramatischen Folgen des russischen Angriffskrieges leicht verbessern konnte (auf Platz 79). Sichtbar wird die größere Medienfreiheit nicht zuletzt in der Verfügbarkeit von Bildmaterial und einer größeren Pluralität von Fotos und Fernsehberichten über den Krieg, wie die im Januar 2024 publizierte Dokumentation „Bilder des Kriegs in der Ukraine" (Neue Zürcher Zeitung 2024) beispielhaft zeigt.

4 Soziale Medien konkurrieren mit Agenturen und Sendern

Für die Produktion und Auswahl von Bildmaterial sind freilich nicht nur einzelne Fotografen oder Kamerateams nationaler und internationaler Fernsehsender wie *CNN*, *BBC*, *Al Jazeera* oder *Deutsche Welle* wichtig. Bei der globalen Verbreitung von Bildern des Krieges spielen internationale Nachrichtenagenturen wie *Associated Press* (AP), *Reuters* oder *Agence France-Presse* (AFP) ebenfalls eine wichtige Rolle (Kobré 2017; Bauernschmitt und Ebert 2015). Diese traditionellen Agenturen und Sender haben mit der hohen Verfügbarkeit von Smartphones und dem Relevanzgewinn sozialer Medien allerdings Konkurrenz bekommen. Bereits während des sogenannten Arabischen Frühlings (2010–2012) spielten soziale Medien eine wichtige Rolle bei der Verbreitung von Bildern und anderen Informationen über Proteste in Ländern wie Ägypten, Tunesien oder Syrien (Robertson 2023, S. 320–321).

Persönliche Fotos und Handyvideos über kriegerische Ereignisse werden seither in allen Kriegen nahezu in Echtzeit auf Plattformen wie Facebook, Instagram,

Telegram oder YouTube hochgeladen und geteilt, oft bevor klassische Medien entsprechendes Bildmaterial verbreiten können. Die Konsequenzen dieser Entwicklung sind ambivalent. Einerseits können zum Beispiel Kriegsverbrechen von Betroffenen oder anderen Augenzeugen frühzeitig visuell dokumentiert werden. Andererseits verstärkt die ubiquitär zugängliche Produktion von Bildern und Videos die ungefilterte Verbreitung propagandistischer, ethisch bedenklicher oder desinformierender Visualisierungen, deren Authentizität, wenn überhaupt, nur mit großem Aufwand geprüft werden kann (→ Beitrag Radechovsky).

Anders als die Medienpraxis hat die Forschung die Bedeutung visueller Informationen recht spät erkannt. Das komplexe Zusammenspiel von Fotografen, Kameraleuten, Reportern, Redaktionen, Agenturen, Fernsehsendern und sozialen Medien bei der Visualisierung kriegerischer Ereignisse unter oft lebensgefährlichen Umständen (siehe Abb. 2) und behindert durch die von Kriegsparteien gesetzten militärischen, politischen und rechtlichen Rahmenbedingungen ist vielen zwar bewusst (Caple 2017; Kobré 2017; Bauernschmitt und Ebert 2015), empirisch aber wenig durchdrungen. Wie Kriege und Konflikte visualisiert werden, konkret: wie Bilder entstehen und ausgewählt werden, wird am ehesten in Arbeiten zum Werk und Wirken herausragender Kriegsfotografen deutlich, wobei gesellschaftliche Abhän-

Abb. 2: Der ukrainische Fotojournalist Efrem Lukatsky am 2. Januar 2024 in Kiew, fotografiert von seinem Kollegen Vladyslav Musiienko. Beide dokumentieren die Folgen eines russischen Luftangriffs auf die ukrainische Hauptstadt. (Foto: Vladyslav Musiienko)

gigkeiten und strukturelle Kontexte der Bildproduktion, etwa die Abhängigkeit der Nachrichtagenturen und Fernsehsender von ökonomischen und politischen Bedingungen, nicht immer detailliert berücksichtigt werden (Kobré 2017; Bauernschmitt und Ebert 2015; Daniel 2006; Paul 2014).

5 Visualisierungen zur Artikulation ideologischer Botschaften

Neben der Frage, welche individuellen, organisatorischen und gesellschaftlichen Faktoren die visuelle Berichterstattung prägen, beschäftigte sich die empirische Forschung vor allem mit dem visuellen Framing kriegerischer Ereignisse. Bereits bei der Aufnahme und Bearbeitung von Bildern werden Entscheidungen getroffen, die die Wahrnehmung und Wirkmächtigkeit eines Bildes beeinflussen, etwa „die Wahl einer Ansicht anstelle einer anderen bei der Betrachtung eines Fotos, das Zuschneiden und Bearbeiten des resultierenden Bildes auf die eine oder andere Weise und/oder das Zeigen nur eines Bildes von vielen Bildern, die möglicherweise zur gleichen Zeit und am gleichen Ort produziert wurden" (Messaris und Abraham 2001, S. 217).

Beeinflusst wird das visuelle Framing nicht zuletzt von der Auswahl fesselnder Bilder, den Entscheidungen von Fotografen, Reportern und Redaktionen, welche Aspekte eines Konflikts betont und welche vernachlässigt werden (Entman und Rojecki 2000) sowie der gezielten Abstimmung von Bild, Text und Ton (Multimodalität), um aussagekräftige Narrative zu schaffen (Dhanesh und Rahman 2021). „Visuelle und verbale Botschaften treten in den Medien gemeinsam auf, und das Publikum verarbeitet sie gleichzeitig" (Coleman 2010, S. 235). Wenn textliche und visuelle Botschaften in ihrem Aussagegehalt nicht übereinstimmen, also verbal-visuell inkongruent sind, können sich die durch das Bildmaterial provozierten Sichtweisen gegenüber dazu im Widerspruch stehenden Textinformationen durchsetzen, wie die multimodale Framing-Forschung zeigt (Geise und Baden 2015; Jungblut und Zakareviciute 2019; Powell et al. 2015).

In einer der ersten Studien zu den Formen und Inhalten der medialen Visualisierung des Krieges zwischen Russland und der Ukraine untersuchten Ojala et al. (2017), welche textlichen und visuellen Narrative Tageszeitungen in Deutschland, Finnland, Großbritannien und Schweden verwendeten, um über die russische Annexion der Krim und die unter Beteiligung von paramilitärischen Gruppen aus Russland aufflammenden Kämpfe in den ukrainischen Oblasten Donezk und Luhansk zu berichten. Drei zentrale Narrative dominieren demnach die damalige Berichterstattung: der innerukrainische Machtkampf zwischen pro-russischen und

EU-freundlichen Kräften, die interventionistische Politik Russlands sowie der zunehmend bedrohlicher erscheinende geopolitische Großkonflikt zwischen der Russischen Föderation auf der einen Seite und den USA und weiteren westlichen Staaten auf der anderen. Wirkmächtig werden diese Narrative, etwa im Hinblick auf die öffentliche Wahrnehmung politischer Akteure und ihrer jeweiligen Rolle in dem Konflikt, durch ein aufeinander abgestimmtes Zusammenspiel von visuellen und textlichen Mitteln der Berichterstattung (Ojala et al. 2017).

Generell gelten Nachrichtenfotos und -videos als lebensnahe Darstellung der wahrgenommenen Realität, in die ideologische Botschaften subtiler als in Nachrichtentexte eingebettet werden können. Damit könnten solche Visualisierungen zu „sehr effektiven Instrumenten für die Formulierung und Artikulation ideologischer Botschaften" (Messaris und Abraham 2001, S. 220) werden. Insofern verwundert es nicht, dass in russischen Medien in der Regel andere Strategien des visuellen Framings eingesetzt wurden, um die militärische Intervention in der Ostukraine 2014 zu legitimieren. Berichte über die Kämpfe um Donezk und Luhansk wurden beispielsweise in Form simplifizierender Gut/Böse-Schemata mit dem bis heute tief im kollektiven Gedächtnis verankerten Sieg der Sowjetunion über das nationalsozialistische Deutschland im „Großen Vaterländischen Krieg" verknüpft (Khaldarova und Pantti 2021).

In der Bildberichterstattung westlicher Medien dominiert hingegen ein „humanitäres Framing" (Ojala et al. 2017), d. h. neben der Zerstörung ganzer Städte und Dörfer stehen die Leiden der Zivilbevölkerung, etwa deren unzureichende medizinische Versorgung, im visuellen Fokus (Khaldarova und Pantti 2021). So werden Flüchtlinge aus der Ukraine – zum Beispiel laut einer Analyse finnischer Medien – vor allem als leidende, verletzliche oder unschuldige Opfer gezeigt (Martikainen und Sakki 2023). In Analysen zur bildlichen Darstellung anderer Kriege findet sich dieses Framing ebenfalls häufig. Zivile Opfer, insbesondere Frauen und Kinder, werden visuell ins Zentrum gerückt, womit Mitleid und Empathie erzeugt und internationale Unterstützung generiert werden können (Batchen und Gidley 2014).

Im Hinblick auf die mediale oder propagandistische Visualisierung des im Februar 2022 begonnenen russischen Angriffs auf die Ukraine liegen bislang zwar nur wenige Studien vor. Bildsammlungen von Medien wie *Neue Zürcher Zeitung* (2024) und *Frankfurter Rundschau* (2022) oder die Bilddatenbank der ukrainischen Regierung (Brand Ukraine 2024) zeigen indes eine enorme Vielfalt visueller Darstellungen des Krieges und seiner katastrophalen Folgen. Eine der ersten Untersuchungen zur Bildberichterstattung russischer, ukrainischer, US-amerikanischer und britischer Medien im ersten Kriegsjahr bestätigt dabei weitgehend ältere Befunde. Das durch den Krieg verursachte menschliche Leid prägt demnach maßgeblich die Bildauswahl und -dramaturgie in der Ukraine (*Ukrainska Pravda*), den USA (*The*

New York Times) und im Vereinigten Königreich (*The Guardian*), während in Russland (*Lenta.ru*) vorrangig und in der Ukraine zusätzlich patriotische Rahmungen verwendet werden (Young und Omosun 2024), was freilich nicht überraschend ist. Denn in Fotos und Videos, die von kriegführenden Parteien verbreitet werden, bieten Patriotismus (Deacon und Calvin 2014), soldatisches Heldentum (Mark und Pearson 2001) oder der schwierige Alltag von Frontsoldaten (Paul 2014) häufig Ausgangspunkte, um für die eigene Sache zu werben.

6 Humanitäres Framing löst stärkere emotionale Reaktionen aus

Visuelle Darstellungen können komplexe Informationen schnell und effektiv vermitteln, auch weil sie oft als authentischer als Texte wahrgenommen werden. Gleichzeitig können Visualisierungen emotionale Reaktionen wie Mitgefühl, Empörung oder Angst auslösen und im Zusammenspiel mit kognitiven Wahrnehmungen von Kriegen und Konflikten die öffentliche Meinung über einen Krieg beeinflussen – was wiederum Konsequenzen für politische Entscheidungen haben kann. Wie Kriegsfotografien und Fernsehberichte bei unterschiedlichen Zielgruppen im Detail wirken, ist allerdings nur ansatzweise untersucht (Xu 2023; Müller und Knieper 2019; Paul 2014). Ausgehend von der allgemeinen Medienwirkungsforschung ist jedoch davon auszugehen, dass visuelle Informationen selektiv verarbeitet werden, wobei durch visuelles Framing bestimmte Aspekte (eines Krieges) in den Vordergrund gerückt werden. Da Menschen gleichzeitig nach kognitiver Konsistenz streben, werden Bilder und Videos zudem so interpretiert, dass sie mit der jeweiligen sozialen Identität und den bestehenden Überzeugungen eines Betrachters in Einklang stehen (Bonfadelli und Friemel 2017).

Für eine genauere Analyse der Wirkungen des visuellen bzw. multimodalen Framings kriegsbezogener Nachrichten ist es daneben hilfreich, sensorische, kognitive, affektive und verhaltensbezogene Medieneffekte zu unterscheiden (Geise und Baden 2015). So geht es bei der Bildauswahl und beim Schnitt von Fernsehbildern zunächst darum, durch besondere Gestaltungsmerkmale („eye catcher") die visuell-auditive Sinneswahrnehmung des Publikums zu reizen, um Aufmerksamkeit zu erzeugen (sensorische Dimension). Die sich daran anschließende Informationsverarbeitung konzentriert sich unter anderem auf die Bewertung der Verantwortung der Kriegsparteien, moralische Urteile über bestimmte Kriegsereignisse oder die Einschätzung der Verhaltensabsichten der beteiligten Akteure (kognitive Dimension). Gleichzeitig können gerade visuell angereicherte Berichte über Kriege emotionale Reaktionen auslösen (affektive Dimension). Und schließlich kann die Betrachtung kriegsbezogener Fotos oder Videos verhaltensbezogene Folgen haben, etwa durch die Teilnahme an Protesten (Geise und Baden 2015; Ojala et al. 2017; Stallabras 2022)

Spezifische Untersuchungen zu den affektiven Effekten von monomodalen Nachrichten (nur Text) im Vergleich zu multimodalen Nachrichten (Fotos mit Text) über Opfer des Irakkriegs zeigen, dass Texte, die durch Fotos ergänzt wurden, stärkere emotionale Reaktionen wie Verwirrung, Wut, oder Traurigkeit auslösten und die Unterstützung der amerikanischen Bevölkerung für eine weitere US-Präsenz im Irak verringerten (Pfau et al. 2006). In einer anderen Studie zu den Wirkungen der journalistischen Auswahl visueller Inhalte konnte gezeigt werden, dass die mediale Fokussierung auf die menschliche Seite des Gaza-Konfliktes beim Publikum stärkere emotionale Reaktionen auslöste und zu einer höheren Einschätzung der Qualität der Berichterstattung führte (Brantner et al. 2011). Schließlich ist empirisch belegt, dass verstörende oder gewalttätige Bilder (über die Hungersnot in Somalia 2011, das Erdbeben in Haiti 2010 und den Irakkrieg 2003) schneller und länger fixiert werden, die Verwendung dieser Bilder jedoch keine signifikanten Auswirkungen auf die Haltung des Publikums gegenüber der direkten oder indirekten Beteiligung den USA an dem Konflikt oder der Krise hatte (Dahmen 2015).

7 Verstärkte Konkurrenz, neue Blickwinkel und verbesserte Sicherheit

Angesichts des Relevanzgewinns zunächst des Fernsehens und später der sozialen Medien sehen manche die klassische Kriegsfotografie als vom Untergang bedroht. Es komme zu einem „Zerfall der Kriegsfotografie" (Hüppauf 2015, S. 279), denn die „Zeiten, in denen Krieg sich erzählen ließ, [...] gehören in die Vergangenheit. Wird weiterhin ein Kriegsbild hergestellt, das vortäuscht, der Krieg der Gegenwart sei die Fortsetzung des bekannten Kriegs der industrialisierten Moderne, kann man von Fälschung sprechen." (Hüppauf 2015, S. 280) Angesichts der Vielfalt professionell kreierter Bilder, die den Russisch-Ukrainischen Krieg, den Krieg in Gaza oder andere Kriege in den Fokus rücken, erscheinen solche Äußerungen jedoch als überzogen. Zwar können viele Handykameras mittlerweile Fotografien und Videos erstellen, die mit den Aufnahmen anspruchsvollerer Geräte durchaus mithalten können. Aber die Erfahrung und Expertise professioneller Kriegsfotografinnen und Kriegsfotografen und ihr Verständnis für die qualitativen, ästhetischen und ethischen Herausforderungen bei der Berichterstattung über Kriege und Konflikte wird den Beruf nicht allzu schnell verschwinden lassen.

Allerdings, wie in den letzten 150 Jahren, wird sich die visuelle Kriegsbericht-erstattung weiterentwickeln – vor allem getrieben durch technologische Innova-tionen. So ermöglicht der zunehmende Einsatz von Drohnen nicht nur neue Blickwinkel, sondern verbessert auch die Sicherheit von Kamerateams und Foto-grafen bei gefährlichen Einsätzen an der Front. Mit der ubiquitären Verbreitung von Smartphones und sozialen Medien bekommen traditionelle Bildberichterstat-terInnen zwar verstärkt Konkurrenz. Gleichzeitig können verifizierte Aufnahmen ziviler Akteure, die sich in Kriegsgebieten aufhalten, die visuelle Darstellung von Kriegen und Konflikten pluralisieren, insbesondere wenn sie mit Nachrichten-agenturen und Fernsehsendern, die nach wie vor über hohe Reichweiten ver-fügen, kooperieren. Der Einsatz von virtueller Realität, immersivem Storytelling (Kool 2016) und zunehmend KI-Technologien erweitert die Möglichkeiten der Bildberichterstattung über Kriege zusätzlich.

Literatur

Aiello, G., & Parry, K. (2020). *Visual communication: Understanding images in media culture*. Los Angeles: Sage.

Batchen, G., & Gidley, M. (Hrsg.). (2014). *Picturing Atrocity: Photography in Crisis*. London: Reaktion Books.

Bauernschmitt, L., & Ebert, M. (2015). *Handbuch des Fotojournalismus. Geschichte, Ausdrucksformen, Einsatzgebiete und Praxis*. Heidelberg: dpunkt Verlag.

Bock, M. A. (2020). Theorising visual framing: contingency, materiality and ideology. *Visual Studies*, 35(1), 1–12. https://doi.org/10.1080/1472586X.2020.1715244.

Bonfadelli, H., & Friemel, T. (2017). *Medienwirkungsforschung* (6. Aufl.). Konstanz: UVK.

Brantner, C., Lobinger, K., & Wetzstein, I. (2011). Effects of visual framing on emotional responses and evaluations of news stories about the Gaza conflict 2009. *Journalism & Mass Communication Quarterly*, 88(3), 523–540. https://doi.org/10.1177/107769901108800304.

Caple, H. (2017). Anyone can take a photo, but: Is there space for the professional photographer in the twenty-first century newsroom? In B. Franklin (Hrsg.), *The future of journalism: In an age of digital* media and economic uncertainty (S. 368–378). London: Routledge.

Coleman, R. (2010). Framing the pictures in our heads. In P. D'Angelo & J. A. Kuypers (Hrsg.), *Doing news framing analysis: Empirical and theoretical perspectives* (S. 233–261). New York: Routledge.

CPJ – Committee to Protect Journalists (2024). *At least 3 journalists injured in missile strikes in Ukraine*. https://cpj.org/2024/01/at-least-3-journalists-injured-in-missile-strikes-in-ukraine/. Zugegriffen am 15. Januar 2024.

Dahmen, N. S. (2015). Watchdog, voyeur, or censure? An eye-tracking research study of graphic photographs in the news media. *Journalism Practice*, 9(3), 418–432. https://doi.org/10.1080/17512786.2014.950883.

Daniel, U. (Hrsg.). (2006). *Augenzeugen. Kriegsberichterstattung vom 18. zum 21. Jahrhundert*. Göttingen: Vandenhoeck & Ruprecht.

Deacon, D., & Calvin, P. (2014). *War Imagery in Women's Textiles: An International Study of Weaving, Knitting, Sewing, Quilting, Rug Making and Other Fabric Arts*. Jefferson: McFarland.

Dhanesh, G. S., & Rahman, N. (2021). Visual communication and public relations: Visual frame building strategies in war and conflict stories. *Public Relations Review*, 47(1), 1–11. https://doi.org/10.1016/j.pubrev.2020.102003.

Entman, R. M., & Rojecki, A. (2000). *The black image in the white mind. Media and race in America*. Chicago: The University of Chicago Press.

Fahmy, S. (2010). Contrasting visual frames of our times: A framing analysis of English-and Arabic-language press coverage of war and terrorism. *International Communication Gazette*, 72(8), 695–717. https://doi.org/10.1177/1748048510380801.

Frankfurter Rundschau (2022). *Der Ukraine-Krieg in Bildern – Zerstörung, Widerstand und Hoffnung*. https://www.fr.de/politik/ukraine-krieg-bilder-russland-invasion-kiew-mariupol-soldaten-zivlisten-foto-strecke-zr-91572121.html. Zugegriffen am 29. Dezember 2023.

Geise, S. (2017). Visual Framing. In P. Rössler (Hrsg.), *The International Encyclopedia of Media Effects* (S. 1–12). Hoboken: John Wiley & Sons.

Geise, S., & Baden, C. (2015). Putting the image back into the frame: Modeling the linkage between visual communication and frame-processing theory. *Communication Theory*, 25(1), 46–69. https://doi.org/10.1111/comt.12048.

Hebel, C. (2022). *TV-Journalistin Marina Owsjannikowa – „Ich bin jetzt der Feind Nummer eins hier"*. https://www.spiegel.de/ausland/russland-interview-mit-tv-journalistin-marina-owsjannikowa-ueber-ihren-protest-a-b596557d-8302-4e34-a88e-5c00d4a91b44. Zugegriffen am 12. Oktober 2023.

Hüppauf, B. (2015). *Fotografie im Krieg*. Paderborn: Brill Fink.

Jungblut, M., & Zakareviciute, I. (2019). Do pictures tell a different story? A multimodal frame analysis of the 2014 Israel-Gaza conflict. *Journalism Practice*, 13(2), 206–228. https://doi.org/10.1080/17512786.2017.1412804.

Khaldarova, I., & Pantti, M. (2021). Visual images as affective anchors: strategic narratives in Russia's Channel One coverage of the Syrian and Ukrainian conflicts. *Russian Journal of Communication*, 13(2), 140–162. https://doi.org/10.1080/19409419.2021.1884339.

Kobré, K. (2017). *Photojournalism. The Professionals' Approach* (7. Aufl.). London: Routledge.

Kool, H. (2016). The ethics of immersive journalism: A rhetorical analysis of news storytelling with virtual reality technology. *The Stanford Journal of Science, Technology, and Society*, 9(3), 1–11.

Löffelholz, M. (2008a). Embedded Journalists. In L. Kaid & C. Holtz-Bacha (Hrsg.), *Encyclopedia of Political Communication* (S. 211). Los Angeles: Sage.

Löffelholz, M. (2008b). Pooled Journalism. In L. Kaid & C. Holtz-Bacha (Hrsg.), *Encyclopedia of Political Communication* (S. 624–625). Los Angeles: Sage.

Mark, M., & Pearson, C. (2001). *The Hero and the Outlaw: Building Extraordinary Brands Through the Power of Archetypes*. New York: McGraw-Hill Education.

Martikainen, J., & Sakki, I. (2023). Visual humanization of refugees: A visual rhetorical analysis of media discourse on the war in Ukraine. *British Journal of Social Psychology*, 1–25. https://doi.org/10.1111/bjso.12669.

Maurer, K. (2017). Visual power: The scopic regime of military drone operations. *Media, War & Conflict*, 10(2), 141–151. https://doi.org/10.1177/1750635216636137.

Messaris, P., & Abraham, L. (2001). The role of images in framing news stories. In S. D. Reese, O. H. Gandy & A. E. Grant (Hrsg.), *Framing public life: Perspectives on media and our understanding of the social world* (S. 215–226). Mahwah: Lawrence Erlbaum.

Müller, M. G., & Knieper, T. (2019). Terror der Bilder – Visuelle Kommunikation in Krieg und Terrorismus. In K. Lobinger (Hrsg.), *Handbuch Visuelle Kommunikationsforschung* (S. 145–179). Wiesbaden: Springer VS.

Neue Zürcher Zeitung (2024). Bilder des Kriegs in der Ukraine. https://www.nzz.ch/international/in-der-ukraine-herrscht-krieg-ld.1671702. Zugegriffen 21. Januar 2024.

Ojala, M., Pantti, M., & Kangas, J. (2017). Whose War, Whose Fault? Visual Framing of the Ukraine Conflict in Western European Newspapers. *International Journal of Communication*, 11, 478–498. http://ijoc.org/index.php/ijoc/article/view/5917/1912.

Parry, K. (2011). Images of liberation? Visual framing, humanitarianism and British press photography during the 2003 Iraq invasion. *Media, Culture & Society*, 33(8), 1185–1201. https://doi.org/10.1177/0163443711418274.

Paul, G. (2005). *Die Geschichte der fotografischen Kriegsberichterstattung.* https://www.bpb.de/themen/medien-journalismus/bilder-in-geschichte-und-politik/73169/die-geschichte-der-fotografischen-kriegsberichterstattung/. Zugegriffen am 27. Dezember 2023.

Paul, G. (2014). *Bilder des Krieges – Krieg der Bilder. Die Visualisierung des modernen Krieges.* München: Fink.

Pfau, M., Haigh, M., Fifrick, A., Holl, D., Tedesco, A., Cope, J., Nunnally, D., Schiess, A., Preston, P., Roszkowski, P., & Martin, M. (2006). The effects of print news photographs of the casualties of war. *Journalism & Mass Communication Quarterly*, 83(1), 150–168. https://doi.org/10.1177/107769900608300110.

Powell, T. E., Boomgaarden, H. G., De Swert, K., & De Vreese, C. H. (2015). A clearer picture: The contribution of visuals and text to framing effects. *Journal of Communication*, 65(6), 997–1017. https://doi.org/10.1111/jcom.12184.

Redaktionsnetzwerk Deutschland (2023). *Reporter ohne Grenzen: Bislang acht Journalisten in der Ukraine getötet.* https://www.rnd.de/politik/reporter-ohne-grenzen-bislang-acht-medienschaffende-in-der-ukraine-getoetet-XOH7KZTEEPQDDFKYQUUZPIEGLM.html. Zugegriffen am 27. Dezember 2023.

Reporters Without Borders (2023a). *Ukrainian government clamps down on media and military sources.* https://rsf.org/en/ukrainian-government-clamps-down-media-and-military-sources. Zugegriffen am 27. Dezember 2023.

Reporters Without Borders (2023b). *Front-Verbot für Medienschaffende.* https://www.reporter-ohne-grenzen.de/pressemitteilungen/meldung/front-verbot-fuer-medienschaffende. Zugegriffen am 28. Dezember 2023.

Reporters Without Borders (2023c). *2023 World Press Freedom Index – journalism threatened by fake content industry.* https://rsf.org/en/2023-world-press-freedom-index-journalism-threatened-fake-content-industry?year=2023&data_type=general. Zugegriffen am 29. Dezember 2023.

Robertson, A. (2023). Cross-Border Journalism and Protest. In L. Rothenberger, M. Löffelholz & D. H. Weaver (Hrsg.), *The Palgrave Handbook of Cross-Border Journalism* (S. 317–332). Cham: Palgrave Macmillan.

Schwalbe, C. B. (2013). Visually framing the invasion and occupation of Iraq in Time, Newsweek, and US News & World Report. *International Journal of Communication*, 7, 239–262.

Stallabras, J. (2022). The Look of War. *Art Monthly*, 456, 6–9.

Brand Ukraine (2024). *Alle Fotos.* https://war.ukraine.ua/de/photos/. Zugegriffen am 31. Januar 2024.

Xu, Y. (2023). *Visual framing and implication to multimodal framing: A systematic review of publications during 1970–2021* [Konferenzbeitrag]. ICA, Toronto.

Young, A., & Omosun, F. (2024). How Does It Look from Where You Are? A Visual Media Framing Analysis of the 2022 War in Ukraine. *Digital Journalism.* https://doi.org/10.1080/21670811.2023.2296560.

ZDF (2023). *Russland greift Journalistenhotel in Charkiw an. Zwei ZDF-Mitarbeiter verletzt.* https://presseportal.zdf.de/pressemitteilung/russland-greift-journalistenhotel-in-charkiw-an. Zugegriffen am 15. Januar 2024.

Johanna Radechovsky

Fakt oder Fake – Faktenchecks im Kampf gegen Desinformation im Krieg

Zusammenfassung: Fehl- und Desinformation zählt zu den wichtigsten Werkzeugen der russischen Kriegsführung. Der Faktencheck als journalistische Disziplin verfolgt das Ziel, Informationen auf ihren Wahrheitsgehalt zu prüfen und die MediennutzerInnen über die Gefahren von Desinformation und Propaganda aufzuklären. Er stellt daher einen elementaren Bestandteil im „Kampf um die Wahrheit" dar. Wie die größten deutschen Faktencheck-Redaktionen Informationen über den Krieg gegen die Ukraine verifizieren, erläutert dieser Beitrag. Die Befunde stammen aus fünf qualitativen Leitfadengesprächen mit FaktencheckerInnen von ARD-faktenfinder, BR24 #Faktenfuchs, Correctiv, DW Faktencheck und ZDFheuteCheck.

1 Ausgangsüberlegungen und Methodik

Fehl- und Desinformation[1] ist eines der wichtigsten Werkzeuge moderner Kriegsführung. Bereits seit Anfang des 20. Jahrhunderts gelten die Sowjetunion und seit einigen Jahren die Russische Föderation als Hauptvermittler gezielter politisch motivierter Desinformation (→ Beitrag Toepfl & Beseler). Die Invasion der Ukraine 2022 hat die Rolle von Desinformation als politische Waffe weiter verfestigt (Baptista et al. 2023). Russland verfolgt klare Ziele: „die Ukraine untergraben", „Russland stärken" und „den Westen verunglimpfen" (Erlich und Garner 2023, S. 10). Auch Europa und die USA werden gezielt mit Desinformationskampagnen attackiert (Morejón-Llamas et al. 2022; Svintsytskyi et al. 2022). Man spricht bei solchen Taktiken auch von „Informationskriegsführung" (Konstankevych et al. 2022, S. 224) oder einem „hybriden Konflikt" (Baptista et al. 2023).

Bei der eigenen Bevölkerung stößt Russlands Propaganda[2] auf fruchtbaren Boden (Khaldarova und Pantti 2016; → Beitrag Thumann & Ziener). Andere Län-

---

1 Zu unterscheiden ist zwischen „Fehlinformation", also versehentlich verbreiteten Falschnachrichten, und „Desinformation", verbreitet mit der böswilligen Absicht zur Irreführung oder Manipulation (Baptista et al. 2023).
2 Obwohl manche WissenschaftlerInnen den Begriff *Propaganda* ablehnen und durch *Public Diplomacy* oder *Soft Power* ersetzen (Bolin et al. 2016), halten andere Stimmen dagegen, dass Russlands Desinformation als Propaganda zu werten ist (z. B. Grotzky 2023; Khaldarova und Pantti 2016).

https://doi.org/10.1515/9783111331508-013

der wehren sich jedoch aktiv. Der Faktencheck als eine Disziplin des Journalismus verfolgt das Ziel, den Wahrheitsgehalt von Informationen – von politischen Aussagen über Bildmaterial und Inhalte sozialer Medien bis hin zu ausländischen Propagandakampagnen – auf der Grundlage von selbst recherchierten Fakten und Beweisen zu prüfen (Morejón-Llamas et al. 2022). Faktenchecker bieten damit eine „Orientierung durch das Labyrinth von echten Nachrichten und Fake News" (Grotzky 2023, S. 9).

Der Faktencheck als Maßnahme gegen Fehl- und Desinformation in Kriegszeiten ist ein Forschungsfeld, das immer mehr an Bedeutung gewinnt (Morejón-Llamas et al. 2022). Schon vor dem russischen Angriffskrieg wurde etwa untersucht, wie die ukrainische Faktencheck-Initiative *Stopfake.org* gegen russische Narrative vorgeht (Haigh et al. 2018; Khaldarova und Pantti 2016). Seit 2022 betreiben immer mehr Redaktionen und Medienunternehmen Factchecking (z. B. in Spanien, Morejón-Llamas et al. 2022). In Deutschland agieren derzeit laut dem Duke Reporters Lab (2022) neun Faktencheck-Initiativen, nach meinen Recherchen sind es allerdings deutlich mehr. Empirische Befunde, wie diese Einheiten Informationen über den Krieg gegen die Ukraine verifizieren, liegen bisher nicht vor. Der vorliegende Beitrag liefert insofern erstmals tiefere Einblicke in die Arbeit der fünf größten Faktencheck-Redaktionen Deutschlands.

Die Befunde basieren auf Leitfadengesprächen mit JournalistInnen der fünf größten deutschen Faktencheck-Einheiten: *ARD-faktenfinder*, *BR24 #Faktenfuchs*, *Correctiv*, *DW Faktencheck* und *ZDFheuteCheck*. Die GesprächspartnerInnen haben zumeist leitende Positionen in den Redaktionen inne und waren seit Kriegsbeginn 2022 maßgeblich damit betraut, Informationen über den Krieg gegen die Ukraine zu verifizieren. Die Gespräche wurden online durchgeführt und dauerten zwischen 35 und 55 Minuten. Die Interviewten bleiben anonym, waren jedoch einverstanden, die Redaktionen namentlich zu nennen.

Während sich Correctiv als Recherchezentrum auf investigativen Journalismus und Faktencheck fokussiert, agieren ARD-faktenfinder (ARD), BR24 #Faktenfuchs (BR) und ZDFheuteCheck (ZDF) als Abteilungen innerhalb der übergeordneten öffentlich-rechtlichen Rundfunkanstalten. Der DW Faktencheck (DW) als Team innerhalb des Auslandsrundfunks Deutsche Welle produziert seine Inhalte in 32 Sprachen. Correctiv hat insgesamt über 70 Mitarbeitende, wohingegen die entsprechenden Einheiten der öffentlich-rechtlichen Rundfunkanstalten aus zwei bis zehn Personen bestehen.

In den Interviews sprachen die JournalistInnen über die Motivation und Besonderheiten des Faktenchecks während des Kriegs gegen die Ukraine, eingesetzte Strategien und Werkzeuge, die Besonderheit der kursierenden (vor allem russischen) Desinformation, die Reaktionen des Publikums, spezielle Herausforderungen sowie über Lerneffekte und die Auswirkungen des Krieges auf die journalistische Verifikationsarbeit.

2 Motivation, Ziele und Selektionskriterien

Die GesprächspartnerInnen sind sich einig: Ihre Verifikationsarbeit bleibt für sie trotz mancher Besonderheiten des russischen Angriffskriegs unverändert. „Wie bei allen anderen Themen versuchen wir, die bestmöglichen Informationen zur Verfügung zu stellen und Falschbehauptungen als solche zu benennen." [Correctiv] „Der Faktencheck hat [...] ganz grundlegende Funktionen, die inzwischen aus meiner Sicht zentral im Journalismus geworden sind – nämlich zu überprüfen, was eigentlich echt ist." [DW][3]

Dabei setzen die Faktencheck-Einheiten unterschiedliche Schwerpunkte. Der BR konzentrierte sich zu Kriegsbeginn vor allem auf die „klassische Verifikationsarbeit", also die Überprüfung von Bildmaterial, und weitete die Arbeit im weiteren Kriegsverlauf auf die Prüfung von Falschbehauptungen aus. Die ARD analysiert hingegen besonders die Strategien hinter Desinformation und Falschmeldungen. Das ZDF legt den Fokus auf Erklärungen und Hintergründe: „Aufgabe ist es, die vielen Meldungen, Nachrichten und Informationen, die aus dem [...] Nebel des Krieges kommen, zu sortieren, in Kontext zu setzen und verständlich zu machen." Die DW überprüft Behauptungen, Fotos, Videomaterial und übergreifende Narrative und bereitet sie für ein internationales Publikum in verschiedenen Sprachen auf.

Bei der Wahl der zu prüfenden Inhalte verwenden die FaktencheckerInnen vordefinierte Kriterien: Die (Fehl-)Information muss eine gewisse Verbreitung erreichen, etwa auf sozialen Medien viral gehen beziehungsweise eine „Wahrnehmungsschwelle" [DW] überschreiten. Zudem soll eine hohe Relevanz gegeben und für die DW idealerweise ein wiederkehrendes Narrativ erkennbar sein. Die Absicht ist, Informationen zu prüfen, die „das Potenzial [haben], viele Menschen zu verunsichern" [BR], oder gar eine „Gefahr für Leib und Leben" [Correctiv] darstellen.

Die Einheiten setzen auf einen „wissenschaftlichen Ansatz", so etwa die ARD. Ihre Beiträge sollen sachlich und neutral Fakten vermitteln und den LeserInnen keine Meinung aufzwingen. Die Bewertung wird den LeserInnen überlassen. „Wir versuchen [die Texte] didaktisch aufzubauen – man steigt ein, ‚das ist passiert, was bedeutet das, wer spielt da eine Rolle, was könnte noch passieren' – um

---

3 Zugunsten einer besseren Lesbarkeit werden die Interviews mit den VertreterInnen der Faktencheck-Einheiten wie folgt betitelt: ARD, BR, Correctiv, DW und ZDF.

die Nutzer und Zuschauer [...] an die Hand zu nehmen und ihnen die Ereignisse einzuordnen." [ZDF] LeserInnen, die bestimmte Ansichten oder gar Verschwörungstheorien bereits verinnerlicht haben, werden von den FaktencheckerInnen eher nicht erreicht und daher erst gar nicht zu ihrer Zielgruppe gezählt. Stattdessen sollen verunsicherte und für neuen Input offene RezipientInnen adressiert werden, so der BR und die DW.

Dass die FaktencheckerInnen selbst Opfer dieser Verunsicherung werden können, demonstriert eine ZDF-Anekdote: Der interviewte Faktenchecker[4] erzählt, eine Push-Benachrichtigung, die ihn in den ersten Wochen nach der russischen Invasion 2022 außerhalb der Dienstzeit erreicht hat, habe ihn beim Lesen sehr beunruhigt: Putin habe Russlands Atomstreitkräfte in erhöhte Alarmbereitschaft versetzt, sei da zu lesen gewesen. Die spätere Einordnung der Nachricht – auch durch das ZDFheuteCheck-Team – habe gezeigt, dass die Gefahr von ExpertInnen weniger akut eingeschätzt wurde als aufgrund der Meldung anfangs gedacht. Wegen der Aktualität der Meldung hätten viele Medien diese Einordnung allerdings anfangs ausgelassen und erst später nachgeliefert. Bei derartigen Nachrichten setzen FaktencheckerInnen an und liefern notwendige Hintergrundinformationen und Erklärungen. Sie arbeiten zwar langsamer als andere Redaktionen, können jedoch gegen Verwirrung, Panik und sogar Fehler in der Kriegsberichterstattung wirken. „Wir machen es lieber richtig als schnell." [ZDF]

Für viele der Faktencheck-Einheiten spielt außerdem die Vermittlung von Kompetenz im Umgang mit Information und Medien eine wichtige Rolle: „Wir wissen aus der Wissenschaft, dass ‚Prebunking', also das Impfen gegen Desinformation, mehr bringt, als danach hinterherzurennen und die Falschbehauptung wieder einzufangen." [BR] Indem die Strategien und Narrative von Desinformation aufgezeigt werden, sollen die LeserInnen resilienter im Umgang mit Falschnachrichten werden. „Wir wollen versuchen, [...] Kompetenz zu schulen und Prebunking zu machen, sodass [bei] Menschen, wenn sie beim nächsten Mal mit ähnlichen Falschmeldungen konfrontiert sind, eine Alarmglocke im Kopf angeht, die sagt, ‚okay, das könnte in dieses Narrativ reinspielen, dass die Ukraine angeblich westliche Waffen verkauft', und [das] somit russische Desinformation sein könnte." [ARD] Die DW produziert „Media Literacy Content, also Medienkompetenz-Inhalte, die zum Beispiel beschreiben, wie erkenne ich ein Deepfake oder wie erkenne ich Fake News ganz allgemein, wie erkenne ich aber auch Spielarten der Desinformation wie Propaganda, wie erkenne ich Fake Accounts." Sie geben den Nutzenden die Möglichkeit, sich das „Rüstzeug" gegen Desinformation selbst

---

4 Zum Zweck der Anonymisierung werden alle Interviewten im generischen Maskulin beschrieben.

anzueignen. Correctiv und der BR bieten außerdem Workshops und Toolboxen an. Anhand konkreter Anwendungsbeispiele wird den TeilnehmerInnen vermittelt, warum Falschinformationen besonders überzeugend wirken können und eine kritische Haltung gegenüber neuer Information wichtig ist.

3 Russlands Desinformationsorchester

Keine Krise ist wie die andere, auch nicht, was die begleitende Fehl- und Desinformation angeht. Rund um den Krieg gegen die Ukraine sehen die Interviewten dennoch eine Reihe an Besonderheiten. Selbst wenn es nicht immer nachzuweisen ist und die FaktencheckerInnen auch Erfahrungen mit ukrainischer Fehlinformation machen, schreiben sie die kursierende Desinformation vor allem der „russischen Seite" [BR] zu. „Wir haben es mit einem größeren Orchester an Falschinformationen verbreitenden Stimmen zu tun. Das ist, glaube ich, beispiellos. In dieser Form habe ich das in keinem Konflikt, in keinem Wahlkampf, in keinem Thema bisher gesehen." [DW]

Dieses Orchester setzt sich aus einer Reihe an „Playern" zusammen: Neben offiziellen staatlichen Stellen, staatlich gelenkten Medien und Troll-Fabriken überfluten russische Influencer, Bots und Fake Accounts soziale Medien mit „zum Teil im Wortlaut gleichlautende[n] Narrative[n] und Erzählungen, [sodass] der Schluss naheliegt, dass da ein Skript [...] zugespielt worden ist." Ihre emotionalisierten, irreführenden und widersprüchlichen Inhalte sollen verwirren – sodass man „einfach gar nicht mehr weiß, was tatsächlich echt ist und was nicht." [DW]

> Es war [...] schon lange Taktik, drei, vier Versionen der Geschichte zu veröffentlichen. Russland verbreitet so viele verschiedene Narrative, bis die Öffentlichkeit so überfordert ist, dass Menschen aufhören, irgendetwas zu lesen oder auch zu glauben. [ZDF]

Wie die Desinformation verschiedener Kommunikatoren zu einem manipulativen Stimmenchor vereint wird, zeigt die Reaktion Russlands nach dem Angriff auf die ukrainische Stadt Butscha. Die DW hat beobachtet, wie verschiedene politische Instanzen Russlands, unterstützt von Social Media Accounts, die westlichen Medien der Inszenierung bezichtigten: „Unterschiedliche Akteure, unterschiedliche Details, aber eine große Message." [DW] Andere thematische Schwerpunkte der Fehl- und Desinformation, die den FaktencheckerInnen unterkommen, sind Rechtfertigungen für den russischen Einmarsch: Der ukrainische Staat sei von Faschisten übernommen und korrupt, gegen die russischstämmige Bevölkerung in der Ukraine würden Kriegsverbrechen begangen. „Gerade zu Beginn des Krieges war dieses Narrativ über Faschisten in der Ukraine sehr präsent." [Correctiv] Das ZDF berichtet, häufiger Falschnachrichten über Waffensysteme, Kriegstechnik und Putins Informationskrieg im russischen Staats-TV zu begegnen.

Eine weitere und neue Taktik dieser russischen Kommunikatoren sind „Spoofing-Attacken", also als seriöse Berichterstattung getarnte Falschinformationen – teilweise mit viel Aufwand produziert und ohne gründliche Prüfung selten vom Original zu unterscheiden. Damit soll „nicht nur die Glaubwürdigkeit eines westlichen Mediums für eine Botschaft im Sinne Russlands [genutzt], sondern auch gleichzeitig Misstrauen in die westlichen Medien gesät werden". [DW] Nicht nur Online-Artikel und Social Media-Posts werden gefälscht: „Da gibt es auch häufig Fälschungen, dass auf Werbetafeln in Tokio, Berlin oder New York angeblich anti-ukrainische Botschaften zu sehen sind." [Correctiv]

Es sticht heraus, dass viele Ereignisse in anderen Weltregionen mit dem Krieg gegen die Ukraine verbunden werden können: „Selbst wenn die Thematik erst einmal nicht direkt mit dem Ukraine-Krieg zu tun hat, muss man immer damit rechnen, dass in irgendeiner Form doch vielleicht pro-russische Desinformation dahintersteckt." [ZDF]

> In Afrika hat die russische Seite sehr erfolgreich antikoloniale, zum Beispiel antifranzösische Stimmungen aufgegriffen und [...] sichtbare Erfolge gefeiert, zum Beispiel, dass Menschen in Burkina Faso, in Mali und in anderen Ländern dieser Region mit russischen Flaggen, mit Wagner-Sprechchören durch die Straßen gezogen sind. Das alles wäre ohne pro-russische Desinformation [...] wohl nicht möglich gewesen. [DW]

In Deutschland knüpft Russlands Desinformation erfolgreich an Verschwörungsbehauptungen und Rechtsextremismus an: „Wir sehen auch die Übernahme solcher Narrative durch Personen, die vorher eher im Querdenker-Milieu zu finden waren." [Correctiv] Die FaktencheckerInnen des BR berichteten dazu über deutsche PolitikerInnen und QuerdenkerInnen, die pro-russische Inhalte verbreiteten, etwa über die vermeintliche Nazi-Regierung der Ukraine, und Putins Krieg rechtfertigten (Kagermeier 2022a). Correctiv und ZDF widmeten sich unter anderem der „Princess of Disinformation" Alina Lipp, die ihrem russischen Publikum ein verzerrtes Bild über Deutschland vermittelt (Correctiv 2023; Loll und Wendrich 2023).

Die FaktencheckerInnen sind sich einig, dass vor allem von russischer, aber gelegentlich auch von ukrainischer oder deutscher Seite Desinformation verbreitet wird. Aber handelt es sich dabei (auch) um Propaganda? Hier gehen die Meinungen auseinander: Während Correctiv bestimmte Inhalte klar als „professionelle Propaganda" bezeichnet (z. B. die Erzeugnisse der durch den Privatarmee-Anführer Jewgeni Prigoschin früher finanzierten russischen Troll-Fabriken), sind andere unentschlossen. Es sei nicht immer klar, welche Intention hinter der Fehlinformation liege. Im Falle von Russland als Kommunikator, der häufig sein politisches Handeln vor dem eigenen Volk rechtfertigen will, läge das Verständnis von Desinformation als Propaganda jedoch nahe.

4 Wie Informationen über den Krieg verifiziert werden

Die Faktencheck-Teams vereint, dass sie ihre Ressourcen unmittelbar nach der Invasion der Ukraine durch Russland auf die Geschehnisse fokussiert und die Entwicklungen besonders in den ersten Monaten genau verfolgt haben. Mindestens die Hälfte, teilweise sogar 90 Prozent des Outputs habe sich in dieser Zeit mit dem Krieg befasst. Der Verifikationsprozess selbst unterscheidet sich jedoch nicht von der Routine: „Vom typischen Prozess her sind wir genauso vorgegangen wie immer." [BR] Die FaktencheckerInnen durchlaufen die typischen Schritte: Recherche von Fehlinformationen (z. B. durch Monitoring sozialer Medien), Isolierung der zu prüfenden Information, Überprüfung mit der Unterstützung von technischen Werkzeugen, Gespräche mit ExpertInnen (die ARD etwa bemüht sich, mindestens zwei Sachverständige pro Beitrag zu Wort kommen zu lassen) und Recherche von Studien, Verfassen von Texten, die Prüfung durch KollegInnen, und die Veröffentlichung. Die fertigen Stücke – Texte, Videos oder auch multimediale Posts – werden meist über eine Reihe von Kanälen veröffentlicht. Die Redaktionen bedienen eine eigene Webseite, sind aber auch auf sozialen Medien präsent und verfassen teilweise Newsletter. Der BR nutzt die gleichen Ausspielwege der geprüften Falschnachricht: „Damit wir die Menschen da erreichen, wo sie auch die Desinformation sehen."

Ein wichtiger Bestandteil der Faktenprüfung ist die Nutzung von Ressourcen und Werkzeugen – von journalistischen KollegInnen über Datenbanken und Suchmaschinen bis zu spezieller Software. Für die FaktencheckerInnen haben sich vor allem Tools bewährt, die die Schwächen der Redaktionen und die Hürden der Verifikationsarbeit ausgleichen – etwa Sprachbarrieren, geografische Ferne oder auch fehlende Expertise über die Kriegsführung. „Wir sind Generalisten, die jede Woche oft in verschiedene Themen einsteigen müssen. Und da ist die Gefahr groß, dass man aufgrund der Komplexität das alles nicht ganz richtig wiedergibt." [ARD] Die Teams der öffentlich-rechtlichen Rundfunkanstalten greifen daher nach Möglichkeit auf die Ressourcen ihrer Medienhäuser zurück, etwa spezialisierte Redaktionen oder externe Kooperationspartner. In das Kriegsgebiet zu reisen und vor Ort zu recherchieren, ist für keine der Faktencheck-Einheiten möglich.

Die Teams der öffentlich-rechtlichen Rundfunkanstalten bauen allerdings Material ihrer KorrespondentInnen vor Ort ein: „Sonst guckt man aus einer Adlerperspektive auf irgendwelche Online-Quellen oder Satellitenbilder und dann zu fragen, ‚wie ist es denn an der Front?' Das ist sehr viel wert. Wenn wir dann ein Zitat oder einen kurzen Absatz von unseren KollegInnen vor Ort einbauen können, gibt uns das eine bessere Einschätzung der Lage und macht Texte und Beiträge lebendiger." [ZDF] Die FaktencheckerInnen der DW arbeiten mit der russischen Redaktion der Deutschen Welle zusammen, wenn es etwa um die Übersetzung von Putins Aussagen in auf ukrainischen Telegram-Kanälen kursierenden Videos geht. Die Verifikationsabteilung des ZDF kann von der Zusammenarbeit ihres Hauses mit eigenständigen investigativen Medienunternehmen profitieren. Gleichwohl nehmen die GesprächspartnerInnen die große Distanz zum Konflikt in der Ukraine, fehlende AnsprechpartnerInnen, nicht frei verfügbares Bildmaterial oder Sprachbarrieren als große Herausforderungen bei der Faktenprüfung wahr.

Behelfen können sich die Redaktionen jedoch mit frei zugänglichen und kostenlosen digitalen Werkzeugen, etwa für die Übersetzung von Schriften auf Bildern (OSINT 2023). Für den BR zählen diese „Open Source Intelligence"-Tools zum unerlässlichen Standard: „Das fängt an bei der klassischen Bilderrückwärtssuche oder Wetterdatenbanken, bis hin zu Tools für Chrono- und Geolocation, etwa bezüglich des Sonnenstands, wo man berechnen kann, [...] wie der Schatten war, wie die Sonne stand und [ob] es dann mit der Uhrzeit übereinstimmt, die auf dem Foto angegeben ist." Auch die DW nutzt solche digitalen Hilfsmittel: „Videoverifizierung, forensische Bildanalyse, sehr viel Geolocation, was Satellitenbilder betrifft, aber auch Mapping-Tools sind hilfreich und wichtig." Correctiv stuft forensische Bildanalysen als stark interpretativ und wenig verlässlich ein und stützt sich stattdessen auf Recherchen, Kartendienste und ExpertInnen.

Besonders die Fehlinformationen, die nach dem russischen Angriff auf Butscha kursierten, konnten mit digitalen Hilfsmitteln geprüft und korrigiert werden (Kagermeier 2022b; Wesolowski und Weber 2022). „Wir haben mit Frame-to-Frame-Programmen die einzelnen Bilder eines Videos analysiert. Bei den Butscha-Bildern wurde ja behauptet, es seien gar keine Leichen, sondern Menschen, die sich da noch bewegt hätten und im Rückspiegel des Autos noch eine Hand gehoben [hätten]. Das konnten wir alles anhand der Untersuchungen, die wir machen konnten, gut widerlegen." [BR]. Satellitenbilder spielten bei der Überprüfung der vermeintlichen Eroberung der Stadt Bachmut eine wichtige Rolle: „Wenn es darum ging, ist Bachmut eingenommen oder nicht, wenn Russland gesagt hat, ‚ja, wir haben ganz Bachmut eingenommen'. [Auf einer] Seite, wo man eigentlich Waldbrände trackt, da konnte man teilweise größere Explosionen oder Feuer [...] sehen. Und solange es noch brennt, ist es wahrscheinlich noch umkämpft." [ZDF] (Gonsior 2023)

Aus den Gesprächen mit den FaktenprüferInnen wird ersichtlich, dass die Faktencheck-Redaktionen durch ihre Zielsetzungen, Wahrnehmungen und Strategien nicht nur die Standards von gutem Journalismus, sondern auch von gutem Factchecking erfüllen – ob durch Verbände[5] vorgegeben oder nicht. Dennoch legen die Einheiten großen Wert auf Glaubwürdigkeit – denn mit ihr steht und fällt der Zuspruch des Publikums. Diese Vertrauenswürdigkeit stellen die FaktencheckerInnen in ihren Artikeln vor allem durch Transparenz sicher. So beinhalten die Texte stets den Rechercheweg samt Links zu den Originalquellen, die Wahl der ExpertInnen wird begründet und die LeserInnen können mit den AutorInnen Kontakt aufnehmen und Kritik äußern. Aber auch hier gilt: Diese Kriterien „gelten für alle Faktenchecks, unabhängig von welchem Konflikt wir sprechen." [BR]

5 Erfolge, Hürden und Zukunftspläne

Die Arbeit macht sich für die Redaktionen weitgehend bezahlt: Alle FaktencheckerInnen berichten, dass ihre Beiträge in der Regel hohe Klickzahlen erreichen, also erfolgreich sind. Die Reichweite der Beiträge war zu Kriegsbeginn besonders hoch, aber die Verifikationen werden auch weiterhin häufig rezipiert. Texte zur Korrektur von Desinformation rund um das Massaker in Butscha zählen für einige GesprächspartnerInnen zu den reichenweitenstärksten. Im direkten Feedback sagen LeserInnen von Correctiv, dass sie dank der Aufklärung der FaktencheckerInnen bessere Argumente bei Gesprächen mit Familie und Bekannten über den Krieg haben. Das ZDF erhält von seinem Publikum öfter Hinweise auf bisher nicht behandelte Themen oder auf die Berichterstattung anderer Medien über den Krieg.

Allerdings kritisieren manche LeserInnen nicht nur die Beiträge der FaktenprüferInnen, sondern auch die AutorInnen der Texte persönlich. Den FaktencheckerInnen wird unter anderem Voreingenommenheit oder Parteilichkeit vorgeworfen. Wie die ARD erklärt, kann ihre Berichterstattung einseitig wirken, wenn Fehl- und Desinformation stärker von einer Seite eines Konflikts gestreut und diese dann von der Redaktion verifiziert werden. Aus Sicht der GesprächspartnerInnen ist es eine Gratwanderung, einerseits ausgewogen zu arbeiten, andererseits den Kontext des Krieges und die Rollen der involvierten Parteien zu würdigen. Den Redaktionen wird häufig vorgeworfen, sie seien Aktivisten und politisch geleitet. Diesen Vorwurf weisen sie aber entschieden von sich, auch wenn der Faktencheck eine „hochpolitische" Arbeit sei [Correctiv] und sogar zu Drohungen führen kann. „Wir sind Journa-

---

5 BR und Correctiv sind Mitglieder des „International Fact-Checking Network" (IFCN 2023). DW und Correctiv gehören dem „European Digital Media Observatory" an (EDMO 2023).

listen, und wir betonen, dass wir nicht anders arbeiten als normale Journalisten. [...] Da[mit] wollen wir keinen Aktivismus betreiben." [BR]

Nach zwei Jahren Krieg verzeichnen die GesprächspartnerInnen einen enormen Wissens- und Kompetenzzuwachs für sich – über die Ukraine, Prinzipien der Militärführung, staatlich gesteuerte Desinformationsattacken und Militärpolitik. Obwohl die FaktencheckerInnen im Gegensatz zu anderen Krisen – wie etwa der Corona-Pandemie, der ExpertInnen ebenso wie Medien zunächst mit einer weitgehenden Unkenntnis begegnet sind – von Anfang auf ein Arsenal an Wissen und Expertise in Sachen Kriegsführung und Militärstrategie zugreifen konnten, mussten komplexe Themen besser verstanden und ExpertInnen auf ihre Verlässlichkeit getestet werden. Vor allem die Komplexität des (Informations)krieges gegen die Ukraine, der sich zunehmend auf sozialen Plattformen abspielt, hat den Redaktionen das Ausmaß und die Größenverhältnisse der involvierten Parteien klar gemacht: „Wir haben gelernt, dass wir es mit einem manchmal ganz schwierigen Kampf um die Wahrheit [...] zu tun haben, weil wir es mit [...] größeren Apparaten zu tun haben, die in der Lage sind, Massen an falschen Botschaften [zu produzieren], dass man als kleine Faktencheck-Redaktion, die wir sind, gar nicht hinterherkommt." [DW] „Das fand ich erschreckend, [...] dass das ein ungleicher Kampf ist, wenn da ein ganzer Staat dahinter steckt und wir als doch relativ kleine Faktencheck-Gemeinde [...] versuchen, dagegen anzugehen." [BR] Die FaktencheckerInnen sind aber auch in Sachen Selbstwahrnehmung gewachsen. Ein Gesprächspartner reflektiert im Nachhinein, die russische Desinformation, die seit spätestens 2014 international gestreut wird, unterschätzt und relativiert zu haben: „Man hält sich selbst immer für sehr resilient gegen so etwas. Da habe ich aber doch gemerkt, wie dieses jahrelange Desinformationsstreuen doch etwas mit einem macht." [ARD]

Die Redaktionen blicken jedoch auch auf nicht überwundene Schwierigkeiten zurück. Viele Faktencheck-Einheiten bestehen erst seit wenigen Jahren, und der Krieg in der Ukraine war der erste bewaffnete Konflikt, über den viele MitarbeiterInnen berichten. „Es war für viele von uns das erste Mal, dass wir Kriegsbilder verifiziert haben und dass wir uns mit solchen Grausamkeiten konfrontiert sahen. [...] Das hat uns alle sehr mitgenommen." [DW] Dazu kommen Ressourcenmangel und Zeitdruck sowie neue Herausforderungen wie KI-gesteuerte Fehlinformation: „Durch die immer besser werdenden Bild- und Videogeneratoren ist [...] eine ganz neue Challenge für uns hinzugekommen. Zugleich sind KI-Detektoren noch nicht so weit. [...] Das heißt, wir Journalisten können nicht darauf vertrauen." [DW]

Die Geschehnisse in der Ukraine werden weiterverfolgt und Berichte darüber verifiziert, ihr Stellenwert ist jedoch angesichts neu aufkommender Krisen gesunken. „Im Grunde hangeln wir uns von Krise zu Krise, was die Berichterstattung angeht." [Correctiv] Für andere Kriege fühlen sich die GesprächspartnerInnen durch ihre Erfahrungen mit dem Russisch-Ukrainischen Krieg besser gewappnet und „deutlich sensibilisierter" [ARD]. Vor allem der Nahostkonflikt und die damit verbundene „Welle an Falschinformationen" [DW] fordert nun zusätzlich die Aufmerksamkeit der FaktencheckerInnen. Aber auch bei diesem Konflikt ist der russische Angriffskrieg nicht wegzudenken: „Ein Bogen führt oft wieder nach Russland. Zum Beispiel die Desinformation darüber, dass die Waffen angeblich aus der Ukraine stammen, die die Hamas benutzt. Das Thema wird uns auf jeden Fall so oder so noch immer weiter beschäftigen." [ARD]

6 Fazit

Anders als in den USA, wo zumeist die Überprüfung politischer Aussagen im Mittelpunkt des Faktenchecking steht, geht es den FaktenprüferInnen in Deutschland in erster Linie um die Verifikation von Informationen (Haigh et al. 2018). Die deutschen FaktencheckerInnen verstehen sich dabei primär als JournalistInnen, deren Arbeit hohe Qualitätsstandards erfüllt und angesichts des massiven russischen Desinformationsapparates vor allem der Aufklärung der heimischen Bevölkerung dienen soll. Daher betrachten sie ihre Aufgabe weder als „anti-Propaganda" (Bilin et al. 2016) noch als politischen Aktivismus.

Im Faktencheck über den Krieg gegen die Ukraine spielen – auch für die GesprächspartnerInnen – moderne Technologien und digitale Verifikationstools eine wichtige Rolle (Khaldarova und Panti 2016; Morejón-Llamas et al. 2022). Sie nutzen dabei vor allem Werkzeuge, die frei zugänglich sind. Besonders Bild- und Videoverifikationstools kommen zum Einsatz (Magallón-Rosa et al. 2023). Die Interviewten verwenden zudem soziale Medien und Messenger-Dienste (Haigh et al. 2018) – ob für die Recherche relevanter Themen oder die gezielte Verbreitung von Beiträgen auf Plattformen, auf denen vermehrt Desinformationen kursieren (z. B. Telegram, Grotzky 2023). Die Bedeutung sozialer Medien hat dabei aus Sicht der deutschen FaktencheckerInnen angesichts fehlender Zugangsmöglichkeiten zum Kriegsgeschehen vor Ort zugenommen (Magallón-Rosa et al. 2023). ExpertInnen spielen wie in den USA eine besonders wichtige Rolle bei den Verifikationen (Haigh et al. 2018).

Fehl- und Desinformation wird vor allem der russischen Seite zugeschrieben, obwohl auch die Ukraine und andere Staaten zu ihrer Verbreitung beitragen (Baptista et al. 2023). Nach rund zwei Jahren Krieg blicken die Redaktionen auf eine Reihe an strukturellen und persönlichen Lerneffekten zurück (Morejón-Llamas et al. 2022) und wenden ihre neu gewonnene Expertise bereits in anderen Krisen und Kriegen an.

Es wird zunehmend schwerer, Fakten von Unwahrheit zu unterscheiden (Svintsytskyi et al. 2022). Obwohl Deutschland eine eher hohe Resilienz gegen Fehl- und Desinformation zugesprochen wird (Humprecht et al. 2020), wird es angesichts sozialer Netzwerke und moderner Technologien wie KI zunehmend wichtiger, schädlichen Narrativen entgegenzuwirken (Khaldarova und Pantti 2016). Russland hat seine mediale Präsenz im Ausland mithilfe von staatlichen Kanälen und sozialen Medien massiv ausgebaut (Erlich und Garner 2023). Angesichts dieser hybriden Kriegsführung ist die Verifikation von Informationen genauso unerlässlich wie es präventive Maßnahmen sind (Svintsytskyi et al. 2022). Besonders zu Kriegszeiten ist eine kritische und kompetente Rezeption von Informationen notwendig – nur so können BürgerInnen dem Einfluss von Propaganda widerstehen (Konstankevych et al. 2022; Svintsytskyi et al. 2022). Darüber hinaus sollten, wie die GesprächspartnerInnen forderten, das Bildungssystem, die Politik und die Anbieter sozialer Medien stärker in die Verantwortung genommen werden (Svintsytskyi et al. 2022): „Der Kampf gegen Desinformation ist eine gesamtgesellschaftliche Aufgabe, es kann nicht nur an uns Faktencheckern hängen." [BR]

Literatur

Baptista, J. P., Rivas-de-Roca, R., Gradim, A., & Loureiro, M. (2023). The Disinformation Reaction to the Russia–Ukraine War. *KOME*, 11(29).

Bolin, G., Jordan, P., & Ståhlberg, P. (2016). From Nation Branding to Information Warfare. In M. Pantti (Hrsg.), *Media and the Ukraine Crisis: Hybrid Media Practices and Narratives of Conflict*. New York: Peter Lang.

Correctiv (2023). *Podcast-Serie „Fakten, Front und Fakes"*. https://correctiv.org/podcast/2023/08/16/fak ten-front-und-fakes-faktencheck-podcast/. Zugegriffen am 05. November 2023.

Duke Reporters' Lab (2022). *Fact-Checking*. https://reporterslab.org/fact-checking/. Zugegriffen am 21. September 2023.

EDMO (2023). *The fact-checked disinformation detected in the EU*. https://edmo.eu/war-in-ukraine-the-fact-checked-disinformation-detected-in-the-eu/. Zugegriffen am 03. Oktober 2023.

Erlich, A., & Garner, C. (2023). Is pro-Kremlin Disinformation Effective? Evidence from Ukraine. *The International Journal of Press/Politics*, 28(1), 5–28.

Gonsior, T. (2023). *Wer hat die Kontrolle über Bachmut?* https://www.zdf.de/nachrichten/heute-19-uhr /bachmut-ostukraine-russland-wagner-prigoschin-video-100.html. Zugegriffen am 05. November 2023.

Grotzky, J. (2023). Der Krieg gegen die Ukraine und die Medien. *SlavUn*, 1, 1–18.

Haigh, M., Haigh, T., & Kozak, N. I. (2018). Stopping Fake News – The work practices of peer-to-peer counter propaganda. *Journalism Studies*, 19(14), 2062–2087.

Humprecht, E., Esser, E., & Van Aelst, P. (2020). Resilience to Online Disinformation: A Framework for Cross-National Comparative Research. *The International Journal of Press/Politics*, 25(3), 493–516.

IFCN (2023). *Verified signatories of the IFCN code of principles*. https://ifcncodeofprinciples.poynter.org/ signatories. Zugegriffen am 03. Oktober 2023.

Kagermeier, E. (2022a). *Warum Querdenker nun prorussische Propaganda verbreiten.* https://www.br. de/nachrichten/deutschland-welt/warum-viele-querdenker-nun-prorussische-propaganda-verbreiten,T10vAvf. Zugegriffen am 05. November 2023.

Kagermeier, E. (2022b). *#Faktenfuchs: Falsche Behauptungen zu Video aus Butscha.* https://www.br.de/nachrichten/deutschland-welt/faktenfuchs-falsche-behauptungen-zu-video-aus-butscha, T274pZ0. Zugegriffen am 05. November 2023.

Khaldarova, I., & Pantti, M. (2016). Fake News – The narrative battle over the Ukrainian conflict. *Journalism Practice*, 10(7), 891–901.

Konstankevych, I., Kostusiak, N., Shulska, N., Stanislav, O., Yelova, T., & Kauza, I. (2022). Media Manipulation as a Tool of Information Warfare: Typology Signs, Language Markers, Fact Checking Methods. *Journal of Interdisciplinary Research*, 12(2), 224–230.

Loll, A., & Wendrich, T. (2023). *Wie wird man Alina Lipp?* https://www.zdf.de/dokumentation/die-spur/propaganda-alina-lipp-russland-ukraine-krieg-die-spur 100.html. Zugegriffen am 05. November 2023.

Magallón-Rosa, R., Fernández-Castrillo, C., Garriga, M. (2023). Fact-checking in war: Types of hoaxes and trends from a year of disinformation in the Russo-Ukrainian war. *Profesional de la información*, 32(5).

Morejón-Llamas, N., Martín-Ramallal, P., & Micaletto-Belda, J.-P. (2022). Twitter content curation as an antidote to hybrid warfare during Russia's invasion of Ukraine. *Profesional de la información*, 31(3).

OSINT (2023). *OSINT Framework.* https://osintframework.com/. Zugegriffen am 05. November 2023.

Svintsytskyi, A. V., Semeniuk, O. H., Ufimtseva, O. S., Irkha, Y., & Suslin, S. V. (2022). Countering fake information as a guarantee of state information security. *Security Journal*, 36, 427–442.

Wesolowski, K., & Weber, J. (2022). *Faktencheck: Keine "lebenden Leichen" in Butscha.* https://www.dw.com/de/faktencheck-keine-lebenden-leichen-in-butscha/a-61352918. Zugegriffen am 05. November 2023.

Aynur Sarısakaloğlu

Als Avatar an der Front – Kriegsjournalismus in Zeiten künstlicher Intelligenz und virtueller Realität

Zusammenfassung: Die Integration neuer Technologien wie künstlicher Intelligenz und virtueller Realität eröffnet dem Kriegsjournalismus neue Wege, Ereignisse zu recherchieren, Geschichten zu erzählen und erlebbar zu machen. Gleichzeitig entstehen neue Herausforderungen, denen sich JournalistInnen gegenübersehen. Der Beitrag bietet einen Einblick in die Einsatzbereiche und Potenziale von intelligenten Systemen und virtueller Realität in der Kriegsberichterstattung. Darauf aufbauend werden Denkanstöße zur Reflexion der damit einhergehenden ethischen Herausforderungen gegeben. Abschließend folgt ein Ausblick auf die mögliche weitere Entwicklung des algorithmengetriebenen und immersiven Kriegsjournalismus.

1 Digitaler Wandel der Kriegsberichterstattung

Der Einsatz von neuen Technologien im Kriegsjournalismus führt zu tiefgreifenden Veränderungen, die nicht nur die Bedingungen des journalistischen Arbeitens prägen, sondern sich ebenso auf die Produktion und Verbreitung von kriegsbezogenen Inhalten auswirken. Mit der rasanten Verbreitung des Internets ab den 1990er Jahren und seiner Weiterentwicklung zum Web 2.0 verlagerte sich die Berichterstattung von den traditionellen Massenmedien wie Radio, Fernsehen und Printmedien zu auch mobil genutzten Onlineplattformen. Daraus gingen neue Formen der Kriegsberichterstattung und neue Möglichkeiten des digitalen Informationsaustausches durch soziale Netzwerke hervor. Besonders seit dem Bürgerkrieg in Syrien 2011 spielen soziale Medien eine bedeutende Rolle, um die Öffentlichkeit unmittelbar und global mit Informationen, Bildern und Videos aus Konfliktgebieten zu erreichen (Zeitzoff 2017; Gohdes 2018; → Beitrag Löffelholz & Xu). Heute prägen Technologien wie künstliche Intelligenz (KI) und virtuelle Realität (VR) zunehmend die Kriegsberichterstattung, nicht zuletzt im Russisch-Ukrainischen Krieg und im andauernden Nahostkonflikt.

Künstliche Intelligenz bezeichnet ein Teilgebiet der Informatik, das sich mit der Entwicklung von Soft- und Hardwaresystemen befasst, die in physischen oder digitalen Umgebungen operieren, indem sie Daten erfassen und interpretieren, Schlussfolgerungen daraus ziehen und über das optimale Handeln zur Erreichung

https://doi.org/10.1515/9783111331508-014

eines vordefinierten Ziels entscheiden (Europäische Kommission 2019, S. 6). Diese Technologien verwenden Algorithmen, um anhand verfügbarer Daten menschen-ähnliche Fähigkeiten und Verhaltensweisen zu simulieren. Algorithmenbasierte Systeme sind bereits integraler Bestandteil des Journalismus und kommen in unterschiedlichen Anwendungsbereichen zum Einsatz. Sie können journalistische Kerntätigkeiten übernehmen, die sich von der Recherche, Gewichtung, Verifikation und Auswahl relevanter Informationen über die Produktion von journalistischen Inhalten bis hin zur Verbreitung von personalisierten Beiträgen erstrecken (Diakopoulos 2019, S. 26–34, 65–72; Sarısakaloğlu 2022a, S. 310; Beckett und Yaseen 2023). In der Berichterstattung über den Krieg zwischen Russland und der Ukraine finden neben algorithmischen Tools ebenso durch künstliche Intelligenz gestützte Drohnen Verwendung, insbesondere für recherchierende und investigative Aufgaben. Diese unbemannten Flugroboter können ferngesteuert oder autonom fliegen und ermöglichen Luftaufnahmen aus Konfliktzonen.

Der Einzug von virtueller Realität in den Journalismus hingegen erweitert die Berichterstattung um eine stereoskopisch partizipativ-immersive Dimension (Sarısakaloğlu 2023), indem die RezipientInnen an virtuelle Orte oder Räume des berichteten Ereignisses wie etwa in ein Kriegsgeschehen versetzt werden. Immersive Technologien dienen als interaktive Schnittstelle zwischen Mensch und Maschine, wobei der Computer das Nutzungsverhalten der RezipientInnen über visuelle Input- und Outputgeräte (z. B. VR-Brille), handgesteuerte Peripherie-Geräte (z. B. VR-Controller) und begehbare Visualisierungsräume (*Cave Automatic Virtual Environment*) erfasst und RezipientInnen in dreidimensional dargestellte Ereignisse eintauchen lässt (Sherman und Craig 2019, S. 17–18; Sarısakaloğlu und Tribusean 2023, S. 2).

Der Bedeutungsgewinn dieser Technologien spiegelt sich in der Art und Weise wider, wie Kriegsereignisse dokumentiert, interpretiert und der Öffentlichkeit vermittelt werden. Schnelle und neue Formen der Informationsbeschaffung, die automatisierte Verifizierung von journalistischen Inhalten, die KI-basierte Generierung von Nachrichten, immersive Erlebnisse oder die Personalisierung von Nachrichten gehören bereits heute zum redaktionellen Alltag vieler Medien. Neue Technologien bringen für die journalistische Praxis jedoch nicht nur Chancen, sondern stellen den Kriegsjournalismus ebenso vor erhebliche Herausforderungen. Vor diesem Hintergrund werden im Folgenden potenzielle Anwendungsbereiche von algorithmischen Systemen und immersiven Technologien im Kriegsjournalismus aufgezeigt. Darauf aufbauend werden am Beispiel der Berichterstattung über den Russisch-Ukrainischen Krieg die damit einhergehenden Herausforderungen für Medienschaffende diskutiert. Abschließend werden Implikationen und Desiderata für die künftige Journalismusforschung umrissen.

2 Anwendung und Potenziale des KI-gestützten Kriegsjournalismus

Algorithmische Systeme unterstützen schon heute JournalistInnen auf allen Ebenen des Wertschöpfungsprozesses. Die wachsende Relevanz lässt sich unter anderem den Ergebnissen der Studie „Digital News Project 2022" des Reuters Instituts und der Oxford University entnehmen, wonach die überwiegende Mehrzahl der in 52 Ländern befragten 226 Medienunternehmen die Potenziale intelligenter Technologien vor allem in Empfehlungssystemen (z. B. für personalisierte Nachrichtenempfehlungen), der Automatisierung von Redaktionsprozessen, der Informationsrecherche (z. B. zur Identifizierung von relevanten Themen), und der kommerziellen Verwendung sehen. Immerhin noch zwei Fünftel der Befragten halten die automatisierte Textproduktion für wichtig oder sehr wichtig (Newman 2022, S. 35). Die Bedeutung von intelligenten Systemen kann ebenso daran verdeutlicht werden, dass Nachrichtenagenturen in aller Welt (z. B. *Associated Press, Agence France-Presse, Deutsche Presse-Agentur, Thomson Reuters, Xinhua News*) und Medien wie *Süddeutsche Zeitung, The Guardian, The New York Times* und viele andere immer häufiger auf diese Technologien setzen. Dabei ist davon auszugehen, dass sich Newsrooms zunehmend zu sozio-technischen Konstrukten entwickeln werden, in denen die Fähigkeiten menschlicher JournalistInnen und anthropomorphisierter technischer Akteure verbunden werden und in kollaborativer Zusammenarbeit interagieren (Sarısakaloğlu 2022a, S. 312). Doch welches Potenzial bieten Systeme künstlicher Intelligenz und Automatisierungstechnologien für die Kriegsberichterstattung?

Algorithmengetriebene Anwendungen können bereits unmittelbar nach Ausbruch eines Krieges, in der sogenannten Orientierungsphase der Kriegsberichterstattung (Richter 2022), für die Informationsgewinnung eingesetzt werden, um sich schnell einen umfassenden Überblick über die Ereignisse, Hintergründe, die aktuelle Situation vor Ort und die Sicherheitslage zu verschaffen. Mithilfe von intelligenten Methoden wie etwa aus dem Bereich des Data-Mining können JournalistInnen riesige Datenmengen in Echtzeit nach Mustern durchsuchen, Trends erkennen, Zusammenhänge ableiten und relevante Informationen und Themen zum Russisch Ukrainischen Krieg identifizieren. Durch dieses Monitoring können Beiträge über den Krieg in sozialen Medien im Vergleich zu manuellen Analysen schneller gesichtet und ausgewertet werden, welche Themen die meisten Klicks oder Likes erhalten haben, um schnell auf aktuelle Entwicklungen zu reagieren.

KI-gestützte Assistenten können JournalistInnen gleichermaßen bei der Durchführung von Faktenchecks (*fact-checking*) und der Überprüfung von Text-, Bild- oder Videoquellen unterstützen, um Informationen schnell und effizient zu verifizieren und eventuelle Fehl- oder Desinformationen und algorithmische Verzerrungen (*algorithmic biases*) in der Berichterstattung zu vermeiden respektive ihre Verbreitung zu unterbinden. Durch die Entlastung von JournalistInnen von zeitaufwendigen Routineaufgaben wie etwa der Erstellung von Übersichten zum Kriegsverlauf, könnte somit mehr Zeit für anspruchsvollere Aufgaben und tiefergehende Analysen gewonnen werden und zu einer Qualitätssteigerung journalistischer Beiträge führen (Diakopoulos 2019, S. 2; Sarısakaloğlu 2022a, S. 313). JournalistInnen müssen häufig zwischen der Notwendigkeit, Informationen schnell zu übermitteln, und der Sorgfalt bei der Überprüfung und Verifizierung dieser Informationen abwägen. Der Einsatz algorithmischer Assistenzsysteme könnte insofern eine bessere Balance zwischen schneller Informationsvermittlung und sorgfältiger Überprüfung schaffen.

Darüber hinaus können in der Kriegsberichterstattung *Natural-Language-Generation*-Systeme (z. B. *Wordsmith*) für die weitgehend automatisierte Generierung von Nachrichten verwendet werden. Diese Automatisierungsprogramme ermöglichen es, auf der Grundlage strukturiert verfügbarer Daten wie Pressemitteilungen und anderer Quellen aus Konfliktgebieten schnell und effektiv Textinhalte in Echtzeit ohne oder mit nur geringen menschlichen Eingriffen zu generieren (Graefe 2016, S. 14, 17–18) sowie Inhalte über die neuesten Entwicklungen in Konfliktgebieten bereitzustellen. Dadurch können JournalistInnen in kürzester Zeit nicht nur einzelne journalistische Beiträge, sondern verschiedene Versionen eines Beitrages aus unterschiedlichen Blickwinkeln, in unterschiedlicher Länge und in mehreren Sprachen generieren (Graefe 2016, S. 49). Die Automatisierung von Nachrichten kann dabei den Produktionsprozess erheblich beschleunigen und JournalistInnen entlasten. Zudem können KI-generierte Nachrichten aufgrund ihres sachlichen Stils und der Fokussierung auf faktenbasierte Informationen dazu beitragen, einen konfliktsensitiven Journalismus zu fördern.

Für die Generierung von journalistischen Texten können ebenso *Generative-Pre-trained Transformer*-Systeme (z. B. *ChatGPT*) eingesetzt werden. Diese Systeme sind nicht nur in der Lage, Beiträge zu erstellen, sondern sie können unter anderem bei automatischen Zusammenfassungen von Texten und der Generierung von Fragen und Antworten unterstützend wirken (Kunova 2023). Besonders hilfreich können sie für RedakteurInnen und KriegsreporterInnen sein, die möglicherweise nicht mit den Hintergründen der Auseinandersetzung zwischen Russland und der Ukraine vertraut sind oder nach neuen Blickwinkeln suchen. Zusätzlich können sie Kontextinformationen zu Nachrichten bereitstellen, nach spezifischen Quellen und Zitaten suchen, Schlagzeilen formulieren, automatisch übersetzen und sogar beim Verfassen von E-Mails helfen, um Büroarbeiten zu automatisieren (Kunova 2023).

Überdies setzen KriegsreporterInnen, die von der Front berichten, Drohnen ein. Die Verwendung von Drohnen in der Nachrichtenberichterstattung bietet verschiedene Vorteile: Die unbemannten Flugroboter verfügen über Echtzeit-Übertragungsfähigkeiten und können qualitativ hochwertige Bilder und Videos aufnehmen und den RezipientInnen ein realitätsnahes Bild der Ereignisse von der Front vermitteln. Aufnahmen aus erster Hand tragen maßgeblich dazu bei, Falschinformationen und Informationsmanipulationen entgegenzuwirken, was wiederum das Vertrauen in die Glaubwürdigkeit von KriegsreporterInnen stärken kann. Zudem ermöglichen Drohnen die Berichterstattung aus gefährlichen oder schwer zugänglichen Orten. KriegsreporterInnen können aus größerer Entfernung über Bombenangriffe und andere Kampfhandlungen berichten, was ihr persönliches Risiko verringert (Slavtcheva-Petkova et al. 2023, S. 4–6).

Da JournalistInnen und KriegsreporterInnen unter erheblichem Zeitdruck stehen, sei es, um aktuelle Geschehnisse schnell und präzise zu vermitteln oder sich in der Konkurrenz zu anderen Medien zu behaupten, erweist sich der Einsatz von intelligenten Editoren für die Textverarbeitung als besonders nützlich. Diese Editoren können bei der Texteingabe neben der automatischen Rechtschreib- und Grammatikprüfung weiterführende Informationen wie passende Links und relevante Fakten empfehlen (Loosen und Solbach 2020, S. 189–190; Sarısakaloğlu 2022b, S. 5) und damit zu erheblichen Zeitersparnissen bei der Berichterstattung führen.

Im Bereich der Distribution von Kriegsnachrichten können algorithmenbasierte Technologien besonders hilfreich sein, um Beiträge automatisiert durch digitale Plattformen zu verbreiten (Sarısakaloğlu 2022a, S. 311). Überdies können Empfehlungssysteme journalistische Medienangebote basierend auf dem individuellen Nutzungsverhalten im Internet optimieren (Diakopoulos 2019, S. 108–114). Diese Systeme können intelligente Empfehlungen zu journalistischen Inhalten erstellen, die den Präferenzen und Interessen der RezipientInnen entsprechen. Beispielsweise könnten sie Nachrichten über den Russisch-Ukrainischen Krieg aus einem bestimmten Blickwinkel oder Nachrichten von der Front ohne Gewaltbilder liefern. Gleichzeitig können Personalisierungsalgorithmen eine konstruktive Kriegsberichterstattung begünstigen, „in particular by countering the effects of journalists' self-censorship and by diversifying conflict coverage" (Bastian et al. 2019, S. 309). Dadurch haben Medienorganisationen die Möglichkeit, „to expose readers to different views, thus freeing the journalist from the (often impossible) task of showing all possible viewpoints and emphasizing the conflict's relative nature in a single story" (Bastian et al. 2019, S. 323).

Im Journalismus werden daneben virtuelle NachrichtensprecherInnen eingesetzt, entwickelt etwa von der chinesischen Nachrichtenagentur *Xinhua News* in Zusammenarbeit mit dem Technologieunternehmen *Sogou* (McFarland 2022). KI-gestützte virtuelle NachrichtensprecherInnen können auch in der Kriegsberichterstattung vorteilhaft sein. Sie können rund um die Uhr arbeiten und kontinuierlich Updates in mehreren Sprachen anbieten. Darüber hinaus liefern sie digitale Nachrichten, die nicht nur sprachlich präzise sind, sondern auch visuell überzeugend. Damit wäre eine konsistente Tonlage und Aussprache gewährleistet, ohne emotionale Einflüsse oder Ausdrücke, wie sie bei menschlichen SprecherInnen auftreten können.

Ferner werden im Journalismus in zunehmendem Umfang auch textbasierte und sprachbasierte Dialogsysteme, sogenannte Chatbots, eingesetzt (Kaiser et al. 2019). Beispielsweise setzte *The New York Times* bereits 2016 einen *Election Bot* für *Slack* ein, der es den RezipientInnen erlaubte, Fragen zur Präsidentschaftswahl zu stellen. Damit ermöglicht die Einbindung von Chatbots in digitale Nachrichtenplattformen neue Wege der Informationsverbreitung und verbessert die Interaktion der NutzerInnen mit nützlichen Informationen, insbesondere in Krisensituationen wie der Covid-19-Pandemie, in denen der Bedarf an zeitnahen und genauen Informationen rapide steigt (Maniou und Veglis 2020). Ihr Einsatz in einer Kriegssituation kann dazu beitragen, RezipientInnen in Echtzeit relevante und verlässliche Antworten auf ihre Fragen zu vermitteln, um ihre Informationsbedürfnisse besser zu erfüllen.

Nicht zuletzt können intelligente Tools interne Arbeitsabläufe in Redaktionen effizienter gestalten und die Kooperation mit anderen Medienorganisationen fördern. In Kriegszeiten ist ein schneller Informationsaustausch über aktuelle Entwicklungen von entscheidender Bedeutung. Durch eine gemeinsame Nutzung von algorithmengestützten Plattformen können international vernetzte JournalistInnen in Echtzeit gemeinsam an Recherchen und Beiträgen arbeiten, um eine umfassende Berichterstattung zu ermöglichen, selbst unter engen Zeitvorgaben.

3 Partizipativ-immersive Dimension der Kriegsberichterstattung

Durch immersive Technologien erstellte Beiträge gehören bereits zum Portfolio journalistischer Darstellungsformen (Sarısakaloğlu und Tribusean 2023, S. 4). Nachrichtenproduzenten wie *ARD, ARTE, BBC, CNN, Euronews, The Guardian, The New York Times, Süddeutsche Zeitung, WDR* und *Wiener Zeitung* bieten bereits eine Vielzahl von journalistischen VR-Angeboten. Systeme virtueller Realität unterscheiden sich von klassischen Medien wie Fernsehen und Radio durch das Potenzial, bei RezipientInnen ein Gefühl der Präsenz, Immersion und Interaktivität zu erzeugen (Mandal 2013, S. 305). Der immersive Journalismus, auch VR-Journalismus genannt, ermöglicht es, den RezipientInnen ein Gefühl zu vermitteln, als wären sie physisch an dem Ort des berichteten Geschehens (Biocca und Levy 1995, S. 138; Slater 2009, S. 3551). Der

Begriff Immersion steht dabei für den Eindruck der RezipientInnen, in digital generierte Umgebungen einzutauchen und sich in die dargestellten Ereignisse sowie simulierten Personen zu versetzen (Slater und Wilbur 1997, S. 605). Zentral für die immersive Berichterstattung ist ebenso die Partizipationsorientierung. Die RezipientInnen können als Avatare am virtuell nachgeahmten Geschehen aktiv teilnehmen, sich in den virtuellen Umgebungen bewegen, ihre Perspektive verändern und mit den fiktiven Charakteren sowie anderen teilnehmenden RezipientInnen interagieren (Sirkkunen et al. 2016, S. 300).

Immersive Darstellungsformen eignen sich besonders gut für die Kriegsberichterstattung, da zum einen „zeit- und ortsunabhängige hybride Zugänge zur Teilhabe an journalistischer Berichterstattung geschaffen" (Sarısakaloğlu und Tribusean 2023, S. 4) werden und RezipientInnen in Kriegsgebiete versetzt werden können, die für sie ansonsten kaum zugänglich wären. Zum anderen können RezipientInnen durch das Eintauchen in eine Geschichte eine stärkere emotionale Verbundenheit zu den dargestellten Kriegsszenen und eine höhere Empathie für die Menschen in Konfliktsituationen entwickeln als bei der Nutzung traditioneller Medienformen (de la Peña 2014). Damit eröffnet der immersive Journalismus eine neue Dimension der Produktion und Rezeption von nichtfiktionalen Kriegsnachrichten, indem die klassische lineare Berichterstattung durch eine immersive multimodale Darstellung kriegsbezogener Ereignisse ergänzt wird (Sarısakaloğlu und Tribusean 2023, S. 3). Für die Erstellung von immersiven Angeboten können KriegsreporterInnen in ihrer Berichterstattung 360-Grad-Kamerasysteme oder computeranimierte Anwendungen (z. B. *Computer-Generated Imagery*) einsetzen (Feyder und Rath-Wiggins 2018, S. 3–4), um die RezipientInnen in das Kriegsgeschehen virtuell einzubinden (siehe Abb. 1–3). Als Beispiel hierfür kann das *Project Syria* von de la Peña (2014) herangezogen werden, das Schauplätze des syrischen Bürgerkrieges und die Notlage der syrischen Bevölkerung mithilfe von Technologien virtueller Realität authentisch darstellt. Die RezipientInnen werden dabei mitten in das Kriegsgeschehen in der syrischen Stadt Aleppo versetzt und mit einer virtuell rekonstruierten Bombenexplosion konfrontiert (de la Peña 2014). De la Peña (2014) erkannte das Potenzial dieser Technologie, um vor allem Empathie für die Opfer von Kriegen zu stärken und ein tieferes Verständnis für die Realität der Kriegssituation zu vermitteln.

Systeme virtueller Realität ließen sich auch im Russisch-Ukrainischen Krieg einsetzen. KriegsreporterInnen könnten mit 360-Grad-Kameras einen Rundumblick über das Geschehen wie zum Beispiel über durch russische Luftangriffe zerstörte Stadtteile aufnehmen, um die Realitäten an den Fronten für die RezipientInnen erlebbar zu machen, sie emotional zu involvieren und das Mitgefühl für die Betroffenen des Krieges zu erhöhen. So wäre es denkbar, dass die immersive Kriegsberichterstattung im Metaversum eingebunden wird. Beispielsweise könnten JournalistInnen eine Live-Berichterstattung über bombardierte Gebäude in der Ukraine oder über die Lebensbedingungen in Flüchtlingslagern vor Ort im Metaversum anbieten.

(1)

(2)   (3)

Abb. 1–3: Die ukrainische Soldatin Tanya Zaritskaya gibt in der Nähe der Front ein Interview, das mit mehreren Kameras aufgezeichnet wird. Die hier aus dem Beitrag „Der vergessene Krieg" ausgewählten Stills zeigen unterschiedliche Perspektiven der Interviewsituation. Nach der Videomontage können ZuschauerInnen den Blickwinkel auf das Geschehen wählen, sie können am Drehort navigieren, um Details anzusteuern oder sich mit einer 360-Grad-Rundumsicht zu orientieren. Der Beitrag wurde im Frühjahr 2017 im Dorf Zaitseve in der Ostukraine von Into VR & Video gedreht, einer auf VR spezialisierten Produktionsfirma (Blick.ch 2017). (Quelle: IntoVR 2017)

4 Ethische Herausforderungen

So vielfältig das Potenzial künstlicher Intelligenz und virtueller Realität ist, birgt ihre Implementierung neben finanziellen Einschränkungen, die vor allem in den hohen Kosten für die Entwicklung und Anwendung von intelligenten und immersiven Technologien liegen, ebenso Risiken für einen verantwortungsvollen Kriegsjournalismus. Da Medien als primäre Informationsquellen dienen und die Öffentlichkeit über die Realität und Auswirkungen des Krieges primär medial informiert wird (Löffelholz 1993, 2004; Quandt et al. 2014), ist unter anderem ein ethisch vertretbarer Einsatz von algorithmischen Systemen und immersiven Technologien in der Produktion und Distribution von Nachrichten unerlässlich. JournalistInnen tragen dabei eine große Verantwortung gegenüber der Öffentlichkeit.

Im algorithmengestützten wie im immersiven Kriegsjournalismus ergeben sich ethische Bedenken, die sich besonders auf Verzerrungen, Fehlinformationen, Desinformationen, Voreingenommenheit und die Transparenz der berichteten Inhalte beziehen. Werden etwa Algorithmen zur Generierung von Nachrichten mit fehlerhaften oder voreingenommenen Ausgangsdaten trainiert, können sie falsche Schlussfolgerungen ziehen oder fehlerhafte Interpretationen liefern und damit die Verbreitung von Fehlinformationen und Desinformationen begünstigen (Zweig et al. 2018). Gleichzeitig können Verzerrungen in der Berichterstattung durch die Intransparenz der algorithmischen Produktion entstehen (Diakopoulos 2015).

Auch bei der Produktion von immersiven Inhalten über kriegsbezogene Ereignisse kann es zu verzerrten Repräsentationen, Fehlinformationen oder sogar Manipulationen kommen, wenn JournalistInnen beispielsweise Informationen nicht genau prüfen und visuelle Elemente (z. B. Bilder) einer falschen Person zuordnen oder den Grad der Immersion in Richtung Sensationsjournalismus erhöhen (Pérez-Seijo und López-García 2019, S. 956–957). Zudem erfordert eine verantwortungsvolle Nutzung von Technologien virtueller Realität eine transparente Aufbereitung immersiver Inhalte (Pérez-Seijo und López-García 2019, S. 958; Kent 2015). Die Darstellung von Kriegsszenen in der virtuellen Realität wirft außerdem die ethische Frage auf, ob die dramatischen Erfahrungen und Leiden der Kriegsopfer durch immersive Berichterstattung verharmlost und trivialisiert werden (Kent 2015).

Im Hinblick auf die Verbreitung von Inhalten durch KI-Anwendungen stellt der Einsatz von Social Bots in Kurznachrichtendiensten wie X oder anderen sozialen Medien für propagandistische Ziele eine erhebliche Herausforderung für den Journalismus dar (Gohdes 2018). Diese automatisierten Programme sind in der Lage, menschliche AkteurInnen als NutzerInnen sozialer Medien zu imitieren und Desinformationen durch algorithmengesteuerte Gewichtung der Relevanz von Nachrichten in großem Umfang zu verbreiten, um die öffentliche Meinung zu manipulieren (Ferrara et al. 2016, S. 96; Graber und Lindemann 2018, S. 52). So verdeutlichen die Ergebnisse einer quantitativen Untersuchung von fast 350.000 Nachrichten mit pro-russischer Unterstützung auf der Plattform *X* während des Russisch-Ukrainischen Krieges die wichtige Rolle von Social Bots bei der Verbreitung und Vervielfältigung der Propaganda-Posts (Geissler et al. 2023). Rund 20 Prozent der Verbreiter propagandistischer Beiträge wurden als Social Bots identifiziert (Geissler et al. 2023, S. 8).

Überdies bringt der Einsatz von *Deepfakes* zur Verbreitung von Desinformationsnarrativen zusätzliche Herausforderungen für den Journalismus mit sich (Yadlin-Segal und Oppenheim 2021). Deepfakes sind manipulierte Aufnahmen, in denen das Aussehen und die Stimme von Personen mithilfe von Methoden künstlicher Intelligenz gefälscht werden. Sie erschweren die Unterscheidung zwischen wahrhaften und manipulierten Inhalten und beeinträchtigen damit die Sicherung der Informationsqualität und Glaubwürdigkeit. JournalistInnen müssen daher verstärkt auf KI-Tools zurückgreifen, um Deepfakes zu identifizieren und die Glaubwürdigkeit ihrer Berichterstattung abzusichern. Nur kurze Zeit nach der russischen Invasion der Ukraine wurden im Internet bereits erste Deepfake-Videos im Internet verbreitet. Ein Beispiel dafür ist das Video, in dem der ukrainische Präsident Wolodymyr Selenskyj angeblich zur Kapitulation aufruft und seine Landsleute auffordert, die Waffen niederzulegen (ZDF 2022).

Schließlich erfordert ein ethisch verantwortungsvoller Umgang mit algorithmischen Systemen und virtueller Realität die Berücksichtigung der Persönlichkeitsrechte und Privatsphäre aller Beteiligten. Dies schließt die Daten für die Generierung von Kriegsnachrichten, die Repräsentation simulierter ProtagonistInnen (z. B. Kriegsopfer) und die in Drohnenaufnahmen betroffenen Opfer ein. Kurzum: Da die Qualität der veröffentlichten Inhalte maßgeblich die Wahrnehmung und Meinungsbildung der RezipientInnen zu Ereignissen in Kriegsgebieten beeinflusst, ist die Bereitstellung unvoreingenommener, objektiver und zuverlässiger Daten, die Transparenz der KI-gestützten Nachrichtenproduktion respektive die Öffnung der sogenannten *Black Box* sowie der Schutz personenbezogener Daten von großer Bedeutung, um die Genauigkeit und Verlässlichkeit dieser Technologien sicherzustellen. Dadurch kann eine ausgewogene, faire und fehlerfreie Kriegsberichterstattung und somit die Einhaltung der journalistischen Sorgfaltspflicht gewährleistet werden.

5 Fazit und Ausblick auf die Forschungsdesiderata

Der Kriegsjournalismus der Zukunft muss in einer zunehmend von künstlicher Intelligenz und virtueller Realität durchdrungenen Medienlandschaft neu gedacht werden, da diese technologischen Entwicklungen journalistische Wertschöpfungs- und Rezeptionsprozesse maßgeblich verändern. Sie eröffnen neue Formen journalistischer Erzählweisen und Darstellungsformen von Kriegsereignissen. Gleichzeitig bedingt ihre Integration in die Kriegsberichterstattung eine Restrukturierung journalistischer Handlungsabläufe und Arbeitspraktiken. Für den fachgerechten und ethisch verantwortungsvollen Umgang mit algorithmischen und immersiven Technologien im Kriegsjournalismus entstehen neue Kompetenzanforderungen für Medienschaffende. Dies schließt vor allem die Aneignung von Datenkompetenz und die Fähigkeit des „computational thinking" (Diakopoulos 2019, S. 248) ein, um mit riesigen Datenmengen kompetent umzugehen, die Funktionsweise von algorithmengetriebenen und immersiven Anwendungen zu verstehen und Ergebnisse dieser Technologien kritisch zu reflektieren. Denn nur ein kompetenter und verantwortungsvoller Umgang mit künstlicher Intelligenz und virtueller Realität kann das volle Potenzial dieser Systeme entfalten und potenzielle Verzerrungen in den Trainingsdaten sowie Fehlinformationen, Desinformationen und Deepfakes in der Kriegsberichterstattung identifizieren und unterbinden. Die neuen journalistischen Kompetenzfelder und der damit einhergehende Wandel des Berufsbildes Journalismus, stellen somit auch die journalistische Ausbildung vor neue Herausforderungen.

Insgesamt zeigt sich, dass die Forschung zu den Auswirkungen künstlicher Intelligenzsysteme und immersiver Technologien auf den Kriegsjournalismus noch nicht weit gediehen ist. Es sind empirische Untersuchungen erforderlich, um die Rolle neuer Technologien in der Produktion und Verbreitung von Kriegsnachrichten sowie damit einhergehende Veränderungen adäquat zu beschreiben und zu erklären. Zugleich stellt sich für die Öffentlichkeit die Frage, ob die Erwartungen an den Kriegsjournalismus infolgedessen ebenfalls verändert werden. Nicht zuletzt ergibt sich für einen ethisch vertretbaren algorithmengetriebenen und immersiven Kriegsjournalismus daraus die Frage, wie journalistische Qualitätsstandards und ethische Grundprinzipien sichergestellt werden können.

Literatur

Bastian, M., Makhortykh, M., & Dobber, T. (2019). News personalization for peace: how algorithmic recommendations can impact conflict coverage. *International Journal of Conflict Management*, 30(3), 309–328. https://doi.org/10.1108/IJCMA-02-2019-0032.

Beckett, C., & Yaseen, M. (2023). *Generating change: A global survey of what news organisations are doing with AI*. https://static1.squarespace.com/static/64d60527c01ae7106f2646e9/t/6509b9a39a5 ca70df9148eac/1695136164679/Generating+Change+_+The+Journalism+AI+report+_+English. pdf. Zugegriffen am 18. März 2024.

Biocca, F., & Levy, M. R. (1995). Communication applications of virtual reality. In F. Biocca & M. R. Levy (Hrsg.), *Communication in the age of virtual reality* (S. 127–157). New York: Routledge.

Blick.ch (2017, 12. Mai). *Neues „Virtual Reality"-Video aus der Ukraine. Der vergessene Krieg* [Video]. https://www.blick.ch/interaktiv/interaktiv/neues-virtual-reality-video-aus-der-ukraine-der-vergessene-krieg-id6665342.html. Zugegriffen am 18. März 2024.

De la Peña, N. (2014, 08. Februar). *Project Syria: An immersive journalism experience*. [Video]. https://www.youtube.com/watch?v=Yku27o7Z4Bo. Zugegriffen am 18. März 2024.

Diakopoulos, N. (2019). *Automating the news: how algorithms are rewriting the media*. Cambridge und London: Harvard University Press.

Diakopoulos, N. (2015). Algorithmic accountability: journalistic investigation of computational power structures. *Digital Journalism*, 3(3), 398–415. https://doi.org/10.1080/21670811.2014.976411.

Europäische Kommission (2019). *Eine Definition der KI: Wichtigste Fähigkeiten und Wissenschaftsgebiete*. Hochrangige Expertengruppe für künstliche Intelligenz. https://ec.europa.eu/newsroom/dae/document.cfm?doc_id=60664. Zugegriffen am 18. März 2024.

Ferrara, E., Varol, O., Davis, C., Menczer, F., & Flammini, A. (2016). The rise of social bots. *Communications of the ACM*, 59(7), 96–104. https://doi.org/10.1145/2818717.

Feyder, M., & Rath-Wiggins, L. (2018). *VR-Journalismus: Ein Handbuch für die journalistische Ausbildung und Praxis*. Wiesbaden: Springer VS. https://doi.org/10.1007/978-3-658-22217-8_1.

Geissler, D., Bär, D., Pröllochs, N., & Feurriegel, S. (2023). Russian propaganda on social media during the 2022 invasion of Ukraine. *EPJ Data Science*, 12(35), 1–20. https://doi.org/10.1140/epjds/s13688-023-00414-5.

Graber, R., & Lindemann, T. (2018). Neue Propaganda im Internet: Social Bots und das Prinzip sozialer Bewährtheit als Instrumente der Propaganda. In K. Sachs-Hombach & B. Zywietz, *Fake News, Hashtags & Social Bots: Aktivismus- und Propagandaforschung* (S. 51–68). Wiesbaden: Springer VS. https://doi.org/10.1007/978-3-658-22118-8_3.

Gohdes, A. R. (2018). Studying the internet and violent conflict. *Conflict Management and Peace Science*, 35(1), 89–106. https://doi.org/10.1177/0738894217733878.

Graefe, A. (2016). *Guide to automated journalism*. https://academiccommons.columbia.edu/doi/10.7916/D8QZ2P7C/download. Zugegriffen am 18. März 2024. https://doi.org/10.7916/D80G3XDJ.

IntoVR (2017). *VR-Doku aus Ukraine: Der vergessene Krieg*. https://intovr.de/2017/05/15/vr-doku-aus-ukraine-der-vergessene-krieg/. Zugegriffen am 18. März 2024.

Kaiser, M., Buttkereit, A.-F., & Hagenauer, J. (2019). *Journalistische Praxis: Chatbots. Automatisierte Kommunikation im Journalismus und in der Public Relation*. Wiesbaden: Springer VS.

Kent, T. (2015). *An ethical reality check for virtual reality journalism*. https://medium.com/@tjrkent/an-ethical-reality-check-for-virtual-reality-journalism-8e5230673507. Zugegriffen am 18. März 2024.

Kunova, M. (2023). *Eight tasks ChatGPT can do for journalists*. https://www.journalism.co.uk/news/how-can-journalists-use-chatgpt-/s2/a1005273/. Zugegriffen am 18. März 2024.

Löffelholz, M. (2004). Krisen- und Kriegskommunikation als Forschungsfeld. In M. Löffelholz (Hrsg.), *Krieg als Medienereignis II: Krisenkommunikation im 21. Jahrhundert* (S. 13–55). Wiesbaden: VS Verlag für Sozialwissenschaften.

Löffelholz, M. (1993). Krisenkommunikation: Probleme, Konzepte, Perspektiven. In M. Löffelholz (Hrsg.), *Krieg als Medienereignis: Grundlagen und Perspektiven der Krisenkommunikation* (S. 11–32). Opladen: Westdeutscher Verlag.

Loosen, W., & Solbach, P. (2020). Künstliche Intelligenz im Journalismus? Was bedeutet Automatisierung für journalistisches Arbeiten? In T. Köhler (Hrsg.), *Fake News, Framing, Fact-Checking: Nachrichten im digitalen Zeitalter* (S. 177–204). Bielefeld: Transcript. https://doi.org/10.14361/9783839450253-010.

Mandal, S. (2013). Brief introduction of virtual reality & its challenges. *International Journal of Scientific & Engineering Research*, 4(4), 304–309.

Maniou, T. A., & Veglis, A. (2020). Employing a chatbot for news dissemination during crisis: Design, implementation and evaluation. *Future Internet*, 12(7), 1–14. https://doi.org/10.3390/fi12070109.

McFarland, A. (2022). *China's State News Agency Introduces New Artificial Intelligence Anchor.* https://www.unite.ai/chinas-state-news-agency-introduces-new-artificial-intelligence-anchor/. Zugegriffen am 18. März 2024.

Newman, N (2022). *Digital news project: Journalism, media, and technology trends and predictions 2022.* https://reutersinstitute.politics.ox.ac.uk/sites/default/files/2022-01/Newman%20-%20Trends%20and%20Predictions%202022%20FINAL.pdf. Zugegriffen am 18. März 2024.

Pérez-Seijo, S., & López-García, X. (2019). Five ethical challenges of immersive journalism: A proposal of good practices' indicators. In A. Rocha, C. Ferrás & M. Paredes (Hrsg.), *Information Technology and Systems* (S. 954–964). Cham: Springer. https://doi.org/10.1007/978-3-030-11890-7_89.

Quandt, T., Wilke, J., Heimprecht, C., & Pape, T. (2014). *Fernsehwelten: Auslandsnachrichten im deutschen Fernsehen.* Wiesbaden: Springer VS.

Richter, C. (2022). *Kriegsberichterstattung.* https://journalistikon.de/kriegsberichterstattung/. Zugegriffen am 18. März 2024.

Sarısakaloğlu, A. (2023). Virtuelle Realität im Journalismus: Potenziale und Herausforderungen der partizipativ-immersiven Dimension der Berichterstattung. *Communicatio Socialis*, 56(4), S. 460–470. https://doi.org/10.5771/0010349720234460.

Sarısakaloğlu, A. (2022a). Algorithmisierung des Journalismus. Chancen und Herausforderungen künstlicher Intelligenzsysteme in sozio-technischen Newsrooms. *Communicatio Socialis*, 55(3), 308–319. https://doi.org/10.5771/0010-3497-2022-3-308.

Sarısakaloğlu, A. (2022b). Künstliche Intelligenz und Journalismus. In M. Löffelholz & L. Rothenberger (Hrsg.), *Handbuch Journalismustheorien* (S. 1–13). Wiesbaden: Springer VS. https://doi.org/10.1007/978-3-658-32153-6_30-1.

Sarısakaloğlu, A., & Tribusean, I. (2023). Virtuelle Realität und Journalismus. In M. Löffelholz, & L. Rothenberger (Hrsg.), *Handbuch Journalismustheorien* (S. 1–10). Springer VS. https://doi.org/10.1007/978-3-658-32153-6_58-1.

Sherman, W. R., & Craig, A. B. (2019). *Understanding virtual reality: Interface, application, and design.* Cambridge: Morgan Kaufmann.

Sirkkunen, E., Väätäjä, H., Uskali, T., & Rezaei, P. P. (2016). Journalism in virtual reality: Opportunities and future research challenges. *Academic Mindtrek '16: Proceedings of the 20th International Academic Mindtrek Conference*, S. 297–303. https://doi.org/10.1145/2994310.2994353.

Slater, M. (2009). Place illusion and plausibility can lead to realistic behaviour in immersive virtual environments. *Philosophical Transactions of the Royal Society B: Biological Sciences*, 364(1535), S. 3549–3557. https://doi.org/10.1098/rstb.2009.0138.

Slater, M., & Wilbur, S. (1997). A framework for immersive virtual environments (FIVE): Speculations on the role of presence in virtual environments. *Presence: Teleoperators and Virtual Environments*, 6(6), 603–616. https://doi.org/10.1162/pres.1997.6.6.603.

Slavtcheva-Petkova, V., Ramaprasad, J., Springer, N., Hughes, S., Hanitzsch, T., Hamada, B., Hoxha, A., & Steindl, N. (2023). Conceptualizing journalists' safety around the globe. *Digital Journalism*, 1–19. https://doi.org/10.1080/21670811.2022.2162429.

Yadlin-Segal, A., & Oppenheim, Y. (2021). Whose dystopia is it anyway? Deepfakes and social media regulation. *Convergence: The International Journal of Research into New Media Technologies*, 27(1), 36–51. https://doi.org/10.1177/1354856520923963.

Zeitzoff, T. (2017). How social media is changing conflict. *Journal of Conflict Resolution*, 61(9), 1970–1991. https://doi.org/10.1177/0022002717721392.

Zweig, K. A., Fischer, S., & Lischka, K. (2018). *Wo Maschinen irren können: Verantwortlichkeiten und Fehlerquellen in Prozessen algorithmischer Entscheidungsfindung*. https://www.bertelsmann-stiftung.de/fileadmin/files/BSt/Publikationen/GrauePublikationen/WoMaschinenIrrenKoennen.pdf. Zugegriffen am 18. März 2024.

ZDF (2023). *Propaganda im Krieg: Fake-Video von Selenskyj im Umlauf*. https://www.zdf.de/nachrichten/video/panorama-fake-video-selenskyj-100.html. Zugegriffen am 18. März 2024.

3 Medienrezeption im Russisch-Ukrainischen Krieg

Andrea C. Hoffmann

Was der Krieg mit uns macht – Über die psychologischen Auswirkungen der Kriegsberichterstattung

Zusammenfassung: Die psychischen Auswirkungen von Kriegsberichterstattung auf das Medienpublikum können sowohl positive als auch negative Effekte nach sich ziehen. Zu Beginn eines Konflikts überwiegen die positiven Effekte der aktiv aufgesuchten Nachrichtenangebote wie die Stillung von Informations- und Orientierungsbedürfnissen oder auch ein als angenehm erlebter Nervenkitzel. Mit zunehmender Dauer drohen durch das kontinuierliche emotionale Engagement jedoch negative Gefühle wie Furcht und Stress überhandnehmen, die der Mediennutzer als psychisch belastend erlebt. In Folge kommt es zu Abwehrstrategien wie Vermeidungsverhalten gegenüber Kriegsnachrichten, die dem Zweck dienen, den Betrachter von den unerwünschten psychischen Auswirkungen exzessiver Kriegsberichterstattung zu schützen.

1 Gefühlte Kriegsbeteiligung

Als Bundeskanzler Olaf Scholz am 27. Februar 2022 seine Regierungserklärung abgab und dabei erstmals das Wort „Zeitenwende" in den Mund nahm, war der Krieg in der Ukraine genau drei Tage alt. Seitdem kannten die Nachrichtenkanäle kein anderes Thema mehr: Pausenlos wurde in den ersten Kriegstagen vom russischen Angriff auf die Ukraine und von den Verteidigungsanstrengungen des Landes berichtet. „Ich weiß genau, welche Fragen sich die Bürgerinnen und Bürger abends am Küchentisch stellen, welche Sorgen sie umtreiben angesichts der furchtbaren Nachrichten aus dem Krieg", sagte Scholz in seiner Rede vor dem Deutschen Bundestag: „Wir erleben eine Zeitenwende. Und das bedeutet: Die Welt danach ist nicht mehr dieselbe wie die Welt davor." (Scholz 2022).

Der Kanzler sollte Recht behalten: Seit Kriegsbeginn leben die Deutschen in einer neuen Realität. Dabei hat sich ihr Alltag größtenteils nicht verändert. Weder in Berlin noch in Köln wurden je Luftangriffe beobachtet oder russische Panzer gesichtet. Trotzdem hatten die Deutschen gerade zu Beginn das Gefühl, plötzlich „im Krieg" zu sein, viele machten sich Sorgen. Die mediale Berichterstattung über den Krieg war die Ursache dafür.

https://doi.org/10.1515/9783111331508-015

In den ersten Wochen nach der Invasion der Ukraine waren die Medien voll mit Kriegsberichten – und die Menschen konsumierten sie ausgiebig, oftmals viele Stunden am Tag. Diese Aktivität blieb nicht ohne Auswirkung auf ihr Wohlbefinden und ihre Stimmung (Klump 2022). Aber welche psychologischen Effekte hatte die ausgiebige Hinwendung zum medialen Kriegsgeschehen? Und wie veränderten sich diese Effekte sowie das Mediennutzungsverhalten mit fortschreitender Dauer des Ukraine-Konflikts?

In diesem Beitrag werden wir unser Augenmerk zuerst auf die positiven Effekte der Kriegsberichterstattung legen, die meist zu Beginn eines Kriegs oder einer Krise überwiegen. Wir explorieren, welche Faktoren zu einem besonders intensiven emotionalen Engagement beim Mediennutzer beitragen – und wie es mit zunehmender Dauer oder bei starker Intensität auch negative Gefühle auszulösen vermag.

2 Gratifikationen durch Kriegsberichterstattung

Unmittelbar nach Kriegsbeginn stürzten sich die Menschen regelrecht auf Nachrichtenangebote, die den Konflikt thematisierten. Laut einer Studie der ZDF-Medienforschung gaben 43 Prozent der Befragten an, im März 2022 mehr Nachrichten zu konsumieren als normalerweise – und gemäß ihrer subjektiven Wahrnehmung sogar noch mehr als zu Beginn der Corona-Pandemie. Diese Wahrnehmung deckt sich allerdings nicht ganz mit den gemessenen Nutzungszahlen, die bei beiden Krisen einen vergleichbaren Anstieg der Nutzung von TV-Nachrichten verzeichnet (Klump 2022).

Die Kommunikationswissenschaft liefert verschiedene Erklärungsansätze dafür, dass Nachrichten über das Geschehen in der Ukraine in den ersten Kriegstagen Hochkonjunktur hatten: Der Uses and Gratifications-Ansatz, der nach dem „Nutzen" bzw. der „Belohnung" für die Zuwendung zu Medieninhalten fragt, diskutiert im Hinblick auf die Kriegs- und Krisenberichterstattung verschiedene mögliche Gratifikationen:

- *Informationsgratifikation*: Das Publikum erhält durch die medialen Berichte über den Krieg eine Fülle von Information über beteiligte Parteien, über die Ursachen und Auswirkungen des Konflikts, welche ihm helfen, die Ereignisse einzuordnen und für sich zu deuten (Rubin 1984).
- *Unterhaltungsgratifikation*: Kriegsnachrichten können zur Unterhaltung beitragen, da das Publikum mit ihnen Dramatik, emotionale Erregung und Spannung erlebt (Perse und Courtright 1993).
- *Identitätsgratifikation*: Die Nachrichten über den Krieg stärken die Identität des Publikums, indem sie ihm das Gefühl der Zugehörigkeit zu einer be-

stimmten Konfliktpartei vermitteln, wie in diesem Fall zu der Gruppe der Verbündeten der Ukraine (Katz et al. 1974).

– *Interaktionsgratifikation*: Kriegsberichterstattung kann als Gesprächsanlass dienen; der Mediennutzer wird durch sie befähigt, an den Gesprächen „am Küchentisch" teilzunehmen, Fakten beizusteuern und seine Meinung gegenüber anderen argumentativ zu vertreten (Katz et al. 1974).

Aus der Perspektive des Uses and Gratifikations-Ansatzes ist der verstärkte Konsum von Nachrichteninhalten, die mit dem Kriegsgeschehen in Verbindung stehen, in den ersten Kriegstagen also einen erhöhtem Orientierungsbedürfnis geschuldet. Diese Befunde decken sich mit spateren Untersuchungen, wie etwa einer kulturvergleichenden Studie in den USA und in Südkorea, die ähnliche Gratifikationen annimmt:

– *Befriedigung von Neugierde*: Die Kriegsberichterstattung erlaubt es dem Publikum, seine Wissenslücken bezüglich des neuen Konflikts zu schließen.

– *Erhöhung des Wissens über politische Angelegenheiten*: Die Leser oder Zuschauer erweitern durch die Mediennutzung ihr Wissen über Hintergründe und Zusammenhänge des Konflikts.

– *Bestätigung von politischen Überzeugungen*: Wenn die Kriegsberichterstattung mit den eigenen Überzeugungen übereinstimmt, kann dies zur Untermauerung der eigenen Ansichten und zu einer Stärkung des politischen Engagements führen.

Wie die Stärkung der eigenen Überzeugungen in ein gesteigertes politisches Engagement mündete, war in Deutschland in den ersten Wochen nach Beginn des Ukraine-Krieges anschaulich zu beobachten: Unter den medialen Eindrücken zeigten die Menschen eine erhöhte Bereitschaft, Geflüchteten aus dem Kriegsgebiet zu helfen und diese bei sich zu beherbergen. Auch der Wille, der Ukraine umfangreiche Militärhilfe zu gewähren, war ein Novum für die Deutschen; sogar Parteien mit einer dezidiert pazifistischen Tradition wie Bündnis90/Die Grünen machten sich diese Position zu eigen.

Die Ereignisse in der Ukraine und ihre mediale Darstellung lösten eine starke emotionale Betroffenheit in der Bevölkerung aus. Diese Betroffenheit liegt in der Dramatik der Medieninhalte begründet: Im Krieg wird geschossen und gestorben. Menschen kämpfen um ihr Überleben, sie werden verletzt, Menschen fliehen aus ihrer Heimat, sie sind militärischer Aggression und Willkür ausgesetzt. Von ihrem Leid zu erfahren, rührt uns hinter unseren Fernsehgeräten oder Computerbildschirmen an. Fast noch aufwühlender ist jedoch der Gedanke, dass die Bedrohung sich ausweiten und auch uns selbst betreffen könnte. Dass wir latent in Gefahr schweben und uns ein Schicksal wie das der Ukrainer selbst ereilen könnte, versetzt uns in einen Zustand der inneren Alarmbereitschaft, der sich physisch in einem erhöhten neuronalen Erregungsniveau manifestiert (Zillmann 2013).

3 Suche nach emotional aufgeladenen Inhalten

Für die Hinwendung zu solch emotional aufgeladenen und zum Teil angsteinflößenden Medieninhalten liefert die Arousal-Theorie von Zillmann und Bryant (1985) einen interessanten Erklärungsansatz, der sich auf Kriegsnachrichten gut anwenden lässt (Zillmann 2000; Knobloch-Westwick und Kepplinger 2006). Diese Theorie geht davon aus, dass wir einen Anstieg der neuronalen Erregung als angenehm „erregend" empfinden – und dass die Herstellung dieses Zustandes ein Hauptmotiv für die Mediennutzung darstellt, insbesondere für die Hinwendung zu Fernsehen bzw. Bewegtbildmaterial (Zillmann 2013). Die Medienindustrie macht sich diesen „Durst" nach physiologischer Stimulierung zunutze: Jeder Spielfilm, aber auch jeder Nachrichtenclip zielt darauf ab, uns als Zuschauer emotional zu „packen", damit wir unsere Exposition gegenüber dem Medium fortsetzen. Denn dass wir uns angeregt fühlen, ist die Grundvoraussetzung für unsere Bereitschaft, unsere Aufmerksamkeit auf die präsentierten Inhalte zu lenken.

Ein Krieg wiederum ist aus der Perspektive der Arousal-Theorie ein sehr anregendes, aber auch aufwühlendes Ereignis. Wenn sich die Zuschauer direkt mit den vom Kriegsgeschehen betroffenen Personen identifizieren und Empathie für sie empfinden, kann das Betrachten der entsprechenden Berichterstattung starke physiologische Reaktionen hervorrufen. Das gesteigerte Interesse in der Anfangsphase eines Krieges ist demnach dadurch zu erklären, dass die Hinwendung beim Publikum ein höheres Erregungsniveau auslöst und dieses aufrecht erhält (Knobloch-Westwick und Kepplinger 2006).

Erhöhte Erregung kann vom Publikum bis zu einem gewissen Maß als angenehm oder anregend empfunden werden, etwa wenn wir uns einem spannenden Film ansehen. Wichtig ist jedoch, dass das Erleben der physiologischen Erregung aus Sicht der Arousal-Theorie nicht zwangsläufig positiv ist. Ganz im Gegenteil: Ist die Intensität der Erregung zu hoch oder die Dauer der Exposition zu lang, so kann negatives Erleben wie Furcht oder Stress damit einher gehen.

Ob und wann diese Erfahrung umschlägt, ob also aus einer positiv erlebten Stimulierung ein Erleben mit negativen psychischen Folgen wird, ist individuell verschieden und unterliegt unterschiedlichen Einflussfaktoren. Wichtig ist zum einen die bereits erwähnte Dauer und Intensität der Exposition gegenüber Kriegsnachrichten: Eine längere und intensivere Exposition kann zu stärkeren psychischen Auswirkungen wie Stress, Angst, Verstimmung oder Depression führen als eine kürzere, weniger intensive Exposition. Dies mag der Grund dafür sein, dass Nachrichten über das Kriegsgeschehen erst längere Zeit nach dem Auftreten des Konflikts als unangenehm, deprimierend oder negativ wahrgenommen werden, während sie in den ersten Tagen und Wochen noch positiv erlebt werden.

Ein weiterer wichtiger Faktor ist die Persönlichkeitsdisposition des Mediennutzers: Wie viel „Nervenkitzel" oder „Spannung" dieser sucht und verträgt, hängt maßgeblich von seinem oder ihrem Charakter ab: Die Spannweite reicht dabei von den sogenannten „sensation seekers", also Menschen, die stets auf der Suche nach neuen Umweltreizen und Erfahrungen sind und deswegen möglicherweise von erhöhter Erregung angezogen werden (Zuckerman 1994), bis zu „Hypersensitiven", die sensibel auf zu viele Reize reagieren, sich von diesen überfordert fühlen und sich tendenziell lieber abschotten, da sie stärker von negativen Emotionen betroffen sind (Acevedo et al. 2014).

Außerdem spielt die momentane kognitive und affektive Verarbeitungskapazität der Mediennutzer für Kriegsnachrichten eine Rolle: Einige Menschen können situativ bedingt besser mit den aufwühlenden Kriegsnachrichten umgehen, weil ihr persönliches Stresslevel gerade niedriger ist. Befindet sich der Mediennutzer hingegen in einer schwierigen Lebenssituation, ist er oder sie psychisch labil oder hat bereits eine traumatische Vorerfahrung, so kann er oder sie wiederholte Exposition von Kriegsnachrichten als belastend empfinden und möglicherweise eher negative psychische Reaktionen zeigen (Rutter et al. 2020; Delhomme et al. 2012).

Nicht jede intensive oder kontinuierliche Exposition gegenüber Kriegsnachrichten führt zwingend zu negativen psychischen Folgen. Sicher ist aber, dass Kriegsberichte, denen sich der Zuschauer kurz nach dem Auftreten des Konflikts zuwendet, als positiver erlebt werden als die Berichterstattung über das Kriegsgeschehen zu einem späteren Zeitpunkt. Ja, es scheint, als erreiche die Kriegsberichterstattung, die anfangs vom Publikum aktiv gesucht wird, um Informations- und Orientierungsbedürfnisse zu befriedigen sowie um das Identitätsgefühl zu stärken, oder einfach, um einen Nervenkitzel in Form von positiv erlebter physischer Erregung zu erfahren, irgendwann einen Kipppunkt in der Gunst der Betrachter. Wenn diese Saturierung eingetreten ist, befriedigen die Berichte nicht länger wichtige Bedürfnisse der Mediennutzer, sondern belasten diese. Dann schlägt die Erfahrung ins Negative um.

4 Sekundäre Traumatisierung durch Kriegsberichte

Zu den möglichen negativen Folgen einer intensiven und lang anhaltenden Exposition gehören Stimmungsstörungen, Angstzustände, Schlafstörungen und Depressionen (Holman et al. 2014). Diese können insbesondere dann auftreten, wenn die Zuschauer die Hoffnung auf eine positive Entwicklung verlieren und sich hilflos gegenüber dem Kriegsgeschehen fühlen. Die Überzeugung, dass das Geschehen nicht beeinflussbar und das eigene Handeln folglich irrelevant ist, führt zu einer pessimistischen Grundstimmung und Ohnmachtsgefühlen. In der Psychologie gilt das Konzept der gelernten Hilflosigkeit (Sigmund 2000), bei dem die Betroffenen in einer Art Lähmung verharren, weil sie die Hoffnung verloren haben, dass ihr Handeln die erhoffte Wirkung zeigen wird, zudem als wichtiger Erklärungsansatz für das Auftreten von Depressionen.

Im schlimmsten Fall kann die kontinuierliche Konfrontation mit belastenden Kriegsbildern oder mit Gewaltszenen beim Mediennutzer zu Symptomen einer posttraumatischen Belastungsstörung (PTBS) führen. Da der Mediennutzer dem Geschehen nicht unmittelbar ausgesetzt ist, sondern die verstörenden Eindrücke medial vermittelt beobachtet, spricht man von sekundärem traumatischem Stress, sekundärer Traumatisierung oder „vicarious trauma" (dt. „stellvertretendes Trauma", Pearlman und Saakvitne 1995; Jenkins und Baird 2002). Diese Symptomatik liegt vor, wenn ein Mediennutzer verstörende Medieninhalte imaginiert, ohne dies zu intendieren. Oft treten diese unerwünschten Imaginationen nachts in Form von Träumen auf und können Schlafstörungen verursachen. Die Episoden gehen mit Angstzuständen, Depressionen und sozialem Rückzug einher (World Health Organization 2014; Berslau 2009).

Die Exposition gegenüber verstörenden Inhalten in den Medien zählt zwar – mit Ausnahme einer professionellen Exposition – nicht offiziell zu den Auslösern von PTBS (American Psychiatric Association 2013). Trotzdem wurde die Verbindung dieser indirekten Exposition gegenüber traumatisierenden Inhalten durch die Medien mit akuten Stresssymptomen nachgewiesen, die vergleichbar und teilweise sogar stärker sind als die durch eine direkte Exposition gegenüber traumatisierenden Stimuli hervorgerufen werden (Holman et al. 2014). Das Auftreten von Stress-Symptomen nach einer medialen Exposition gegenüber verstörenden Inhalten wiederum wurde mit negativen Auswirkungen auf die physische und psychische Gesundheit in Verbindung gebracht (Silver et al. 2013; Holman et al. 2008).

Besonders gut wurde die traumatisierende Wirkung von Medieninhalten im Zusammenhang mit der Berichterstattung über die Terroranschläge in New York am 11. September 2001 und die darauffolgende US-Invasion im Irak untersucht. Silver et al. (2013) konnten in einer Langzeitstudie nachweisen, dass US-Bürger, die die Berichterstattung über die Terroranschläge und den Krieg besonders intensiv verfolgten und über vier Stunden täglich fernsahen, noch zwei oder drei Jahre nach der Exposition eine erhöhte posttraumatische Stressbelastung aufwiesen.

Vor allem Menschen, die bereits traumatische Vorerfahrungen haben, sind anfällig dafür, durch die Medienberichterstattung über verstörende Inhalte erneut traumatisiert zu werden: Offenbar kommt es bei wiederholter Exposition zu keiner Habituierung, sondern zu einem kumulativen Effekt (Garfin et al. 2015). Die traumatische Vorerfahrung muss allerdings nicht direkt sein, um diesen kumulativen Effekt nach sich zu ziehen. Sie kann vielmehr durch die mediale Berichterstattung ausgelöst worden sein. So zeigte sich bei einer vergleichenden Untersuchung von Mediennutzern in New York, die die Terroranschläge vom 11. September 2001 medial oder live miterlebt hatten, und von solchen Mediennutzern in Boston, die den dortigen Terroranschlag auf den Stadtmarathon medial oder live miterlebt hatten, dass die physische Nähe zum traumatisierenden Ereignis eine untergeordnete Rolle spielte (Garfin et al. 2015): Sowohl Menschen, die von den Ereignissen aus den Medien erfahren hatten, als auch solche, die sie live erlebt hatten, wiesen eine posttraumatische Symptomatik auf.

5 Kipppunkt der Kriegsberichterstattung

In der deutschen Bevölkerung verschlechterte sich die Stimmung einige Wochen nach Ausbruch des Ukraine-Krieges erheblich: Die ZDF-Zuschauerforschung stellt im März 2022, rund drei Wochen nach Kriegsbeginn, ein hohes Maß an Belastung durch die Kriegsnachrichten und Ängste vor den Folgen des Krieges fest (Klump 2022). Diese Sorgen manifestierten sich auf mannigfaltige Weise: Einige Menschen begannen, Nahrungsvorräte anzulegen, andere besorgten sich Jod-Tabletten, um für den Fall eines Atomkrieges gewappnet zu sein, und wieder andere (der Autorin bekannten Personen) horteten daheim Bargeld und beantragten Pässe für ihre minderjährigen Kinder, um in dem Fall, dass die russische Aggression sich auch auf Deutschland richten würde, schnell die Flucht ergreifen und Deutschland verlassen zu können.

Auch unter den Jugendlichen in Deutschland schlug die Stimmung um: Rangierte im Vorjahr noch der Klimawandel auf dem ersten Rang der wichtigsten Themen, so bekundeten bei einer Befragung des Medienpädagogischen Forschungsverbundes Südwest einige Monate nach Kriegsbeginn unter 1000 Jugendlichen 78 Prozent der Befragten, dass sie den Ukraine-Krieg für das wichtigste Thema hielten. Die Frage, ob sie sich Sorgen um den Frieden in Europa machen, bejahten 78 Prozent der 14- bis 19-Jährigen. 73 Prozent fürchteten, dass der Ukraine-Krieg eine schlechtere Zukunft nach sich zieht und 58 Prozent hatten Angst, dass es auch in Deutschland zum Krieg kommen wird (Medienpädagogischer Forschungsverband Südwest 2022).

Der rapide und messbare Stimmungseinbruch liegt auch in einem Gefühl der Überforderung begründet, die der kontinuierliche Strom an Nachrichten über das Geschehen in der Ukraine auslöst. Das zugrunde liegende Phänomen wird Informationsmüdigkeit („information fatigue") genannt: Die Mediennutzer fühlen sich durch die stetige Informationsflut belastet und erfahren durch sie chronischen Stress. Dieses Empfinden kann wiederum zu einer Verkürzung ihrer Aufmerksamkeitsspanne bei der Exposition führen: Die Mediennutzer nehmen die Kriegsinformationen dann nur noch oberflächlich auf, ohne sich emotional zu engagieren. Darunter leidet allerdings die Verarbeitungstiefe, sprich die Fähigkeit, die Information zu verstehen, sie mit vorhandenen Wissensbeständen zu verbinden, sie auf dieser Grundlage zu deuten und sie zu erinnern (Radechovsky und Schumann 2023)

Angesichts der vielfältigen negativen Auswirkungen, die kontinuierliche Kriegsberichterstattung auf die Psyche der Mediennutzer haben kann – und wenige Wochen nach Beginn des Ukraine-Krieges offenbar zumindest in Teilen der deutschen Bevölkerung auch hatte, erstaunt es kaum, dass die Betroffenen Strategien entwickeln, um sich vor diesen ungewollten Effekten zu schützen. Vermeidungsverhalten, in Bezug auf das Vermeiden von Nachrichten auch „news avoidance" genannt, beinhaltet den aktiven und bewussten Rückzug von Nachrichten (Skovsgaard und Andersen 2020). Die Menschen meiden Tageszeitungen sowie Informationsangebote im Internet, sie schalten Radio- oder Fernsehgeräte ab, wenn dort Nachrichten gesendet werden. Der Mechanismus, der im Hinblick auf die Kriegsberichterstattung dahintersteht, ist simpel: Indem Mediennutzer verstörende Nachrichten, Bilder oder Videos aus dem Krieg gezielt aus ihrem Leben verbannen, entgehen sie den negativen psychologischen Effekten, die diese Medienhalte hervorrufen können.

Nach dem Digital News Report des Reuters Institut 2023 versuchte im zweiten Kriegsjahr jeder zehnte erwachsene Internetnutzer in Deutschland aktiv, Nachrichten zu vermeiden. 65 Prozent der Befragten versuchen dies immerhin gelegentlich (Newman 2023). Frauen vermeiden nach dieser Erhebung im weltweiten Durchschnitt öfter Nachrichten als Männer (39 % versus 33 %), was die Vermutung nahelegt, dass Frauen stärker unter negativen psychischen Folgen durch Nachrichten-Exposition leiden. Dieser Zusammenhang müsste jedoch empirisch überprüft werden. Während rund die Hälfte der Vermeider (53 %) Nachrichten-Angeboten generell aus dem Weg gehen, versucht ein Drittel (32 %) ganz gezielt bestimmten Themen zu meiden. Am häufigsten wurde dabei der Ukraine-Krieg genannt: Vier von zehn Mediennutzern (39 %) geben an, die Kriegsnachrichten möglichst nicht zu konsumieren. Am stärksten ist die Ablehnung in Ländern, die sich geographisch in unmittelbarer Nähe des Konflikts befinden – und wo die emotionale Betroffenheit, die Kriegsnachrichten auslösen, am stärksten sein dürfte. In Finnland versuchten 75 Prozent der Befragten Nachrichten über den Ukraine-Konflikt zu meiden; in Deutschland waren es immerhin 52 Prozent (Newman 2023).

Solch aktives Vermeidungsverhalten gegenüber Kriegsnachrichten kann zunächst zu einer kurzfristigen Entlastung der Mediennutzer führen, da sich diese einer weiteren Exposition gegenüber belastenden Inhalten verweigern – und sich auf diese Weise vor einer weiteren Kumulation der unerwünschten negativen Folgen schützen. So können Gefühle von Angst oder depressive Verstimmungen reduziert oder zumindest nicht weiter gefüttert werden (Toff und Nielsen 2022). Dauert die Nachrichten-Verweigerung länger an, besteht allerdings die Gefahr, dass wichtige Informationen von den betreffenden Personen nicht mehr wahrgenommen werden und sich deren Realitätsbild verzerrt (Newman et al. 2022).

Langfristig kann Vermeidungsverhalten zu einer begrenzten Informationsgrundlage führen und das Verständnis für komplexe Zusammenhänge und Konflikte und ihren Auswirkungen stark einschränken: Das aktive Vermeiden von Kriegsnachrichten kann zu einer Entfremdung von den Ereignissen in den betroffenen Gebieten führen und das Verständnis für die Bedeutung und Dringlichkeit des Konflikts erodieren lassen. Zudem kommt es in diesem Zusammenhang oft zu einem Verlust der Empathie für die Kriegsopfer und zur Unwilligkeit, sich mit ihrem Leiden zu beschäftigen. Dieses Phänomen, auch „compassion fatigue" genannt, tritt oft in helfenden Berufen wie etwa bei Psychologen oder Krankenhauspersonal auf, aber auch bei Journalisten, die über das Kriegsgeschehen berichten (Hoffmann 2020). Der Verlust an Empathie für die Kriegsopfer geht oft mit depressiven Verstimmungen einher.

Darüber hinaus kann Vermeidungsverhalten auf lange Sicht zu einer sozialen Isolation der Vermeider führen, da diese sich aus den aktuellen Geschehnissen und Diskursen zurückziehen und sich mit ihren eigenen Sichtweisen zunehmend unverstanden fühlen. Oft verharren diese Menschen langfristig in einer Filterblase, in der selektiv nur bestimmte Nachrichtenquellen benutzt werden, was ihre Perspektive stark verengt (Newman et al. 2022). Die Kommunikation mit anderen Menschen und gegenseitiges Verständnis wird dadurch erheblich erschwert.

6 Solidarisierung und Engagement

Die psychischen Auswirkungen von Kriegsberichterstattung auf das Medienpublikum können beträchtlich sein – und sowohl positive als auch negative Effekte nach sich ziehen. Zu Beginn eines Konflikts geht die Tendenz dahin, dass Mediennutzer

Information über den Krieg aktiv suchen, weil sie Nutzen aus ihnen ziehen. So befriedigt die Berichterstattung über einen neu aufkommenden Konflikt wichtige Informations- und Orientierungsbedürfnisse. Außerdem trägt die Hinwendung zu diesen Medieninhalten zur Identitätsbildung bei, weil sich die Zuschauer in der Regel mit einer Seite des Konflikts solidarisieren. Dies wiederum mündet in gesteigertes politisches Engagement und Hilfsbereitschaft für die Opfer des Krieges.

Dauert die Berichterstattung über einen Konflikt jedoch längere Zeit an oder wird das zeitliche bzw. das emotionale Engagement der Zuschauer sehr intensiv, so können durch die Exposition negative psychische Effekte ausgelöst werden. Das Gefühl von Furcht, Stress oder depressive Verstimmungen sind mögliche Reaktionen auf eine kontinuierliche Überflutung mit gewalttätigen oder belastenden Medieninhalten, die der Zuschauer nicht adäquat verarbeiten kann. In der Folge kann es zu Abwehrstrategien wie Vermeidungsverhalten gegenüber Nachrichten über den Krieg kommen: In diesem Fall schränkt der Zuschauer seinen Nachrichtenkonsum aktiv ein, um sich vor den unerwünschten psychischen Auswirkungen zu schützen.

Betrachtet man die Karriere der Berichterstattung über einen bestimmten Konflikt, so scheint, dass beim Publikum nach einer gewissen Zeit eine Saturierung erreicht wird: Danach kippt das durch die Mediennutzung ausgelöste Befinden. Mediennutzer ziehen dann weniger aus den Kriegsnachrichten, da sie sich bereits hinreichend orientiert fühlen, und die physiologische Erregung, der Nervenkitzel, den die Kriegsberichterstattung auslöst, sich subjektiv ins Negative verkehren kann: Effekte wie Verunsicherung, Hilflosigkeit oder depressive Verstimmungen werden durch die weitere Rezeption entsprechender Medienangebote ausgelöst. Dies mag der Grund für die vielfach beobachtete Müdigkeit der Mediennutzer sein, sich nach länger anhaltender Kriegsdauer auf weitere Nachrichten und Berichte zu dieser Thematik einzulassen. Dabei lösen diese Berichte wahrscheinlich mehr als nur Langeweile aus: Die Zuschauer spüren, dass sie schädlich für ihr Wohlbefinden sind – und ziehen die entsprechenden Konsequenzen, in dem sie solche Informationen fortan meiden.

Literatur

Acevedo, B. P., Aron, E. N., Aron, A., Sangster, M. D., Collins, N., & Brown, L. L. (2014). The highly sensitive brain: An fMRI study of sensory processing sensitivity and response to others' emotions. *Brain and Behavior*, 4(4), 580–594.

American Psychiatric Association. (2013). *Diagnostic and statistical manual of mental disorders* (5. Aufl.). Arlington: APA.

Berslau, N. (2009). The epidemiology of trauma, PTSD and other posttraumatic disorders. *Trauma, Violence & Abuse*, 10, 198–210.

Delhomme, P., Chaurand, N., & Paran, F. (2012). Personality predictors of speeding in young drivers: Anger vs. sensation seeking. *Transportation Research Part F-Traffic Psychology and Behaviour*, 15, 654–666.

Garfin, D. R., Holman, E. A., & Silver, R. C. (2015). Cumulative exposure to prior collective trauma and acute stress responses to the Boston Marathon bombings. *Psychological Science*, 26(6), 675–683.

Hoffmann, A. C. (2020). Traumatisierung am Arbeitsplatz. *Publizistik*, 65, 381–402.

Holman, E. A., Garfin, D. R., & Silver, R. C. (2014). Media's role in broadcasting acute stress following the Boston Marathon bombings. *Proceedings of the National Academy of Sciences*, 111(1), 93–98.

Holman, E. A., Silver, R. C., Poulin, M., Andersen, J., Gil-Rivas, V., & McIntosh, D. N. (2008). Terrorism, acute stress, and cardiovascular health: A 3-year national study following the September 11th attacks. *Archives of General Psychiatry*, 65, 73–80.

Jenkins, S. R., & Baird, S. (2002). Secondary traumatic stress and vicarious trauma: A validational study. *Journal of Trauma Stress*, 15(5), 423–432.

Katz, E., Blumler, J. G., & Gurevitch, M. (1973–1974). Uses and gratifications research. *Public Opinion Quarterly*, 37(4), 509–523. https://doi.org/10.1086/268109.

Katz, E., Blumler, J. G., & Gurevitch, M. (1974). Utilization of mass communication by the individual. In J. G. Blumler & E. Katz (Hrsg.), *The Uses of Mass Communications: Current Perspectives on Gratifications Research* (S. 19–32). Beverly Hills: Sage.

Klump, F. (2022). *Medienkonsumverhalten und die TV-Sender: Corona als digitaler Booster*. https://www.zdf.de/assets/medienforschung-studien-140~original. Zugegriffen am 18. September 2023.

Knobloch-Westerwick, S., & Keplinger, N. (2006). Arousing news: Emotional reactions to terrorist attacks and the role of the press. *Journal of Communication*, 56(1), 1–19.

Medienpädagogischer Forschungsverband Südwest (2022). *JIM-Studie 2022. Jugend, Information, Medien. Basisuntersuchung zum Medienumgang 14- bis 19-Jähriger*. https://www.mpfs.de/studien/jim-studie/2022/. Zugegriffen am 18. September 2023.

Newman, N. (2023). *Reuters Institute Digital News Report 2023*. https://reutersinstitute.politics.ox.ac.uk/sites/default/files/2023-06/Digital_News_Report_2023.pdf. Zugegriffen am 18. September 2023.

Newman, N., Fletcher, R., Robertson, C. T., Eddy, K., & Nielsen, R. K. (2022). *Reuters Institute Digital News Report 2022*. Oxford: University of Oxford.

Pearlman, L. A., & Saakvitne, K. W. (1995). *Trauma and the therapist: Countertransference and vicarious traumatization in psychotherapy with incest survivors*. New York: W. W. Norton & Company.

Perse, E. M., & Courtright, J. A. (1993). Normative images of communication and violence: Television forms and audience judgments. *Journal of Broadcasting & Electronic Media*, 37(3), 313–327.

Radechovsky, J., & Schumann, C. (2023). Fehlinformation, Themenverdrossenheit, Misstrauen und Journalismus. In M. Löffelholz & L. Rothenberger (Hrsg.), Handbuch Journalismustheorien (2. Aufl.). Wiesbaden: Springer VS.

Rubin, A. M. (1984). Ritualized and instrumental television viewing. *Journal of Communication*, 34(3), 67–77.

Rutter, L. A., Norton, D. J., & Brown, T. A. (2020). The impact of self-reported depression severity and age on facial emotion recognition in outpatients with anxiety and mood disorders. *Journal of Psychopathology and Behavioral Assessment*, 42(1), 86–92.

Scholz, O. (2022). *Regierungserklärung von Bundeskanzler Olaf Scholz am 27. Februar 2022*. https://www.bundesregierung.de/breg-de/suche/regierungserklaerung-von-bundeskanzler-olaf-scholz-am-27-februar-2022-2008356. Zugegriffen am 18. September 2023.

Sigmund, R. (2000). Erlernte Hilflosigkeit. In G. Stumm, & A. Pritz (Hrsg.), *Wörterbuch der Psychotherapie*. Wien: Springer.

Silver, R. C., Holman, E. A., Andersen, J. P., Poulin, M., McIntosh, D. N., & Gil-Rivas, V. (2013). Mental- and physical-health effects of acute exposure to media images of the September 11, 2001, attacks and the Iraq War. *Psychological Science*, 24(9), 1623–1634.

Skovsgaard, M., & Andersen, K. (2020). Conceptualizing News Avoidance: Towards a Shared Understanding of Different Causes and Potential Solutions. *Journalism Studies*, 21(4), 459–476.

Toff, B., & Nielsen, R. K. (2022). How News Feels: Anticipated Anxiety as a Factor in News Avoidance and a Barrier to Political Engagement. Political Communication, 39(6), 697–714.

World Health Organization (2014). *ICD-10-GM2014F43.1: Posttraumatische Belastungsstörung*. https://www.icd-code.de/icd/code/F43.1.html. Zugegriffen am 18. September 2023.

Zillmann, D. (2000). Mood management in the context of selective exposure theory. In M. E. Roloff (Hrsg.), *Communication Yearbook* (Bd. 23, S. 103–123). London: Routledge.

Zillmann, D. (2013). Television viewing and physiological arousal. In D. Zillmann (Hrsg.), *Responding to the Screen* (S. 103–133). London: Routledge.

Zillmann, D., & Bryant, J. (1985). Affect, mood, and emotion as determinants of selective expo- sure. In D. Zillmann & J. Bryant (Hrsg.), *Selective exposure to communication* (S. 157–189). Hillsdale: Lawrence Erlbaum Associates.

Zuckerman, M. (1994). *Behavioral expressions and biosocial bases of sensation seeking*. Cambridge: Cambridge University Press.

Mykola Berdnyk und Denis Trubetskoy

Angst, Trauer, Entschlossenheit – Die ukrainische Bevölkerung im Krieg

Zusammenfassung: Im von Russland entfesselten Vernichtungskrieg hören UkrainerInnen nicht auf, mit ihrer Standhaftigkeit und dem Widerstandswillen zu überraschen. Wo schöpft die ukrainische Gesellschaft, die sich gegen einen so überlegenen Angreifer wehren muss, Kraft für den Kampf, dessen Ende gar nicht in Sicht ist? Wie gehen Menschen in der Ukraine mit existentiellen Ängsten um, die sie durch den Krieg begleiten? Welchen Platz hat Trauer – angesichts enormer Verluste? Und welche Rolle spielen dabei Medien und soziale Netzwerke?

1 Selenskyjs Beruhigungsstrategie

„Ich bin sicher, dass ich in meiner [nächsten] Neujahrsansprache sagen werde: Liebe Ukrainer! [...] Wir waren ruhig, stark und begrüßen das nächste neue Jahr. Ohne Panik. Ohne Angst. Ich hoffe, ohne Viren. Und ich glaube wirklich: Ohne Krieg", appellierte der ukrainische Präsident Wolodymyr Selenskyj am 19. Januar 2022 in einer Videobotschaft an die Bevölkerung (President of Ukraine 2022). Rund einen Monat vor der russischen Invasion versuchte Selenskyj, damals noch im zivilen Anzug und nicht im militärischen Olivgrün, UkrainerInnen Angst vor dem großen Krieg auszureden.

Die Vehemenz, mit der Selenskyj und VertreterInnen seiner Regierung das Risiko eines Großangriffs bestritten, wirkte auf viele in der Ukraine wie im Ausland befremdlich. Angesichts des russischen Truppenaufmarschs an den Grenzen des Landes warnte der Westen, vor allem die USA, seit Monaten vor einer Invasion. Dass Russland keinen Krieg planen würde, war dagegen offizielles Narrativ des Kreml.

Selenskyjs Beruhigungsoffensive erklärten sich viele in der Ukraine mit seiner politischen Naivität. Doch ein halbes Jahr später gab der ukrainische Präsident plötzlich zu, die UkrainerInnen absichtlich in die Irre geführt zu haben, um Chaos und Massenflucht noch vor Beginn der Kampfhandlungen zu vermeiden.

Manche Zitate aus Selenskyjs Videobotschaft, in der er die Gefahr eines großen Krieges zu zerreden versuchte, sollten später zu Memes werden – insbesondere sein Versprechen, dass es „im Mai – wie immer – Sonne, Feiertage, Barbecue" geben würde.

https://doi.org/10.1515/9783111331508-016

Doch im Grunde nahmen die meisten UkrainerInnen dieses aus moralischer Sicht fragwürdige Versprechen dem Präsidenten offenbar nicht übel. Laut einer im September 2023 durchgeführten Umfrage des ukrainischen Thinktanks Razumkov Centre genoss Selenskyj mit 75 Prozent Zustimmung mehr Vertrauen als jeder andere Politiker im Land (Razumkov Centre 2023). Dass Selenskyj eine solche „Notlüge" wagte, zeugt davon, dass er und seine Regierung sehr früh erkannten, welche Rolle Angst und der Umgang mit ihr im Krieg spielen (→ Beitrag Taradai).

Später griffen die ukrainische Regierung und Selenskyjs Führungszirkel immer wieder zu gewagten und offenbar bewusst falschen Prognosen, um die Bevölkerung zu beruhigen – und schafften eine Art Rahmen-Narrativ, der Krieg würde nicht zu lange dauern. Oleksij Arestowytsch, damals Berater und zwischenzeitlich De-facto-Sprecher in Selenskyjs Kanzlei, überzeugte die UkrainerInnen im März 2022, die Kampfhandlungen würden zwei bis drei Wochen dauern. Diese und spätere Aussagen von Arestowytsch bescherten ihm den scherzhaften Titel „Beruhigungsmittel fürs Volk".

Die Frage, ob Selenskyjs desinformierende Beruhigungsstrategie tatsächlich aufging oder ob er den Widerstandswillen der UkrainerInnen unterschätzte, lässt sich im Nachhinein kaum mit Gewissheit beantworten. Zu Panik und Massenflucht aus der Ukraine vor Beginn der Invasion am 24. Februar 2022 kam es jedenfalls nicht. Mit der Verhängung des Kriegsrechts nach dem Angriff wurde es möglich, die Bevölkerung mit juristischen Mitteln stärker zu kontrollieren, insbesondere durch ein Ausreiseverbot für Männer im wehrpflichtigen Alter. Millionen UkrainerInnen verließen zwar das Land, doch die meisten blieben – mit ihren Ängsten in einer für sie völlig neuen Realität.

2 Ängste als Treiber des ukrainischen Widerstands

Diese Ängste zu erkennen, sie überwinden, aber auch kontrollieren und kanalisieren zu können, ist für eine Gesellschaft im Krieg existenziell. Der Umgang mit Ängsten ist ein wesentlicher Faktor für die Kampfmoral und somit für den Kriegsverlauf. Bisweilen kommt es dabei zu scheinbaren Paradoxien, wenn eine übergeordnete Angst motiviert, sich über andere Ängste hinwegzusetzen und mutig zu handeln. So war es die Wut über die Angreifer, aber auch Angst vor russischer Gewaltherrschaft im Falle ihres Erfolgs, die den UkrainerInnen, oftmals ohne jegliche militärische Erfahrung, Mut und Tatkraft gab, den Invasoren erbitterten Widerstand zu leisten.

Medien und soziale Netzwerke spielten dabei eine herausragende Rolle. Ukrainische Telegramkanäle veröffentlichten vom ersten Tag an unzählige, oft mit Smartphones aufgezeichnete Videos von den Schlachtfeldern: Erste Erfolge der ukrainischen Armee; Partisanen, die mit westlichen Panzerfäusten russische Panzer jagten; Zivilisten, die gegen schwer bewaffnete Besatzer mit ukrainischen Fahnen auf die Straßen gingen. Auch Bilder, die ethischen und kriegsrechtlichen Normen widersprachen, kursierten reichlich in sozialen Netzwerken: Leichen russischer Soldaten, mit Handys aufgezeichnete Gefangenenverhöre. Auch das half gegen die Angst vor den vermeintlich unbesiegbaren Russen.

Einen wichtigen Platz in der Zerstörung des Mythos von der russischen Unbesiegbarkeit hatte Humor. Zu den vielen Memen des Ukraine-Krieges, die Kampfwillen symbolisieren und dabei helfen, die Ängste auszugleichen, gehört der Spruch „Russisches Kriegsschiff, f*ck' dich!", mit dem ein ukrainischer Grenzer auf der Schlangeninsel im Schwarzen Meer am ersten Kriegstag auf die Aufforderung der Angreifer antwortete, sich zu ergeben. Anfang April 2022 gab die ukrainische Post sogar eine Briefmarke mit dem Spruch heraus, auf der ein ukrainischer Soldat abgebildet ist, der dem russischen Raketenkreuzer Moskwa den Stinkefinger zeigt. Nur zwei Tage nach der Veröffentlichung der Briefmarke wurde das Schiff von der ukrainischen Armee versenkt. Ein weiteres Mem, das ebenfalls international bekannt wurde: Ukrainische Bauern, die mit ihren Traktoren russische Panzer abschleppen. Auch dieses Motiv schaffte es auf eine Briefmarke und verschiedene Souvenir-Artikel wie T-Shirts oder Tassen.

Die große Angst der UkrainerInnen (und auch des Westens), die Ukraine würde fallen, schwand mit den Erfolgen der ukrainischen Armee und mit dem Scheitern der ursprünglichen russischen Militärpläne am Anfang des Krieges. Selenskyj und seine Regierung blieben im Land, die Invasoren wurden auf ihrem Vormarsch nach Kiew gestoppt, der Westen gewann Vertrauen in die Ukraine und lieferte Waffen. Die Gesellschaft erholte sich allmählich von dem ersten Schock. Zu Beginn des Angriffs wusste niemand so recht, wie sich ein großer Krieg mit Russland auf den Alltag auswirken wird. Wird es Lebensmittel geben? Internet und Mobilfunk? Wird die Flugabwehr funktionieren – oder sieht Kiew bald wie Aleppo aus?

Medien und soziale Netzwerke reagierten mit praktischen sicherheitstechnischen Anweisungen: Wo sind Bunker in der Stadt? Der sicherste Platz im Haus? Was tun, wenn man nach einem Treffer in der Wohnung verschüttet wurde? Nicht weniger Aufmerksamkeit wurde von Anfang an psychologischen Tipps geschenkt, wie man Herr seiner Angst werden kann. Googelt man auf Ukrainisch „Wie überwinde ich Angst im Krieg", so erscheint eine schier unendliche Liste von Suchergebnissen. Die Quellen reichen von Behörden wie etwa dem ukrainischen Gesundheitsministerium über Medienartikel, Buchempfehlungen und Interviews mit Psychologen bis

Abb. 1: Senderegie im Tiefkeller. Immer wenn in Kiew Luftalarm ausgelöst wird, verlagert der öffentlich-rechtliche Sender *Suspilne* die aktuelle Produktion in die Untergeschosse, von den Mitarbeitenden „Bunker-Studio" genannt. Regie und improvisierter Newsroom wurden in den ersten Wochen nach Kriegsbeginn eingerichtet. (Foto: Suspilne Ukraine)

hin zu den semi-psychologischen Lifehacks von Bloggern. Die Palette der Ängste, auf die dabei eingegangen wird, ist nicht minder breit und beschränkt sich nicht auf die instinktive Angst vor dem Tod. Einige Beispiele dazu: Angst vor Luftalarm; Angst davor, dass der Krieg lange dauern wird; Angst vor Einsamkeit; Ängste der Kinder.

Eine so intensive, offene und differenzierte Auseinandersetzung mit Ängsten ist nicht typisch für eine Gesellschaft im Krieg, galt Angst doch seit jeher als Zeichen von Schwäche. Statt aber die Angst einfach zu verdrängen, wie traditioneller militärischer Heldenkult es nahelegt, fingen die UkrainerInnen an, über ihre Ängste zu reflektieren, um sie in den Griff zu bekommen. Psychologe Wolodymyr Stantschyschyn brachte es im Gespräch mit der *BBC* auf den Punkt: „Wir lernen doch zu sagen, dass Angst normal ist. [...] Ich meine, dass es sehr wichtig ist, mit jemandem über meine Angst sprechen zu können. Rede ich darüber, kocht sie nicht mehr in mir [...]." (BBC Ukrainian 2023)

3 Angst vor dem Fronteinsatz – das verdrängte Gefühl

Über eine besondere Angst zu reden, verlangt von den UkrainerInnen Überwindungskraft: Das ist die Angst vor der Mobilmachung. Wie offen die ukrainische Gesellschaft auch sein mag, bleibt ein Land im Krieg doch angewiesen auf kampfwillige Rekruten. Zudem bieten Probleme mit der Rekrutierung enormes Potential, von der russischen Propaganda ausgeschlachtet zu werden.

Zugleich ist die Angst vor einer Einberufung die wohl komplizierteste Angst. Sie ist nicht identisch mit der Angst, getötet oder verwundet zu werden, erklärt Psychologe Stantschyschyn: „Kontrollverlust ist eine unserer schrecklichsten Ängste. Wir brauchen Kontrolle, denn Kontrolle gibt das Gefühl der Sicherheit [...]." (BBC Ukrainian 2023)

Auch die Angst vor der Trennung von der Familie gehört dazu – genauso wie die Angst, nicht mehr für die Familie sorgen zu können. Diese Angst war schon 2014/2015 bekannt, als die ukrainische Regierung Männer für den Kampf gegen die von Russland gesteuerten Truppen in der Ostukraine zum Militär einziehen musste. Die Armee war damals in einem dermaßen desolaten Zustand, dass es nicht nur am Geld für adäquaten Sold, sondern auch für Lebensmittel und Uniformen mangelte. 2022 war die Regierung aber in der Lage, SoldatInnen – zumindest für ukrainische Verhältnisse – angemessen zu bezahlen. Auch haben die Angehörigen eines Gefallenen Anspruch auf eine Zahlung in Höhe von umgerechnet ca. 375.000 Euro – nach dem ungefähren Wechselkurs von 2023. Mit diesem Schritt entschärfte die Regierung wenigstens teilweise die finanziellen Sorgen der Rekruten.

Ihre volle Kraft entwickelte die Angst, eingezogen zu werden, nicht gleich nach der Invasion. Zwar wurde Mobilmachung in der Ukraine per Präsidentenerlass am 24. Februar 2022 verkündet, doch am Anfang standen die Freiwilligen noch wortwörtlich Schlange vor den Rekrutierungszentren – und bei weitem nicht alle von ihnen wurden in die Armee aufgenommen. Die Situation änderte sich mit der Zeit, während die Verluste stiegen und die Zahl der Freiwilligen sank. Rekrutierungszentren, umgangssprachlich „Kriegskommissariate" genannt, greifen mitunter zu schroffen Methoden – und manchmal sogar zu Machtüberschreitungen, etwa zu Festnahmen mit gewaltsamem Abtransport von der Straße zur Musterung. Solche Geschichten verbreiten sich sehr häufig in den Medien und sozialen Netzwerken und wirken auf viele in der Ukraine einschüchternd.

Als Reaktion entstanden auf Telegram zahlreiche Kanäle, in denen sich Tausende Nutzer über die Kontrollen in der Stadt informieren, um keine Vorladung zum Rekrutierungszentrum ausgehändigt zu bekommen. Andere Kanäle bieten Ausmusterung gegen Schmiergeld oder Fluchthilfe über die grüne Grenze an.

„Besser schon Raketen als Kriegskommissare auf der Jagd", beschwerte sich ein Angestellter aus einer zentralukrainischen Provinzstadt im privaten Gespräch mit den Autoren im Herbst 2023. „Können Sie sich vorstellen, was wird, wenn die Mobilmachung scheitert – das wäre eine Katastrophe!", brachte – ebenfalls in privater Unterhaltung – ein hochrangiger Offizier im ukrainischen Verteidigungsministerium seine große Sorge zum Ausdruck.

Gegen Ende des Sommers 2023 präsentierte seine Behörde eine Informationskampagne mit dem sehr direkt formulierten Aufruf an die UkrainerInnen, sich bei Rekrutierungszentren zu melden. Unentschlossene sollen dazu mit Videos unter Mottos wie „Angst zu haben ist normal. Und die eigene Angst zu akzeptieren ist mutig" oder „Tapferkeit besiegt Angst" motiviert werden.

Nachdem deutlich wurde, dass der Krieg in absehbarer Zeit nicht enden wird, ist im öffentlichen Diskurs das Narrativ „alle werden kämpfen müssen" aufgetreten. Kommuniziert wird diese Position – oder vielmehr Aufforderung – weniger durch die RegierungsvertreterInnen als von SoldatInnen oder Armee-HelferInnen, die in den Augen der Gesellschaft moralisch dazu berechtigt sind. Begründet wird es mit Gerechtigkeit: Warum müssen sich die einen aufopfern und die anderen nicht? „Jene, die denken, sie würden den Krieg bis Kriegsende im tiefen Hinterland aussitzen können und danach erzählen, sie hätten der Wirtschaftsfront geholfen, indem sie Kaffee und Zigaretten kauften – so wird es nicht mehr gehen", beanstandete Kompaniechef Wladyslaw Schewtschuk im Interview mit *BIHUS Info* (2023).

Auch Drohungen sind durchaus Teil des Diskurses über die Mobilmachung. So kündigte Innenminister Ihor Klymenko im Mai 2023 ein Gesetz an, wonach Männer, die illegal ausgereist sind, nach ihrer Rückkehr zur Verantwortung gezogen werden könnten. Im Herbst aber sprach sich Selenskyjs politischer Verbindungsmann zum ukrainischen Parlament, Fedir Wenislawskyj, gegen ein solches Vorhaben aus: Grund war die Befürchtung, viele Männer würden nie zurückkehren.

4 Angst vor der Zukunft nach dem Krieg

Damit ist wiederum die Angst um die Zukunft verbunden. Bemerkenswert ist dabei: Kaum jemand bezweifelt, dass die Ukraine als unabhängiger Staat den Krieg überstehen wird. Vielmehr dreht sich dieses Narrativ darum, wie die Ukraine nach dem Sieg aussehen wird. Bleibt die Korruption? Werden Reformen durch- bzw. zu Ende geführt? Wird die Ukraine in die EU und in die NATO aufgenommen?

Häufig ist dieses Narrativ in Interviews mit SoldatInnen zu hören: Werden die großen Opfer am Ende nicht doch vergeblich sein? Roman Losynskyj, Parlamentsabgeordneter der liberalen Partei Holos und früher selber Soldat, brachte diese Sorge auf den Punkt:

> Meine [...] Aufgabe nach der Rückkehr von der Front ist, alles dafür zu tun, damit der schreckliche Preis, den meine Freunde mit ihrem Leben bezahlt hatten, nicht umsonst bleibt. Damit es keinen Rückfall wie in Georgien gibt. 2008 standen russische Panzer 30 Kilometer vor Tiflis, Abchasien und Ossetien sind besetzt. Und 15 Jahre danach gibt es dort nun prorussische Stimmungen, eine prorussische Regierung. (Kyrylenko 2023)

Während eine prorussische Wende derzeit unwahrscheinlich ist, stellt die Korruption eine reale Gefahr da – und bleibt eine der größten Sorgen der UkrainerInnen. Laut einer Umfrage (August 2023) des Thinktanks Ilko Kucheriv Democratic Initiatives Foundation (DIF) sehen die UkrainerInnen in der Korruption das größte Hindernis für die Entwicklung der Wirtschaft (46,7 %). Erst danach kommen kriegsbedingte Schäden (36,7 %), Abwanderung von Fachkräften oder unzureichende Unterstützung durch den Westen (DIF 2023). Auch in Bezug auf einen künftigen Wiederaufbau ist die Angst vor der Korruption am größten, wie eine Studie von Transparency International ergab (TI Ukraine 2023).

Zugleich sorgen Publikationen über Korruptionsfälle mitunter für Unmut der Behörden. Ein prominentes Beispiel: Anfang 2023 veröffentlichte der Journalist Juri Nikolow auf dem Online-Portal ZN.UA einen Artikel über mutmaßliche Korruption im Verteidigungsministerium, das überteuerte Lebensmittel für die Armee bestellt haben soll. Das Ministerium reagierte prompt mit dem Vorwurf, Informationen über den Fall würden „mit Merkmalen absichtlicher Manipulation verbreitet". Im Statement der Behörde hieß es: „Verteidigungsministerium bereitet Materialien für den Sicherheitsdienst der Ukraine vor, mit dem Ziel, Ermittlungen über die Verbreitung wissentlich unwahrer Angaben durchzuführen, die den Verteidigungsinteressen [...] schaden." (Verteidigungsministerium der Ukraine 2023)

Diese Publikation und die Reaktion darauf lösten eine gesellschaftliche Diskussion darüber aus, ob die Berichterstattung über die Korruption die Ukraine im Krieg schwächen würde, etwa durch negative Auswirkungen auf westliche Waffenlieferungen. In einer Umfrage des Razumkov Centre sprachen sich jedoch 83 Prozent der UkrainerInnen dafür aus, dass über die Korruption trotz des Krieges berichtet werden soll, denn „wegen der Korruption verlieren wir sowohl unseren Zusammenhalt als auch die Unterstützung [westlicher] Partner und letztlich auch den Sieg." (ZN.UA 2023) Wohlgemerkt: In der gleichen Umfrage landeten korrupte Machthaber auf Platz Eins in der Rangliste „innerer Feinde" – vor russischen Agenten in den ukrainischen Geheimdiensten und Ämtern.

Was BesucherInnen aus dem Ausland in der Ukraine auffällt, ist, dass der Alltag dort – zumindest an den von der Front weit genug entfernten Orten – sich nahezu normal abspielt. In Großstädten wie Kiew oder Lwiw herrscht keine Atmosphäre von Trauer und Askese, die man vom Land in einem verlustreichen Krieg ohne absehbare Aussicht auf irgendeine Form von Frieden erwarten könnte.

UkrainerInnen flanieren auf den Straßen, die Dichte an Luxusläden und Restaurants ist beeindruckend, einen Tisch reserviert man am besten noch am Vortag, und wie schon vor dem Krieg staunen ausländische Reisende über die Zahl teurer Autos. Nur dann und wann macht sich der Krieg im Hinterland bemerkbar: Beim Beginn der Ausgangssperre, bei Luftalarm und nächtlichen Raketenangriffen, die immer wieder Zerstörungen verursachen und Menschenleben fordern. Natürlich auch beim inzwischen alltäglichen Anblick von SoldatInnen in Uniform und von Kriegsversehrten.

Die Diskrepanz zwischen diesem beinahe friedlichen Leben und enormen Verlusten sowie Selbstaufopferung an der Front ist offensichtlich. Es ist nachvollziehbar, dass sich viele fragen: Welchen Platz haben hier überhaupt Trauer und Empathie? Es wäre aber falsch zu schlussfolgern, dass die ukrainische Gesellschaft so abgestumpft ist, dass den UkrainerInnen der Tod von Abertausenden ihrer MitbürgerInnen und die Zerstörung ganzer Städte gleichgültig sei.

Um die Frage, inwieweit es ethisch vertretbar ist, ein normales Leben zu führen (oder zu versuchen, es zu führen), während MitbürgerInnen leiden, wird in der Ukraine intensiv diskutiert. Zahlreiche Publikationen in den Medien und in sozialen Netzwerken setzen sich mit dem Thema auseinander: Ist es normal, während des Kriegs zu feiern, sich einen Urlaub zu leisten oder zu lachen? Zu Wort kommen dabei nicht nur Psychologen und Sozialwissenschaftler, sondern auch SoldatInnen – die Meinung der Kämpfer gilt aufgrund ihrer moralischen Autorität als besonders relevant.

5 Die große Trauer wird auf die Nachkriegszeit vertagt

„Feiern ist notwendig, aber nicht zu protzig, ohne Feuerwerk. Denn dieses Geld kann man dafür ausgeben, um den Feinden den Tod zu bereiten – an die Armee zu spenden", sagte ein Soldat aus dem westukrainischen Czernowitz im Interview mit dem öffentlich-rechtlichen Sender *Suspilne*. „Man sollte beim Feiern nicht vergessen, welcher Preis dafür gezahlt wird, damit gefeiert werden kann." (Suspilne 2022)

Dieses häufig anzutreffende Narrativ lässt sich folgendermaßen zusammenfassen: SoldatInnen kämpfen dafür, dass in der Ukraine ein normales Leben geführt werden kann; sie erwarten dabei nicht, dass ihre MitbürgerInnen im Hinterland auf jegliche Freude verzichten oder in permanenter Trauer versinken – vorausgesetzt, alles bleibt in vernünftigen Grenzen: Auf ausschweifende Partys der Reichen etwa, die nach Ausgangssperre in geschlossenen Clubs stattfinden genauso wie auf Auslandsurlaube der Politiker, über die ukrainische Medien immer wieder berichten, reagiert die Gesellschaft mit ihrer ganzen Empörungskraft – und zwingt auch die Politik zu Konsequenzen.

Bemerkenswert ist, wie die UkrainerInnen gelernt haben, ihre Trauer in einen scheinbar normalen Alltag zu integrieren, ohne dass sich dies lähmend auf die Gesellschaft auswirkt. Das Trauern um Gefallene ist in der Ukraine nicht gekünstelt-pathetisch oder von oben angeordnet. Vielmehr nimmt die ukrainische Trauer basisdemokratische Formen an – und ist eng mit dem Anliegen verbunden, Dankbarkeit für das Opfer der Gefallenen zum Ausdruck zu bringen. Gefallenen SoldatInnen wie getöteten ZivilistInnen versuchen ihre MitbürgerInnen ein Gesicht zu geben, damit sie nicht bloß Teil einer Statistik bleiben. Ihre Geschichten werden in Medien und in sozialen Netzwerken erzählt. Nicht selten werden über einfache SoldatInnen Wikipedia-Artikel verfasst. Bekannt sind Trauerprozessionen, wenn Männer und Frauen Gefallene auf deren Weg zum Friedhof würdigen, indem sie entlang der Straße im Spalier niederknien – vor allem auf dem Land ist diese Tradition verbreitet. Der gängige Spruch „Helden sterben nicht" ist keine Floskel: Man versucht, dieses einst national-patriotische Narrativ mit Inhalt zu füllen.

Über die tatsächliche Zahl der im Krieg ums Leben gekommenen MitbürgerInnen können die UkrainerInnen dabei nur rätseln. Statistiken zu Gefallenen und Verwundeten werden von der ukrainischen Regierung geheim gehalten, um Moskau keine Informationen über die noch vorhandenen Reserven zu liefern, aber auch um die eigene Bevölkerung nicht zu schockieren. Auch die getöteten ZivilistInnen zu zählen, ist kaum möglich, solange unabhängige Ermittler keinen Zugang zu den besetzten Großstädten wie Mariupol oder Bachmut haben. Es liegt nahe, dass die große Trauer erst nach dem Krieg beginnen wird: Mit dem Bekanntwerden der tatsächlichen Größenordnung der Verluste.

Anfang April 2022 waren es aber vor allem Berichte von Gräueltaten der Russen aus den Vorstädten von Kiew wie Butscha, von zahlreichen Opfern sowie Zeugen erzählt und von Medien dokumentiert, welche die UkrainerInnen zu einer neuen Entschlossenheit führten. In den ersten Wochen hat zumindest ein bedeutender Teil der UkrainerInnen mit leiser Hoffnung auf die damaligen russisch-ukrainischen Friedensverhandlungen geschaut, die zunächst in Belarus und dann in Istanbul stattfanden. Das Bekanntwerden des Massakers von Butscha hat diese Gespräche jedoch für die breite Gesellschaft obsolet gemacht, worauf auch Selenskyj reagieren musste, der sich kurz nach seinem Butscha-Besuch zunächst noch für die Weiterführung der Verhandlungen mit Russland ausgesprochen hatte. Die Tragödien von Butscha und Mariupol motivierten die UkrainerInnen, ihren Kampf weiterzuführen. Ebenfalls wurde der Westen dazu ermutigt, Waffen zu liefern statt Kompromisse zu fordern. Vor allem aber machte die ukrainische Gesellschaft eine große innerliche Wandlung durch.

Seit der sogenannten Orangenen Revolution 2004 galt die Ukraine – nicht zu Unrecht – als politisch zerstrittenes Land. Diese Zerstrittenheit entsprach allerdings nicht zwingend westlichen Vorstellungen. Die Spaltung in das nominell pro-westliche und in das nominell prorussische Lager hörte spätestens mit der Krim-Annexion 2014 sowie dem darauffolgenden Ausbruch des Krieges im Donbass auf. Die Wählerschaft im überwiegend russischsprachigen Südosten des Landes war zwar mit der Politik der Regierung in Kiew oft unzufrieden, die Unterstützung der Annäherung an das Putin-Russland sank aber zunehmend.

Der fulminante Wahlsieg Wolodymyr Selenskyjs von 2019 war das konsequente Ergebnis dieser Entwicklung. Zum ersten Mal stand ein aussichtsreicher Kandidat zur Verfügung, der von der russischsprachigen Bevölkerung stark unterstützt wurde, jedoch keinesfalls prorussisch war und die europäische sowie transatlantische Integration der Ukraine klar befürwortete. Doch obwohl Selenskyj die Stichwahl gegen seinen Vorgänger Petro Poroschenko mit 73 Prozent gewann, wurde der neue Präsident von rund einem Viertel der Bevölkerung kategorisch abgelehnt.

Faktisch hat sich Selenskyjs Politik vor dem 24. Februar 2022 wenig von der nationalorientierten Linie der letzten Poroschenko-Jahre unterschieden. Bei einigen Angelegenheiten ging er sogar deutlich weiter als sein Vorgänger. So wäre die Anfang 2021 erfolgte Sperrung der drei Nachrichtensender um den Putin-nahen Politiker und Unternehmer Wiktor Medwedtschuk, auf den Selenskyjs politischer Erzrivale als Vermittler beim Gefangenenaustausch im Donbass-Krieg setzte, unter Poroschenko nahezu unvorstellbar gewesen. Seine Gegner sahen in Selenskyj, der in der Neujahrsnacht 2013/2014 noch im russischen Staatsfernsehen eine Gala moderiert hatte, trotzdem einen ideologischen Antagonisten, der in ihren Augen eine Ukraine vertrat, die sich zwar nicht in einem politischen, aber zumindest in einem gemeinsamen kulturell-medialen Raum mit Russland befand und die allgemeine politische Lage eher nicht im Sekundentakt verfolgte.

Tatsächlich wurden etwa die ukrainischen Musikcharts noch Anfang Februar 2022 von russischem Pop und Rap dominiert und russische Fernsehserien und Co-medysendungen waren auf YouTube extrem beliebt, obschon die politisch aktive Minderheit den Konsum solchen Contents aufs Schärfste kritisierte. Der 24. Februar 2022 hat dies entschieden verändert. Nur noch zufällig kann es vorkommen, dass eine russische Serie bei den ukrainischen YouTube-Trends erscheint. Und obwohl man Russisch auf den ukrainischen Straßen immer noch hören kann, ist es zum guten Ton geworden, Unbekannte zuerst auf Ukrainisch anzusprechen.

6 Das neue ukrainische Selbstverständnis

Mehrheitlich zeigen sich die UkrainerInnen dazu entschlossen, sich kulturell und medial von Russland abzuwenden. Auch wenn ein Teil der BürgerInnen immer ausdrücklich vor Russland gewarnt hatte, konnten sich viele Menschen trotz der Krim-Annexion und des Donbass-Krieges nicht vorstellen, wozu die russische Armee und Russland fähig sein würden. Eine große Rolle spielte aber auch das neu gewonnene Selbstverständnis der ukrainischen Gesellschaft, die vor dem Überfall 2022 dazu tendiert hatte, sich selbst nahezu in allen Bereichen zu unterschätzen.

Dieses neue Selbstverständnis gehört zum Fundament der ukrainischen Entschlossenheit. Vor allem: Die UkrainerInnen wussten zwar, dass sich ihre Armee seit 2014 bedeutend weiterentwickelte, niemand konnte aber genau voraussagen, wie erfolgreich sie sich gegenüber den Streitkräften des größten Staates der Welt zeigen würde. Auch die Infrastruktur funktionierte entgegen den Befürchtungen. Insbesondere haben sich die zu Friedenszeiten stark kritisierten Staatsbetriebe wie die Bahn und die Post unter den schwierigsten Umständen des Krieges bewährt.

Nach einer Umfrage des Soziologie-Instituts Rating Group zum Unabhängigkeitstag am 24. August 2023 ist „Stolz" mit 74 Prozent die überwiegende Emotion, die die UkrainerInnen beim Blick auf ihr Land verspüren, während vor zwei Jahren „Trauer" noch auf dem ersten Rang lag. „Trauer" befindet sich aber auch diesmal mit 43 Prozent auf Platz zwei, auch wenn wohl diesmal nicht wegen der Enttäuschung über die Entwicklung des ukrainischen Staates, sondern aufgrund der vielen Kriegstoten. Auf dem dritten Platz liegt mit 17 Prozent die „Angst" (Rating Group 2023). Am Ende ist es die Mischung aus all diesen Emotionen, die dazu führt, dass die überwiegende Mehrheit der UkrainerInnen der eigenen Armee vertrauen (mehr als 90 %) und jegliche territorialen Kompromisse ablehnen (über 80 %), wie die Umfragen von September-Oktober 2023 belegen (KIIS 2023a, 2023b).

Was darüber hinaus zur Entschlossenheit der UkrainerInnen beiträgt, ist die enorm hohe Spendenbereitschaft für die Armee und für humanitäre Zwecke. Für große Furore sorgte etwa die Aktion der Stiftung des Ex-Schauspielers und heutigen Politikers Serhij Prytula, bei der innerhalb von nur drei Tagen umgerechnet 15 Millionen Euro für den Kauf von vier Bayraktar-Drohnen gesammelt wurden. Auch Sammelaktionen für konkrete Armeeeinheiten treffen den Nerv der breiten Bevölkerung und beweisen Einigkeit der Gesellschaft. Die Kraft, gewisse Einschränkungen wie die Ausreisesperre für Männer im wehrpflichtigen Alter zu ertragen, gibt außerdem die Tatsache, dass der Wiederaufbau des Landes bereits jetzt läuft. Rund ein Jahr brauchte die Ukraine, um die im März 2022 zerstörte Eisenbahnbrücke in Irpin bei Butscha wieder vollständig funktionsfähig zu machen. Solche Nachrichten wirken auf die Menschen motivierend wie ein Licht am Ende des Tunnels.

Auch an der Schwelle zum dritten Kriegsjahr glauben die meisten UkrainerInnen an den Sieg gegen Russland, ohne genau zu wissen, wie dieser Sieg aussehen soll, resümiert Ljybomyr Myssiw vom Institut Rating Group die politische
Grundhaltung der ukrainischen Bevölkerung; er beschreibt die Stimmung als
„emotionale Achterbahnfahrt". Es komme vor, dass grundsätzlich kompromissbe-
reite Menschen konkrete Kompromissvorstellungen kategorisch ablehnten. So sei
die Wiederherstellung der Grenzen von 1991 „ein alternativloser Anhaltspunkt,
den die Gesellschaft braucht, um sich zu mobilisieren". Aber auch das Erreichen
der Grenzen von 1991 bedeute nicht automatisch Kriegsende und Frieden. (Trubetskoy 2023)

Die grundsätzliche Entschlossenheit der UkrainerInnen im Kampf gegen Russland wird daher längerfristig stabil bleiben, auch wenn sie sich kaum noch steigern
dürfte, zumal Themen der Innenpolitik, die mit Kriegsbeginn zweitrangig erschienen waren, nach und nach in die gesellschaftlichen Diskussionen zurückkehren.

Literatur

BBC Ukrainian (2023). *"Війна – це колективне дорослішання". Психолог – про те, як триматися на
плаву під час війни* [„Krieg ist ein kollektives Erwachsenwerden". Ein Psychologe darüber, wie
man sich im Krieg über Wasser hält]. https://www.bbc.com/ukrainian/articles/czq70jpgg85o.
Zugegriffen am 02. November 2023.

BIHUS Info (2023, 22. Oktober). *Командир роти десантників 80 бригади про бої в Кліщіївці,
мобілізаційну політику та ухилістів* [Befehlshaber der Fallschirmjägerkompanie der 80.
Brigade über die Kämpfe in Klischtschiwka, die Mobilisierungspolitik und Ausreißer] [Video].
https://www.youtube.com/watch?v=qMyXV-RyGcA. Zugegriffen am 02. November 2023.

DIF (2023). *Сприйняття загрози корупції громадянами: оцінка влади та вимоги до змін під час
війни* [Die Wahrnehmung der Korruptionsbedrohung durch die Bürger: Bewertung der
Behörden und Forderungen nach Veränderungen in Zeiten des Krieges]. https://dif.org.ua/en/
article/spriynyattya-zagrozi-koruptsii-gromadyanami-otsinka-vladi-ta-vimogi-do-zmin-pid-chas-
viyni. Zugegriffen am 02. November 2023.

KIIS (2023a). *Dynamics of perception of the direction of affairs in Ukraine and trust in certain institutions
between May 2022 and October 2023.* https://kiis.com.ua/?lang=eng&cat=reports&id=1321&page=
1. Zugegriffen am 01. Dezember 2023.

KIIS (2023b). *Dynamics of readiness for territorial concessions to end the war as soon as possible: results
of a telephone survey conducted from September 29 to October 9, 2023.* https://kiis.com.ua/?lang=
eng&cat=reports&id=1301&page=1. Zugegriffen am 01. Dezember 2023.

Kyrylenko, O. (2023). *"Мій найбільший страх і завдання – щоб ціна, яку заплатили мої друзі, була
не намарно" – Роман Лозинський* [„Meine größte Angst und Herausforderung ist, dass der
Preis, den meine Freunde bezahlt haben, nicht umsonst war" – Roman Lozynskyi]. https://www.
pravda.com.ua/articles/2023/10/10/7423356/. Zugegriffen am 02. November 2023.

President of Ukraine (2022). *Without panic. With faith in Ukraine and peace – President Volodymyr Zelenskyy addressed the citizens.* https://www.president.gov.ua/en/videos/bez-paniki-z-viroyu-v-ukrayinu-ta-mir-prezident-volodimir-ze-1981. Zugegriffen am 02. November 2023.

Rating Group (2023). *Sociological research for Independence Day perception of patriotism and the future of Ukraine (August 16–20, 2023).* https://ratinggroup.ua/en/research/ukraine/soc_olog_chne_dosl_dzhennya_do_dnya_nezalezhno_uyavlennya_pro_patr_otizm_ta_maybutn_ukra_ni_16-20_se.html. Zugegriffen am 02. November 2023.

Razumkov centre (2023). *Оцінка громадянами ситуації в країні. Довіра до соціальних інститутів, політиків, посадовців та громадських діячів. Ставлення до проведення загальнонаціональних виборів в Україні до завершення війни (вересень 2023р.)* [Einschätzung der Bürger zur Lage im Land, Vertrauen in gesellschaftliche Institutionen, Politiker, Beamte und Persönlichkeiten des öffentlichen Lebens. Einstellungen zur Abhaltung nationaler Wahlen in der Ukraine vor dem Ende des Krieges (September 2023)]. https://razumkov.org.ua/napriamky/sotsiologichni-doslidzhennia/otsinka-gromadianamy-sytuatsii-v-kraini-dovira-do-sotsialnykh-instytutiv-politykiv-posadovtsiv-ta-gromadskykh-diiachiv-stavlennia-do-provedennia-zagalnonatsionalnykh-vyboriv-v-ukraini-do-zavershennia-viiny-veresen-2023r?fbclid=IwAR3iQ0reKKox3dbeQIaiebeFz2vw12kgDn5gIUupi9ZWWGH3bTSQdQZh55w. Zugegriffen am 02. November 2023.

Suspilne (2022*). "Святкуйте, але без салютів". Військові та психотерапевтка з Чернівців про святкування в тилу під час війни* [„Feiern, aber ohne Feuerwerk". Militärangehörige und eine Psychotherapeutin aus Czernowitz über die Feierlichkeiten an der Heimatfront während des Krieges]. https://suspilne.media/344264-svatkujte-ale-bez-salutiv-vijskovi-ta-psihoterapevtka-z-cernivciv-pro-svatkuvanna-v-tilu-pid-cas-vijni/. Zugegriffen am 02. November 2023.

TI Ukraine (2023). *Ukrainians fear corruption in future reconstruction more than war – sociological survey.* https://ti-ukraine.org/en/news/ukrainians-fear-corruption-in-future-reconstruction-more-than-war-sociological-survey/. Zugegriffen am 02. November 2023.

Trubetskoy, D. (2023). *Ukrainer lehnen Kompromisse mit Russland ab.* https://www.n-tv.de/politik/Ukrainer-lehnen-Kompromisse-mit-Russland-ab-article24346044.html. Zugegriffen am 02. November 2023.

Verteidigungsministerium der Ukraine (2023, 22. Januar). *Коментар щодо закупівлі послуг харчування військовослужбовців* [Kommentar zur Beschaffung von Verpflegungsdienstleistungen für militärisches Personal] [Post]. https://www.facebook.com/100069073844828/posts/pfbid02zYDhmdQJCMM4G6wArjizfPQxUHfj8wep4q4XPFHBvSdtjauvD8uZdNznjUCXNWotl/. Zugegriffen am 02. November 2023.

ZN.UA (2023). *Головні Внутрішні Вороги Українців — Корупціонери У Владі. Банкова, Спиш?* [Die wichtigsten inneren Feinde der Ukrainer sind korrupte Beamte. Bankova-Straße, schläfst du?]. https://zn.ua/ukr/ECONOMICS/holovni-vnutrishni-vorohi-ukrajintsiv-koruptsioneri-u-vladi-bankova-spish.html?fbclid=IwAR2g1gbpUD6QyqFS4fiKir0vaoxoCFq110ejcXBKm9K3jsGFJMLushE9D84. Zugegriffen am 02. November 2023.

Michael Thumann und Markus Ziener

Schweigende Mehrheit – Die russische Bevölkerung unter Putin

Zusammenfassung: Dieser Beitrag beschreibt und analysiert die Haltung der russischen Bevölkerung zum Krieg gegen die Ukraine. Dabei wird die Rolle staatlicher Narrative ebenso beleuchtet wie die widersprüchlichen Einstellungen der russischen Bevölkerung, von stiller Ablehnung über Apathie bis zu überzeugter Zustimmung. Anders als bei der Annexion der Krim 2014 ist heute im Volk keine Begeisterung zu spüren, sondern eher eine fatalistische Vorstellung, dass der Krieg unvermeidbar sei. Das Regime kann so eine Mehrheit der Russen hinter sich vereinen.

1 Einleitung

Gennadij Sokolow (Name geändert) hat kein Problem damit, Ausländer aus „unfreundlichen Ländern" zu treffen. Mit diesem Etikett werden westliche Länder wie Deutschland in Russland gebrandmarkt. Da der deutsche Gesprächspartner in Moskau lebe, müsse er ja ein Freund des Landes sein. „Ich unterscheide zwischen Bürgern und Staat", sagt der Moskauer Spediteur und Fuhrunternehmer. In Russland tut er das allerdings weniger. Der 61-jährige Mann erklärt, dass er Wladimir Putin und seine Politik unterstütze. „Mein Präsident", nennt er ihn. Nur in der Ukraine könne Putin vielleicht noch etwas entschlossener vorgehen. „So wie Jewgeni Prigoschin", sagt Gennadij Sokolow. Der im September 2023 bei einem Flugzeugabsturz ums Leben gekommene Söldnerführer sei nicht gegen Putin gewesen, er hätte nur etwas gegen Sergej Schoigu gehabt, den Verteidigungsminister. Prigoschin habe immer die Wahrheit ausgesprochen, meint Sokolow. „Er war einer, der geradeaus spricht und Klartext redet, so dass das Volk ihn verstehen kann." In der „Speziellen Militäroperation", wie Sokolow den Krieg gegen die Ukraine im Propagandajargon nennt, habe sich Prigoschin große Verdienste erworben. Er habe gekämpft, während sich viele drücken würden. Im Übrigen solle man die Verluste an der Front nicht überbewerten. „Wir haben schon ganz andere Sachen erlebt", sagt er. Er habe sich in den 1980er Jahren freiwillig für den Krieg der Sowjetunion in Afghanistan gemeldet. „Die jungen Leute haben heute keinen Patriotismus mehr im Leib, tauchen ab, gehen ins Ausland, wollen im Café sitzen." Damals in der Sowjetunion sei das anders gewesen. Der Sozialis-

https://doi.org/10.1515/9783111331508-017

mus gefiel ihm nicht, aber die Ordnung war gut, der Patriotismus, der Einsatz für das Ganze. „Heute sind alle nur auf der Suche nach dem individuellen Glück.“

Die Frage nach den politischen Überzeugungen der Menschen in Russland und wie tief diese verankert sind, ist in zweierlei Hinsicht wichtig. Zum einen hilft sie bei der Beantwortung der Frage, auf welche gesellschaftliche Basis sich Putin im Krieg gegen die Ukraine stützen kann. Zum anderen spielt sie aber auch eine Rolle dafür, wie der Krieg von außen betrachtet wird. Handelt es sich allein um „Putins Krieg“ oder ist es ein „Krieg Russlands“? Die Perspektive kann auch in der Zukunft bedeutsam sein, wenn die Frage von Reparationszahlungen oder nach der Kriegsschuld diskutiert wird. Ist das russische Volk verführt worden oder hat es die Aggression in ihrer großen Mehrheit unterstützt? Wie vielen Menschen ist das Thema tatsächlich so wichtig, dass sie ihre Freiheit riskieren, auf die Straße gehen und öffentlich artikulieren, was sie denken?

2 Kann man Umfragen trauen?

Nimmt man die Zustimmungsraten für Präsident Wladimir Putin und den Krieg gegen die Ukraine zum Gradmesser, so verharren diese auf hohem Niveau. Sowohl nach den Erhebungen des staatlichen Meinungsforschungsinstituts Vciom (2023) als auch dem unabhängigen Lewada-Institut (Lewada-Zentr 2023a) rutschte die Unterstützung für den Kreml seit Kriegsbeginn nie signifikant ab – und dies auch in jener Phase, die wohl die bislang unpopulärste seit dem 24. Februar 2022, dem Tag des Kriegsbeginns, war: Als während der ersten Teilmobilisierung im Herbst 2022 zehntausende Russen im wehrfähigen Alter ins Ausland flüchteten, um nicht zum Wehrdienst eingezogen zu werden. In diesen Monaten artikulierte sich innerhalb des Landes großer Unmut über die Maßnahmen. Aber dieser Unmut führte zu keinem Zeitpunkt dazu, dass die hörbar geäußerte Unterstützung für den Angriffskrieg gegen die Ukraine nachließ.

Natürlich ist Umfrageergebnissen in einem diktatorischen System stets mit Vorsicht zu begegnen. Wenn Menschen schon bei persönlichen Begegnungen Angst davor haben, ehrlich ihre Meinung zu sagen, so werden sie bei einer telefonischen Abfrage über eine nicht sichere Leitung noch weniger aufrichtig sein. Damit einher geht die Furcht, dass abweichende oder kritische Ansichten von der russischen Justiz mit langjährigen Haftstrafen belegt werden. Dazu kommt der klassische Reflex, den die Kommunikationswissenschaftlerin Elisabeth Noelle-Neumann schon vor Jahrzehnten untersucht und mit dem Begriff der *Schweige-spirale* in die Debatte eingebracht hat (Noelle-Neumann 2001). Aus Angst vor sozialer Isolation wagen es viele Menschen nicht, ihre Meinung zu sagen. Sie wollen nicht zu einer – zumindest öffentlich so dargestellten – Minderheit gehören.

Doch lässt sich in vielen Gesprächen in Moskau und auf Reisen in der russischen Provinz feststellen: Anders als 2014 kurz nach der Annexion der Krim herrscht in Russland heute keine Begeisterung über die Eroberungen der russischen Truppen. Die russische Bevölkerung ist dem nationalistischen Rausch jener Jahre ferner, stattdessen hat die fatalistische Einsicht um sich gegriffen, dass der Krieg unvermeidbar sei und noch lang dauern könne. Einer Umfrage des Lewada-Instituts vom Juni 2023 zufolge erklären 58 Prozent aller Russinnen und Russen, dass dem Land „schwere Jahre" bevorstehen (Lewada-Zentr 2023b). Das aber lasten viele nicht dem Verursacher des Angriffskriegs gegen die Ukraine, Wladimir Putin, an. Es gibt zahlreiche Indizien, dass die hohen Zustimmungsraten sowohl für den Krieg als auch für Präsident Wladimir Putin der Realität entsprechen. So hat etwa das Lewada-Institut bereits vor Ausbruch des Krieges eine mehrheitlich ablehnende Haltung der Befragten gegenüber der Ukraine festgestellt (52 %). 60 Prozent wiesen die Schuld für die Eskalation den USA und der NATO zu, während lediglich vier Prozent Russland in der Verantwortung sahen (Lewada-Zentr 2022). In der Öffentlichkeit schien damit die Basis gelegt, um ausreichende Unterstützung für einen Krieg zu finden.

Damit beantwortet sich die Frage, ob der Überfall auf die Ukraine nur „Putins Krieg" sei. Die Antwort lautet eindeutig nein. Der Verursacher des Krieges, Wladimir Putin, hat seiner Nation den Krieg als „Spezielle Militäroperation" verkauft, und eine große Mehrheit hat den Euphemismus wie die hanebüchenen Begründungen geschluckt. Putin hat die Verantwortung für den Überfall mit dem ganzen Land geteilt. Viele Russen haben begriffen, dass es leichter ist zu schweigen oder stillschweigend mitzumachen als laut zu protestieren. Ihr Schweigen und die mehrheitliche Zustimmung hat sie zu Komplizen eines Angriffskrieges gemacht, wie der Historiker und Journalist Andrei Kolesnikow argumentiert (2023). Was als Putins Krieg begann, ist zum Krieg des russischen Volkes gegen die Ukraine geworden. In der Ukraine ist das sehr wohl verstanden worden, deshalb richtet sich ihr Widerstand nicht mehr nur gegen Putin, sondern gegen Russland und die Russen schlechthin. Die russische Bevölkerung aber, sagt Kolesnikow, verarbeite ihre Kollaboration mit verschiedenen Gemütstaktiken: Aggression, Gleichgültigkeit, Wegschauen, vor allem aber durch Loyalität gegenüber dem Führer der Nation.

Hier kommen wir zu einer der zentralen Ursachen, warum Putin keine zwanzig Jahre nach dem Zerfall der Sowjetunion ein neues autoritäres Regime errichten konnte: Weil die große Mehrheit der Russen ihn dabei bereitwillig unterstützte. Gerade in Zeiten besonders großer Freiheitsbeschränkungen und Aggressionen wuchs Putins Popularität in schwindelnde Höhen. So war es 2014 nach der Annexion der

Krim, so ist es seit dem neuerlichen Angriff auf die Ukraine 2022. Putin gewann alle Wahlen und Referenden, und diese waren nicht alle gefälscht. Die Mehrheit der Russen gibt beflissen ihre bürgerlichen Rechte und das Recht auf freie Wahlen für Pseudo-Stabilität, minimalen Wohlstand und nationalistische Euphorie auf. Natürlich sind die Abstimmungen im Voraus manipuliert und zusätzlich direkt an der Urne gefälscht. Trotzdem bestätigen die Umfragen immer wieder, dass eine Mehrheit die Politik des Herrschers unterstützt. Diese Menschen sehen Wahlen offenbar nicht als Mittel an, das Land mit ihrer Stimme zu verändern. Sie blicken im Zorn zurück auf die unübersichtlichen, aber freien 1990er Jahre. Sie stimmen jeder Verfassungsänderung zur Perfektionierung ihrer eigenen Beherrschung zu – und jubeln ihrem Unterdrücker zu.

3 Zustimmungsdiktatur Russland

Russland ist, was eine relative Mehrheit der Bevölkerung angeht, eine Zustimmungsdiktatur. Putins archetypischer Unterstützer ist auch in Moskau zu finden, gehört dort aber nicht zur Mehrheit. Es ist der Ressentiment-beladene *Sowok*, der *Homo sovieticus*, der die Sowjetunion überlebt hat. Er lebt in der Regel in einer Stadt mittlerer Größe in der russischen Provinz, arbeitet in der Verwaltung oder in einem ähnlich bürokratisch geführten Betrieb, sieht viel oder ausschließlich Staatsfernsehen. Vom Sofa aus verfolgt der Sowok am Bildschirm in einem Rausch von Revanche und Genugtuung, wie die Minderheit unter die Polizeistiefel gerät (Thumann 2023, S. 150).

Dass sich die Unterstützung nach Kriegsbeginn auch tatsächlich manifestierte, hat nicht nur mit dem üblicherweise in Konfliktsituationen zu beobachtenden Reflex des sogenannten *Rally 'round the flag*-Effekts zu tun. Damit wird ein Solidarisierungsverhalten beschrieben, bei dem sich die Menschen in Krisen hinter der politischen Spitze versammeln und zu den Mächtigen im eigenen Land selbst dann noch loyal stehen, wenn deren Politik im Kern nicht zugestimmt wird (Mueller 1970).

Vielmehr kommen im Falle Russlands eine Reihe von Faktoren zusammen. Zum einen haben die vom Westen verhängten Wirtschaftssanktionen gegen Russland nicht zu der erwarteten dramatischen Verschlechterung der ökonomischen Lage im Land geführt. Wirtschaftliche Konsequenzen des Krieges sind deshalb für die breite Masse der Menschen in Russland weniger spürbar. Zum anderen erfolgte die Rekrutierung und Mobilisierung von Soldaten für den Krieg auf die Fläche verteilt. Einige Zentren, in denen größerer Widerstand zu erwarten war, wie etwa in den Großstädten Moskau, St. Petersburg, Nowosibirsk oder Jekaterinburg wurden sogar weitgehend ausgespart. An diesen eher liberalen Orten kam der Krieg in den Familien bestenfalls dosiert an.

Die Stadtverwaltung von Moskau liefert den Bürgern eine geradezu besessene Inszenierung von Normalität. Der im September wiedergewählte Bürgermeister Sergei Sobjanin gibt sich große Mühe, den Eindruck eines immer besseren Lebens vorzugaukeln, nach dem von Stalin geprägten Motto: „Das Leben wird besser, es ist fröhlicher zu leben" (1935). Im durchrenovierten Moskauer Zentrum werden die Straßen mehrmals am Tag gereinigt. Putzkolonnen und Wassertraktoren fahren durch die ganze Stadt. Kein Obdachloser, kein Graffiti, kein Papierschnipsel verzerrt das perfekte Bild. Jegliche Störfaktoren der aseptischen Normalität werden von der aufmerksamen Ordnungsbehörde umgehend beseitigt, Kameras ermöglichen das Aufspüren jeder nicht geplanten Unebenheit des städtischen Erscheinungsbildes. Sogar die Reste abgestürzter Drohnen, die Moskau immer mal wieder heimsuchen, werden ohne Verzögerung beseitigt, damit die Bevölkerung keinen Anlass zur Beunruhigung hat.

Während die russische Luftwaffe Angriffe auf ukrainische Städte fliegt, feiern Moskau, St. Petersburg und andere Metropolen das russische Butterfest, das Erntedankfest und die nationalen Feiertage mit Jahrmärkten und Karussellfahrten. Am bizarrsten in der gegenwärtigen Lage wirkt der Moskauer Gorki-Park, der direkt an den Moskwa-Fluss grenzt. Dort gehen die Moskauer am Wochenende spazieren, hören kleine Konzerte, fahren mit Rädern und E-Rollern, tanzen am Ufer, fahren mit dem Ausflugsdampfer, gehen mit den Kindern Eis essen, sitzen im Pizza-Restaurant oder lassen die Kinder auf Panzerattrappen herumkrabbeln. Auch das ist hier normal. Auf dem anderen Ufer des Moskwa-Flusses ragt ein gigantischer Stalin-Bau auf: das russische Verteidigungsministerium, wo die Angriffe auf ukrainische Städte geplant und befohlen werden.

4 Fernsehen als zentrales Propagandawerkzeug

Die zentrale Rolle in der ungebrochen positiven Wahrnehmung der Kriegspolitik des Kreml spielt indes die Propaganda. Zwar sind das Internet und die Sozialen Medien auch in Russland zunehmend wichtigere Meinungsmacher. Gleichwohl bleibt die Dominanz des Fernsehens ungebrochen – gerade was die Wahrnehmung der Ereignisse auf dem Land betrifft (→ Beitrag Ganske-Zapf & Kutscher). Mit ihren vom Kreml gesteuerten Politsendungen erreichen die staatlichen Fernsehprogramme ein Massenpublikum. Dabei ist es nahezu unmöglich, sich dem propagandistischen Trommelfeuer zu entziehen. Unabhängige Fernseh- oder Radioprogramme sind inzwischen sämtlich verboten oder ins Exil gedrängt worden. Wer sich abseits der staatlichen Kanäle informieren möchte, kann dies nur noch über Kommunikationskanäle wie Telegram (→ Beitrag Trippe) oder die bislang noch nicht verbotene Videoplattform YouTube tun. Alternativ können mithilfe von Software-Tools *Virtual Private Networks* (*VPNs*) eingerichtet werden, welche den Standort des Computers verschleiern und den Zugriff auf ausländische Medienangebote erlauben. Auf die Meinungsbildung in der Breite der Bevölkerung haben solche technisch anspruchsvollen Informationsnischen indes nur begrenzte Wirkung.

Lewada-Direktor Lew Gudkow zieht eine klare Linie zwischen der Propaganda und der öffentlichen Meinung: „Die meisten Menschen haben keine andere Option, als die staatlichen Medien zu konsumieren. Und die erzählen alle immer die gleiche Geschichte" (Ziener 2022a).Vor dem Hintergrund einer massiv eingeschränkten Informations- und Meinungsfreiheit verfangen umso mehr die Kreml-Narrative von der Einkreisung Russlands durch den Westen bzw. durch die NATO – und der daraus abgeleiteten Notwendigkeit, die in Kiew vorgeblich regierenden Nazis vertreiben und sich vor dem durch den Westen verursachten moralischen gesellschaftlichen Verfall schützen zu müssen. Letzteres zielt insbesondere auf die Gleichstellung von Homosexuellen und anderen Minderheiten.

Aufschlussreich ist hier der YouTube-Kanal *1420 by Daniil Orain* (2023). Orain ist ein junger IT-Spezialist, der ursprünglich aus Tschuwaschien, einer autonomen Republik an der Wolga, stammt. Benannt hat er seinen Kanal nach der Nummer seiner ehemaligen Schule im Ostteil Moskaus (Hartwich 2023). In kurzen Videosequenzen kommen russische Normalbürger zu Wort, die auf den Straßen der russischen Hauptstadt nach ihrer Meinung zum Krieg, zu Sanktionen, zur NATO oder zur Wahrnehmung Russlands im Ausland befragt werden. Die Aussagen sind unkommentiert hintereinander geschnitten und geben einen Einblick in das Denken vieler Russen – zumindest jener, die sich zu einem Statement bereiterklären.

Was aus den Aussagen deutlich wird: Sie reflektieren in ihrer großen Mehrheit die vom Kreml gesetzten Narrative. Auch wenn die Auswahl der Stimmen eher zufällig und damit nicht repräsentativ ist, lässt sich an ihnen dennoch ablesen, wie sehr die Kreml-Perspektive in das Bewusstsein eindringt. Dabei fällt auf, dass zahlreiche Aussagen nicht gelernt geäußert, sondern mit Überzeugung artikuliert werden.

5 Renaissance des „Homo Sovieticus"

Im Falle Russlands nützen der Kreml-Propaganda aber auch die über Jahrzehnte eingeübten Überlebensmuster aus der Sowjetära. Der repressive Charakter der Sowjetunion durchlief zwar unterschiedliche Phasen, wie in den Zeiten des „Großen Terrors" in den 1930er Jahren unter Josef Stalin oder des erstarrten Despotismus unter Leonid Breschnew in den 1960er und 1970er Jahren. Jeweils konstant aber blieb, den Faktor Angst als Disziplinierungsinstrument gegen die Bevölkerung einzusetzen. Der russische Schriftsteller Daniil Granin fasste dies so zusammen:

> In diesem totalitären Regime wuchsen mehrere Generationen in einer Atmosphäre der Angst auf. [...] Fast nirgends wagte der Mensch, er selbst zu sein. [...] Nicht zu reagieren auf Lüge und Niedertracht des Systems; man senkte den Kopf und schloß die Augen davor. Stimmte für die Todesstrafe. Schrie ‚Hurra!' und applaudierte dummen, leeren Phrasen. Vor aller Augen triumphierte die Lüge, und niemand wagte, sie zu entlarven. (Granin 1999, S. 95)

Der russische Soziologe Grigorij Judin sagte in einem Interview, dass dieser Geist bis heute fortwirke:

> Abgesehen von einigen Enthusiasten glauben die Russen, dass man sich nur um die Dinge kümmern sollte, die man kontrollieren kann. Alles andere könne man nicht ändern. Das führt dazu, dass alles Politische an den Präsidenten, an die Mächtigen, ausgelagert wird. Der Präsident weiss es sowieso besser – und kann im Grunde alles tun. Hätte der Präsident etwa die abtrünnigen Regionen im Donbass an die Ukraine zurückgegeben, wäre die Unterstützung für Putin genauso gross gewesen. Den Leuten ist das einfach egal. (Judin 2023)

Die Politikwissenschaftlerin Jekaterina Schulmann drückt es noch drastischer aus:

> Die Russen haben über Jahrhunderte eine Strategie entwickelt, wie man in einer feindlichen Umgebung existieren kann. Sie besteht aus einem Mix aus Vermeidung, Sabotage, Nachahmung, Trinken, Heuchelei und Lippenbekenntnissen. Dieses Verhalten hat eine dämpfende Wirkung. Es ermöglicht den Menschen, zu überleben. (Schulmann 2023)

Der russische Schriftsteller Aleksandr Archangelskij sieht es ähnlich:

> Wir haben immer noch das sowjetische Erbe in uns. Als 1977 der Satz in die sowjetische Verfassung aufgenommen wurde, es sei eine neue historische Gemeinschaft entstanden – das sowjetische Volk – da haben wir darüber gelacht. Aber es stimmte. Diese Gemeinschaft hatte und hat spezifische kulturelle, psychologische und soziale Züge: Paternalismus, Ablehnung persönlicher Verantwortung, ein historischer Minderwertigkeitskomplex und die Bereitschaft, das eine zu denken und das andere zu tun. Das hat sich bis heute erhalten. (Archangelskij 2014)

Paradoxerweise kann es gerade das Misstrauen in jegliche Information sein, die dem Kreml bei der Manipulation der Bürger in die Hände spielt. Jade McGlynn, die am King's College in London zu Russland arbeitet, glaubt, dass die Russen in solchen Situationen auf eingespielte Muster zurückgreifen. Sie würden einen „Rahmen aus Ereignissen, Erinnerungen und Gefühlen schaffen, den sie instinktiv verstehen." Dieser Rahmen indes sei von der Kreml-Propaganda in vielen Jahren geprägt worden und basiere u. a. auf dem Narrativ einer „messianischen russischen Identität", die sich dem bösen Westen erwehren müsse. (McGlynn 2023)

6 Geschichte wird umgeschrieben

Wie sehr an dieser Prägung gearbeitet wurde und wird, lässt sich u. a. im Bildungssektor ablesen. In einem aktuellen Schulbuch für die 11. Klasse mit dem Titel *Russische Geschichte 1945 – Anfang des 21. Jahrhunderts* wird nicht nur der Abzug sowjetischer Truppen aus Ost- und Mitteleuropa als „unüberlegt" bezeichnet, weil dadurch nationalistische und antisowjetische Stimmungen befördert worden seien – was der Westen ausgenutzt habe. Wörtlich heißt es dort: „1990 annektierte die BRD Ostdeutschland. Die DDR wurde von der BRD einverleibt. Dabei versprachen die westlichen Staats- und Regierungschefs Gorbatschow mündlich, dass die NATO nicht nach Osten erweitert würde. Diese Versprechen wurden später gebrochen." (Medinskij und Torkunow 2023, S. 247)

Diesen Mythos schlachtet Putin bei jeder Gelegenheit aus. Wenn er behauptet, dass „man uns betrogen hat", verstehen die Russen automatisch, dass sie alle betrogen wurden und natürlich vom Westen. Bei allen, oft gravierenden Fehlentscheidungen westlicher Staaten der vergangenen zwanzig Jahre bleibt Putins Litanei der permanenten Kränkung und Bedrohung durch den Westen Propaganda. Das gilt für seine haltlose Behauptung, der Westen unterstütze mit der Ukraine ein Land von „Nazis und Faschisten" genauso wie für seine gespielte Empörung über die von osteuropäischen Staaten gewollte NATO-Osterweiterung. Putin beansprucht ein tiefmoralisches Recht. Mit seiner bizarren Geschichtsauslegung versucht er, die Revision der europäischen Ordnung und Russlands ununterbrochene Westausdehnung durch Angriffskriege zu legitimieren. Und mit der Lüge vom „gebrochenen Versprechen" stellt er die historische Wahrheit auf den Kopf.

Ein Rückblick macht das deutlich. Die Großmächte verhandelten 1990 über den sogenannten Zwei-plus-Vier-Vertrag, der die deutsche Wiedervereinigung ermöglichte. Unterschrieben wurde er im September 1990 von den USA, der Sowjetunion, Frankreich, Großbritannien und den beiden deutschen Staaten. Eine entscheidende Frage bei den Verhandlungen war: Was wird aus der NATO-Mitgliedschaft eines wiedervereinigten Deutschlands? Der damalige US-Außenminister James Baker erklärte im Februar 1990, dass sich „die Jurisdiktion" der NATO nach der Wiedervereinigung nicht auf das Gebiet der ehemaligen DDR ausdehnen würde. Doch Präsident George H.W. Bush waren solche Formulierungen zu schwammig, deshalb wies er seinen Außenminister an, die Zukunft der NATO gar nicht mehr anzusprechen. Und der sowjetische KP-Generalsekretär Michail Gorbatschow tat es auch nicht.

Der Westen kam Moskau schließlich mit einer Begrenzung der NATO-Präsenz entgegen. Bei Abschluss des Zwei-plus-Vier-Vertrags im September 1990 bekam Gorbatschow das, worauf er gepocht hatte: Auf dem Gebiet der Ex-DDR würden keine nuklearen Waffen und keine ausländischen Truppen stationiert. Ein „Versprechen", wie Putin sagt, oder einen schriftlichen Vermerk darüber hinaus gab es nicht. Die Zeitzeugen widersprachen Putins These deutlich. Horst Teltschik, damals der außenpolitische Berater von Helmut Kohl, nahm an allen Gesprächen teil und versicherte, dass „zu keinem Zeitpunkt [...] die Rede über eine Erweiterung der NATO über Deutschland hinaus" war (Adomeit 2018). Gorbatschow selbst hatte sich mehrfach dazu geäußert, in unmissverständlicher Klarheit. Der *Rossijskaja Gaseta* sagte er, Amerikaner und Deutsche hätten nur über die Frage „der Ausdehnung der militärischen Strukturen der NATO und die Stationierung von Truppen der Allianz auf dem Gebiet der ehemaligen DDR" mit ihm gesprochen. Die Frage einer möglichen NATO-Erweiterung sei „gar nicht aufgetaucht" (Gorbatschow 2014).

Als sich die NATO im Jahr 2004 auf Wunsch vieler ostmitteleuropäischer Staaten um die baltischen Staaten, Slowenien, die Slowakei, Bulgarien und Rumänien erweiterte, war Putin (2004) damals eindeutig in seiner Antwort: „Hinsichtlich der NATO-Erweiterung haben wir keine Sorgen mit Blick auf die Sicherheit der russischen Föderation."

Beispiele für die Verfälschung historischer Ereignisse und die verzerrte Wahrnehmung politischer Entwicklungen lassen sich bei Putin zahlreich finden und haben nicht erst mit dem Krieg gegen die Ukraine eingesetzt. So wurde bereits vor Jahren damit begonnen, die Rolle von Diktator Josef Stalin einer Neubewertung zu unterziehen. „Bereits in den letzten Jahren haben viele Russen eine positive Einstellung zu Stalin entwickelt, und ihre Zahl wächst ständig. Aber erst mit Putin begann die eigentliche Re-Stalinisierung", sagte Lew Gudkow in einer Dokumentation aus dem Jahr 2023 (Varlamov 2023). Bereits 2019 ließ sich in einer Umfrage von 1600 Russinnen und Russen zur Wahrnehmung von Stalin ablesen, wie sehr sich das Bild gewandelt hatte. Bezeichneten im Jahr 2003 lediglich 35 Prozent der Befragten die Rolle Stalins als positiv, so waren es 2019 bereits 52 Prozent und 2021 rund 60 Prozent. Wollten Stalin Anfang des Jahrtausends nur 27 Prozent „Respekt" entgegenbringen, so hatten im Jahr 2019 schon 41 Prozent Respekt vor Stalins Leistungen (Lewada-Zentr 2019).

7 Courage in dunklen Zeiten

Gegen den Trend gibt es dennoch immer wieder Beispiele von couragierten Gegnern des Überfalls auf die Ukraine, die nicht stillhalten wollen. Für Schlagzeilen sorgte etwa der Fall einer Englischlehrerin aus Korsakow, einer kleinen Stadt auf der russischen Pazifikinsel Sachalin. Marina Dubrowa, 57, zeigte Oberschülern ein YouTube-Video, in dem Kinder auf Russisch und Ukrainisch über eine „Welt ohne Krieg" sangen. Als sie anschließend von einigen ihrer Schüler gefragt wurde, was sie über den Krieg denke, antwortete sie: „Ich denke, Krieg ist ein Fehler". Wie sich herausstellte, wurde das Gespräch auf einem Smartphone aufgezeichnet. „Irgendwann landete diese Aufzeichnung bei der Polizei", sagte Dubrowa später *Siberia Realities*, einer Medienplattform des westlich finanzierten Free Europe/Radio Liberty (2022).

Am nächsten Tag wurde sie vom Schuldirektor in dessen Büro bestellt, der sie ermahnte, sie solle die Schüler nicht politisieren. Nur wenige Tage später kamen Polizeibeamte in die Schule und erstellten ein Protokoll gegen Dubrowa – angeblich wegen „Diskreditierung" der russischen Armee. Noch am selben Tag verurteilte das Stadtschulgericht von Korsakow die Lehrerin zu einer Geldstrafe von 30.000 Rubel. Eine hohe Summe, bedenkt man, dass Lehrer in russischen Provinzen im Durchschnitt zwischen 15.000 und 20.000 Rubel im Monat verdienen.

Der russische Justizapparat verfügt über eine ganze Palette von Gesetzen, um Geldstrafen und Gefängnisstrafen gegen Kritiker zu verhängen. Viele der Regelungen wurden erst direkt nach Kriegsbeginn 2022 eingeführt. Darunter ist eine Bestimmung im Strafgesetzbuch, die Aufrufe zur Beendigung des Krieges sowie die Verbreitung von Informationen über den Krieg, die nicht der offiziellen Linie entsprechen, unter Strafe stellt. Seit Kriegsbeginn im Februar 2022 bis zum Juni 2023 hat es laut der unabhängigen Plattform OVD-Info fast 20 000 Festnahmen und Verhaftungen gegeben (OVD-Info 2023).

„Mit all dem wird eine klare Botschaft gesendet: Du kannst Ärger bekommen, egal für was. Also mische dich nicht in die Politik ein", sagt Alexandra Archipowa, eine Anthropologin aus Moskau. Dies sei ein klarer Bruch eines stillschweigenden Pakts in der Gesellschaft, der in den letzten Jahren bestanden habe. Solange ein Bürger sich nicht einmischt, gewährt der Staat ein halbwegs anständiges Leben. „Aber mit dem Krieg wurde dieses Abkommen zerstört", sagt sie in einem Interview (Ziener 2022b).

Trotz der drohenden Strafen können viele aber nicht schweigen. Diese Minderheit der russischen Bevölkerung sucht sich ihre Nischen: in Küchen, bei Spaziergängen im Park oder im Wald, bei Treffen auf der Datscha. Wichtig ist stets: das Mobiltelefon ist nicht im selben Raum oder bleibt zuhause liegen. In Moskau werden nachts Brücken und Straßenunterführungen bemalt, die am nächsten

Tag schnell wieder überpinselt werden. Kein Graffiti „Nein zum Krieg" darf länger als ein paar Stunden die Köpfe der Menschen verwirren. In den kleineren Städten und Provinzen mit industriellen Monokulturen findet das Regime seine treuesten Unterstützer. Widerspruch und anonymes Aufbegehren aber findet vor allem in den westlichen Großstädten Russlands statt: in Moskau und St. Petersburg, von ganz Mutigen auch noch in Jekaterinburg, eine liberal gesinnte Stadt mit einem liberalen Bürgermeister, die heute im Griff des Geheimdienstes ist.

Dazu gehört Wera Baschmakowa, die ebenfalls kurz nach Kriegsbeginn ihrer tiefen Verzweiflung über das Geschehen Ausdruck verleihen musste. An einem Tag Mitte März 2022 klebte sie ein Schild in ihr Auto, das nicht zu übersehen war. Die gedruckten Buchstaben waren so groß, dass sie das gesamte Heckfenster ihres orangefarbenen Lada Granta bedeckten. Zu lesen war: „Njet Wojne" (dt. „Kein Krieg").

Ein paar Tage später, als Vera ihre vierjährige Tochter Taisia in einen Kindergarten in einem westlichen Bezirk von Moskau brachte, wurde ihr Auto von der Polizei angehalten. Es folgte eine Geldstrafe, die übliche Strafe von 30 000 Rubel, seinerzeit etwa 450 US-Dollar. Der Grund: Baschmakowa habe die Streitkräfte der Russischen Föderation diskreditiert. Dabei können die Strafen variieren. Mal sind es Geldstrafen, mal Haftstrafen zwischen fünf und 30 Tagen.

Hatten in den ersten Monaten nach dem Krieg viele Russinnen und Russen kreative Ideen, ihren Protest so zu artikulieren, dass sie sich nicht notwendigerweise gleich strafbar machten, so sind auch diese Symbole immer seltener anzutreffen. So wurden etwa weiße Blätter Papier in die Höhe gehalten, auf denen lediglich Sternchen zu sehen waren. Drei für das russische Wort Nein, fünf für Krieg, angeordnet in zwei Reihen untereinander. Keine Worte, keine Buchstaben, nur Symbole – jedoch für jeden Passanten leicht zu entschlüsseln. Oder es wurde eine Reihe tanzender Balletttänzerinnen auf Wände gesprayt. Das war eine direkte Anspielung auf die Symbolik der Sowjetzeit. Jedes Mal, wenn ein sowjetischer Führer starb, wurde im staatlichen Fernsehen Tschaikowskis Ballett „Schwanensee" ausgestrahlt. „Die Symbolik ist klar und selbsterklärend", sagt Alexandra Archipowa. Sie drücke nichts weniger als den Wunsch nach einem Wechsel in der heutigen Kremlführung aus (Ziener 2022b).

Ein anderes Codewort ist der Begriff „Grus 200", Fracht 200. Er kann auf Plakaten oder Werbetafeln gefunden werden. Grus 200 bezieht sich auf den Transport von Leichensäcken gefallener russischer Soldaten von der Front nach Hause. Es handelt sich um militärische Fachsprache und wurde während des russischen Krieges in Afghanistan in den 1980er Jahren gebräuchlich. „Grus 200" ist auch ein Euphemismus für irreversible Verluste in Konflikten geworden.

Nicht alle Proteste sind dabei als direkte Kritik an der Politik des Kreml zu werten. So gab es zwar Demonstrationen gegen die Einberufung junger Russen zur

Armee. Am bekanntesten sind hier die Proteste in Dagestan im September 2022, als Mütter öffentlich gegen die Einberufungen ihrer Söhne protestierten. (Deutsche Welle 2022) Doch konzentriert sich die Kritik weitgehend auf die Ausführung bestimmter Maßnahmen und scheut davor zurück, Wladimir Putin direkt anzugreifen. Beobachter müssen daher genau prüfen, an wen der geäußerte Unmut adressiert ist.

Spricht man mit Moskauern, sagen viele, dass sie gegen den Krieg seien und dass ihnen die Menschen leidtäten. Das ist aber noch keine kritische Haltung zur Politik des Regimes. Fragt man sie weiter, hört man oft Argumente dieser Art: die „Spezielle Militäroperation" sei kein Krieg. Die NATO habe die Ukraine benutzt, um Russland anzugreifen. Putin habe deshalb keine andere Wahl gehabt. Diese fatalistische Lesart wird von der Propaganda täglich verbreitet.

Als im Frühjahr 2023 russische Streitkräfte Wohnhäuser in Dnipro und Kiew und den Bahnhof im Kramatorsk angriffen, gingen in Moskau, St. Petersburg und anderen Städten Menschen auf die Straßen und kauften Blumen. Die Buketts legten sie an den Denkmälern ukrainischer Schriftsteller und Dichter wie Taras Schewschenko und Lessja Ukrainka nieder. Die Straßenreinigung räumte die Blumen in der Nacht ab, doch am nächsten Morgen hatten die Menschen wieder neue gebracht. Der stille Blumenprotest zog sich über Wochen hin. Verbieten konnte die Polizei, die mit Streifenwagen in unmittelbarer Nähe patrouillierte, dies nicht. Vertreiben konnten sie auch nicht die schweigenden Gruppen von Menschen, die ohne etwas zu sagen ihre Botschaft überdeutlich machten: „Nein zum Krieg!"

Literatur

Adomeit, H. (2018). NATO Osterweiterung: Gab es westliche Garantien? *Arbeitspapier Sicherheitspolitik*, 3. Bundesakademie für Sicherheitspolitik. https://www.baks.bund.de/sites/baks010/files/arbeits papier_sicherheitspolitik_2018_03.pdf. Zugegriffen am 20. September 2023.

Archangelskij, A. (2014). *Wir sind alle noch sehr sowjetisch.* https://www.deutschlandfunkkultur.de/ werte-wir-sind-alle-noch-sehr-sowjetisch-100.html. Zugegriffen am 19. September 2023.

Deutsche Welle (2022). *Warning shots at Russian anti-mobilization protest.* https://www.dw.com/en/ anti-mobilization-protest-in-russia-warning-shots-fired-in-dagestan/a-63233617. Zugegriffen am 20. September 2023.

Gorbatschow, M. S. (2014). *Первый президент СССР о том, как падают и возникают стены* [Der erste Präsident der UdSSR über den Fall und das Entstehen von Mauern]. https://rg.ru/2014/10/ 15/gorbachev.html. Zugegriffen am 20. September 2023.

Granin, D. (1999). *Das Jahrhundert der Angst.* Berlin: Volk und Welt.

Varlamov (2023, 04. März). *Сталин: от революционера до диктатора | Репрессии, памятники, Сталинград и влияние на Путина* [Stalin: vom Revolutionär zum Diktator | Repression, Denkmäler, Stalingrad und Einfluss auf Putin] [Video]. https://www.youtube.com/watch?v= 7sNd0hYd5Pw. Zugegriffen am 20. September 2023.

Hartwich, I. (2023). *Was denken die Russen wirklich? Der Youtube-Kanal „1420" sendet von den Strassen in Putins Reich*. Neue Zürcher Zeitung. https://www.nzz.ch/feuilleton/was-denken-die-russen-nun-wirklich-der-youtube-kanal-1420-sendet-aus-dem-inneren-des-regimes-ld.1739592. Zugegriffen am 19. September 2023.

Judin, G. (2023). *Putin braucht einen großen Sieg*. https://www.nzz.ch/international/russland-und-die-kultur-der-angst-putin-braucht-grossen-sieg-ld.1717300. Zugegriffen am 19. September 2023.

Kolesnikow, A. (2023). *How Putin's Special Military Operation Became a People's War. Carnegie Endowment for International Peace*. https://carnegieendowment.org/politika/89486. Zugegriffen am 19. September 2023.

Lewada-Zentr (2019). *Stalin's Perception*. https://www.levada.ru/en/2019/04/19/dynamic-of-stalin-s-perception/. Zugegriffen am 20. September 2023.

Lewada-Zentr (2022). *Украина и Донбасс* [Ukraine und Donbass]. https://www.levada.ru/2022/02/24/ukraina-i-donbass-2/. Zugegriffen am 19. September 2023.

Lewada-Zentr (2023a). *Approval of the Authorities*. https://www.levada.ru/en/ratings/approval-of-the-authorities/. Zugegriffen am 19. September 2023.

Lewada-Zentr (2023b). *Как Вы думаете, мы переживаем сейчас самые тяжелые времена, или они уже позади, или еще впереди?* [Glauben Sie, dass wir gerade die schwersten Zeiten durchmachen, oder liegen sie hinter uns oder stehen sie noch bevor?]. https://www.levada.ru/2023/07/11/obshhestvennye-nastroeniya-iyun-2023-goda/. Zugegriffen am 19. September 2023.

McGlynn, J. (2023). *Russia's war propaganda spectrum*. Riddle. https://ridl.io/russia-s-war-propaganda-spectrum/. Zugegriffen am 24. August 2023.

Medinski, W. R., & Torkunow, A. W. (2023). *История России. 1945 год — начало XXI века* [Russische Geschichte 1945 – Anfang des 21. Jahrhunderts, Grundkurs]. Moskau: Просвещение.

Mueller, J. (1970). Presidential Popularity from Truman to Johnson. *American Political Science Review*, 64(1), 18–34. https://doi.org/10.2307/1955610.

Noelle-Neumann, E. (2001). *Die Schweigespirale: Theorie der öffentlichen Meinung*. Stuttgart: Langen Müller.

1420 by Daniil Orain (2023). *1420 by Daniil Orain*. https://www.youtube.com/@1420channel. Zugegriffen am 19. September 2023.

OVD-Info (2023). *Сводка антивоенных репрессий* [Zusammenfassung der Antikriegsrepression]. https://data.ovd.info/svodka-antivoennyh-repressiy-june#1. Zugegriffen am 20. September 2023.

Putin, W. (2004). *Putin: Russland wegen NATO-Erweiterung "nicht übermäßig besorgt"*. https://www.dw.com/de/putin-russland-wegen-nato-erweiterung-nicht-%C3%BCberm%C3%A4%C3%9Fig-besorgt/a-1162947. Zugegriffen am 20. September 2023.

Radio Free Europe / Radio Liberty (2022). *Soviet-Style Denunciations On The Rise As Russian Society Confronts Ukraine War*. https://www.rferl.org/a/russia-denunciations-stalin-putin-ukraine-war/31793081.html. Zugegriffen am 20. September 2023.

Schulman, J. (2023). *„Wenn die russischen Eliten glauben, dass es einen Weg zurück in ihr altes Leben gibt, indem sie Putin stürzen, dann werden sie es tun"*. https://www.nzz.ch/international/interview-jekaterina-schulman-ueber-putins-feinde-und-fehler-ld.1726749. Zugegriffen am 19. September 2023.

Stalin, J. V. (1935). *Первое всесоюзное совещание рабочих и работниц-стахановцев, 14 – 17 ноября 1935 г. Стенографический отчёт* [Erste Allgewerkschaftskonferenz der stachanowistischen Arbeiter und Arbeiterinnen, 14. bis 17. November 1935, Stenografischer Bericht].

Thumann, M. (2023). *Revanche. Wie Putin das bedrohlichste Regime der Welt geschaffen hat*. München: C.H. Beck.

Vciom (2023). *Confidence in Political Leaders.* https://wciom.com/our-news/ratings/trust-in-politicians. Zugegriffen am 19. September 2023.

Ziener, M. (2022a). *Russia's prince of propaganda spins Putin's Ukraine war.* https://www.latimes.com/world-nation/story/2022-03-22/inside-putin-propaganda-machine-scum-traitors-imperial-powers. Zugegriffen am 19. September 2023.

Ziener, M. (2022b). *War critics in Russia, facing continuing crackdown, turn to craftier, coded protests.* https://www.latimes.com/world-nation/story/2022-05-20/war-critics-in-russia-face-crackdowns-turn-to-coded-protests. Zugegriffen am 20. September 2023.

Marlis Prinzing
Das Unbehagen an der Ukraine-Berichterstattung – Acht Beobachtungen

Zusammenfassung: Professioneller Journalismus in demokratischen Gesellschaften wie etwa in Deutschland will ausgewogen sein, fair – und die andere Seite zu Wort kommen lassen. Das gehört zu den Grundpfeilern der journalistischen Berufsethik. Weite Teile der Berichterstattung über den Krieg in der Ukraine gründen jedoch auf einer Art medialer Solidarität, bei der die Grenzen verschwimmen zwischen einem gebotenen Partei-Ergreifen für Grundprinzipien und einem freiwilligen, nahezu bedingungslosen Schulterschluss – hier konkret mit der ukrainischen Regierung. Leicht gerät unter verbalen Beschuss, wer differenzieren will. Das bereitet Unbehagen und weckt Zweifel an der Professionalität. Auch weil Schwarz oder Weiß nicht die einzigen Optionen verantwortungsvollen Berichtens über Kriege und Krisen sind.

1 Berichten angesichts der „Zeitenwende"

Der völkerrechtswidrige Einmarsch Russlands in die Ukraine am 24. Februar 2022 war für den Journalismus in Deutschland in mehrerlei Hinsicht eine „Zeitenwende": JournalistInnen veränderten ihr Rollenverständnis, teilweise verschoben sich Arbeitsroutinen. Empathie und Resilienz rückten als weitere journalistische Potenziale stärker in den Fokus. Manche Art der Ukraine-Berichterstattung in Deutschland erzeugte und erzeugt Unbehagen. Davon handelt dieser Beitrag und erläutert dieses Unbehagen in acht Punkten. Die Gaza-Berichterstattung seit den Massakern der Hamas-Terroristen am 7. Oktober 2023 weist zudem darauf hin, dass solches Unbehagen auch sensibilisiert für Berichterstattungs- und Rollenmuster, die sich nicht auf das Thema Ukraine-Krieg beschränken.

 Vorab sei aber ausdrücklich erwähnt, dass ein großer Teil der Medien oftmals gute Arbeit geleistet haben. Viele KorrespondentInnen und ReporterInnen am Kriegsschauplatz sowie in Redaktionen recherchierten klug, sie reflektierten, agierten verantwortungsbewusst und empathisch, ordneten ein, gaben Hinweise, wie man reagieren oder beispielsweise aus dem Kriegsgebiet nach Deutschland geflüchteten Menschen helfen kann. Sie gingen zu den Menschen – hier wie dort, hörten ihnen zu, ließen nicht ausschließlich jene, die berufliche Funktionen hatten, zu Wort kommen, riskierten auch persönlich viel. Auch als Gegenkraft zur ermüdenden Aufmerksamkeit – üblich bei langanhaltenden Themen – suchten

https://doi.org/10.1515/9783111331508-018

sie immer wieder neue Zugänge, um das Interesse nicht erlahmen zu lassen. Außerdem machten viele durch die Art, wie sie aus diesem Krieg berichteten, klar, dass gerade auch im Informationsjournalismus, anders als lange Zeit praktiziert, Emotionen einen festen Platz benötigen (Prinzing 2023, 2020).

Einfühlsam berichten kann dem Publikum reale Ereignisse und Schicksale näherbringen, ihm aber auch etwas zumuten. Ein Beispiel sind die viel diskutierten Bilder einer von russischen Soldaten erschossenen Familie und eines Helfers in Irpin, die viele Medien in Varianten (mit erkennbaren Gesichtern, verpixelt, zugedeckt) Anfang März 2022 veröffentlichten. Diese Bilder waren schwer auszuhalten, aber wichtig, auch weil die Bilder erste Kriegsverbrechen dokumentierten. Bedeutsam war zudem, dass etliche Medien begründeten, wie und weshalb sie solche Bilder zeigen, das Publikum also an ihren eigenen Abwägungen teilhaben ließen (Prinzing 2022b).

Empathie kann auch Hilfsbereitschaft einschließen. Clarissa Ward hat für *CNN* über Menschen berichtet, die auf ihrer Flucht aus Irpin über eine gesprengte, teilweise im Fluss liegende Brücke mussten. In der Liveschalte unterbrach die Journalistin kurz, um jemandem die Hand zu reichen und ihm zu helfen (CNN 2022). Ward beobachtete also nicht nur, sondern setzte sich strenggenommen über ein klassisches journalistisches Prinzip hinweg, sich nicht zum Teil des Geschehens zu machen. Dennoch lässt sich ihr Handeln nicht in den Bereich einsortieren, wo Berichterstattung zu Unbehagen führt. Denn hierbei handelt es sich um einfühlsame Gesten, um Menschlichkeit. Es gibt keine Anzeichen dafür, dass sie etwas Relevantes ausgeblendet hätte. Ward machte also ihren Job, aber auf die sich zunehmend ausbreitende Weise, die Empathie und Schicksalen mehr Raum gibt, ohne Betroffene vorzuführen (Prinzing 2020).

2 Unbehagen an Nachrichtenvermeidung und fehlenden Perspektiven

Berichte über Kriege (und anderes Negatives wie Erderwärmung, Pandemie etc.), so belegen mehrere Studien, veranlassen insbesondere Jüngere dazu, Nachrichten immer öfter auszuweichen, und dies oft dann, wenn sie sie nicht so richtig verstehen und damit nicht wirklich einordnen können (u. a. Eddy und Fletcher 2022). Das führt zu zweierlei Überlegungen: Erstens muss es einer aufgeklärten Gesellschaft generell unbehaglich sein, wenn BürgerInnen freiwillig lieber nicht informiert sein möchten – gerade, weil es zwar oft komplexe, belastende Themen sind, aber zugleich sehr zentrale. Zweitens erweist sich hier die Bedeutsamkeit von Journalismus auch durch sein Potenzial, gerade über eine entsprechende Vermittlungsleistung Menschen stark zu machen, resilient und risikokompetent. Denn professionell berichten heißt, informieren, warnen und auch zeigen, wie man Probleme anpacken kann, sowie darlegen, wenn man sich nicht auf gesicherte Informationen stützen kann, kurz: „konstruktiv" an Themen herangehen. Eine Leistung, die bei manchen Medien noch ausbaufähig ist, etliche aber bereits erbringen, darunter auch vornehmlich an jüngere Zielgruppen gerichtete Formate wie *STRG_F* oder *Y-Kollektiv* die im *ARD/ZDF*-Content-Netzwerk *Funk* produziert werden. (Y-Kollektiv 2022; Maurer et al. 2023; Eddy und Fletcher 2022).

Aufmerken lässt zudem der Befund, dass deutlich weniger als die Hälfte der in Deutschland befragten Personen fand, genügend über die Auswirkungen des Kriegs oder über verschiedene Sichtweisen zu erfahren (Eddy und Fletcher 2022). Dem steht eine Beobachtung gegenüber, die daher noch mehr Unbehagen erzeugt: Die hohe mediale Solidarität mit Positionen der Ukraine, die sich teils in eine Art „Wir-Gefühl-Rausch" steigerte und oft damit einherging, jene anzugreifen und in Schubladen zu stecken, die andere Argumente vorbrachten.

3 Unbehagen an der Unbedingtheit von Solidarität

Die Qualität von Kriegsberichterstattung drückt sich in ihrer Ausrichtung an berufsethischen Richtlinien sowie an Grundprinzipien aus. Da fällt die Bilanz der Berichterstattung aus der Ukraine seit dem russischen Einmarsch 2022 ambivalent aus. Sich an Grundprinzipien wie den Menschenrechten und der Solidarität mit einem angegriffenen Land auszurichten, verlangt kein Schwarz-Weiß-Denken, kein Beharren auf einem bedingungslos positiven Bild auch noch dann, wenn dieses gar nicht der Wirklichkeit entspricht. Solche Solidarität steht an sich nicht im Widerspruch zu kritischer Distanz und ist durchaus vereinbar mit Professionalität, in diesem Fall mit im deutschen Pressekodex niedergelegten Standards, also: Sachgerecht berichten, differenzieren, Grauzonen zeigen, anderen Sichtweisen Raum geben („audiatur et altera pars"), begründen, warum etwas falsch beziehungsweise richtig ist (Deutscher Presserat 2019). Die Solidarität mit einem angegriffenen Land ist richtig, weil das dem Völkerrecht entspricht. Richtig ist aber auch, Maßnahmen, Handlungsweisen und Forderungen der ukrainischen Regierung zu kritisieren, wenn es gute Gründe dafür gibt.

Normativ ist solche Kritik zwar weiterhin möglich, die Pressefreiheit wurde in Deutschland ja bezogen auf die Ukraine-Berichterstattung – und ebenso bezogen auf die Gaza-Berichterstattung – nicht eingeschränkt. Aber es erzeugt Unbehagen, mit welcher Entschlossenheit sich manche JournalistInnen selbst zu einer Art General-Solidarität entschlossen und Kritik an der Ukraine oder ihren politischen AkteurrInnen kaum noch ertragen. In einer Talkshow den Grad der Demokratisierung in der Ukraine zu hinterfragen, auf das Thema Korruption hinzuweisen oder gar den ukrainischen Präsidenten Wolodymyr Selenskyj zu kritisieren, konnte zu unerbittlichen Reaktionen führen, ähnlich zumindest im ersten Kriegsjahr, wenn jemand sich für Friedensverhandlungen oder einen Waffenstillstand in der Ukraine aussprach. Die Szenen wirkten zuweilen, als säßen „Putin-Kenner", die genau wissen, was passiert und dass er nie verhandle, keine Atomwaffen einsetze etc. unbelehrbaren „Putin-Verstehern" gegenüber. Ein solches Freund-Feind-Schema beziehungsweise Othering erzeugt auch jenseits der Sachebene der Pro- und Contra-Argumente ein Unbehagen. *Othering* meint in der Sozialwissenschaft das Prinzip, von der Gruppe, der man sich zugehörig fühlt, die „andere", fremde Gruppe abzugrenzen (u. a. Spivak 1985; Foroutan und Hensel 2020) – in diesem Fall eben die „Putin-Versteher", als die jene rasch galten, die nur einen Funken Verständnis für die russische Seite äußerten.

Dieses Unbehagen lässt sich als eine spezielle Variante von „False Balance" beschreiben. Bei dieser geht es nicht um die häufig diskutierte Form mit einem Eins zu Eins der Vielen, die sich auf Evidenz stützen, zu den Wenigen, die das anders sehen (etwa Klimaforscher versus Klimawandelleugner), sondern um eine Art „sachgerechte Ausgewogenheit". Durch sie erhält der, mit dem man solidarisch ist, sozusagen als Ausgleich dafür, dass er von Dritten Unrecht erleiden muss, das Schwergewicht beziehungsweise Hauptaugenmerk; begründet wird das unter anderem damit, alles andere sei „Schuldumkehr" oder „Whataboutism". Beide Varianten verzerren den Blick auf die Wirklichkeit, beidem lässt sich nur selbige „sachgerechte Ausgewogenheit" entgegensetzen, die aus den beschriebenen Berufsstandards (u. a. die andere Seite zu hören) erwächst (Prinzing 2022a).

Dieses Unbehagen wird verstärkt durch die Aggressivität, mit der viele Debatten geführt wurden. In klassischen Medien war dies u. a. in Talks von Markus Lanz zu beobachten oder als Reaktion auf einen Gastbeitrag von Jürgen Habermas beziehungsweise auf eine Karikatur von Pepsch Gottscheber in der *Süddeutschen Zeitung* im Frühjahr 2022 (Habermas 2022; Sueddeutsche Zeitung 2022). Der Philosoph hatte just die wachsende Polarisierung der Debatte thematisiert und geriet dafür ins Kreuzfeuer polarisierender Kritik. Simon Strauss warf ihm in der *Frankfurter Allgemeinen Zeitung* eine „fahrlässige Denunziation der ukrainischen Regierung" vor (2022), *Welt*-Autor Thomas Schmid, er verteidige „auf orthodoxe Weise sein Lebenswerk. Und in trickreicher und mitunter auch boshafter Weise" (2022). Gottscheber karikierte Selenskyjs Auftritt auf Großleinwand beim World Economic Forum in Davos und überspitzte eine durch ähnliche Auftritte in Parlamenten oder bei weiteren Anlässen bekannte Situation – worauf ihn *Welt*-Autor Frederik Schindler bezichtigte, „antisemitische Topoi" zu transportieren (2022).

4 Unbehagen an der (schleichenden?) Instrumentalisierung

Die Ukraine ist moralisch und faktisch im Recht. Das erzeugt Solidarität. Ein völkerrechtswidrig angegriffenes Land hat das Recht, sich zu verteidigen, und einen Anspruch darauf, dass ihm geholfen wird. Das „Wir" legitimiert sich aus menschlichen Gründen und aus prinzipiellen, weil der Aggressor Russland die Menschenrechte mit Füßen tritt, weil die Säulen des demokratischen Grundverständnisses unter Beschuss sind. „Wir verteidigen nicht nur uns, wir verteidigen euch", erklärte der Kiewer Bürgermeister Vitali Klitschko, „wir schützen unsere gemeinsamen Werte und Prinzipien", leicht variiert, in zahlreichen, in deutschen Medien veröffentlichten Interviews – ein Beispiel für öffentliche Diplomatie. Narrative wie dieses „Wir" als europäische Wertegemeinschaft der Bevölkerung anderer Länder – hier der deutschen – plausibel zu machen sowie strategisch so zu kommunizieren, dass sie auf der dortigen politischen Agenda möglichst weit oben stehen, sind wichtige Instrumente der öffentlichen Diplomatie. Anders als bei der klassischen, weiterhin ebenfalls wichtigen Form diplomatischen Handelns hinter verschlossenen Türen, ist hier die öffentliche und die veröffentlichte Meinung, also die Öffentlichkeit der Hauptadressat.

Die ukrainische Politikprominenz – Vitali Klitschko, Wolodymyr Selenskyj, Andrij Melnyk (bis Oktober 2023 ukrainischer Botschafter in Deutschland) und andere – vergegenwärtigt das „Wir"-Narrativ über journalistische wie soziale Medien immer wieder aufs Neue, bespielt alle erreichbaren Bühnen einschließlich Talkshow-Auftritten und Video-Anrufen auf Großleinwand, und sie vertieft revitalisierte Dichotomien: auf der einen Seite die über soziale Medien vernetzte westliche Welt, in der alle gemeinsam Seite an Seite stehen, auf der anderen die autokratische Propagandawelt Putins. Durch öffentliche Diplomatie fördert die Ukraine das „Wir" als ein Gefühl von Nähe und Verbundenheit. Sie erhofft sich durch die starke Position Deutschlands in der Europäischen Union Unterstützung bei ihrem Ziel, Mitgliedsstaat zu werden. Sie will sich gestützt auf Waffenlieferungen aus Deutschland und anderen Ländern gegen den völkerrechtswidrigen russischen Angriff zur Wehr setzen können. Und sie nutzt dazu auch die Enttäuschung und Ernüchterung in Deutschland darüber, dass der russische Angriff auf die Ukraine die bisherige deutsche Ost- beziehungsweise Russlandpolitik konterkariert. Dazu setzt sie auf JournalistInnen, die diesen Wir-Botschaften und Appellen an die deutsche Solidarität Raum und Reichweite geben. Diese öffentliche Diplomatie ist insofern eine klassische Variante von Diplomatie: Kommunikationsaktivitäten individueller und korporativer Akteure in den Bereichen Politik, Wirtschaft, Wissenschaft oder Kultur sollen bewirken, dass das eigene Land und seine Anliegen im Ausland besser wahrgenommen oder verstanden werden. Das ist legitim.

Aber bezogen auf den Krieg in der Ukraine sind Zweifel angebracht, ob deutschen JournalistInnen das Risiko, dabei instrumentalisiert zu werden, bewusst ist. Hinzu kommen Befürchtungen: Verwechseln einige ihre Rolle mit jener eines Politikers, Kriegsaktivisten oder Staatsangehörigen der Ukraine? Geben manche bewusst die in werteorientierten Gesellschaften wichtige kritische Beobachterperspektive auf? Kursiert Angst davor, gegen den Strom zu kommentieren oder als nicht solidarisch genug mit der Ukraine zu erscheinen? Die Antworten auf die tatsächlichen Absichten lassen sich nur vermuten beziehungsweise mittels vergleichender Interviews mit den betreffenden Personen erforschen. Sich aber solchen Fragen überhaupt zu stellen, kann bereits Schieflagen bezogen auf die eigene Rolle zurechtrücken (Prinzing 2022c).

5 Behagen und Unbehagen am totalen „Wir"

Das medial gestützte „Wir" hat noch eine andere Komponente, die sich auf die Funktionslogik sozialer Medien stützt. Ihr Geschäftsmodell basiert auf Emotionen, engmaschigen kommunikativen Netzen mit zahllosen, parasozialen Beziehungen, Interaktionen und Affordanz, also der impliziten Aufforderung, zu reagieren. Bei Themen wie Kriegsgräueln und menschlichem Leid funktionieren solche Mechanismen nachhaltig. Die Effekte können positiv sein, aber auch unbehaglich. Sie können belasten, aber auch Mitgefühl und Solidarität stärken, motivieren.

Der ukrainische Präsident Wolodymyr Selenskyj wendet sich seit Kriegsbeginn mit Videobotschaften regelmäßig direkt an die ganze Welt, aber auch an sein Volk. Wir sitzen ihm an seinem Schreibtisch direkt gegenüber. Er blickt uns in die Augen, etabliert eine parasoziale Beziehung: Wir „kennen" ihn, gehen mit ihm durch die Gänge seines Präsidentenpalastes, er erzählt uns, was er beim Frontbesuch gesehen hat. Das hieraus erwachsende „Wir"-Gefühl unterstützt auch den ukrainischen Kampfgeist. Talkshows, Quizsendungen. Unterhaltungsformate nutzen den direkten Blick in die Kamera seit Langem, um dem Publikum das Gefühl zu geben, mitten im Geschehen und direkt angesprochen zu sein. Soziale Medien verstärken dieses Gefühl, man kenne die Person, die einen anblickt, ob aus einem YouTube- oder Tiktok-Clip. Dort konnte man bald nach Kriegsbeginn u. a. Valeria Shashenok begegnen, einer damals 20-jährigen ukrainischen Fotografin. Sie nahm ihre Follower mit in den Bombenschutzkeller zu ihrer Familie, erzählte einem ins Gesicht wie einer Freundin, wie man da überlebt und was es heißt, im Krieg aufzuwachsen, führte einen durch ihre zerstörte Heimatstadt und nach Italien, wohin sie flüchtete (Valerisssh 2024). Selenskyj, Shashenok und viele andere wurden zu Wegbegleitern, denen man sich immer enger verbunden fühlte, ohne ihnen je wirklich begegnet zu sein (Prinzing 2022d). Das rechnet sich – für die Plattformbetreiber und für manche Akteure (Spiegel 2022), ökonomisch und auch politisch.

Zu den Kehrseiten gehören u. a. die fehlende Einordnung – Selenskyj muss sich keinen Nachfragen von JournalistInnen stellen, seine Aussagen werden nicht geprüft oder in Zusammenhänge gebracht – und die hohe Belastung des Publikums, insbesondere vortraumatisierter oder junger Teilgruppen sowie jener, die nicht recht wissen, was sie einem Überangebot an Gräuelbildern und dem algorithmisch gesteuerten Doomscrolldrang, also dem exzessiven Konsumieren negativer Nachrichten von einem Clip zum nächsten, entgegenhalten können.

Kehrseite ist auch die Überinterpretation des „Wir". Wohl erstmals seit Ende des Zweiten Weltkrieges fühlt sich Deutschland so tief in einen Krieg gezogen wie in diesen in der Ukraine – bis hin zur Interpretation, man sei nahezu selbst im Krieg. Kommentatoren (z. B. Jessen 2022) äußerten sich beeindruckt, als die deutsche Außenministerin Annalena Baerbock (Bündnis 90/Grüne) in Butscha erklärte: „Diese Opfer könnten wir sein" (BR24 2022). Ein solches „Wir" sollten Medien aber einordnen und damit in diesem Fall relativieren. Deutschland befindet sich nicht offiziell im Krieg mit Russland. Warum sollten dessen Truppen also auf Deutsche schießen? Oder deutsche Städte bedrohen? Dieses „Wir" löst ein Kriegsverbrechen, also ein aus militärischem und politischem Handeln folgendes Geschehen, aus diesem Kontext heraus und beschränkt es auf die menschliche Ebene. Sie ist zweifellos wichtig. Aber Journalismus sollte ihren Zusammenhang klarstellen.

6 Unbehagen am gefilterten Blick auf die Wirklichkeit

Journalismus soll ein möglichst vollständiges Bild der Wirklichkeit zeigen. Es erzeugt Unbehagen, wenn JournalistInnen kleinreden, ausblenden oder herausfiltern, was nicht in ihr positives Ukraine-Bild passt: von der Ukraine zu verantwortende Kriegsverbrechen, die teilweise durchaus verhaltene Freude in den zuvor russisch besetzten Gebieten über ihre Befreiung durch das ukrainische Militär, die mögliche Verwicklung der Ukraine in die Sprengung der Nord-Stream Pipeline, Selenskyjs Verbot von Oppositionsparteien und kritischen Medien und Anderes. Wer so vorgeht, handelt berufsethisch unprofessionell, beziehungsweise wechselt die Rolle vom Journalisten zum Aktivisten.

Moritz Gathmann, selbst Kriegsreporter, kritisiert als einer der wenigen vor-gefiltertes Berichten und irreführende Sprachrahmungen. Als Beispiel nennt er ein Framing in einem mit „Raketen auf Spielplätze, Kamikaze-Drohnen auf Wohn-häuser" überschriebenen *RND*-Beitrag (Gathmann 2022) und analysiert: „Die In-formation, dass Russland in erster Linie auf kritische Infrastruktur, und eben nicht auf Spielplätze gezielt hat, gehört zum Gesamtbild", ebenso wie Hinweise, dass es auch bei ukrainischen Angriffen auf russisch besetztes Territorium zivile Tote gebe. All dies zu erwähnen ändere nichts daran, dass dieser Krieg völker-rechtswidrig sei.

Anders gesagt: Solidarität auf Prinzipienebene und kritische Beobachtung ste-hen nicht im Widerspruch zueinander, journalistische Professionalität und Weglas-sen relevanter Informationen oder gar die Aufforderung zum Regelbruch hingegen schon. Ein Beispiel: Zur Forderung des ukrainischen Vize-Regierungschefs bei der Münchner Sicherheitskonferenz 2023, seinem Land auch international geächtete Streumunition und Phosphorwaffen zu liefern, argumentierte *n-tv*-Kommentatorin Judith Görs: „Der Westen sollte sich fragen: Wenn es nicht möglich ist, die Russen vom Einsatz geächteter Waffen abzuhalten und die Ukraine sie gar nicht erst in die Hände bekommen soll: Wie kann die ukrainische Bevölkerung dann vor ihnen ge-schützt werden?" (2023). Wenngleich solcherlei Kommentare eher selten sind, er-zeugt jeder einzelne davon ein Unbehagen; Aufforderungen zum Regelbruch sind unprofessionell und unverantwortlich.

7 Unbehagen an mancher Medienkritik

Medienkritik ist wichtig. Sie kann JournalistInnen auf Schlagseiten und Fehler hinweisen und BürgerInnen in die Lage versetzen, besser einzuschätzen, welche Medienleistung gelungen ist und welchen Medien sie trauen können. Ein kriti-scher Blick auf die Berichterstattung über den Krieg in der Ukraine bewahrt auch davor, sich rasch Desinformationen auszuliefern.

Manche Art von Medienkritik hingegen erzeugt Unbehagen. Ein ambivalentes Beispiel dafür ist das im Oktober 2022 erschienene Buch „Die vierte Gewalt" von Richard David Precht und Harald Welzer. Die Autoren trugen zwar diskussions-würdige Kritikpunkte vor, nahmen Medien in Deutschland aber nahezu unter Pauschalverdacht. Ihnen zufolge dürfte man den Medien kaum noch glauben, mehr noch: Sie gefährdeten das Ringen um gute Lösungen für die Gesellschaft. Manches blieb unbelegt, diverse Behauptungen (etwa jene, jüngere Zielgruppen würden nichts von öffentlich-rechtlichen Medien halten) widersprachen vorhan-denen Studien. Die Kritik, der die Autoren durch Lesereisen und Talkshowauftritte viel Aufmerksamkeit verschafften, war Wasser auf die Mühlen jener, die von Medien nichts halten und denen gleichgültig ist, dass demokratische Gesellschaften nur funktionieren können mit JournalistInnen, die kritisch einordnen, was vor der Haustür und in der Welt passiert.

Durch die Art, wie sie das Thema anpackten, verwässerten Precht und Welzer (2022), was wirklich nötig wäre: evidenzbasierte Medienkritik. Einen Aufhänger hierfür lieferten sie mit ihren Vorwürfen, Medien berichteten gleichgerichtet und oft übereinstimmend über den Ukraine-Krieg, spielten das Weltkriegs- und Atomkriegsrisiko herunter, trieben bei der Entscheidung, ob Deutschland dem Wunsch der Ukraine folgen und schwere Waffen liefern sollte, die deutsche Regierung regelrecht vor sich her und ignorierten die Ansichten weiter Teile der Bevölkerung.

Die Evidenz solcher Vorwürfe lieferte eine Studie, die Monate später erschien (Maurer et al. 2023). Sie widerlegte zwar die Behauptung, Medien würden ihre Positionen durchgängig einander angleichen, bestätigte aber teilweise erhebliche Übereinstimmungen. *Der Spiegel* sah als einziges der acht untersuchten Medien die Lieferung schwerer Waffen kritisch und veröffentlichte zu den Waffenlieferungen etwa gleich viele ablehnende wie befürwortende Beiträge. *Spiegel* und *Zeit* beurteilten diplomatische Maßnahmen deutlich positiver als die weiteren sechs untersuchten Medien. Dass alle den russischen Präsidenten Wladimir Putin für eine völkerrechtswidrige Invasion verurteilen, wundert hingegen nicht (→ Beitrag Maurer et al.). Interessant wäre ausgehend davon, JournalistInnen zu ihren Intentionen zu befragen – unter anderem zu den Gründen für ihr eindeutiges Ja zu schweren Waffen und für die zuvor in diesem Beitrag genannte potenzielle Instrumentalisierung für die öffentliche Diplomatie der Ukraine. Spannend wäre zudem ein Vergleich mit der Berichterstattung über den durch die Terrorattacken der Hamas im Oktober 2023 neu aufflammenden Nahostkonflikt. Auch hier gibt es Kontroversen: auf der einen Seite steht die Solidarität mit Israel als Staat und seinem Recht, sich gegen den Hamas-Terror zu verteidigen, auf der anderen aber ein Schulterschluss mit allen politischen Entscheidungen der israelischen Regierung und dem Ausblenden der Anderen, hier also der palästinensischen Bevölkerung und deren Leid; Stefan Niggemeier (2023) hat dies am Beispiel der *Bild*-Zeitung anhand einer Reihe von Belegen aufgezeigt.

8 Unbehagen an strukturellen Defiziten

Unbehagen erzeugt auch, dass die deutsche Auslandsberichterstattung viele weiße Flecken hat, was Marc Engelhardt in seiner 2022 erschienen Studie beschrieb (2022). Die Invasion im Februar 2022 machte bezogen auf Ukraine und Russland dies als Problem offensichtlich. *ARD* und *ZDF* hatten z. B. die Ukraine von ihren

Moskauer Studios aus betreuen lassen – dies trotz des seit Jahren andauernden Konflikts dieser Länder sowie trotz der geografischen Dimensionen, die es schier unmöglich machen, diese Länder wirklich erfassen zu können. Nach dem russischen Einmarsch mussten KorrespondentInnen aushelfen, die sonst aus anderen Ländern berichteten. Inwiefern hier und in vielen anderen Medienhäusern Lücken geschlossen und die Strukturen angepasst werden, um besser zum Beispiel generell das Eigene im Fremden und in diesem konkreten Fall das Europäische in der Ukraine zu zeigen, bleibt noch ungewiss (→ Beitrag Goffart et al.).

9 Unbehagen an einem Kampagnenjournalismus

Unbehagen erzeugt stets, wenn Medien Politik machen. Hier sei als Beispiel das Vorgehen von zwei Medien des Springer-Verlags beschrieben. Gleichsam in Fortsetzung der Zeitenwende-Debatten, die durch die russische Invasion in die Ukraine ausgelöst wurden, führte die *Welt am Sonntag* im Dezember 2023 mit Verteidigungsminister Boris Pistorius ein Interview, das zumindest den Eindruck zurücklässt, dass hier Stichwörter abgearbeitet wurden, über die man sich einig war: Wehrpflicht, Informationsbesuche der Bundeswehr an Schulen, Kriegstüchtigkeit, Kriegsgefahr aus Russland für den Westen, Dringlichkeit (man habe fünf bis acht Jahre, um aufzuholen) (Jungholt et al. 2023). Die *Bild*-Zeitung griff das Interview auf, verbreitete so dessen Reichweite, setzte weitere Akzente und deutete die „Dramatische Warnung" des Verteidigungsministers („Am Ende dieses Jahrzehnts könnten Gefahren auf uns zukommen."): „Es ist ein vorsichtig formulierter Satz mit großer politischer Sprengkraft. Denn im Klartext heißt er: Der NATO, dem Westen droht eine unmittelbare militärische Bedrohung durch Wladimir Putins Russland!" Pistorius verspricht: „Bis dahin werden wir darauf auch vorbereitet sein." *Bild* nutzt ihn als anscheinend opportunen Zeugen der eigenen Position, der moniert, dass viele noch nicht „verinnerlicht" hätten, wie groß die Gefahr sei und „dass wir mehr tun müssen, um unsere Sicherheit zu gewährleisten", so Pistorius. Deutschland müsse bereit sein: „Angesichts der schweren Krise brauchen wir Streitkräfte, die dieses Land verteidigen können – und zwar im Kriegsfall" (Bild 2023). *Bild*-Ressortleiter Filipp Piatov brachte kurz danach Pistorius als Kanzlerkandidaten anstelle von Scholz in Position – Schlagzeile: „Es geht ums Land" (2024). Hier will offenbar ein Medienhaus Grundsatzfragen direkt klären, anstatt professionellen Politikjournalismus zu offerieren, der auf die hierzu nötigen Prozesse und Voraussetzungen hinweisen müsste: Parlamentsdebatten, Mehrheiten, Rechtsgrundlagen.

10 Fazit

Das Unbehagen an der Ukraine-Berichterstattung ist im Kern ein Unbehagen an der Abkehr von Professionalität. Gerade Zeiten des Umbruchs und der „Zeitenwenden" in unterschiedlichen Varianten bedürfen der Konstanten: der Orientierung an Werten, der journalistischen Professionalität.

Journalismus ist eine bedeutsame Instanz für den Diskurs in einer demokratischen Gesellschaft. Das auf Jürgen Habermas gestützte Konzept des auf die Kraft des rationalen Arguments vertrauenden, Emotionen ausschließenden, herrschaftsfreien Diskurses, muss auch angesichts einer von Logiken sozialer Medien geprägten Kommunikationskultur weiterentwickelt werden zu einem Diskurs, der den konstruktiven Umgang mit Dissonanz, Streit und Attacken einschließt, wie dies die Kommunikationswissenschaftlerinnen Barbara Pfetsch, Maria Löblich und Christiane Eilders (2018) fordern. Dies kann die Neigung zu Schwarz-Weiß-Denken, Aktivismus, Polarisierung bewusster machen und überwinden. Klassische und soziale Medien, traditionelle und zahllose neue AkteurInnen mit Augenzeugenschaft haben bewirkt, dass wir über den Ukraine-Krieg Fluten an Bildern, Videos, Informationen und auch Desinformationen haben wie wohl noch nie. Positiv dabei ist, dass auch in der Nachrichtenberichterstattung der Ratio die Emotio an die Seite gestellt wurde. Nun gilt es, das Beste aus beiden Welten zu schöpfen: Korrektiv ist der im Nachrichtenjournalismus ebenfalls etablierte Status der professionellen Distanz. Emotionen Raum zu geben, heißt auch, Raum zu lassen für Reflexion und hinreichend Abstand, um das journalistische Kerngeschäft zu betreiben: informieren, einordnen, kritisieren, frühzeitig warnen, Diskussionen anstoßen.

Literatur

Bild (2023). *Verteidigungsminister Pistorius warnt vor Putins Angriff. Wir haben „fünf bis acht Jahre".* https://www.bild.de/politik/inland/politik-inland/verteidigungsminister-pistorius-warnt-vor-putins-angriff-wir-haben-fuenf-bis-ach-86458222.bild.html. Zugegriffen am 17. Dezember 2023.

BR24 (2022). *Baerbock in Butscha: „Diese Opfer könnten wir sein".* https://www.br.de/nachrichten/deutschland-welt/aussenministerin-baerbock-als-erstes-kabinettsmitglied-in-kiew,T5Q8z6D. Zugegriffen am 10. Oktober 2023.

CNN (2022, 05. März). *See moment that made Clarissa Ward stop reporting and help* [Video]. https://www.youtube.com/watch?v=4pdNnpCD5Ew. Zugegriffen am 17. Oktober 2023.

Deutscher Presserat (2019). *Pressekodex.* https://www.presserat.de/pressekodex.html. Zugegriffen am 17. Oktober 2023.

Eddy, K., & Fletcher, R. (2022). *Perceptions of media coverage of the war in Ukraine.* https://reutersinstitute.politics.ox.ac.uk/digital-news-report/2022/perceptions-media-coverage-war-Ukraine. Zugegriffen am 10. Oktober 2023.

Engelhardt, M. (2022). Das Verblassen der Welt. Auslandsberichterstattung in der Krise. *OBS-Arbeitspapier*, 53. https://www.otto-brenner-stiftung.de/auslandsberichterstattung/. Zugegriffen am 10. Oktober 2023.

Foroutan, N., & Hensel, J. (2020). *Die Gesellschaft der Anderen*. Berlin: Aufbau.

Gathmann, M. (2023). *Solidarität mit der Ukraine darf kein Filter für Nachrichten sein.* https://uebermedien.de/77678/solidaritaet-mit-der-ukraine-darf-kein-filter-fuer-nachrichten-sein/. Zugegriffen am 30. Oktober 2023.

Görs, J. (2022). *Die Ukraine braucht Waffen, keine Standpauke*. https://www.n-tv.de/politik/politik_kommentare/Die-Ukraine-braucht-Waffen-keine-Standpauke-article23927914.html. Zugegriffen am 10. Oktober 2023.

Habermas, J. (2023). *Krieg und Empörung*. https://www.sueddeutsche.de/projekte/artikel/kultur/das-dilemma-des-westens-juergen-habermas-zum-krieg-in-der-ukraine-e068321/?reduced=true. Zugegriffen am 10. Oktober 2023.

Jessen, J. (2022). *Die Opfer müssen sichtbar gemacht werden*. https://www.waz.de/politik/ukraine-krieg-opfer-menschen-russland-angriff-id235330029.html. Zugegriffen am 10. Oktober 2023.

Jungholt, T., Rosenfeld, D., & Schuster, J. (2023). *„Dann kommen wachsende Migrationsbewegungen oder mehr Terrorismus auf uns zu"*. https://www.welt.de/politik/deutschland/plus249080348/Boris-Pistorius-Dann-kommen-Migrationsbewegungen-oder-Terrorismus-auf-uns-zu.html. Zugegriffen am 18. Dezember 2023.

Maurer, M., Haßler, J., & Jost, P. (2023). *Die Qualität der Medienberichterstattung über den Ukraine-Krieg*. https://www.otto-brenner-stiftung.de/sie-moechten/sich-ueber-aktuelles-informieren/detail/news/die-qualitaet-der-medienberichterstattung-ueber-den-ukraine-krieg/news-a/show/news-c/NewsItem/. Zugegriffen am 10. Oktober 2023.

Niggemeier, S. (2023). *Aus Solidarität mit Israel verzichtet „Bild" darauf, über palästinensische Opfer in Gaza zu berichten*. https://uebermedien.de/90840/aus-solidaritaet-mit-israel-verzichtet-bild-darauf-ueber-palaestinensische-opfer-in-gaza-zu-berichten/. Zugegriffen am 22. Dezember 2023.

Pfetsch, B., Löblich, M., & Eilders, C. (2018). *Dissonante Öffentlichkeiten als Perspektive kommunikationswissenschaftlicher Theoriebildung. Publizistik*, 4, 477–495.

Piatov, F. (2024). *Es geht ums Land*. https://www.bild.de/politik/inland/politik-inland/kommentar-es-geht-ums-land-86669442.bild.html. Zugegriffen am 08. Januar 2024.

Precht, R., & Welzer, H. (2022). *Die vierte Gewalt. Wie Mehrheitsmeinung gemacht wird*. Frankfurt: Fischer.

Prinzing, M. (2020). Emotion. *Communicatio Socialis*, 4, 494–50. https://doi.org/10.5771/0010-3497-2020-4-494.

Prinzing, M. (2022a). Wirklich ausgewogen oder False Balance? Einschätzungen zu Journalismus und Wissenschaftlichkeit. In: C. Paganini, M. Prinzing & J. Serong (Hrsg.), *Wissen kommunizieren. Ethische Anforderungen an die Kommunikation zwischen Wissenschaft und Gesellschaft* (S. 57–71). Baden-Baden: Nomos.

Prinzing, M. (2022b). *Bilder vom Krieg: Die Grenzen des Zumutbaren*. https://medienwoche.ch/2022/03/16/bilder-vom-krieg-die-grenzen-des-zumutbaren/. Zugegriffen am 17. Dezember 2023.

Prinzing, M. (2022c). *Rauer Ton und riskante Schlagseite: Medien zum Ukrainekrieg*. https://medienwoche.ch/2022/06/21/medien-zum-ukrainekrieg-rauer-ton-und-riskante-schlagseite/. Zugegriffen am 17. Dezember 2023.

Prinzing, M. (2022d). Wir im Ukrainekrieg. Parasoziale Beziehungen zu Augenzeugen, Selenskyj & Co. *mediendiskurs*, 3(101), 24–29. https://mediendiskurs.online/beitrag/wir-im-ukrainekrieg-beitrag-1136/. Zugegriffen am 17. Oktober 2023.

Prinzing, M. (2023). *Ein Jahr Krieg in der Ukraine. Wo stehen wir in der medialen Berichterstattung?* https://www.meedia.de/medien/ein-jahr-krieg-in-der-ukraine-wo-stehen-wir-in-der-medialen-betrachtung-7dc17c9a8a64a23e9646f7d30a4b36b0. Zugegriffen am 17. Oktober 2023.

Schindler, V. (2022). *Die SZ reproduziert antisemitische Bildsprache.* https://www.welt.de/debatte/kommentare/article239008315/Karikatur-von-Selenskyj-Die-SZ-reproduziert-antisemitische-Bildsprache.html. Zugegriffen am 10. Oktober 2023.

Schmid, T. (2022). *Der Philosoph und der Krieg. Eine Antwort auf Jürgen Habermas.* https://schmid.welt.de/2022/04/30/der-philosoph-und-der-krieg-eine-antwort-auf-juergen-habermas/. Zugegriffen am 10. Oktober 2023.

Spiegel (2022, 30. Mai). *Millionenerfolg mit sarkastischen TikToks zum Ukrainekrieg: „Danke, Putin!"* [Video]. https://www.youtube.com/watch?v=1C6jUguy5IM. Zugegriffen am 10. Oktober 2023.

Spivak, G. (1985). The Rani of Sirmur: An Essay in Reading the Archives. *History and Theory*, 24(3), 247–272.Strauss, S. (2022). *Sollen wir Putin um Erlaubnis fragen?* https://www.faz.net/aktuell/feuilleton/debatten/juergen-habermas-aeussert-sich-zum-ukraine-krieg-17993997.html. Zugegriffen am 10. Oktober 2022.

Sueddeutsche Zeitung (2022, 26. Mai). *Zur Kritik an der Karikatur* [Post]. https://twitter.com/SZ/status/1529815331358887936. Zugegriffen am 10. Oktober 2023.

Valerisssh (2024). *valerisssh.* https://www.tiktok.com/@valerisssh?lang=de-D. Zugegriffen am 10. Januar 2024.

Y-Kollektiv (2022, 05. März). *Ohnmachtsgefühl im Krieg in der Ukraine: Können wir überhaupt etwas tun?* [Video]. https://www.youtube.com/watch?v=HgrgLXpbVwA. Zugegriffen am 17. Dezember 2023.

Martin Löffelholz, Christian F. Trippe und Kathrin Schleicher

Unversöhnliche Narrative im hybriden Krieg – Ein Ausblick

Der Krieg Russlands gegen die Ukraine wird eines Tages beendet sein. Hingegen dürfte der Krieg der Narrative, die diesen Konflikt begleiten und ihn legitimieren, den Krieg der Waffen überdauern; seine Begriffswelten und Kernbotschaften werden ihren Weg in Schulbücher finden und in popularisierten, nicht selten ideologisierten Geschichtsbildern aufscheinen. Dies gilt für den Krieg in der Ukraine ebenso wie für den Krieg Israels gegen die Hamas. Es gilt für alle kriegerischen Auseinandersetzungen, die lediglich durch einen Waffenstillstand eingehegt oder mit einem Friedensschluss beigelegt werden, dem keine umfassende Aussöhnung im Sinne eines gesellschaftlichen Prozesses folgt. Allein die Narrative, die Deutsche und Franzosen in drei Kriegen gegeneinander kämpfen ließen, wirken heute nicht mehr und sind weithin vergessen – was freilich intensiver Anstrengungen auf beiden Seiten bedurfte.

Davon sind Russland und die Ukraine weit entfernt. In diesem Buch haben wir eine Vielzahl oft widerstreitender Narrative identifiziert. Viele stammen aus dem Propagandaapparat des autokratischen Russlands, das bewusst keine einheitliche narrative Linie verfolgt, sondern gerade die Unterschiedlichkeit seiner Erklärungen benutzt, um Verwirrung zu stiften und Zweifel an eigentlich bereits geprüften Sachverhalten zu säen. Gleichwohl treten im dritten Kriegsjahr zwei Basisnarrative hervor, auf die sich viele andere Narrative zurückführen lassen: So rechtfertigt die Führung in Moskau ihren Angriff auf das Nachbarland mit der Behauptung, ihr sei dieser Krieg aufgezwungen worden, Russland wehre sich im Kampf der Systeme mit einem Präventivkrieg. In der Ukraine und unter ihren Unterstützern im Westen ist eine andere Erzählung zur herrschenden Meinung in Politik und Medien geworden: Die Ukraine führe ihren Kampf um Sein oder Nicht-Sein als letztes Bollwerk gegen Putins Expansionsdrang. In diesen beiden kontrastierenden Narrativen klingen Unbedingtheit und Ausschließlichkeit an, ihre Gegenüberstellung zeigt, wieviel handwerkliches Fingerspitzengefühl nötig ist, um angemessen über diesen Krieg zu berichten. Dabei ist die grundsätzliche Herausforderung an den Journalismus, die sich in diesem Krieg stellt, nicht neu.

Nachrichten werden von Menschen rezipiert, die sich über den Krieg informieren wollen. Manche hoffen, Nachrichteninhalte zu manipulieren, um den Ausgang eines Krieges zu beeinflussen. In einer solchen Umgebung müssen Journalisten arbeiten. Sie tun die Dinge, die sie immer tun, wissen aber, daß ihre Berichte außerordentliche Konsequenzen nach sich ziehen können. [...] Es ist ein großer Auftrag, den ein Journalist zu erfüllen hat. Doch es ist

https://doi.org/10.1515/9783111331508-019

genau das, was die Medien tun müssen, wollen sie der Öffentlichkeit in Kriegszeiten am besten dienen. [...] Die Medien sind vielleicht unser mächtigstes Hilfsmittel, um zukünftige Konflikte zu lösen und Kriege zu vermeiden. (Vincent und Galtung 1993, S. 210)

Als der amerikanische Kommunikationsprofessor Richard Vincent und der norwegische Friedens- und Konfliktforscher Johan Galtung vor gut drei Jahrzehnten über die Bedeutung von Kommunikation, Medien und Journalismus in künftigen Kriegen nachdachten, spielten weder das Internet, noch die sozialen Medien eine Rolle. Mit der Besetzung Kuwaits durch irakische Truppen im August 1990 und den ab 17. Januar 1991 folgenden massiven Luftangriffen US-geführter Streitkräfte auf Ziele im Irak zeigte sich freilich, dass eine staatlich gelenkte, strategische Kommunikation bereits im Zeitalter klassischer Massenmedien die journalistische Berichterstattung, die öffentliche Meinung und sogar die Kriegsführung nachhaltig beeinflusste (Löffelholz 1993).

Manche staatlichen Kommunikationsmaßnahmen im Russisch-Ukrainischen Krieg erscheinen insofern wie Wiedergänger älterer Formen von Propaganda, Medienkontrolle und Zensur, wie sie in früheren Kriegen entwickelt und eingesetzt wurden. Unter den heutigen Bedingungen einer allseits verfügbaren Mobilkommunikation und der weit verbreiteten Nutzung sozialer Medien wie Instagram, Telegram, TikTok oder YouTube haben sich die Kommunikationsaktivitäten des autokratischen Russlands wie der demokratisch gewählten Regierungen der Ukraine und ihrer Unterstützer gleichzeitig jedoch gravierend verändert, wie in den Beiträgen dieses Buches deutlich wird. Ausgehend von den Überlegungen der im vorliegenden Band versammelten Autorinnen und Autoren können wir daher einige zentrale Trends identifizieren, die nicht nur den „Krieg der Narrative" zwischen Russland und der Ukraine prägen, sondern ebenso in anderen aktuellen Konflikten, etwa der gewalttätigen Auseinandersetzung zwischen Israel und der Hamas in Gaza, beobachtbar sind – und somit das Potential haben, auf die politische Kommunikation künftiger Kriege auszustrahlen.

So beeinflusst auch im fortgeschrittenen 21. Jahrhundert die von der historischen Forschung aufgezeigte „unfriedliche Symbiose" (Dominikowski 2004, S. 59) von Massenmedien und Massenkrieg die komplexen Beziehungen von Politik, Militär und Öffentlichkeit. Mit dem Angriff auf die Ukraine verletzt Russland nicht nur grundlegende Prinzipien des Völkerrechts, insbesondere die Souveränität und territoriale Integrität des Landes, sondern destabilisiert mit seiner weitgehend destruktiven Kommunikationspolitik das globale Sicherheitsgefüge – mit Folgen insbesondere für die Ukraine, aber auch für benachbarte Länder wie Polen oder das Baltikum sowie nicht zuletzt für Deutschland, das atlantische Bündnissystem und den ostasiatischen Raum, etwa im Hinblick auf die wachsenden Spannungen zwischen China und Taiwan.

Staatliche Kriegskommunikation, keineswegs allein in Russland, beruht dabei zunehmend auf Multikanalstrategien, nach denen traditionelle, unidirektional operierende Massenmedien wie das Fernsehen zwar weiterhin intensiv genutzt werden, oftmals instrumentalisierend, parallel jedoch vielfältige digitale Plattformen eingesetzt werden, um heterogene Zielgruppen im eigenen Land wie in gegnerischen Staaten unmittelbar, also ohne zwischengeschaltete journalistische Medien, und so personalisiert und individuell wie möglich zu erreichen. Digitale Medien und Plattformen werden damit weitaus intensiver als zuvor zu einem integralen Bestandteil der Kriegsführung.

In der Regel unterstützt durch finanziell und personell aufwendige Kommunikationsinfrastrukturen, bestehend unter anderem aus multimedialen Newsrooms, Troll-Fabriken und KI-gestützten Produktions- und Distributionssystemen, werden neben diversen Einzelaktionen vielfältige Desinformationskampagnen geplant und umgesetzt, um das Militär und die Bevölkerung des Kriegsgegners zu demoralisieren sowie die öffentliche Meinungen über den Verlauf und die Folgen des Krieges weltweit zu beeinflussen – nicht zuletzt in Deutschland. Laut Auswärtigem Amt schüren mehr als 50.000 gefälschte Nutzerkonten mit über einer Million deutschsprachiger Tweets auf der Onlineplattform X Ressentiments gegenüber der Bundesregierung, um „das Vertrauen in unsere Demokratie zu untergraben, Wut zu schüren und die öffentliche Meinung zu manipulieren", so Bundesinnenministerin Nancy Faeser zu dieser im Januar 2024 aufgedeckten russischen Einflussnahme auf deutsche Social-Media-NutzerInnen (Tagesschau 2024).

Weitgehend autonom oder im engen Zusammenspiel mit menschlichen Akteuren operierende Systeme der Künstlichen Intelligenz werden dabei zunehmend wichtiger. Einerseits übernehmen sie in Kriegen mehr und mehr Aufgaben bei der Planung, Implementation und Auswertung kommunikativer Maßnahmen. Neben KI-gestützten Aktivitäten mit unmittelbarer Relevanz für den Verlauf militärischer Aktionen, etwa der frühzeitigen Erkennung potentieller Angriffsschwerpunkte, der Übersetzung von Geheimdokumenten oder der Prüfung von Bild- und Videomaterial bei der Identifizierung von Waffen, Fahrzeugen oder Personen, entwickeln sich jedoch auch Propagandasysteme weiter, beispielsweise automatisierte Bots, um Desinformation zwar massenhaft, aber personenzentriert zu verbreiten, Deepfake-Technologien, um falsche, aber täuschend echt aussehende Videos und Audioaufnahmen zu erstellen, oder die algorithmische Verstärkung der Kommunikation auf sozialen Medien, um Benutzern Inhalte zu empfehlen, die ihren Überzeugungen entsprechen, auch wenn diese Inhalte falsch oder irreführend sind.

Dass (russische) Desinformationskampagnen in Deutschland wie in anderen europäischen Ländern überhaupt Adressaten finden, ist eine bittere Realität, die nicht allein mit politischen Appellen verändert wird. So nimmt trotz der wachsenden Fragmentierung der sozialen Medien und der steigenden öffentlichen Besorgnis über dort verbreitete Fehl- und Desinformationen die Abhängigkeit von diesen Plattformen weiter zu, wie aus dem Reuters Institute Digital News Survey hervorgeht (Newman et al., 2023). Die Befragung, die seit 2012 jährlich die Nachrichtennutzung von erwachsenen Personen in 46 Ländern erhebt, zeigt, dass Jüngere, die mit sozialen Medien aufgewachsen sind, eher InfluencerInnen und Prominenten als JournalistInnen Aufmerksamkeit schenken (Newman et al. 2023, S. 10).

Für Deutschland zeigen die Befunde, dass das klassische Fernsehen für immerhin mehr als zwei Fünftel der Befragten weiterhin die wichtigste Nachrichtenquelle ist, gefolgt von Nachrichtenangeboten im Internet mit 39 Prozent. Allerdings bezieht jeder Siebte seine Nachrichten primär aus sozialen Medien, wobei dieser Anteil über die Jahre kontinuierlich gestiegen ist (Behre et al. 2023, S. 5). Die Studie ergab zudem, dass unter den verschiedenen Inhalten Nachrichten zum Krieg in der Ukraine auf Facebook, YouTube und Twitter tendenziell am meisten Beachtung geschenkt wird (Behre et al. 2023, S. 48). Nicht unwesentliche Teile der Bevölkerung nutzen somit keine oder kaum traditionelle Qualitätsmedien, sondern informieren sich weitgehend nur aus alternativen Quellen. Denn von etablierten Medien und Institutionen fühlen sie sich entfremdet, und nicht wenige suchen schlicht einfache Antworten auf komplexe Fragen. Desinformationskampagnen in kriegerischen Situationen machen sich dies zu Nutze, auch indem sie Menschen oft auf emotionaler Ebene ansprechen. Die Algorithmen sozialer Medien tragen zusätzlich dazu bei, dass die NutzerInnen sozialer Medien hauptsächlich mit Informationen konfrontiert werden, die ihre Überzeugungen bestätigen, was die Verbreitung von Desinformation im Krieg der Narrative begünstigt.

Um diesen Entwicklungen entgegenzuwirken, also Gesellschaften resilienter gegenüber Desinformation zu machen, ist eine enge Zusammenarbeit von Regierungen, Technologieunternehmen, Zivilgesellschaft und Bildungseinrichtungen notwendig. Für den qualitätsorientierten Journalismus in demokratisch verfassten Gesellschaften bleibt die Glaubwürdigkeit der Berichterstattung – und ihrer Protagonisten, den Journalistinnen und Journalisten – eine, wenn nicht sogar die zentrale Ressource. Um die eigene Glaubwürdigkeit zu stärken, sind journalistische Prinzipien wie Genauigkeit, Faktenprüfung und Unparteilichkeit weiterhin wichtig. Diese umzusetzen, reicht in hybriden Mediensystemen aber nicht aus. Qualitätsmedien müssen darüber hinaus ihre Präsenzen auf digitalen Plattformen ausbauen, über komplexe Themen, die in Desinformationskampagnen vernachlässigt werden, differenziert, umfassend und verständlich berichten, sich verstärkt bei der Faktenprüfung von Inhalten konkurrierender, auch semiprofessioneller Plattformen engagieren sowie ihre Arbeitsweise und Standards transparent, selbstkritisch und im Dialog mit ihren Publika reflektieren.

In Zeiten hybrider Kriegsführung und der schier endlosen Menge an Bildmaterial aus der Ukraine müssen Journalistinnen und Journalisten nicht nur die Authentizität des Materials überprüfen, sondern auch ethisch begründbar bewerten, was dem Publikum zuzumuten ist und was nicht. Nach dem Angriff der Hamas auf Israel im Oktober 2023 kursierten in den sozialen Medien Smartphone-Videos der Opfer und Bodycam-Aufnahmen der Hamas-Kämpfer, die ihre Gräueltaten an israelischen Zivilistinnen und Zivilisten dokumentierten. Diese traumatisierenden Bilder, in sozialen Medien weit verbreitet, unterstreichen die Notwendigkeit, klare Grenzen zu ziehen – nicht alles, was sich gut verkauft (oder oft geklickt wird), sollte gezeigt werden.

Neben dem Journalismus kommt vor allem dem Bildungssystem eine wichtige Rolle bei der Förderung von Medienkompetenz zu, damit beispielsweise bereits Jugendliche in die Lage versetzt werden, vertrauenswürdige Quellen und Falschinformationen zu unterscheiden und die Auswirkungen von Desinformation zu erkennen. In diesem Kontext können zudem KI-Systeme relevanter werden, die eine Art Gegenpol zu der destruktiven Rolle der künstlichen Intelligenz in der Kriegskommunikation bilden. Die sogenannten Generative Adversarial Networks (GAN) basieren auf neuronalen Netzen, die miteinander konkurrieren, um dabei ihre Fähigkeiten zu verbessern. So infiltriert zum Beispiel ein Netz Computersysteme, um damit Schwachstellen zu identifizieren, oder es generiert gefälschte Videos (deepfakes), während das andere, das ‚gute‘ Netz versucht, diese zu entlarven (Goodfellow et al. 2014). Vor diesem Hintergrund haben wir den von der US-Firma OpenAI entwickelten Chatbot *ChatGPT* (Generative Pre-trained Transformer) gefragt, was es tun kann, um Desinformation zu bekämpfen.

„**Als KI-basiertes System kann ChatGPT dazu beitragen, die Medienkompetenz zu fördern und Desinformation zu bekämpfen, indem es:**
- Aufklärung und Sensibilisierung: ChatGPT kann Benutzerinnen und Benutzer über die Bedeutung von Medienkompetenz aufklären und sie darüber informieren, wie sie Falschinformationen erkennen und vermeiden können.
- Faktenprüfung und Quellenüberprüfung: ChatGPT kann Benutzern dabei helfen, die Glaubwürdigkeit von Informationen zu überprüfen, indem es sie bei der Faktenprüfung unterstützt und ihnen hilft, vertrauenswürdige Quellen zu identifizieren.
- Informationsvermittlung: ChatGPT kann Benutzerinnen und Benutzern dabei helfen, Zugang zu qualitativ hochwertigen Nachrichtenquellen und verifizierten Informationen zu erhalten, indem es ihnen relevante Informationen und Nachrichteninhalte bereitstellt.
- Debattenmoderation: ChatGPT kann dabei helfen, Online-Debatten zu moderieren und die Verbreitung von Desinformation und Hassrede einzudämmen, indem es auf respektvolle und sachliche Kommunikation hinweist und zur Förderung eines konstruktiven Dialogs beiträgt.
- Sprachliche Sensibilisierung: ChatGPT kann Benutzerinnen und Benutzern dabei helfen, sich der Bedeutung von Sprache und Wortwahl bewusst zu werden und sie dazu ermutigen, sich für eine klare, präzise und objektive Kommunikation einzusetzen.“ (OpenAI 2024)

Es wäre freilich leichtsinnig anzunehmen, dass den Folgen einer strategisch geplanten und systematisch umgesetzten Desinformationspolitik autoritärer Regime
vorrangig mit technologischen Innovationen zu begegnen wäre. Sicherheitspoliti-
sche und militärische Entscheidungen beruhen auf einem komplexen Geflecht
multilateraler und nationaler Strukturen, Interessen und Abhängigkeiten, die
nicht nur in unterschiedlichen Konfliktphasen variieren (Löffelholz 2007), sondern sich nach dem Niedergang der Sowjetunion, dem Aufstieg Chinas als ökono-
mischer und militärischer Großmacht und erneut nach dem Angriff Russlands
auf die Ukraine auch grundsätzlich verändern (Wissenschaftliche Dienste 2022;
Zarkachi 2023).

Neben der politischen Situation in den USA, vor allem den mit einer möglichen
Wiederwahl Trumps als US-Präsident verbundenen Unsicherheiten, könnte die Unterstützung des Westens für die Ukraine mit der Zeit nachlassen – mit erheblichen
negativen Konsequenzen für den weiteren Verlauf des Krieges und die europäische
Sicherheitsarchitektur. Bezogen auf Deutschland ist Anfang 2024 unklar, ob die
zögerlich kommunizierte, in weiten Teilen nur halbherzig in Szene gesetzte „Zeitenwende" tatsächlich ausreicht, um der Ukraine das Überleben zu sichern, die Bundesrepublik Deutschland verteidigungsfähig zu machen und – in einem dritten
Schritt – dabei hilft, eine europäisch-souveräne Sicherheitsdoktrin zu entwickeln.
Um autoritäre Regime wie Russland abzuschrecken, müssen diese, wie der ehemalige Vize-Kanzler Sigmar Gabriel meint, davon überzeugt sein, dass „die deutsche
Gesellschaft verteidigungsbereit [sei], dass wir unser eigenes Leben und unsere eigene Freiheit bereit sind zu verteidigen und dass wir an uns selbst glauben [...] –
[d]as muss man ausstrahlen, das ist viel wichtiger als die Anzahl der Panzer."
(Steingart 2024)

Der Russisch-Ukrainische Krieg verdeutlicht einmal mehr, dass die Hoffnungen
auf ein friedlicheres Zusammenleben der Völker, die nach dem Zerfall des sowjetisch
dominierten Systems zentralistisch-autoritärer Staaten nicht nur politische Debatten,
sondern auch politische Entscheidungen beeinflussten, etwa im Hinblick auf die
deutsche Energiepolitik, kaum empirische Evidenz aufweisen. Im Gegenteil: Kriege
prägen weiterhin die Welt, sie werden nur anders ausgefochten, woran Desinformation und andere Mittel der hybriden Kriegsführung erheblichen Anteil haben (von
Bredow 2024), wie auch der Krieg Israels gegen die Hamas eindringlich belegt. Beide
Seiten versuchen, Narrative zu formen, die nicht nur aktuell wirkmächtig werden,
sondern die die Wahrnehmung des Konflikts langfristig beeinflussen. Während Israel in seiner öffentlichen Diplomatie seine Existenz als demokratischer Staat in
einer feindlichen Region und sein Recht auf Selbstverteidigung betont, propagiert
die Hamas die Idee einer antikolonialen palästinensischen Befreiungsbewegung, die
sich gegen die israelische Besatzung auflehnt – ein Narrativ, das im Globalen Süden
durchaus verfängt (Lau 2023).

Israel und seine Unterstützer propagieren damit ein Narrativ, welches dem ukrainischen Narrativ eines Existenzkampfes gegen Russland sehr nahekommt. Folgerichtig hatte sich die Führung in Kiew nach dem Angriff aus dem Gaza-Streifen hinter Israel gestellt, während die russische Führung ihre Nähe zur Hamas kaum verbarg (Boll-Palievskaya 2023). So behauptet der Kreml zum Beispiel, dass die Waffen, die die Hamas für den Angriff auf Israel benutzt habe, aus westlichen Waffenlieferungen für die Ukraine stammten. Damit macht die russische Führung den Westen mitverantwortlich für die Anschläge in Israel (Siggelkow 2023). „Russland instrumentalisiert auf zynische Weise diese Tragödie, um vor allem antiwestliche und antiukrainische Narrative zu verbreiten", so Julia Smirnova, Senior Researcherin am Institute for Strategic Dialogue Germany, zum Krieg in Gaza (Siggelkow 2023). Der Krieg in der Ukraine und der Krieg im Nahen Osten sind keineswegs nur unterschwellig über ihre Narrative miteinander verbunden – und sie markieren tiefe geopolitische Bruchlinien.

Literatur

Behre, J., Hölig, S., & Möller, J. (2023). *Reuters Institute Digital News Report 2023 – Ergebnisse für Deutschland*. Hamburg: Verlag Hans-Bredow-Institut. https://doi.org/10.21241/ssoar.86851.

Boll-Palievskaya D. (2023). *Ein Geschenk für Putin*. https://www.ipg-journal.de/regionen/naher-osten/artikel/ein-geschenk-fuer-putin-7081/. Zugegriffen am 05. Februar 2024.

Dominikowski, T. (2004). Massenmedien und Massenkrieg. Historische Annäherungen an eine unfriedliche Symbiose. In M. Löffelholz (Hrsg.), *Krieg als Medienereignis. Krisenkommunikation im 21. Jahrhundert* (Bd. 2, S. 59–80). Wiesbaden: Springer VS.

Goodfellow, I., Pouget-Abadie, J., Mirza, M., Xu, B., Warde-Farley, D., Ozair, S., Courville, A., & Bengio, Y. (2014). Generative Adversarial Nets. *Proceedings of the International Conference on Neural Information Processing Systems*, 2672–2680. https://proceedings.neurips.cc/paper_files/paper/2014/file/5ca3e9b122f61f8f06494c97b1afccf3-Paper.pdf. Zugegriffen am 02. Februar 2024.

Lau, J. (2023). The Israel-Hamas War and the New World Order. *Internationale Politik Quarterly*. https://ip-quarterly.com/en/israel-hamas-war-and-new-world-order. Zugegriffen am 04. Februar 2024.

Löffelholz, M. (2007). Grundlagen einer medienorientierten Krisenkommunikation. Beziehungen zwischen Sicherheitspolitik, Militär und Öffentlichkeit in unterschiedlichen Konfliktphasen. In H. V. Hoffmann (Hrsg.), *Netzwerk Kommunikation in Zeiten der Krise* (S. 221–246). Baden-Baden: Nomos.

Löffelholz, M. (Hrsg.). (1993). *Krieg als Medienereignis. Grundlagen und Perspektiven der Krisenkommunikation*. Wiesbaden: Springer VS.

Newman, N., Fletcher, R., Eddy, K., Robertson, C. T., & Nielsen, R. K. (2023). *Reuters Institute Digital News Report 2023*. https://doi.org/10.60625/risj-p6es-hb13.

OpenAI (2024, 29. Januar). *„Was kann ChatGPT tun, um konstruktiv bei der Lösung dieser Probleme zu helfen?"* [Chat-Protokoll]. https://chat.openai.com/. Zugegriffen am 29. Januar 2024.

Siggelkow, P. (2023). *Falsche Schuldzuweisungen und Whataboutism*. https://www.tagesschau.de/fak tenfinder/israel-hamas-desinformation-100.html. Zugegriffen am 06. Februar 2024.

Steingart, G. (2024, 05. Februar). *Droht ein dritter Weltkrieg, Sigmar Gabriel?* [Podcast]. https://de.eve rand.com/podcast/703682929/Droht-ein-dritter-Weltkrieg-Sigmar-Gabriel-Gabor-Steingart-prasentiert-das-Pioneer-Briefing. Zugegriffen am 06. Februar 2024.

Tagesschau (2024). *Desinformation auf X. Russische Kampagne aufgedeckt*. https://www.tagesschau.de/ inland/desinformation-kampagne-russland-100.html. Zugegriffen am 06. Februar 2024.

Vincent, R. C., & Galtung, J. (1993). Krisenkommunikation morgen. In M. Löffelholz (Hrsg.), *Krieg als Medienereignis* (S. 177–210). Wiesbaden: VS. https://doi.org/10.1007/978-3-322-99646-6_15.

Von Bredow, W. (2024). *Kriege im 21. Jahrhundert. Wie heute militärische Konflikte geführt werden*. Berlin: be.bra Verlag.

Wissenschaftliche Dienste (2022). *Die russische Sicherheitspolitik seit dem Jahr 2000. Formelle Grundlagen, Entwicklung, ideologischer Überbau*. https://www.bundestag.de/resource/blob/ 918488/30971c4459f7f97cf215b8a321dd5699/WD-2-071-22-pdf-data.pdf. Zugegriffen am 03. Februar 2024.

Zarkachi, I. (2023). Geopolitical and Global Power Shift: The Economic, Military, and Political Rise of China in the 21st Century. *International Journal of Chinese Interdisciplinary Studies*, 1(1), 59–70. https://journal.unesa.ac.id/index.php/ijcis/article/view/25783. Zugegriffen am 03. Februar 2024.

Autorinnen und Autoren

Berdnyk, Mykola, Leiter des Büros der Deutschen Welle in der Ukraine (Kyiv Hub). Arbeitsschwerpunkte: Ukrainische Politik und Gesellschaft. E-Mail: mykola.berdnyk@gmail.com

Beseler, Arista, M.A., wissenschaftliche Mitarbeiterin am Lehrstuhl für Politische Kommunikation mit Schwerpunkt auf Osteuropa und die postsowjetische Region an der Universität Passau. Forschungsschwerpunkte: Russlands Einflussnahme auf westliche Medien, alternative Medien im deutschsprachigen Raum. E-Mail: arista.beseler@uni-passau.de

Eigendorf, Katrin, Internationale Sonderkorrespondentin, ZDF. Arbeitsschwerpunkte: Auslands- und Kriegsberichterstattung. E-Mail: eigendorf.familie@gmail.com

Ganske-Zapf, Mandy, Redakteurin, Lektorin, freie Journalistin, u. a. Frankfurter Rundschau, Berliner Zeitung, Mitteldeutscher Rundfunk, dekoder.org. Arbeitsschwerpunkte: Russland. E-Mail: email@mgzapf.de

Goffart, Daniel, Chefreporter, WirtschaftsWoche. Arbeitsschwerpunkte: Bundespolitische Berichterstattung, Wirtschaftspolitik. E-Mail: daniel.goffart@wiwo.de

Haßler, Jörg, Dr., Leiter der Nachwuchsforschungsgruppe „Digital Democratic Mobilization in Hybrid Media Systems" der LMU München. Forschungsschwerpunkte: Politische Kommunikation, Online-Kommunikation und empirische Methoden, Wahlkampf- und Parteienkommunikation, Mediatisierungsprozesse und Medienwandel. E-Mail: joerg.hassler@ifkw.lmu.de

Hoffmann, Andrea C., Prof. Dr., Professorin für Investigativen Journalismus an der Hochschule für Angewandte Wissenschaften (HAW) Hamburg. Forschungsschwerpunkte: Investigativer Journalismus, Traumatisierung im Journalismus, Medienaneignung, Kriegsberichterstattung. E-Mail: andreaclaudia.hoffmann@haw-hamburg.de

Jost, Pablo, Dr., wissenschaftlicher Mitarbeiter des Lehr- und Forschungsbereichs für politische Kommunikation der Universität Mainz. Forschungsschwerpunkte: Politische Kommunikation, Kommunikation von Protestbewegungen, Digitaler Medienwandel, Medienwirkungsforschung, Methoden der empirischen Kommunikationswissenschaft. E-Mail: pablo.jost@uni-mainz.de

Jungblut, Marc, Dr., akademischer Rat auf Zeit, Institut für Kommunikationswissenschaft und Medienforschung der LMU München. Forschungsschwerpunkte: Kriegs- und Konfliktkommunikation, strategische Kommunikation und Computational Social Science. E-Mail: Marc.Jungblut@ifkw.lmu.de

Köhr, Oliver, Chefredakteur der ARD. Arbeitsschwerpunkte: Politik, Wirtschaft und Gesellschaft. E-Mail: oliver.koehr@ard.de

Kutscher, Tamina, Slawistin, Lehrbeauftragte, Gastdozentin und freie Journalistin, u. a. Handelsblatt, Deutschlandfunk Kultur. Arbeitsschwerpunkte: Medien und Gesellschaft in Russland/Mittel- und Osteuropa. E-Mail: kontakt@tamina-kutscher.de

https://doi.org/10.1515/9783111331508-020

Löffelholz, Martin, Univ.-Prof. Dr., Direktor der Internationalen Forschungsgruppe Krisenkommunikation an der TU Ilmenau. Forschungsschwerpunkte: Journalismusforschung, internationale Kommunikation und Public Diplomacy, Kriegs- und Krisenkommunikation, Strategische Kommunikation und Public Relations. E-Mail: martin.loeffelholz@tu-ilmenau.de

Maurer, Marcus, Prof. Dr., Professor für Kommunikationswissenschaft mit dem Schwerpunkt Politische Kommunikation am Institut für Publizistik der Universität Mainz. Forschungsschwerpunkte: Politische Kommunikation, Medienwirkungsforschung, nonverbale Kommunikation, empirische Methoden. E-Mail: mmaurer@uni-mainz.de

Prinzing, Marlis, Prof. Dr., Studiengangsleiterin, Macromedia Hochschule Köln, Dozentin an den Universitäten Zürich und Freiburg, Schweiz. Forschungsschwerpunkte: Innovation und Ethik, KI-Techniken als Berichterstattungsthema und Alltagsroutine. E-Mail: M.prinzing@macromedia.de

Radechovsky, Johanna, M.A., wissenschaftliche Mitarbeiterin am Institut für Medien und Kommunikationswissenschaft der TU Ilmenau. Forschungsschwerpunkte: Fehl- und Desinformation, Journalismusforschung, Krisenkommunikation, Kriegsberichterstattung, Rezeptions- und Wirkungsforschung. E-Mail: johanna.radechovsky@tu-ilmenau.de

Sarısakaloğlu, Aynur, Dr., wissenschaftliche Mitarbeiterin und Habilitandin am Institut für Medien und Kommunikationswissenschaft der TU Ilmenau. Forschungsschwerpunkte: Journalismusforschung, Computational Journalism, interkulturelle Kommunikation. E-Mail: aynur.sarisakaloglu@tu-ilmenau.de

Schleicher, Kathrin, M.A., wissenschaftliche Mitarbeiterin am Institut für Medien und Kommunikationswissenschaft der TU Ilmenau. Forschungsschwerpunkte: Organisationskommunikation, Krisenkommunikation, Kriegskommunikation. E-Mail: kathrin.schleicher@tu-ilmenau.de

Stoltenow, Sascha, Partner bei Script Communications, Lehrbeauftragter, u. a. FH Joanneum und Hochschule Darmstadt. Arbeitsschwerpunkte: Strategische Kommunikation, Propaganda, hybride Kriegsführung und Sicherheitspolitik. E-Mail: s.stoltenow@script-com.de

Taradai, Daria, Dr., Medienschaffende für internationale Medien und Dozentin an der Nationalen Universität Kiew-Mohyla-Akademie, Ukraine. Forschungsschwerpunkte: Medienberichterstattung über den Krieg in der Ukraine, Kriegsberichterstattung, Medienkompetenz. E-Mail: daria.taradai@ukma.edu.ua

Thumann, Michael, Außenpolitischer Korrespondent und Leiter des Moskauer Büros, DIE ZEIT. Arbeitsschwerpunkte: Russland, Osteuropa, Türkei, internationale Politik. E-Mail: michael.thumann@zeit.de

Toepfl, Florian, Prof. Dr., Professor für Politische Kommunikation mit Schwerpunkt auf Osteuropa und die postsowjetische Region, Universität Passau. Forschungsschwerpunkte: Informationeller Einfluss russischer Eliten auf ausländische Medienpublika, politische Kommunikation von antidemokratischen Gegenöffentlichkeiten in westlichen Demokratien. E-Mail: florian.toepfl@uni-passau.de

Trippe, Christian F., Dr., Leiter der Hauptabteilung Osteuropa, Deutsche Welle, ehemaliger Korrespondent in Moskau, Kiew und Brüssel. Arbeitsschwerpunkte: Russland, Ukraine, Belarus, Kaukasus, Zentralasien. E-Mail: christian.trippe@dw.com

Trubetskoy, Denis, freier politischer Korrespondent für deutschsprachige Medien in Kiew, u. a. Funke Mediengruppe, Mitteldeutscher Rundfunk, ntv.de und Zeit Online. Arbeitsschwerpunkte: Ukrainische Politik und Gesellschaft. E-Mail: denis.trubetskoy@gmx.de

Veljanovska Blazhevska, Katerina, Prof. Dr., Professorin für Politikwissenschaft, Fakultät für Sicherheitsforschung, MIT-Universität Skopje, Nordmazedonien. Forschungsschwerpunkte: Politische Systeme, Geopolitik und Geostrategie, Public Policy, strategische Kommunikation, Sicherheitspolitik, Frieden und Konflikte. E-Mail: veljanovska_katerina@yahoo.com

Xu, Yi, Dr., wissenschaftliche Mitarbeiterin am Institut für Kommunikationswissenschaft der Friedrich-Schiller-Universität Jena. Forschungsschwerpunkte: Multimodales Framing, visuelle Kommunikation, Journalismusforschung, Krisenkommunikation. E-Mail: yi.xu@uni-jena.de

Ziener, Marcus, Prof. Dr., Professor für Journalismus an der Hochschule für Medien, Kommunikation und Wirtschaft (HMKW) in Berlin und ehemaliger Korrespondent des Handelsblatts in Moskau und Washington. Forschungsschwerpunkte: Wirtschaftsjournalismus, Digitaler Journalismus, Rezipientenforschung. E-Mail: mziener@gmail.com

Register

https://doi.org/10.1515/9783111331508-021